大学本科学前教育专业教材

U0703451

外国学前教育名著选读

waiguo xueqian jiaoyu mingzhu xuandu

杨汉麟◎主编

人民教育出版社
·北京·

图书在版编目（CIP）数据

外国学前教育名著选读/杨汉麟主编．—北京：人民教育出版社，2020.4
大学本科学前教育专业教材
ISBN 978-7-107-34542-5

Ⅰ．①外⋯　Ⅱ．①杨⋯　Ⅲ．①学前教育—名著—国外—高等学校—教材　Ⅳ．①G61

中国版本图书馆 CIP 数据核字（2020）第 075829 号

大学本科学前教育专业教材　外国学前教育名著选读
责任编辑　焦　艳　向　导
封面设计　李宏庆

出版发行　人民教育出版社
（北京市海淀区中关村南大街 17 号院 1 号楼　邮编：100081）

网	址	http://www.pep.com.cn
经	销	全国新华书店
印	刷	北京新华印刷有限公司
版	次	2020 年 4 月第 1 版
印	次	2020 年 6 月第 1 次印刷
开	本	787 毫米×1 092 毫米　1/16
印	张	29.5
字	数	462 千字
印	数	0 001～3 000 册
定	价	52.00 元

版权所有・未经许可不得采用任何方式擅自复制或使用本产品任何部分・违者必究
如发现内容质量问题、印装质量问题，请与本社联系。电话：400-810-5788

大学本科学前教育专业教材编写委员会

顾　　问
　　　陈帼眉　唐　淑
主任委员
　　　冯晓霞　刘雅琴
副主任委员
　　　周　兢　许卓娅
编　　委（按姓氏音序排列）
　　　陈伊丽　顾荣芳　孔起英　刘峰峰　刘晶波
　　　秦光兰　王坚红　王　雁　向　导　杨汉麟
　　　余子侠　张　俊　张　燕
秘　书　长
　　　焦　艳

出版说明

近年来,随着学前教育的长足发展,我国幼儿园教师教育面临前所未有的发展机遇和挑战,高等学校学前教育专业招生规模不断扩大,专业内涵建设成为发展的重中之重。2010年,国务院颁发了《国家中长期教育改革和发展规划纲要(2010—2020年)》,提出"把高质量作为教育改革发展的核心任务","树立以提高质量为核心的教育发展观,注重内涵发展"。2011年和2012年,教育部分别颁布了《教师教育课程标准(试行)》和《幼儿园教师专业标准(试行)》,以规范和发展教师教育,引导教师教育的课程和教学,培养高素质的教师队伍。

高等学校学前教育专业是高素质专业人才、高素质教师队伍的培养基地,引领着学前教育专业的研究和发展方向,其课程研究和教材编写应具有科学性、前瞻性。本着创新教师教育课程理念,全面提高学前教育教学和科研人才的培养质量,建设高素质专业化教师队伍的目标,在教育部领导的关怀和指导下,人民教育出版社课程教材研究所聘请具有丰富教学经验和较高学术水平的学科带头人分别担任各科教材主编,编写了这套"大学本科学前教育专业教材"。

本套教材的编写,以"立德树人,全面实施素质教育"为指针,以大学本科学前教育专业的培养目标为依据,坚持育人为本、实践取向、终身学习的理念,实施《教师教育课程标准(试行)》,注重把国内外最新研究成果与学前教育一线丰富的教学实践经验融为一体,注重理论基础,强化实践环节,加强师德修养和教育教学能力训练,着力培养未来学前教育教学和科研人才的社会责任感、创新精神和实践能力。本套教材主要供高等学校学前教育专业本科使用,也可供学前教育管理者和广大在职幼儿教师进修或自学使用。

  本套教材的编写和出版，得到了教育部教师工作司、人民教育出版社课程教材研究所，以及有关高等学校的领导和教师的大力支持，谨在此一并致谢！由于时间紧迫，教材的编写难免有不完善之处，敬请广大师生不吝指正，使本套教材日臻完善。

人民教育出版社课程教材研究所
学前教育课程教材研究开发中心
2018 年 1 月

编写说明

学前教育一般指0至6、7岁儿童的保育及教育。作为教育学科的重要领域之一，学前教育具有悠久的历史。古往今来，历史上的有识之士在此方面有过诸多论述，留下不少金玉良言，至今仍具有极大的参考借鉴价值。本人曾长期从事外国学前教育史的教学与研究，有过一些心得。早在上世纪90年代初，本人与周采教授合作，率先出版了国内第一部外国学前教育史专著及教材，后来还主编或翻译过外国学前教育名著丛书及《外国学前教育名著选读》等书，出版后获得了各方的首肯，产生了一定的社会效益。

两年前，人民教育出版社学前教育编辑室的领导找到本人，希望我立足于以前的成果，精益求精，编写一本可供大学本科学前教育专业使用的教材《外国学前教育名著选读》，以便与该社计划出版的另一本学前教育专业本科教材《外国学前教育史》（亦计划由本人编著）配套。接到出版社的立项通知后，本人立即重新制订了编写计划及拟入选的书目，并对文稿的篇目、选文内容、字数以及各章提要、导读等进行了全面的审查、修改及增删。这个工作前后进行了多次，形成了现在的样本。

本书选编的原则及特点大致如下。

一、精选内容，力求有代表性

由于选文涵盖的地域及时段甚广，历史文献繁多，加之作为教材，对全书字数有一定限制，因此选文必须做到精选，所选材料要有代表性，译文具有可读性。在确定选编的内容时，我们注意选择那些经过时代考验、反映人类智慧及真知灼见、确有重要价值的名著名篇，对某些看似观点保守、落后的著作也酌量选收，力求反映历史上各个时代有代表性的学前教育思想及其发展的历史轨迹。庶几一卷在手，几千年间各种有关学前教育的见解尽在于斯。这当然是我们追求的目标，实际上很难完全达到。

二、以学前教育为主，适当扩大选篇范围，旁及临近领域

本书作为学前教育名著选读，所选材料自然应和学前教育有关。但与学前教育相邻或延伸的阶段如优生优育、初等教育、家庭教育以及历代心理学家的有关论述等内容也适当选收。此外，有些属于原理性质的文字、观点，即使与学前教育似乎无直接关系，但只要对学前教育具有指导意义或适用于学前教育，也酌量选入。我们认为只有这样，才能高屋建瓴，从实质上对学前教育有更深刻、全面的把握。

三、所选内容题材广泛，形式多样

本书所选内容除论著、论文外，还有小说、随笔、散文、日记、诗歌等形式；少数入选作品通俗易懂，容易领会，但多数选文仍具有一定理论深度及特定历史背景，需要读者花费一定力气，才能掌握要领。

四、按照时间顺序分章

全书按照古代、近代、现代的时间顺序，共分为七章。为了帮助读者理解，每章正文前由选编者撰写"内容提要"，介绍时代背景、本章主要内容等，还在每篇选文前由选编者撰写所选篇目的"导读"，介绍作者及选文特点。此外在每章后都附有"思考与练习"，供学习者把握要领及深入钻研之用。选编者的观点会在"内容提要"或"导读"中有所表达，但一般使用平实的语言，不对读者做过多的引导。希望读者能在阅读原著后自行做出判断及评价。历史文献（即使是具有很高价值的历史著作）往往都是精伪并存，读者需做出独立判断，取其精华，去其糟粕，这是通识，自不待言。

五、关于体例

我们在选编有关材料时，往往选取的是部分章节乃至片段。各部分之间若因删节影响内容的连贯，则酌加删节号，反之，则将删节号暂付阙如。此外，为方便阅读，节省篇幅及统一体例，我们对选文的标点、文字、段落、标号、数字及人名的表述等均做了适当的订正或调整（包括在正文中将不同选文的外文人名做了统一处理），还增加了若干注释，代拟了一些标题。

尽管我们做了很大努力，但不当之处肯定还是存在，欢迎硕彦鸿儒批评指正。

协助主编参加本书选编及撰写提要、导读、注释的人员有田景正、李贤

智、李先军、杨佳等。

人民教育出版社邹海燕社长助理及学前教育编辑室刘雅琴主任、焦艳副主任对本书的组稿及审稿付出了许多辛劳，在此致以衷心谢意。

杨汉麟

2019年3月16日于武昌桂子山

目 录

01 第一章　古代学前教育名著选读　　01

◎ 内容提要 …………………………………………… 01
柏拉图　　《理想国》………………………………… 02
柏拉图　　《法律篇》………………………………… 15
亚里士多德　《政治学》……………………………… 24
昆体良　　《雄辩术原理》…………………………… 30
普鲁塔克　《论儿童教育》…………………………… 41
奥古斯丁　《忏悔录》………………………………… 49
◎ 思考与练习 ………………………………………… 56

02 第二章　文艺复兴及宗教改革时期学前教育名著选读　57

◎ 内容提要 …………………………………………… 57
伊拉斯谟　《一个基督教王子的教育》……………… 58
维夫斯　　《论教育》………………………………… 65
蒙田　　　《蒙田随笔》……………………………… 72
康帕内拉　《太阳城》………………………………… 80
夸美纽斯　《母育学校》……………………………… 84
夸美纽斯　《大教学论》……………………………… 98
◎ 思考与练习 ………………………………………… 107

03 第三章 近代学前教育名著选读（上） **108**

◎ 内容提要 ·· 108
洛克　　　　《教育漫话》 ·· 109
卢梭　　　　《爱弥儿》 ·· 129
裴斯泰洛齐　《林哈德和葛笃德》 ······································ 146
裴斯泰洛齐　《葛笃德如何教育她的子女》 ························ 160
康德　　　　《教育论》 ·· 170
◎ 思考与练习 ·· 176

04 第四章 近代学前教育名著选读（下） **177**

◎ 内容提要 ·· 177
赫尔巴特　　《普通教育学》 ··· 178
赫尔巴特　　《教育学讲授纲要》 ······································ 187
欧文　　　　《新社会观，或论人类性格的形成》 ··············· 198
福禄培尔　　《人的教育》 ·· 208
福禄培尔　　《幼儿园教育学》 ··· 217
乌申斯基　　《儿童世界》 ·· 222
◎ 思考与练习 ·· 231

05 第五章 现代学前教育名著选读（上） **232**

◎ 内容提要 ·· 232
爱伦·凯　　《儿童的世纪》 ··· 234
杜威　　　　《我的教育信条》 ··· 244
杜威等　　　《明日之学校》 ··· 250
杜威　　　　《民主主义与教育》 ······································ 258

蒙台梭利	《蒙台梭利方法》	270
蒙台梭利	《童年的秘密》	285
罗素	《论教育：特别是早期教育》	298
尼尔	《萨默希尔学校》	316
马拉古奇	《孩子的一百种语言》	327

◎ 思考与练习 …………………………………………… 330

06 第六章 现代学前教育名著选读（中）　　332

◎ 内容提要 ……………………………………………… 332

克鲁普斯卡雅	《克鲁普斯卡雅教育文选》	333
马卡连柯	《儿童教育讲座》	344
苏霍姆林斯基	《我把心给了孩子们》	358
维果茨基	《维果茨基教育论著选》	372

◎ 思考与练习 …………………………………………… 390

07 第七章 现代学前教育名著选读（下）　　391

◎ 内容提要 ……………………………………………… 391

弗洛伊德	《精神分析引论》	393
华生	《行为主义的儿童教育》	403
斯金纳	《科学与人类行为》	422
布鲁纳	《教育过程》	431
皮亚杰	《教育科学与儿童心理学》	440
马斯洛	《人性能达的境界》	448

◎ 思考与练习 …………………………………………… 455

第一章

古代学前教育名著选读

内容提要

本章选介古代希腊、罗马学前教育名著，涉及时段约从公元前4世纪到公元5世纪。

古希腊是西方文明的摇篮，对后来西方文化的影响极为深远。尽管古希腊的哲学家和教育家（如柏拉图和亚里士多德等）并没有专门论述学前教育的论著，但他们在自己的相关著作中，提出了许多对学前教育颇有价值的观点。西方教育家常常把古希腊的学前教育思想看作现代学前教育思想迄今可追溯的最远的渊源之一。

古希腊位于地中海东部，公元前8世纪进入奴隶社会。在奴隶制的形成过程中，出现了数以百计的城邦国家。其中，最具典型意义的是斯巴达和雅典。斯巴达是一个以农业为主的奴隶制公社国家，四周群山环绕，交通闭塞，加之奴隶主与奴隶间的尖锐矛盾，促使其注重军体训练、性格训练，忽视文化教育，这一特点在各级教育中都得到体现。位于希腊半岛南端的雅典，海运便利，商业发达，先进的东方文化通过不断的交流源源而入，促使雅典的科学文化日渐兴盛。在民主政治的影响下，雅典要求公民具有全面的认识与"无所不包的才能与活动"（恩格斯语）。因此，雅典在教育上的特点是注重教育对象的身心和谐发展。柏拉图与亚里士多德的学前教育思想就是在这一特定的背景下，吸取以斯巴达和雅典（尤其是后者）为代表的古希腊的教育实践经验而形成的。他们主张根据儿童的天赋施以不同的教育，在儿童的每一年龄阶段选择相应的教育内容，注意环境对儿童发展的影响，倡导和谐发展。这些教育理念都洋溢着哲人的风采。

古代罗马是欧洲第二个典型的奴隶制国家。总体上看，古罗马的教育思想是古希腊教育思想的继承和发扬，且有自身特色。古罗马的学前教育在罗马前期以家庭教育为主，母亲在家庭教育中扮演重要的角色。到罗马后期，由于帝国的兴盛，贵族上层开始陷入纸醉金迷、不能自拔的境地，整个社会弥漫着糜烂的风气。罗马学前教育在此时期受到社会不良风气的严重影响，母亲放弃了亲自教育子女的任务，把学前教育的任务交给了奴隶和女仆。古罗马教育家昆体良、普鲁塔克的教育思想敏锐地反映了社会变化对教育的影响。他们以消除时弊为己任，提出了慎选教育者、重视德育、加强体育与军事教育、为儿童提供良好的生活环境等真知灼见。罗马帝国末期的奥古斯丁则为其后中世纪大行其道的基督教神学体系及基督教儿童教育观奠定了基础。

　　在西方学前教育思想发展史上，古希腊和古罗马的教育思想占有重要地位。但是，我们也应看到，古代希腊、罗马教育家的思想是当时社会政治、经济背景下的产物，代表了奴隶主阶级对教育的要求，这使他们的学前教育思想带有明显的阶级烙印，这种历史和阶级的局限也反映在他们的论著中，这是读者在阅读时应予以注意的。我们还应注意的是，古代希腊、罗马涉及学前教育的名著名篇为后世学前教育思想的发展提供了丰富的养料，其中许多有价值的教育思想，给文艺复兴时期及以后的许多教育家以重要的启迪。

《理想国》

柏拉图

【导读】

　　柏拉图（Plato，公元前427—前347）是古希腊思想家、哲学家、教育家。《理想国》（约公元前370年）是柏拉图的代表作，成书于其文思敏捷、思想成熟的壮年时期。全书以建设作者心目中的正义城邦理想国为主题，以通过逐层淘汰、培养哲学家（尤其是哲学王）的教育体系为重心，用对话体的方式，论述了理想国的组织及其实现方法等问题。此书可看作是一部泛论政治、伦理、哲学及教育学的综合性著作。书中以较大的篇幅论述了理想国的教育问题。

作者在书中构筑了一个从优生、优育到成人教育的
教育体系。学前教育是其中的重要组成部分。

从实现理想国的政治目的考虑,柏拉图非常重
视儿童的早期教育。由此,柏拉图提出了较为系统
的学前教育思想,他认为对儿童的教育开始得越早
越好。在《理想国》中,他提出优生,主张好男配
好女,尽量减少不良男女的结合,指出妇女在怀孕
期间要注意精神因素对胎儿的影响。柏拉图还提出
优育,主张教育应由国家管理,实现集体抚育。他
主张"儿童公有,全部教育公有",国家要建立统一的学前教育机构,视每
一个子女为国家的财产,并使他们从小受到良好的教育。

柏拉图主张将0～3岁的幼儿送到国家特设机关,由乳母养育,通过摇
篮曲、儿歌等施加影响,将3～6岁的儿童安排在神庙附设的儿童场里,由
专人教育,通过游戏等方式予以引导。故事、寓言、诗歌、音乐、体育锻炼
等是儿童最佳的教育内容。柏拉图重视对儿童故事材料的选择,从而成为西
方教育史上第一个提出精选教材内容的人。他认为那些对儿童身心发展会产
生不良影响的故事和歌曲决不能被教授给儿童。

《理想国》历来是西方知识界的必读名著。它是西方第一部全面深入探
讨教育理论的著作,被卢梭评为"从来没有人写过的最好的教育论文"。书
中提出的许多关于学前教育的观点,在西方学前教育史上具有重要的意义,
对后世产生了深远的影响。

第二卷
护卫者的教育内容:音乐及体操①

苏②:那么,让我们来讨论怎么教育这些护卫者③的问题吧。我们不妨

---

① 本文中的此级小标题均为选编者添加。

② 即苏格拉底,柏拉图的老师,柏拉图20～28岁时曾就教于其门下。他是柏拉图作品
《理想国》中的重要对话人物之一。——选编者注

③ 有的研究者指出,"护卫者"阶层和哲学王还是有区别的,因为哲学王只有一个,而
护卫者显然是一个群体,但是他们也是为了统治良善的城邦在接受哲学教育,所以可推论出
这里的"护卫者"应该是指准备成为统治者的群体。——选编者注

像讲故事那样从容不迫地来谈。

阿①：我们是该这样做。

苏：那么，这个教育究竟是什么呢？似乎确实很难找到比我们早已发现的那种教育更好的了。这种教育就是用体操来训练身体，用音乐②来陶冶心灵。

阿：是的。

苏：我们开始教育，要不要先教音乐后教体操？

阿：是的。

苏：你把故事包括在音乐里，对吗？

阿：对。

苏：故事有两种，一种是真的，一种是假的，是吧？

阿：是的。

苏：我们在教育中应该两种都用，先用假的，是吗？

阿：我不理解你的意思。

苏：你不懂吗？我们对儿童先讲故事——故事从整体看是假的，但是其中也有真实。在教体操之前，我们先用故事教育孩子们。

阿：这是真的。

苏：这就是我所说的，在教体操之前先教音乐的意思。

阿：非常正确。

幼小阶段的教育应特别注重教育性

苏：你知道，凡事开头最重要。特别是生物，在幼小柔嫩的阶段，最容易接受陶冶。你要把它塑成什么形式，就能塑成什么形式。

阿：一点不错。

苏：那么，我们应不应该放任地让儿童听不相干的人讲不相干的故事，让他们的心灵接受许多我们认为他们在成年之后不应该有的那些见解呢？

---

① 即阿得曼托斯，为柏拉图的启蒙老师之一，曾教授柏拉图文法、修辞学及写作。——选编者注

② 在古希腊，"音乐"的含义很广泛，既包括现在意义上的音乐教育，也包括诗歌、文学等其他富有陶冶功能的内容。——选编者注

阿：绝对不应该。

苏：那么看来，我们首先要审查故事的编者，接受他们编得好的故事，而拒绝那些编得坏的故事。我们鼓励母亲和保姆给孩子们讲那些已经审定的故事，用这些故事铸造他们的心灵，比用手去塑造他们的身体①还要仔细。他们现在所讲的故事大多数我们必须抛弃。

阿：你指的哪一类故事？

苏：故事也能大中见小，因为我想，故事不论大小，类型总是一样的，影响也总是一样的，你看是不是？

阿：是的，但是我不知道所谓大的故事是指的哪些？

苏：指赫西俄德和荷马以及其他诗人所讲的那些故事②。须知，我们曾经听讲过，现在还在听讲着他们所编的那些假故事。

阿：你指的哪一类故事？这里面你发现了什么毛病？

苏：首先必须痛加谴责的，是丑恶的假故事。

阿：这指什么？

苏：一个人没有能用言辞描绘出诸神与英雄的真正本性来，就等于一个画家没有画出他所要画的对象来一样。

阿：这些是应该谴责的。但是，有什么例子可以拿出来说明问题的？

苏：首先，最荒唐莫过于把最伟大的神描写得丑恶不堪。如赫西俄德描述的乌拉诺斯的行为，以及克罗诺斯对他的报复行为，还有描述克罗诺斯的所作所为和他的儿子对他的行为，这些故事都属此类。即使这些事是真的，我认为也不应该随便讲给天真单纯的年轻人听。对这些故事最好闭口不谈。如果非讲不可的话，也只能许可极少数人听，并须秘密宣誓，先行献牲，然后听讲，而且献的牲还不是一只猪，而是一种难以弄到的庞然大物。为的是使能听到这种故事的人尽可能的少。

---

① 当时托儿所里采用的一种按摩推拿之类的保育方法。——译者注

② 赫西俄德（公元前735—？），希腊早期诗人。其作品《神谱》述创世神话："混沌"生"地母"，"地母"生乌拉诺斯。还说乌拉诺斯有12个子女，他害怕子女篡位，遂将他们幽禁。其子克罗诺斯起来推翻父亲的统治。后来，克罗诺斯的儿子宙斯又起来推翻了克罗诺斯。荷马史诗有些内容与此相似。柏拉图认为此类故事荒诞不经，对年轻人的思想发展不利，必须加以限制。——选编者注

阿：啊！这种故事真是难说。

苏：阿得曼托斯呀！在我们城邦里不应该多讲这类故事。一个年轻人不应该听了故事得到这样一种想法：对一个大逆不道，甚至想尽方法来严惩犯了错误的父亲的人也不要大惊小怪，因为他不过是仿效了最伟大的头号天神的做法而已。

阿：天哪！我个人认为这种事情是不应该讲的。

苏：决不该让年轻人听到诸神之间明争暗斗的事情（因为这不是真的），如果我们希望将来的保卫者把彼此勾心斗角、耍弄阴谋诡计当作奇耻大辱的话。我们更不应该把诸神或巨人之间的争斗，把诸神与英雄们对亲友的种种怨仇作为故事和刺绣的题材。如果我们能使年轻人相信城邦的公民之间从来没有任何争执——如果有的话便是犯罪——老爷爷、老奶奶应该对孩子们从小就这样说，等他们长大一点还这样说，我们还必须强迫诗人按照这个意思去写作。关于赫拉如何被儿子绑了起来以及赫淮斯托斯见母亲挨打，他去援救的时候，如何被他的父亲从天上摔到地下的话，还有荷马所描述的诸神间的战争等，作为寓言来讲也罢，不作为寓言来讲也罢，无论如何不该让它们混进我们城邦里来。因为年轻人分辨不出什么是寓言，什么不是寓言。先入为主，早年接受的见解总是根深蒂固不容易更改的。因此我们要特别注意，为了培养美德，儿童们最初听到的应该是最优美高尚的故事。

第三卷

务使儿童摆脱不良文艺作品的影响，通过文艺教育达到对美的爱

苏：那么，问题只在诗人身上了。我们要不要监督他们，强迫他们在诗篇里培植良好品格的形象，否则我们宁可不要有什么诗篇？我们要不要同样地监督其他的艺人，阻止他们不论在绘画或雕刻作品里，还是在建筑或任何艺术作品里描绘邪恶、放荡、卑鄙、龌龊的坏精神？哪个艺人不肯服从，就不让他在我们中间存在下去。否则，我们的护卫者从小就接触罪恶的形象，耳濡目染，有如牛羊卧毒草中嘴嚼反刍，近墨者黑，不知不觉间心灵上便铸

成大错了。因此，我们必须寻找一些艺人巨匠，用其大才美德，开辟一条道路，使我们的年轻人由此而进，如入健康之乡；眼睛所看到的，耳朵所听到的，艺术作品，随处都是；使他们如坐春风，如沾化雨，潜移默化，不知不觉之间受到熏陶，从童年时，就和优美、理智融合为一。

格①：对于他们，这可说是最好的教育。

苏：亲爱的格劳孔啊！也就是因为这个缘故，所以儿童阶段文艺教育最关紧要。一个儿童从小受了好的教育，节奏与和谐浸入了他的心灵深处，在那里牢牢地生了根，他就会变得温文有礼；如果受了坏的教育，结果就会相反。再者，一个受过适当教育的儿童，对于人工作品或自然物的缺点也最敏感，因而对丑恶的东西会非常反感，对优美的东西会非常赞赏，感受其鼓舞，并从中吸取营养，使自己的心灵成长得既美且善。对任何丑恶的东西，他能如嫌恶臭般不自觉地加以谴责，虽然他还年幼，还知其然而不知其所以然。等到长大成人，理智来临，他会似曾相识，向前欢迎，因为他所受的教养，使他同气相求，这是很自然的嘛。

格：至少在我看来，这是幼年时期为什么要注重音乐文艺教育的理由。

…………

苏：那么，你也同意我们关于音乐教育的讨论可以到此结束了吧？据我看来，这样结束是很恰当的。音乐教育的最后目的在于达到对美的爱。

格：我同意。

体育锻炼的功能

苏：音乐教育之后，年轻人应该接受体育锻炼。

格：当然。

苏：体育方面，我们的护卫者也必须从童年起就接受严格的训练以至一生。我所见如此，不知你以为怎样？因为我觉得凭一个好的身体，不一定就能造就好的心灵、好的品格。相反，有了好的心灵和品格就能使天赋的体质达到最好，你说对不对？

格：我的想法同你完全一样。

---

① 即格劳孔，柏拉图的启蒙老师之一。柏拉图年轻时曾向他学习音乐、美术。——选编者注

苏：倘使我们对于心灵充分加以训练，然后将保养身体的细节交它负责，我们仅仅指出标准，不啰唆，你看这样行不行？

格：行。

....

苏：那么，战争中的斗士应该需要更多样的锻炼。他们有必要像终宵不眠的警犬，视觉和听觉都要极端敏锐；他们在战斗的生活中，各种饮水、各种食物都能下咽；在烈日骄阳、狂风暴雨中都能处之泰然。

格：很对。

苏：那么，最好的体育与我们刚才所描述的音乐文艺教育难道不是很相近相合吗？

格：你指的什么意思？

苏：这是指一种简单而灵活的体育，尤其是指为了备战而进行的那种体育锻炼。

....

苏：这样，年轻人接受了我们说过的那种简单的音乐文艺教育的陶冶，养成了节制的良好习惯，他们显然就能自己监督自己，不需要打官司了。

格：是的。

苏：这种受过音乐教育的青年，运用体育锻炼（如果他愿意的话），通过同样苦练的过程，他会变得根本不需要什么医术，除非万不得已。

格：我也这样想。

体育锻炼与文艺教育应并行不悖，相辅相成

苏：再说，在不畏艰辛苦练身体的过程中，他的目的主要在锻炼他心灵的激情部分，不是仅仅为了增加体力，他同一般运动员不一样，一般运动员只注意进规定的饮食，使他们力气大、臂膀粗而已。

格：你说得对极了。

苏：因此，把我们的教育建立在音乐和体育上的那些立法家，其目的并不像有些人所想象的那样，在于用音乐照顾心灵，用体育照顾身体。格劳孔，我可以这样说吗？

格：为什么不可以？

苏：他们规定要教音乐和体育主要是为了心灵。

格：怎么会呢？

苏：你有没有注意到一生专搞体育运动而忽略音乐文艺教育对于心灵的影响是怎样的？反之，专搞音乐文艺而忽略体育运动的影响又是怎样的？

格：你指的是什么？

苏：我指的一是野蛮与残暴，另一是软弱与柔顺。

格：啊，很对。我注意到那些专搞体育锻炼的人往往变得过度粗暴，那些专搞音乐文艺的人又不免变得过度软弱。

苏：天性中的激情部分的确会产生野蛮；如果加以适当训练就可能成为勇敢，如果搞得过了头，就会变成严酷粗暴。

格：我也是这样的看法。

苏：再说，温文是不是人性中爱智部分的一种性质？是不是这种性质过度发展便会变为过分软弱，如培养适当就能变得温文而秩序井然？是不是这样？

格：确是这样。

苏：但是，我们说我们的护卫者需要两种品质兼而有之。

格：他们应该这样。

苏：那么这两种品质要彼此和谐吗？

格：当然要。

苏：有这种品质和谐存在的人，他的心灵便既温文而又勇敢。

格：诚然。

人天生遗传素质不同，
应据此安排社会地位，不可僭越

苏：我这样做自有我的理由；不去管它，且听下文。我们在故事里将要告诉他们：他们虽然一土所生，彼此都是兄弟，但是老天铸造他们的时候，在有些人的身上加入了黄金，这些人因而是最可宝贵的，是统治者。在辅助者（军人）的身上加入了白银。在农民以及其他技工身上加入了铁和铜。但是又由于同属一类，虽则父子天赋相承，有时不免金父生银子，银父生金子，错综变化，不一而足。所以上天给统治者的命令，最重要的就是要他们做后代的好护卫者，要他们极端注意在后代灵魂深处所混合的究竟是哪一种金属。如果他们的孩子心灵里混入了一些废铜烂铁，他们决不能稍存姑息，应当把他们放到恰如其分的位置上去，安置于农民工人之间；如果农民工人的后辈中间发现其天赋中有金有银者，他们就要重视他，把他提升到护卫者或辅助者中间去。须知，神谕曾经说过"铜铁当道，国破家亡"。你看你有没有办法使他们相信这个荒唐的故事？

格：不，这些人是永远不会相信这个故事的。不过，我看他们的下一代会相信的，后代的后代子子孙孙迟早总会相信的。

苏：我想我是理解你的意思的。就是说，这样影响还是好的，可以使他们倾向于爱护他们的国家和他们相互爱护。我想就这样口头相传让它流传下去吧！

第四卷

体育及音乐教育内容不可翻新，以免影响社会秩序的安定

苏：我的好阿得曼托斯，我们责成我国当政者做的这些事并不像或许有人认为的那样，是很多的困难的使命，它们都是容易做得到的，只要当政者注意一件大家常说的所谓大事就行了。

阿：这是什么事呢？

苏：教育和培养。因为，如果人们受了良好的教育就能成为事理通达的人，那么他们就很容易明白，处理所有这些事情还有我此刻没有谈及的别的一些事情，例如婚姻嫁娶以及生儿育女——处理所有这一切都应当本着一个原则，即如俗话所说的，"朋友之间不分彼此"。

阿：这大概是最好的办法了。

苏：而且，国家一旦很好地动起来，就会像轮子转动一般，以越来越快的速度前进。因为良好的培养和教育造就良好的身体素质，良好的身体素质再接受良好的教育，产生出比前代更好的体质，这除了有利于别的目的外，也有利于人种的进步，像其他动物一样。

阿：有道理。

苏：因此扼要地说，我国的领袖们必须坚持注视着这一点，不让国家在不知不觉中败坏了。他们必须始终守护着它，不让体育和音乐翻新，违犯了

固有的秩序。他们必须竭力守护着。当有人说，人们最爱听歌手们吟唱最新的歌时，他们为此担心，人们可能会理解为，诗人称誉的不是新歌，而是新花样的歌，所以领袖们自己应当不去称赞这种东西，而且应当指出这不是诗人的用意所在。因为音乐的任何翻新对整个国家是充满危险的，应该预先防止。因为，若非国家根本大法有所变动，音乐风貌是无论如何也不会改变的。这是戴蒙说的，我相信他这话。

阿：是的。你也把我算作赞成这话的一个吧。

苏：因此，我们的护卫者看来必须就在这里——在音乐里——布防设哨。

阿：这种非法的确容易悄然潜入。

苏：是的。因为它被认为不过是一种游戏，不构成任何危害。

阿：别的害处是没有，只是它一点点地渗透，悄悄地流入人的性格和习惯，再以渐大的力量由此流入人与人之间的关系，再由人与人的关系肆无忌惮地流向法律和政治制度，苏格拉底呀，它终于破坏了公私方面的一切。

苏：呀！是这样吗？

阿：我相信是这样。

儿童游戏须符合法律精神

苏：那么，如我们开头说的，我们的孩子必须参加符合法律精神的正当游戏。因为，如果游戏是不符合法律的游戏，孩子们也会成为违反法律的孩子，他们就不可能成为品行端正的守法公民了。

阿：肯定如此。

苏：因此，如果孩子们从一开始做游戏起就能借助于音乐养成遵守法律的精神，而这种守法精神又反过来反对不法的娱乐，那么这种守法精神就会处处支配着孩子们的行为，使他们健康成长。一旦国家发生什么变革，他们就会起而恢复固有的秩序。

阿：确实是的。

苏：孩子们在这样的教育中长大成人，他们就能自己去重新发现那些已被前辈全都废弃了的看起来微不足道的规矩。

阿：哪种规矩？

苏：例如下述这些：年轻人看到年长者到来应该肃静；要起立让座以示敬意；对父母要尽孝道；还要注意发式、袍服、鞋履……总之体态举止，以及其他诸如此类，都要注意。你或许有不同看法吧？

阿：我和你看法相同。

苏：但是，把这些规矩制定成法律我认为是愚蠢的。因为，仅仅制定成条款写在纸上，这种法律是得不到遵守的，也是不会持久的。

阿：那么，它们怎么才能得到遵守呢？

苏：阿得曼托斯啊，一个人从小所受的教育把他往哪里引导，能决定他后来往哪里走。"同声相应，同气相求"——事情不总是这样吗？

阿：的确是的。

第五卷
重视女子教育，男女教育平等

苏：那么，如果我们不分彼此地使用女子，照使用男子那样，我们一定先要给女子以同样的教育。

格：是的。

苏：我们一向是用音乐和体操教育男子的。

格：是的。

苏：那么，为了同样地使用女子，我们一定要同样地用两门功课来教育女子，并且还要给她们军事教育。

格：你说的看来似乎有理。

苏：好，我们刚才所提的许多建议，要是付诸实施的话，由于违反当前的风俗习惯，我怕或许会让人觉得好笑的。

格：的确。

苏：你看其中最可笑的是什么，难道不显然是女子在健身房里赤身裸体①地和男子一起锻炼吗？不仅年轻女子这样做，还有年纪大的女人，也像健身房里的老头儿一样，皱纹满面的，看上去很不顺眼，可是她们还在那儿坚持锻炼呢。这不是再可笑没有了吗？

格：啊呀！在目前情况下，似乎有些可笑。

---

① 古希腊男子操练时都是裸体。"健身房"一词原意便是"裸体操练的地方"。——译者注

苏：关于女子体育和文艺教育的改革，尤其是关于女子要受军事训练，如携带兵器和骑马等方面的问题，我们既然开始讨论了，就得坚持下去。文人雅士们的俏皮话、挖苦话我们是必定会听到的，千万不要怕。

格：你说得很对。

....

苏：好，为了培养护卫者，我们对女子和男子并不用两种不同的教育方法，尤其是因为不论女性、男性，我们所提供的天然禀赋是一样的。

格：应该是同样的教育。

苏：一个国家里能够造就这些出类拔萃的女人和男人，还有什么事情比这个更好的吗？

格：没有。

苏：这是受了我们所描述过的音乐和体操教育的结果吧？

格：当然是的。

苏：那么，我们所提议的立法，不仅是可能的，而且对于国家也是最好的。

格：确实是的。

优生优育、计划生育、儿童公有公育

苏：这些女人应该归这些男人共有，任何人都不得与任何人组成一夫一妻的小家庭。同样地，儿童也都公有，父母不知道谁是自己的子女，子女也不知道谁是自己的父母。

格：这比前面所说的是一个更大的浪头了，使人怀疑这个建议是不是行得通，有没有什么益处。

苏：啊，关于有没有什么益处，我看这点不必怀疑，谁都不会否认妇女儿童一律公有有最大的益处。但是，是否行得通？据我看来，这个问题将引起极大的争论。

....

苏：那么，你是一律对待地加以繁殖呢，还是用最大的注意力选出最优秀的品种加以繁殖呢？

格：我选择最优秀的加以繁殖。

苏：从上面同意的结论里，我们可以推断：最好的男人必须与最好的女人尽多结合在一起；反之，最坏的与最坏的要尽少结合在一起。最好者的下一代必须培养成长，最坏者的下一代则不予养育，如果品种要保持最高质量的话；除了治理者外，别人不应该知道这些事情的进行过程。否则，护卫者中难免互相争吵不团结。

　　格：很对。

　　苏：按照法律须有假期，新妇新郎欢聚宴饮，祭享神明，诗人作赞美诗，祝贺嘉礼。结婚人数的多寡，要考虑到战争、疾病以及其他因素，由治理者们斟酌决定；要保持适当的公民人口，尽量使城邦不至于过大或过小。

　　苏：生下来的孩子将由管理这些事情的官员带去抚养。这些官员或男或女，或男女都有。因为这些官职对女人、男人同样开放。

　　格：是的。

　　苏：优秀者的孩子，我想他们会带到托儿所去，交给保姆抚养；保姆住在城中另一区内。至于一般或其他人生下来有先天缺陷的孩子，他们将秘密地加以处理，有关情况谁都不清楚。

　　格：是的。这是保持治理者品种纯洁的必要条件。

　　苏：他们监管抚养孩子的事情，在母亲们有奶的时候，他们引导母亲们到托儿所喂奶，但竭力不让她们认清自己的孩子。如果母亲的奶不够，他们另外找奶妈。他们将注意不让母亲们喂奶的时间太长，把给孩子守夜以及其他麻烦事情交给奶妈和保姆去干。

　　格：你把护卫者妻子抚育孩子的事情，安排得这么轻松。

　　苏：这是应该的。现在让我们谈谈我们规划的第二部分。我们曾经说过，儿女应该出生在父母年轻力壮的时候。

　　格：诚然。

　　苏：你同意一个女人精力最好的时候大概可以说是二十年，男人是三十年吗？

　　格：你要选择哪几年？

　　苏：女人应该从 20 岁到 40 岁为国家抚养儿女，男人应当从过了跑步速度最快的年龄①到 55 岁。

---

　　① 一般指 30 岁。——选编者注

格：这是男女在身心两方面都精力旺盛的时候。

（选自柏拉图著，郭斌和、张竹明译：《理想国》，商务印书馆2018年版）

《法律篇》

柏拉图

【导读】

《法律篇》是柏拉图晚年的作品，全文十二卷，约30万字，是柏拉图对话集中最长的一部。在认识到《理想国》中对国家的设计过于理想，在现实中无法实现后，柏拉图在晚年写成《法律篇》（约公元前350年），重新设计了新的理想的政治制度。在新的制度中，柏拉图的教育思想发生了重要变化。

在《法律篇》中，柏拉图强调以立法（而不是人治）来实现教育的目的，哲学王也不再是教育的重心和教育活动的主要目的，逐层淘汰的教育体系被废除。他提出：教育目的在于培养品德和气质完善的公民；教育的任务为改造人心、陶冶性情、建树美德；公民要从小接受美德教育；教育的主要手段就是"在游泳中学会游泳"，通过反复严格的训练让孩子体会快乐、痛苦等情感，潜移默化，形成正确的判断，最后达到"痛恨那些我们始终应当痛恨的东西，热爱我们应该热爱的东西"的道德直觉。

柏拉图主张实现强制教育。他提出：所有公民的孩子到一定年龄都无一例外地要接受学校教育，不管他们的父母是否乐意。在《法律篇》中，柏拉图对早期教育提出了许多具体的规定。

第一卷

从童年进行职业立身训练不容否定[①]

客[②]：（人们）通常会问，国家从训练公民中得到什么大的利益，那么回答会是完全肯定的。他们所获得的教育使他们成为好人，在其他方面会取

[①] 本文中的此级小标题均为选编者添加。
[②] 即一个雅典来客，柏拉图杜撰的对话者。——选编者注

得很好的成功，甚至在战斗中他们能战胜敌人。教育导致胜利。

客：我认为，一个人想要精通一个特殊的职业，那他就要从儿童时代起进行训练。无论在工作还是游戏时，他的周围都得是特殊的"谋生工具"。例如，谁想做一个好农夫，他就必须做耕耘的游戏，一个想做好建筑师的人，必须把他的游戏时间花在搭玩具房屋上；在每种场合，教师必须提供模仿真实事物的微型玩具。特别是，在这一开始阶段，他们必须学习主要的、基本的技能。例如，木匠必须在游戏时学会怎样使用尺子和铅垂线，士兵必须学会骑马（或者在游戏中真的骑马，或者做某些类似的活动）。我们应该尝试利用孩子们的游戏去激发他们的兴趣和对活动的期望，而这些活动是他们长大成人时不得不去从事的。总之，我们说，培养和教育一个孩子的正确方法是利用他的游戏时间，使他的心中充满了对一种职业的最大可能的喜爱，而这种职业当他长大时是一定得精通的。现在，正像我所提出的，考虑到到目前为止的辩论，你赞成我的说法吗？

克①：当然。

教育更应指向美德教育

客：但不要让我们对教育的描述流于空谈。当我们褒贬对个别人的教养时，说我们中的一个人受过教育，而别人没有受过教育，我们有时使用"没有受过教育"这个说法，实际上这些人却受过完全的教育，只不过这种教育指的是做小买卖或做商船生意，或某种类似的情况。但我在现在的讨论中提到它们，并不是打算把这类事情看作"教育"；我心中的教育是从童年起所接受的一种美德教育，这种训练使人们产生一种强烈的、对成为一个完善的公民的渴望，这个完善的公民懂得怎样依照正义的要求去进行统治和被统治。我认为，我们要把这类训练和别的训练区别开来，为它单独保留"教育"这个名称。一种旨在获得金钱或强壮的体格，或者甚至某种不受理智和正义的引导的知识才能的训练，我们该称作是粗鲁的和无教养的。我们说，不是什么都可宣称是教育。此外，我们不要对一个名词吹毛求疵。让我们把握住我们刚才同意的主张：一般地说，受过正确教育的人乃是好人。无论在世界上的什么地方，都不可藐视教育，因为当它与伟大的美德结合起来时，

---

① 即克里特人克列尼亚斯。——选编者注

乃是一宗价值无法估量的财产。如果教育腐败了，它是可以正确地重建的，每个人在他整个一生中必须尽其所能去支持教育。

第二卷
教育即引导儿童接受正确的原则的过程

客：我管"教育"叫儿童对美德的最初获得。虽然当时他还不知道道理是什么，却能让快乐和爱慕、痛苦和憎恨的感觉，通过正确的途径汇集在他的心中。它使我们痛恨那些我们始终应该痛恨的东西，热爱我们应该热爱的东西。这就叫作"教育"。

客：教育是一件有关正确地受过训练的快乐和痛苦的感觉的事情。但在一个人的生命过程中，这种影响是逐步减弱的，并且在许多方面完全消失了。

客：我们必须说，如果一个人已经受过充分的训练，他就是一个"受过教育的"人。

客：在已经制定了或者将要制定有关文化、教育和娱乐的法律的社会中，我们想象一下，会允许作家们自由写作吗？合唱队将由守法公民的小孩子组成，作曲家能用在诗歌的韵律或曲调或语词中找到的使他本人愉快的东西来教育他们，而不操心在善恶方面对他们会有什么影响吗？

客：只要听听就够大吃一惊。显然，很久以前，他们就意识到我们刚才提出的那个原则的实质，就是该国儿童排练的动作和曲调必须要是好的。他们依照体裁编制了一份动作和曲调的单子，并把它陈列在神庙里。画家和其他每一个表现身体动作的人，都得受到这些形式的限制。这一传统框架之外的模仿和创新都遭到禁止。即使在今天，无论在这一领域还是一般的艺术领域，都是如此。如果你现场考察他们的艺术，那么你会发现，一万年以前（我不是信口乱说的，我说的确实是一万年），他们的绘画和浮雕同今天的绘画和浮雕比较，既不好，也不坏，因为绘画和浮雕的创作，使用的是同样的艺术规则。

客：再说一遍，教育已被证明是一个吸引的过程，即引导儿童们接受正确的原则的过程。这些原则为法律所阐明，并作为完全正确的东西得到具有高度道德水平和年纪大、经历丰富的人们的赞同。不要让儿童的灵魂变得习惯于感觉那些不为法律所允许的快乐和痛苦，并成为信从这种苦乐观的人。他应该踏着老年人的足迹，在他们寻找苦乐的事物中寻找同样的快乐和痛苦。

客：接着，我来介绍下一个论点。我认为，我们的合唱队（总共有三个）应当控制儿童们的灵魂，当他们还幼小和稚嫩的时候就开始，并且支持一切我们已经形成的令人钦佩的学说和任何我们能在将来形成的学说。我们必须坚持这些学说的中心点：众神都说，最好的生活事实上一定会带来最大的快乐。如果我们这样做了，我们将说出一个平凡的真理，并且将比提出其他任何学说更有效地说服那些我们必须说服的人。

第三卷
教育面前人人平等

客：我的斯巴达朋友，公正地说，必须给你的国家至少如下荣誉：富人、穷人、平民和国王都受到同样程度的尊敬并用同样的方式受教育，没有特权，除非是由超自然的命令所指定的，这种命令是你的国家在开创时由某位神发布的。

第五卷
谦逊比财产更重要

客：最大的是谦逊而不是金子，这才是我们应该留给我们的孩子们的遗产。我们认为，当孩子们不谦逊的时候斥责他们，乃是馈赠给他们谦逊的方法。但这并不是今天人们告诫年轻人并告诉他们应该对任何人表示尊敬时在年轻人身上产生的结果。明智的立法者宁肯指示年长者表示出对年少者的尊敬，要特别当心不让任何年轻人看到或听到年长者做或说任何不名誉的事情。哪里的年长者无耻，那里的年轻人也不可避免地在某种程度上不光彩。教育年轻一代的最好方法不是斥责他们，而是你终身公开地去做你劝别人去做的事情。

第六卷
应挑选最好的公民掌管教育

客：在这一领域里留下来的一个官员是负责对男孩和女孩的全部教育的

指导员。他也是依法负责工作的一个官员。他的年龄不得低于 50 岁，并且是婚生儿童——最好是儿子和女儿都有，有儿无女或有女无儿也行——的父亲。当选的候选人本人和那些选他的人，都应该非常清楚地意识到，这是国家最高级官职中最重要的职位。任何一种在成长初期很活跃的生物，都得到了一种巨大的推动力使它自然地趋于完善并在最后达到适宜于它的发展阶段，这在植物和动物（驯养的和野生的）中都是事实，人类也是如此。人是一种"驯养"的动物，像我们所说的，当然，如果他受到一种良好的教育并碰到合适的自然环境，他易于成为一种最神圣和有礼貌的生物。但对他的养育只要是不适当的或者做了误导，那么他将成为世界上最野蛮的动物。这就是为什么立法者不应该草率地对待儿童的教育，或把它看作次要的事情。他必须把正确地选出将要管理儿童的人的事看作最重要的事，并委派国内所有公民中最好的一个出任教育管理员。所以，除了执行委员会成员和议员以外，全体官员都得去阿波罗神庙集合，举行秘密投票，每个人都投票选举他认为可以做最好的教育管理员的法律维护者。得票最多的一个人应该受到那些选举他的官员们的复查，法律维护者不插手。教育管理员任职五年，在第六年上他应该被他的后继者所取代，后者是按照同样的规定在当选后继任的。

生育后代需谨慎，注意优生

客：喝酒喝得烂醉如泥，无论在什么地方都是要不得的（除非在酒神宴上，是他给了我们酒这种礼物）。喝醉酒也是危险的，特别是如果你想使你的婚姻得到成功。尤其是在举行婚礼那一天，这是他们一生中的转折点，新娘和新郎都应该表示出节制，让他们尽可能确定（事实上不可能告诉他们，是在白天还是在夜里，神会赐福于他们，给他们孩子），他们的任何孩子在胎里时都有清醒的父母。此外，孩子不应该在父母的身体处在酒醉后逐渐醒来时被怀胎。受胎、结胎时，胎儿都要结实。胎儿的发育要有序而不受干扰。但一个人当他喝醉了的时候，脚步踉踉跄跄，走路跌跌撞撞，并且有一种狂野的情绪侵入了他的身心；这意味着，作为一个播种者，醉鬼是不灵活的、不称职的。他生不出身心健全的孩子，这种孩子不可信任，都有邪恶的性格，完全有可能身体也是畸形的。这就是为什么一个男人一年到头和整个一生中（特别是在有生殖能力的时期），如果他想有所助益的话，就应该小心翼翼避免去做损害健康的事，蛮横及非正义的行为也不可做，否则，他必然把自己的一切恶行都印在胎儿的身心上，使生下来的孩子每一方面都很差。退一万步说，他也应在结婚的当天和当夜，必须避免这些恶习。因为一个人如果有一个良好的和小心谨慎的开端，那他就会得到神灵的保佑，日后幸福无量。

　　新郎必须把在同一地方的两个家中的一个当作他生儿育女的家。他离开父母之后，在这时成了家。他必须操持好这个家，并且成为他自己和他的子女的生活供养者。你们知道，当人们感到需要不在身边的朋友时，联系着他们的纽带就强韧了起来，但当他们做过了头，聚在一起太久了，他们就彼此不再渴求，而要各奔东西了。这就是为什么新婚夫妇要离开父母和妻子老家的亲戚，另营新居，正像他们去了殖民地。他们要探访父母，反之亦然。年轻夫妇应该生儿育女，把生活的火炬一代一代往下传，并永远以法律规定的态度崇拜众神。

第七卷
注重婴幼儿阶段的养育及教育

　　客：好吧，我们观察到，不是吗？每一动物在其成长的最早时期，都是最有活力并且发育迅速的。这就是为什么许多人实际上认为，一个人在其一生的开头5年，比后来的20年成长得更快。

　　克：的确。

　　客：但我们知道，迅速的成长如果没有经常而合适的、有阶段性的锻炼，会对身体造成很大的麻烦。

　　克：是的，的确这样。

　　客：当一个人的身体在发育得最快的时候，也最需要锻炼，这样说不对吗？

　　克：天哪，先生，我们打算对新生婴儿和小孩也这样要求吗？

　　客：不仅如此——我认为还应该提前，他们在母腹中发育时就应开始。

　　克：你说什么？我亲爱的先生！你的意思真的是在娘胎里？

　　客：是的，我是这个意思。但非常令人吃惊的是，你们没有听说过娘胎里的这些体育运动。这是一个令人好奇的题目，但我愿意把这种情况告诉你们。

克：当然应该如此。

客：雅典人是比较容易懂得这一点的，在那里，有些人参加运动已过分了。不仅男孩，而且还有一些上了年纪的人，养雏鸟并让它们互斗。但他们当然没有想到，正是让它们互斗才给了这些动物以合适的锻炼。要补充的一点是，每个人都把鸟放在他身上的某个地方——小的一只放在他收缩成杯状的手里，大一点的一只放在他的腋下。他蹍了无数斯塔德①的步，但并不是为了他自己的健康，而是为了使这些鸟保持着好的形体。对一个聪明人来说，这个教训是一目了然的：所有的人的身体都由于各种运动和颠簸而得到帮助，强健了起来，无论这些动作是出自他们自己的努力，还是因为他们乘上了车辆、船舶、马匹或其他运输工具。这一切都能使身体吸收固体和液体食物，让我们健康地成长，变得漂亮和强壮。根据这一切，我们能够说出我们未来的方针是什么吗？如果你们喜欢，我们可以制订出一些明确的规则（也不知人们会如何地讥笑我们！）：（1）一个怀孕的妇女必须散散步；孩子生下后，她应该把他像一块蜡那样来造型（因为孩子仍旧是柔软的），并在开头两年好好地把孩子包裹起来；（2）用刑罚强迫保姆做到，让孩子经常被带往农村、庙宇或亲戚家，直到他们茁壮成长得足以用自己的两条腿站立起来；（3）即使那时，保姆仍该坚持带着孩子到处跑，直到孩子3岁，使孩子避免由于经受太大的压力以致幼嫩的四肢弯曲；（4）保姆必须尽可能地身强力壮，而且人数要多。对每种破坏规则的行为，我们应该施以有文字规定的刑罚。噢，不！这会使我对刚刚提及的问题讲得太多。

客：此外，我们尚不可放弃这种立法方式。我们开始谈了小儿的身体，让我们用同样的方法来说明如何塑造他们的人格。

克：好主意。

客：所以，我们就把它作为我们的基本原则：所有幼小儿童，特别是非常小的婴儿，在可能情况下通过日日夜夜从养育和坚持运动中获得身心两方面的好处。的确，只要可以安排，他们就应该仿佛永远乘在一只海船上。但如果这是不可能的，我们必须设法给我们的新生婴儿提供可能的最接近于这种理想的办法。

---

① 斯塔德，古希腊长度单位。——校者注

这里有某种进一步的证据，从这一证据中可以得出相同的结论。事实是：接受过克里班特①式治疗的幼儿的保姆和妇女们，从经验中学得了这种治疗方法并承认了它的价值。我认为，你知道，一个母亲要一个醒着的孩子入睡，用的是什么办法。压根儿不是让他安静下来，而是小心翼翼地把他抱在臂弯里来回摆动，不断地摇动，嘴里也不闲着，发出哼哼的声音。这种医疗由运动构成，符合跳舞和唱歌的旋律。母亲使她的孩子安静下来，完全像管弦乐队使狂乱中的酒神节狂欢者着了迷。

客：那么好吧，既已看到了这些措施是多么有效，那么对于病人还有一点必须指出。任何一个在最幼小的年龄经受过恐吓的人，非常可能在长大后变得胆小。但没有人会否认，这是在训练他成为一个胆小鬼，而不是成为一个英雄。

克：当然。

客：相反，我们都同意，从婴儿起所做的勇敢方面的训练，要求我们克服那些袭击我们的恐怖和恐惧，是吗？

克：完全正确。

客：所以我们可以说，用使其处在运动中的方法来训练非常小的孩子，大大有助于使其灵魂的美德之一趋于完善。

克：当然。

客：此外，好的脾气和坏的脾气都分别是好的道德品质和坏的道德品质的重要的要素。

克：当然。

客：我属于这样一个思想派别，主张奢侈使一个孩子养成坏的脾气，容易发火，一点鸡毛蒜皮的小事就使他暴跳如雷。在另一极端，过分野蛮的压迫，使孩子们变成卑躬屈膝的奴隶，使他们与世界格格不入，以致他们不适合成为社会中的成员。

客：我认为，没有哪个国家有人真正懂得儿童的游戏对立法有如此重大的影响，竟可决定已制定的法律的存废。如果你控制着儿童游戏的方法，让

---

① 克里班特是女神西布莉的随从。据说她们曾手持火炬，狂歌劲舞，伴女神翻山越岭。——校者注，有改动

一些儿童总是根据同一规则并在相同的情况下做同样的游戏，从相同的玩具中得到快乐，那么你会发现，成年人生活的常规也是平平静静、没有变化的。但事实上，游戏一直在改变，始终有变化并有新的游戏创造出来。年轻的一代决不会连续两天对同一样事情感到热心。

教师的职责

客：必须把孩子们送到他们的老师那里去。孩子们不能没有老师，正像奴隶不能没有主人，畜群不能没有牧人。在一切不驯服的动物中，孩子是最难管理的：一股力量大得异乎寻常的理性之泉（它流出的水尚没有流向一个正确的方向），使孩子变得既灵敏又淘气，成了最难驾驭的动物。这就是为什么必须用许多所谓"笼头"套在他的头上。起初，当他离开他的保姆和母亲的时候，他还小，没有成熟，管教他是导师的责任，但往后，这个责任转给了各门课程的教员。这些课程应当成为他们自身的纪律。到这个时候，他将被作为一个名副其实的年轻男子汉来看待。但是，无论是男孩和他的导师或老师，被路过的人们发现犯有错误，就得给以惩罚，这时，这个孩子就应像一个奴隶那样受到处分。过路人没有给他以应给的惩罚，那么此人一开始就必须蒙受极大的耻辱，负责年轻人的法律维护者则把这个人置于观察之下，因为他看到了我们谈到的那种邪恶，但没有给以必要的惩罚，或者没有按照公认的方式给以惩罚。我们那些目光敏锐和工作效率高的年轻人的教育监督员，必须把年轻人的自然发展拨到正确的路线上来，办法是始终把他们引导到体现在法典里规定的善行的道路上来。

....

简单地说，还没有向你说明，是不是一个人在成为合格公民之前必须完全掌握这一科目，或者是否应一点都不去掌握它。对七弦竖琴也是这样。是的，我们认为，这些科目是必须掌握的。对一个10岁儿童，学习文学需要的适当时间约为3年，而后3年，即从13岁开始，应去学习七弦竖琴。这些时间既不可缩短也不可拉长，无论儿童或其父亲，出于对课程的好恶而延长或削减这些学习时间，都是违法的。有谁不服从，就被处以开除出学校的惩罚。

（选自柏拉图著，张智仁、何勤华译：《法律篇》，上海人民出版社2001年版）

《政治学》

亚里士多德

【导读】

亚里士多德（Aristotle，公元前384—前322）是古希腊哲学家、教育家、思想家。马克思称他为"古代最伟大的思想家"，恩格斯称他是古希腊"最博学的人，具有百科全书式的科学兴趣"。

《政治学》（约公元前330年）是亚里士多德的代表作，是研究国家问题的政治理论著作。全书共八卷，前六卷广泛讨论了家庭、国家、政治制度等问题，后两卷主要论述城邦的教育，就实施公民教育的一般原则和规划问题提出了若干有意义的观点。

亚里士多德把理性的发展看作教育的最终目的，主张国家应对奴隶主子弟进行公共教育。他将教育视为一种艺术、一种实践活动，提出通过包含智育、德育、体育三部分的教育，使人得到和谐发展。根据对儿童身心发展特点的观察，亚里士多德在教育史上第一个做出了关于儿童生长发育年龄分期的尝试，并探讨了各个年龄阶段教育的具体要求、组织、内容和方法。他认为，在幼儿时期，应该顺应自然，通过循序渐进的策略来锻炼幼儿的身体，并通过反复的实践来形成良好的习惯。习惯的形成主要通过行动。

和柏拉图一样，亚里士多德认为教育是国家的事务，立法者应该首先注意年轻一代的教育。他重视优生优育，强调选择学习材料的重要性，注意环境对儿童发展的重要意义。这些思想都对后世的学前教育产生了重要影响。

第七卷
第十五节
关心孩童身体应优先于灵魂①

孩童们与生俱来地具有愤怒、意愿以及欲望，而只有当他们长大后才逐渐具备推理和理解的能力。因此，应当首先关心孩童们的身体，尔后才是其灵魂方面，再是关心他们的情欲，当然关心情欲是为了理智，关心身体是为了灵魂。

第十六节
公民结合、生育子女的合适年龄及优生

父母有什么样的体格对子女最为有利？这个问题待我们论述儿童的监护时再详加讨论。此处大略讲一讲就行了。运动员的体格对公民的正常品性以及健康和生育都没有什么好处，过于虚弱的体格同样不好，介于二者之间的体格最为适宜。公民的体质应当能够胜任劳作，但不应单单胜任某一方面过于剧烈的劳作，就像运动员的体质那样。他只需胜任自由人的种种行动，男子和妇女都一样。

怀有身孕的妇女应当注意保养自己的身体，不宜流于疏懒，也不要吃营养不恰当的饭食。立法者很容易有效地纠治她们的疏懒，可以让她们每天步行去某一寺庙，朝拜专司生育的神祇。她们的思想与身体正好相反，需要保持轻松和安静。因为胎儿从母亲那里获得自己的性情，恰如植物得之于土壤。

关于婴儿的丢弃与抚养，最好立法规定，凡畸形的婴儿均不得抚养。至于婴儿的数量过多，有些地方的习俗又禁止丢弃婴儿，在这种情况下可以限制每对夫妇生育子女的数量，假如在允许范围外有了妊娠，应在感觉和生命尚未开始之前实行流产，因为做得合法不合法应凭生命和感觉而定。

第十七节
儿童的保育及锻炼

孩子出生之后，给他们什么样的营养，对他们的身体机能会产生极为不

---

① 本文中的此级小标题均为选编者添加。

同的影响。看看其他动物的情况以及那些一心想使其后代具有适于征战的体质的民族就不难明白，奶是丰富的食品，对身体最为适宜，饮酒愈少则愈不容易生病。其次，儿童们能够进行的所有运动对他们都有益处。为了使儿童的幼肢不致变形弯曲，如今有一些民族使用器械来保证儿童身体挺直，从幼年开始就训练儿童抵御寒冷是明显有益的，这样其健康和战斗能力都可以加强。因而不少野蛮民族有把新生的婴儿投入冰冷溪水的习俗，另有些民族则仅仅给婴儿裹上单薄的褓裸，如凯尔特人就如此。因为所有能够通过习惯适应的事物，都以尽早开始培养这一习惯为宜，但应当循序渐进。儿童们的温暖体质很容易训练得适应寒冷。

关于儿童的早期保育应按上述方式或其他类似的方式进行。接下来是5岁以前的时期，这一时期的儿童不能有任何学习任务或强制性的劳动，否则会阻碍其身体发育，同时还须注意使儿童保持一定的运动，以免他们的肢体僵滞，通过其他一些活动或嬉戏都可以做到这一点。但这些嬉戏不应流于卑俗，不应过于劳累或过于散漫。被称为"儿童法监"的官员要细心遴选适于儿童倾听的故事或传说。所有这些事项都应为儿童未来的生活道路做好铺垫，各种各样的嬉戏玩耍应当是他们日后将热心投入的人生事业的仿照。在法律中禁止儿童们哭叫的那些人做得并不正确，因为哭叫有益于儿童的生长发育，对他们的身体是一种锻炼。儿童们哭叫如同深呼吸运动一样，可以增强身体的力量。

注意环境的影响

儿童法监们应监督少儿的成长，此外，尤其要注意的是避免儿童与奴隶在一起。7岁以前他们都应在家中抚养。即使尚且年幼，耳闻目睹都很容易使他们染上不良习气。总的说来，立法者务必尽力在全邦杜绝一切污言秽语，把它当成一件事来办。因为哪怕是轻微的丑话也会很快产生秽行。特别是年轻人，决不能说或者听这类秽语。

我们经常偏爱最初的所见。所以少年们应当对一切恶劣的事物保持陌生，其中尤须摒绝包藏仇恨和邪恶的事物。5岁之后到7岁为止的两年时间里，他们应当观看将来要学习的事情。教育要分为两个年龄阶段，即从7岁至青春期的阶段和从青春期到21岁的阶段。那些以7为单位来划分年龄周期的诗人们大体上没有说错，不过我们应按自然的差异来划分，因为一切艺术和教育都谋求弥补自然的不足。

第八卷

第二节
儿童应学习实用的课程

有一点很清楚，就是儿童应该学习种种必需的和实用的事务，但还不是全部实用的事务，因为它们明确分为自由人的和非自由人的两类，儿童们只能从事工匠们不能从事的有关实用事务。任何工作、技术和学识倘若使得自由人的身体和思想不适合于德性的运用和实行，都应认为与工匠的营生同类。

第三节
学习实用课程的目的

儿童们的教育中包括一些实用的课程，例如学习读写，但并非仅仅为了实用，而是为了通过它们得以步入更加广阔的知识天地。同样，学习绘画也并非为了在私下的交易中不致出差错，或者在各种器物的买或卖中不致上当受骗，而是为了增强对于形体的审美能力。处处寻求实用是对自由大度胸怀的极大歪曲。既然在教育方面习惯先于理性，身体先于思想，那么，显然预先应把儿童交给体育教师和角力教师，这些人分别能造就儿童的体质和教给他们身体方面的本领。

第五节
儿童宜接受音乐的教导

教育少年明摆着不是为了嬉戏娱乐，学习并不是娱乐，它需要付出辛劳。这种年龄的少年也不宜逸乐，因为这终极的目的与尚不完全的人生状态并不相称。

音乐的教导很适合少年的本性，青少年们由于年龄关系极不情愿忍耐那些缺少快乐的事物，而音乐在本性上就属于令人快乐的事物。而且，音乐的旋律和节奏可以说与人心息息相通，因此一些有智慧的人说灵魂就是一支旋律，另一些则说灵魂蕴藏着旋律。

第六节
儿童学习音乐的原则

青少年是不是需要亲自学习歌唱和演奏，对于这个前面提出的疑问，此处我们要明确指出，如某人亲身投入音乐活动，他感受到的影响就会大不相同。那些不参加音乐演奏的人很难或几乎不可能成为评判他人演奏的行家。同时，儿童们总须有事可做，阿尔古太的响器①就被认为精巧适宜，这是父母为了使孩子们不致损坏家中什物给他们的玩具，因为小孩总是不能保持安分。这种响器与孩子们的童心极其吻合，其实（音乐）教育就是稍大一些的少年的响器或玩具。因而从以上所说可知，音乐的教育应该让青少年亲身参加演奏。

音乐的学习要遵循的原则是：不能为参加竞赛而刻苦进行技术训练，也不能追求惊奇和高超的表演，这类表演在今天的一些竞赛中日趋流行，并且从竞赛进入了教育体制；应以青少年达到能够欣赏高雅的旋律和节奏的水平为限，而不能仅限于某些其他动物、奴婢和幼儿都能欣赏的普通音乐。

于是，我们应当杜绝需要专门技巧的乐器和专重技巧的音乐教育——所谓专门技巧，是指旨为参加竞赛而训练的技巧。因为参赛者的表演不是为了自身的德性，而是为了取悦听众，追求一些庸俗的快乐。

第七节
音乐教育的目的

依据某些哲学家给出了的划分，旋律可分为道德情操型的、行为型的和激发型的三类，各种曲调在本性上各自与其中某一特定类型相对应。但是我们仍然主张，音乐不宜以单一的用途为目的，而应兼顾多种用途。音乐应以教育和净化情感为目的，第三个方面是为了消遣，为了松弛与紧张的消释。显而易见，所有的曲调都可以采用，但采用的方式不能一律相同。在教育中应采用道德情操型，在赏听他人演奏时也可以采用行为型和激发型的旋律。因为某些人的灵魂之中有着强烈的激情，诸如怜悯和恐惧，还有热情，其实

---

① 阿尔古太，公元前5世纪末塔兰顿哲学家，一说是木匠。他喜欢同儿童游唱，这一玩具可能由他设计制作。——选编者注

所有人都有这些激情，只是强弱程度不等。有一些人很容易产生狂热的冲动，在演奏神圣庄严的乐曲之际，只要这些乐曲使用了亢奋灵魂的旋律，我们将会看到他们如疯似狂，不能自制，仿佛得到了医治和净化——那些易受怜悯和恐惧情绪影响以及一切富于激情的人必定会有相同的感受，其他每个情感变化显著的人都能在某种程度上感到舒畅和愉快。与此相似，行为型的旋律也能消除人们心中的积郁。所以那些在音乐剧场参加竞赛的人可以采用这类曲调和旋律。由于观众有两类，一类是受过教育的自由人，一类是工匠、雇工和其他诸如此类的鄙俗之人，也应该设立一些令后一类观众开心的竞赛和表演。这些音乐应当投合他们偏离了自然状态的灵魂，由于这个缘故他们喜欢听怪异的曲调，偏好紧张和过于花哨的旋律。每个人依照其自然本性来取乐，所以专职的乐师在为鄙俗的观众演出时，可以选用与他们相宜的那种音乐。在教育方面，据先前所说，则应采用道德情操型的旋律和曲调，比如前面提到过的多利亚调；但是我们也应接受那些通晓哲学和音乐教育的人所赞同的其他乐调。《国家篇》① 中的苏格拉底在多利亚调外只保留了弗利吉亚调是不妥当的，特别是在他反对使用笛类乐器的情况下。

存在着两种目标：可能的目标与适当的目标。人更应该追求可能的目标，又应追求与自身情况相宜的适当目标。这些目标受年龄差异的影响，那些饱经岁月风霜的老者很难再唱紧张高亢的曲调，自然本性要求给这种年纪的人一些轻松的乐曲。正是在这一点上，一些擅长音乐的人十分恰当地批评了苏格拉底，责备他把轻松的曲调排挤于教育之外，其理由倒不是它们能使人飘然陶醉，而是这种陶醉本身不同一般，竟然趋于消靡。所以，一旦老之将至，就应额外选用一些轻松的曲调和旋律。此外，假如某一曲调井然有序且富教育作用，就宜于在儿童时期的教育中采用，例如吕地亚调，它在所有的曲调中显得最具备这种特征。这样，教育明显应基于三项准则：中庸的、可能的与适当的。

（选自亚里士多德著，颜一、秦典华译：《政治学》，中国人民大学出版社2003年版）

---

① 即柏拉图的著作《理想国》。——选编者注

《雄辩术原理》

昆体良

【导读】

昆体良（M. F. Quintilianus，约35—114）是古代罗马教育家、演说家。他出生于西班牙，少年时随父到罗马求学，后在罗马从事修辞学教学，由罗马皇帝韦帕芗授予罗马帝国第一个修辞学教授职位。昆体良在修辞学校工作了二十年左右，其间还被召进宫担任罗马皇族的家庭教师。在公元90年退休后，他专门从事著述，写成了《雄辩术原理》（或译《论演说家的培养》）（公元96年）。全书共十二卷。其中涉及学前教育及初、中、高三级教育问题，反映了昆体良的教育理念、教育经验以及古希腊和罗马的教育实践经验。

昆体良的教育理论和实践都以培养雄辩家为宗旨。他对教育的作用予以高度评价。与当时人们普遍将有关教育定格于较大的年龄段不同，在昆体良看来，欲培养一位出类拔萃的雄辩家，就必须"从咿呀学语开始，经过初露头角的雄辩家所必需的各个阶段的教育，一直到雄辩术的顶峰"。因此，昆体良非常重视幼儿时期的教育，主张在儿童刚能说话时就应开始智育和德育。为了培养儿童的良好美德，从婴儿期起就应注意不能娇生惯养，同时，在儿童早期教育中决不能让儿童养成品德、生活和语言方面的不良习惯。昆体良非常注意儿童语言的发展，认为人的教育应当从摇篮期开始，在婴儿期就要注意语言的纯洁性。学前教育在家庭里进行，父母、保姆、家庭教师都是幼儿的教育者。他主张为儿童选择的保姆最好是一个受过教育、具有良好的品德和说话得体的人，因为她们的一言一行都可能被儿童模仿。昆体良对教师也做了一些论述，他认为好的教师应能把握儿童的心理，根据学生的性格决定教育的方法，对不同的学生使用不同的方法。这些观点现在仍有其积极意义。

第一卷

第一章

教育的功能①

1. 当儿子刚一出生的时候，但愿做父亲的首先对他寄以最大的希望，这样，才会一开始就精心地关怀他的成长。抱怨"只有极少数人生来具有接受教育的能力，而多数人由于悟性鲁钝，对他们的教育是徒然浪费劳力与时间"，这是没有根据的。恰恰相反，大多数人既能敏捷地思考，又能灵敏地学习，因为此种灵敏是与生俱来的。正如鸟生而能飞，马生而能跑，野兽生而凶残，唯独人生而具有敏慧而聪颖的理解力。所以，心智的根源也是来自天赋。

2. 只有那些天生的畸形和生来有缺陷的人才是天生愚鲁而不可教的人，这样的人肯定会有，然而很少。这种说法的证明是，绝大多数儿童都表现出他们是大有培养前途的，如果在以后的岁月中这种希望成了泡影，那就说明，缺少的不是天赋能力，而是培养。

3. 也许有人会说，有的人天赋能力的确是比别人强。我承认这是事实，因而人们的实际成就也有差别。但是，受了教育而一无所获的人是没有的。但愿相信这个真理的人，一旦做了父亲时，最细心地关注一个未来雄辩家的前程。

对儿童教育者的要求

4. 最要紧的是，孩子的保姆应当是说话准确的人。克里希普②曾希望，如果可能，她最好是受过教育的妇女；无论如何也应当挑选最好的保姆。毫无疑问，首先应注意的是她们的道德，同时语言也必须正确。

5. 儿童首先听到的是她们的声音，首先模仿的是她们的言语。我们天生地能历久不忘孩提时期的印象，如同新器皿一经染上气味，其味经久不变，纯白的羊毛一经染上颜色，其色久不能改；越是令人讨厌的习惯，越是牢不可破，因为好的习惯变坏是容易的，但何时能使坏习惯变好？所以，即

---

① 本文中的此级小标题均为选编者添加。
② 克里希普（公元前282—前206），希腊禁欲派哲学家。——译者注

使还在婴儿时期,也不要让他学会以后不应当学习的用语。

7. 如果父母本身没有受到良好教育的幸运,也不要因此就减少对孩子教育的注意,正因为他们学识少,他们就应该在对孩子的成长有益的其他事情上更加勤勉。

8. 关于未来雄辩家的陪伴,我要重复上面关于保姆所说的话。至于说到教仆,我主张他们应受过良好的教育,否则,他们也要认识到自己在教育上的不足;最坏的事情莫过于有些人刚刚学会几个字母就据此误认为自己是有知识的人。由于他们不愿意放弃教师的作用,一旦他们受权行使某种权威(这类人总是以权威作为吹嘘的资本)时,他们就变得专横甚至粗暴,他们不过是将自己的愚蠢无知灌输给被托付给他的人。

9. 他们的不良行为也同样对学生的道德有害。据巴比伦人狄奥根尼说,亚历山大的家庭教师里奥尼达的某些坏习惯稍稍浸染了他,于是从童年受教育直到长大成人,甚至成了最伟大的国王,这些习惯仍然难以改掉。

10. 如果读者认为我要求太多了,那么他应当考虑到,我们所要培养的是一个雄辩家,即令形成他的性格的条件已经具备,那也是一桩艰巨的事业。此外还有更多的困难工作要做,因为还需要持久的学习,需要有最优秀的教师,以及各种各样的必需的锻炼。

11. 所以我们要为培养学生建立最完善的准则,如果有了准则有的人却不遵守,那么他们的失败不在于方法,而在于人。

如果孩子没有幸运能得到我所期望的那种保姆、教仆或陪伴人,无论如何也要有一个在语言上有良好修养的人陪在孩子身边,如果保姆或教仆在孩子面前说话不当,他就立即加以纠正,以防止这些不正确的语言变成根深蒂固的习惯。但是应当了解,这不过是亡羊补牢,我在前面所说的才是正确的方法。

语言学习及教学方法

12. 我希望孩子最好一开始先学希腊语,因为拉丁语是通用语言,即使你不让他学,他也会掌握的。其次,因为他必须首先学习希腊的学问,我们的学问是从那里发展而来的。

13. 然而我不希望这条规则被当作迷信来遵守,竟至如通常的习惯那样,让儿童在很长一个时期内只说希腊语,只学希腊语。这种办法会造成语言上和发音上的许多错误，在发音上形成外国语的腔调，在语言上，当某些希腊语的习惯语由于经常使用而变得牢固时，在我们日常说另一种语言时，它们仍顽固地发生干扰作用。

14. 因此，紧接着就要学习拉丁语，然后很快与希腊语同时并进。只要对两种语言同样予以注意，其中任何一种就不会妨碍另一种。

18. 在儿童能说话以后，不能无所事事。那么，有什么更好的事可做呢？7岁以前的收获无论怎样微小，为什么就要轻视它呢？诚然，7岁以前学习的东西无论怎么少，但有了这个基础，到了7岁就可以学些程度更深的东西，否则到了7岁还只能从最简单的东西学起。

19. 这样每年取得的点滴进步就增加了总的进步，儿童时代节约下来的时间对于青年时期是有益的。这条规则也适用于7岁以后的年龄，这样凡是每个儿童都要学习的东西，他就不会开始得太晚。所以，早期年龄阶段的光阴不要浪费，因为初步识字仅仅靠记忆，而记忆力不仅存在于儿童时期，而且儿童时期的记忆甚至更加牢固，正因为如此，就更没有借口浪费早期年龄的光阴。

20. 我并非不知道年龄差别，而主张在那个柔弱的年龄使他们负担很重，强求他们完成挤得满满的作业，因为最要紧的是要特别当心不要让儿童在还不能热爱学习的时候就厌恶学习，以至在儿童时代过去以后，还对初次尝过的苦艾心有余悸。要使最初的教育成为一种娱乐，要向学生提出问题，对他们的回答予以赞扬，决不要让他以不知道为快乐。有时，如果他不愿意学习，就当着他的面去教他所妒忌的另一个孩子。有时要让他和其他孩子比赛，经常认为自己在比赛中获胜，用那个年龄所珍视的奖励去鼓励他在竞赛中获胜。

21. 我们声称培养雄辩家，而给予的教育却是微不足道的。但是，甚至专门学问也有它的幼稚阶段。如同最强壮的身体的培养是从吃奶与摇篮开始，将来要成为优秀的雄辩家的人，也得经过呱呱坠地、咿呀学语、辨认不清字母形状的阶段。即使学习到的东西不太充分，也不要因此就根本不去学习。

22. 如果一位父亲认为对于自己的儿子来说，这些事情都是值得注意的，没有人会责备这位父亲，那么，把在自己家里应当做的事情介绍给公众，引起他们的注意，为什么就要受到责备呢？这样做之所以不应受到责备，还有更深一层的理由。愈是年纪小，头脑就愈易于接受小事情，正如只有在身体柔软的时期，四肢才能任意弯曲，强壮本身也同样使头脑对多数事物更难于适应。

23. 如果不是相信学问的初步基础只有最出色的教师才能打得牢固，如果不是相信这些初步基础对最终的结果有重要影响，马其顿国王菲利普还会选定当代最伟大的哲学家亚里士多德给他的儿子亚历山大教授初步识字、亚里士多德又会接受这一任务吗？

24. 因此，假定托付给我的孩子是亚历山大，假定我们抱在膝上的幼儿是和亚历山大一样应受到无微不至的关怀的孩子——每个父亲都认为自己的孩子应受到无微不至的关怀——难道我就耻于在教给字母时指出某些教育上的规则吗？例如，我决不赞同所谓流行的习惯，即儿童在学习字母的形状以前先学习它们的名称和顺序。

25. 这种方法妨碍他们认识字母，因为他们很快就会不去注意字母的形状，越过观察而单纯依靠记忆力。这就是为什么有些教师觉得即使按照开始时常写的顺序孩子们已充分牢固地认识了字母，还要叫他们按照相反的方向去重新认识，用各种不同的排列法打乱原来的顺序，直到学生能从形状而不是从它们所在的位置去认识它们。所以，对儿童来说，最好的方法是同时教他们认识字母的形状和名称，正如教他们同时认识人的相貌和名字一样。

26. 对于学习字母有妨碍的，对于学习音节却没有妨碍。我十分赞成人们常用的一种刺激儿童学习的方法，这就是将有字母的象牙人像给他们玩，或者将他喜欢摸一摸、看一看，能叫出其名称并可使他增加愉快感的任何东西给他玩。

27. 当孩子开始摹写字母的形状时，下述的方法是恰当的：将字母尽可能正确地刻在木板上，指导孩子用铁笔沿着笔画的沟纹去写，这样他们就不会出错误，如同在蜡版上写一样（因为他的笔路被控制在沟纹两边的边沿之内而不能随意乱画）。通过这种迅速而准确的经常摹写，他的手腕就习惯了，用不着别人把着手去教。

28. 上流社会所忽视的优美而流畅的书法决不是一桩无关紧要的事，因为书法本身就是一种最基本的学问，它是获得根基深厚的专业特长的源泉之一，写得太慢了，延碍思维，粗糙而错乱的字迹不能阅读。所以，紧接着还有另一个任务，就是要把抄写的内容读一遍。

29. 无论何时何地，特别是在私人书信和与友人的通信中，如能注意到这些小事，将会给人带来愉快。

30. 学习音节没有捷径。所有的音节都要学会。也不要像通常的习惯那样，把困难的音节留待以后去学，这样做的结果只会造成以后在写字时的拼写错误。

31. 此外，也不要盲目地相信第一次的熟记，音节最好反复地学习，使之牢固地铭记在心。在学习阅读音节时，在学生熟悉字母之间明晰而确定的关系、一点也不需要任何停顿来回忆之前，也不要急于要求学生读得连贯，读得迅速。然后，学生就可以开始学习由音节结合成单字，由单字组合成短句。

32. 读得太快了会给学生的阅读造成多得难以置信的障碍，由此而产生口吃、中断和重复，因为学生力不从心。一旦出现错误，他们就会对已经学会的东西也失去信心。

33. 所以，阅读应当首先要求准确，然后才要求连贯，在很长一段时间内要读得很慢，直到通过练习读得迅速而又正确。

34. 至于人们通常所要求的能读着上文、看着下文，那就不能靠规则，而是靠习惯了，因为儿童在看着下文时同时又得读着上文。最困难的是，他们的思想必须分散到两个方面，既要考虑发音，又要考虑眼睛。当孩子按照通常的办法开始写字时，值得一提的是不要让他们把精力放在一些通用字和常用字上面。

35. 他们在学习其他课业时，可以顺便学习那些古希腊人称之为格罗赛①的古废字的解释，这样他们就能在刚开始学习时就掌握了以后需要专门花时间去学习的东西。既然我们还在讨论小事情，我希望拿给孩子摹写的句子不要是毫无意义的，而应该包含良好的道德教育。

36. 这样的格言他们能终身不忘，一旦铭刻在他的尚未成熟的头脑里，就能有益于形成他的性格。他也可以在娱乐中学习一些名人名言，特别是从诗人作品中挑选的名句，因为年幼的头脑对诗歌是很感兴趣的。我在适当的地方还要指出，对于一个雄辩家来说，记忆力是头等重要的，它可以通过练

---

① 希腊人所用的术语，指需要加以注释的外来语或古废字。——译者注

习得到加强和发展。现在说到的本身还不能有任何创作的年龄，记忆力是教师可以帮助促进其发展的唯一智能。

37. 为了使儿童发音更完善、口齿更清晰，对于这个年龄的孩子，也可以要求他们以最快的速度朗读由许多音节组成的难字、难句和一些佶屈聱牙的拗口句子。看来这似乎是微不足道的小事，但是如果忽略了它，使许多发音上的错误在年幼时得不到纠正，在以后的生活中就会成为难改的积习。

第二章
不良环境对儿童品性的伤害

4. 人们认为，在学校里道德被败坏了，因为学校有时的确使道德败坏，但这种情况也同样在家里发生，这样的事例是数不胜数的。同样也有不胜枚举的事例说明，无论在家庭还是在学校，都可以保持纯洁的道德。造成这些差别的是学生的天赋素质和对他们的培养。假如他的心性有邪恶的倾向，假如在早期年龄对他的培养和防范疏忽大意，与世隔离同样能提供失德的机会。因为家庭教师本身就可能是品行恶劣的，与邪僻的奴隶接触，丝毫也不比同放荡的自由民青年接触更安全。

5. 如果孩子的天赋素质是良好的，如果父母没有闭目塞听、怠惰疏忽，他们就可能选择德行良好的教师（这是明达的父母首先要注意的事），选择最严格的教育方法，同时还可以在孩子身边安置一个行为端正的人或忠实可靠的被释奴隶，作为他的朋友和监护人。有了他们的经常陪伴，即使是值得为之担心的人，在道德上也会得到提高。

6. 这种担心的事是容易补救的。但愿我们自己不去败坏我们的孩子的道德！还在最早的婴儿时期我们就以娇生惯养在败坏孩子的道德。我们称之为溺爱的那种娇弱的教育造成了身体上和精神上一切力量的衰退。还不会走路的时候就身着紫袍的人，一旦长大成人，什么不去追求？他在还不会说话的时候就能辨认绯红色，哭闹着一定要最好的紫色衣服。我们在训练他们说话以前，就已先培养了他们的嗜好。

7. 他们在轿椅里长大，一旦两脚着地，就得两边有侍者搀扶着。他们说了下流话，我们也为之高兴，他们说的话即使是出自我们的童仆亚历山大里亚少年之口，也是不能容忍的，而我们对这些话也报以微笑和亲吻。他们这样满嘴污秽是不足为奇的，这是我们自己教的，他们是在听我们说话时学会的。

8. 他们所看到的是情妇和娈童。每次宴会时室内充斥着靡靡之音，人们羞于出口的事却触目皆是。正是从这样的实践中养成了习惯，以后就变成了天性。可怜的孩子在还不知道这些事是邪恶时就学会了这些邪恶，于是，他们变得放纵、娇气。他们不是从学校中习染了这种不良道德，把这种道德败坏带进学校的正是他们。

18. 最重要的是，一个未来的雄辩家，一个必须生活于广大公众之中并谙悉公共事务的人，应当从童年时代起就习惯于见了人不致羞涩腼腆，也不应过着颓唐孤僻犹如隐士的生活。头脑需要不断得到激励和鼓舞，而在这种离群索居的生活中，它不是凋残下去，成为湮没无闻的陈迹，就是走向另一极端，变得夜郎自大。因为不与别人比较，人们总是对自己的力量估计过高的。

教学要量力而行

27. 要遵循这样一条真理：教师本身要小心谨慎，如果他希望自己的学生成为有用的人而不是华而不实的人，他在教育头脑尚未成熟的学生时，不要使他负担过重，要节制自己的力量，俯就学生的能力。

28. 正如紧口瓶子不能容受一下子大量流进的液体，却能为慢慢地甚至一滴一滴地灌进的液体所填满，所以我们也必须仔细考察学生的接受能力。他们远远不能理解的东西是不能进入他们的头脑的，因为头脑还没有成熟到能容受它们。

29. 如果孩子能够有一些同学，首先模仿他们，然后就超过他们，这是有益的。通过这种方法，他就会逐渐形成争取更好成绩的愿望。

第三章

教师要把握儿童能力及心理，因材施教

1. 一个高明的教师，当他接受托付给他的儿童时，首先要弄清他的能力和天赋素质。儿童能力的主要标志是记忆力，记忆力包括两个方面：敏于接受知识和记得牢固。次一个标志是模仿能力，这是儿童可以接受教育的象征，但是有个条件，只应模仿所教的东西，而不是模仿别人的动作或走路的姿势，例如，模仿别人的缺点。

2. 故意以喜欢模仿别人的动作来逗人发笑的孩子，我是不指望他具有

出众的才能的。从小就表现出真正有才能的孩子也一定是举止端庄的人，不然的话，我认为一个资质鲁钝的人丝毫也不比一个聪明而行为不正的人更坏；但是倾向高尚的人决不会是鲁钝怠惰的人。

3. 我的理想的学生要乐于接受教给他的知识并就某些事物提出问题，然而他仍然必须遵循教师的指引而不能跑在教师的前面。早熟的才智鲜有能结好果者。

4. 所谓早熟，是指这样一些学生，他们刚刚开始学习就被厚颜无耻所驱使，自负而迫不及待地要显露一下自己。但是他们用来显露身手的，也不过就是刚刚学到的一点东西。他们把单字拼凑起来，毫无惧色地炫耀自己的一点儿知识，一点儿也不谦虚。他们的言辞虽则流利，但却浅薄。

5. 这里没有根基深厚而牢固的内在力量，它们不过像撒在土地表面而未熟即萌芽的种子，又像似稻而实非稻的杂草，收获季节未到就早已枯黄结了空实。就他们的年龄而言，他们的进步是可喜的，但是他们的进步到此为止，而我们的赞美也就随之消失了。

6. 当教师注意了上述各点时，次一个问题就是如何把握学生的心理。有些学生是懒惰的，除非你加紧督促，有的学生则不能忍受管束；恐吓能约束一些学生，却使另一些学生失去生气；有的学生需要长期的用功才能塑造成人，而另一些学生通过短期的努力就能取得更大进步。

7. 假定交给我的学生因称赞而受到鼓励，因荣誉而感到喜悦，在失败时容易哭鼻子。对这样的学生必须用成功的希望去培育他的力量，用责备督促他向进步快的学生学习，用荣誉去鼓舞他。对这样的学生，我永远不会担心他会变得懒惰。

教学要劳逸结合

8. 对于一切儿童都应当允许他们有些休息，这不仅仅是因为没有什么东西能经受持久的劳累（即使是那些没有感觉没有生命的东西也以轮换的休息而有松弛的时候，以便保持活力），更是因为专心致志的学习有赖于学生的意愿，而意愿是不能通过强制得到的。

9. 因此，如果学生的精力和精神因休息而得到恢复，他就能以更旺盛的力量和更清晰的头脑进行学习，而这种力量通常是不能用强迫得到的。

10. 我不会因学生爱好游戏而感到不高兴，那是天性活泼的标志；那种总是迟钝麻木、没精打采的、甚至对那个年龄所应有的激动也漠然无动于衷的学生,我是不指望他能热心学习的。

11. 但是,应当给休息规定一个限度,否则,你不让他休息时,就使他产生对学习的厌恶,而过度放纵的休息则容易养成懒惰的习惯。有些娱乐有助于发展敏锐的智力,如比赛轮流提出各种各样的问题之类。

12. 在游戏中,学生的道德品质也能毫无保留地按照本来面目表现出来;教师们要记住,没有哪个年龄的孩子会幼稚到不能立刻学会分辨是非。在幼稚无知的年龄,当他还不知道弄虚作假,最愿意听从教师的教育时,是最容易受到熏陶的。因为你可以破除已经铸成的缺点,然后及时加以补救。

13. 所以,从一开始就要告诫学生,决不能表现出自私、无耻和失去自制,他应牢记维吉尔①的名言:"少年时代养成的习惯是多么重要。"

体罚的不良后果

14. 至于说到对学生的体罚,虽然这是公认的习惯而克里希普也并不反对这点,但我是无论如何不赞成的。首先因为这是一种不光彩的惩罚,它只适用于对奴隶的惩罚,事实上它无疑是一种凌辱(试设想,如果将这种惩罚用于别的年龄,那就可以明显地看出来);其次,如果孩子的倾向卑劣到不能以申斥矫正,他就如同最坏的奴隶,对鞭笞习以为常;最后,如果有人经常跟在他身边监督他勤奋学习,这样的惩罚就完全没有必要。

15. 现时,用以补救教仆的疏忽大意的办法是在儿童做了错事时惩罚他们,而不是责令他们去做应当做的事。此外,当你用鞭笞强迫儿童以后,待他到了青年时期,这种恐吓手段已不能再用,而他又有更困难的功课要学习的时候,你又如何对付他呢?

16. 更有进者,当孩子受到鞭笞的时候,由于痛楚和恐惧,他禁不住要发出以后会令其感到羞耻的不体面的哭叫,这种羞耻心使他心情沮丧、压抑,使他不敢见人,经常感到抑郁。

17. 在挑选监护人和教师时,如果一点儿也没有注意选择品行端庄的人,我简直说不出口那些宵小之辈是多么可耻地滥用了体罚的权力,而不幸的儿童的恐怖心理又会有时给别人提供多么好的机会。我不打算详细讨论这

---

① 维吉尔(公元前70—前19),古罗马诗人。——译者注,有改动

个问题，上面所说的已经足够了。这里只须指出，对于如此纤弱、如此无力抗拒虐待的幼年，任何人都不允许滥用权威。

第二卷

第三章

教师应掌握良好方法，反对装腔作势

6. 其次，因为在教学中，方法是最重要的，最有学识的人也懂得最好的教学方法。最后，如果一个人没有扎实的基础，也就不能在较高程度的学科上有重大成就。

7. 有人会问，难道就没有高超到未成熟的童年所不能理解的那样一种雄辩之才吗？当然会有的。但是雄辩术教师也应当是明智的人，他应当深知教学方法，懂得俯就学生的能力。如同一个走路很快的人，如果他恰好和一个小孩走在一起，他就会用手牵着小孩，放慢自己的步伐，不能走得太快，免得他的小同伴跟不上。

8. 常常有这种情形，最有学问的人的教学往往比别人的教学更加易懂，更加明白。明白是雄辩术的主要特征。愈是无能的人愈是自我吹嘘，抬高自己，就像矮子踮起脚充长子，弱者虚张声势充强者。

9. 那种格调浮夸、邪恶、放言高论以及满身各种形式的装腔作势的人，依我看，他们的毛病不在于强而有力，而在于虚弱，如同身体不是因为健康而发胖，而是病态的浮肿，又像是误入歧途的疲惫不堪的旅行者。于是，愈是雄辩术水平低下的人，愈是教得晦涩难懂。

10. 我并没有忘记我在前一卷中说过的话，我在那里说到学校教育优于家庭教育时，曾经说过，在最初阶段，当学生的进步还很小的时候，学生更易于模仿他们的同学，因为这种模仿更容易，有的人可能以为我现在说的和以前说的相矛盾。决不是这样。

11. 我在前面说的是论述为什么要将学生交付给最优秀教师的充足理由，因为第一流的教师所教的学生由于受到良好的教育，当他们演讲时，他们所说的话都是值得模仿的，如果他们出了错误，也可以及时得到纠正。相反，文墨不多的教师甚至会对错误加以赞扬，这是无异于通过他的评判向听

众对错误进行表扬。

12. 因此，教师应当是德才兼备的人，他应该像荷马史诗中的费尼克斯一样，既教学生怎样演讲，又教学生怎样做人。

第八章
教师的职责

1. 善于精细地观察学生能力的差异，弄清每个学生的天性的特殊倾向，人们通常认为这是优秀教师的标志之一。这是有道理的，因为各个人的才能的确有着不可思议的差别，人心之不同，各如其面。

2. 这一点从雄辩家本身也可以得到证明。雄辩家的演说风格是如此千差万别，竟至没有一个人的风格和另一个人的风格相像，虽然他们之中的大多数人都竭力模仿自己所崇拜的人。

3. 大多数教师认为用下述的教学方法是有益的，这就是，教学要能培植各人的天赋特长，要沿着学生的自然倾向最有效地发展他的能力。

5. 人们说，自然（nature，即天性）如果辅之以精心的培养，就能获得更大的力量。如果引导一个人与自己的自然倾向背道而驰，他就不可能在与他的天性不适合的学业中取得成就，他的似乎与生俱来的才能由于受到忽视就会被削弱下去。

6. 在我看来，这种见解只是部分正确的。

10. 我不是要与自然（天性）作对，我认为天赋的善良品质不应受到忽视，但是，我坚决主张要对这种天赋善良品质加以培养，还要补充一些天性所缺少的东西。

（选自任钟印选译：《昆体良教育论著选》，人民教育出版社 2001 年版）

《论儿童教育》
普鲁塔克

【导读】

普鲁塔克（Plutarch，约46—120）是古代罗马帝国早期希腊传记作家和伦理学家。他出生于希腊中部喀罗尼亚城，从小受到良好的家庭教育，青

年时期游学雅典，受业于名师阿谟尼乌斯，受过数学、哲学、修辞学、历史学以及医学等方面的训练，还曾遍游希腊各地，到过爱琴海诸岛，访问过埃及、小亚细亚、意大利。所到之处，他都极为留心搜集当地的历史资料和口头传说，从而成为饱学之士。普鲁塔克的著作，由后人辑为两集，一为包括50篇传记的《名人传》，二为包括约70篇论文和语录的《道德论集》。《论儿童教育》（约1世纪末）是《道德论集》中一篇关于教育方面的论著。

普鲁塔克非常重视教育的作用，认为天性、理智、应用都可以通过后天的教育获得，教育在人的形成中起着巨大的作用。他主张对儿童及早进行教育，认为童年期的孩子可塑性强，容易受到外界的影响，父母应关心、教育儿童，尽最大力量为儿童提供良好的教育，尤其是早期教育。儿童小时候应由母亲哺育、抚养，给孩子充分的爱，但不可溺爱，要做到宽严结合。为孩子选择游伴、教仆、教师必须小心谨慎。普鲁塔克认为记忆力对于学问的作用胜于一切，要注意培养和运用孩子的记忆力。他反对体罚，主张运用鼓励等方法来引导儿童学习，并强调要注意劳逸结合。他提出诚实是儿童的首要品德，要培养儿童谈吐得体，合乎礼仪。他还主张儿童要从小进行体育锻炼，避免养成柔弱的性格。

天性、学习及练习在儿童德性培养中的作用①

1. 现在请读者允许我进而探讨自由民儿童的教育应采取的方针和培养他们的良好习惯的方法。

4. 我们惯常关于艺术和科学所说的话也可以用于德性的培养。要在实际上完成德性的培养，必须有三件事协调一致，这就是天性、理智和应用。我在这里所说的理智是指学习，我所说的应用是指练习。原理来自教导，习惯来自练习。三者结合以达到完美的境界。因此，三者之中任缺其一，德性就必定是有缺陷的。天性如果不通过教导加以完善，就是不实之华；教导如

---

① 本文中的此级小标题均为选编者添加。

果无天性之助，就是残缺不全；练习如果没有这两者的帮助，就不能完全达到目的。犹如农事，首先必须土壤是肥沃的；其次，农民必须熟知农事；最后，播下的种子必须是良种。在这里，天性好比土壤，青年的教育者好比农夫，所教的合理的原理和概念好比种子。我敢断然肯定，所有这三者的结合和协调一致才促成了那些受到普遍尊敬的人的心灵的完善，如毕达哥拉斯、苏格拉底和柏拉图以及其他以其突出的价值而流芳千古的人。三者齐备而又有一方面突出的人就是幸福的人，诸神所钟爱的人。

如果有人认为，凡是天性没有充分尽其职责的人，即使他们有幸碰到良好的教育，尽管他们勤勉努力于德性上的成就，在某种程度上他们也不能弥补天性的缺陷。持这种看法的人必须知道，他是很错误的，不，是完全错误的。正如良好的天赋能力可能由于怠惰而遭毁坏，迟缓迟钝的天赋能力也可以由教育而得到改善。正如疏懒的学生不能获得理解最简易的事物的能力，勤奋的学生却能克服最大的困难。我们可以看到，很多事例向我们清楚地表明，努力和勤奋具有强大的力量和成功的效果。滴水不断，能穿坚石，铁杵磨成绣花针。一旦用强力将直木制成车轮，即使我们想再使它成为直木，也不可能；要将演员在舞台上用的曲棍重新变直，也是力所不能及的。即使努力与天性相反，努力所产生的结果也比天性本身产生的结果要大得多。

儿童哺育期的注意事项，对儿童养育者的要求

5. 应当引起我们重视的次一个问题是儿童的哺育，在我看来，这种事应由母亲自己去做。……因为儿童是柔嫩的、容易铸造成各种类型的人。而且，当儿童的灵魂还软弱易感的时候，容易接受进入心灵的任何事物的印象；但一旦他们长大以后，像一块坚硬的东西一样，它就难以改变了。正如在软蜡上容易打上印记，儿童的头脑也易于接受在这个年龄给予的教育。因此，在我看来，天才柏拉图关于保姆的忠告是有益的忠告。他说，在幼儿时代，不要不加选择地将各种故事都讲给儿童听，否则，他们的头脑就有因此而充满各种愚蠢而邪恶的观念的危险。诗人福西利德在下面的诗句中也提出了同样的忠告："若要孩子德性高，良言善行灌输早。"

6. 首先，我们不要疏忽大意的是，被指派去照料幼儿和作为幼儿的游伴而养育的孩子必须是有良好礼貌的。其次，这些孩子说的必须是平易自然的希腊语，以免由于经常与语言不规范和有不良习惯的人交谈而从他们身上

习染错讹的语言。俗话说得好:"与跛子生活在一起,就学会跛行。"

7. 其次,当孩子已经长大、要交给教仆照管的时候,要十分注意不要看错了人,竟然把孩子托付给奴隶或野蛮人或骗子。

现在我要开始说到一个更重要的问题,这个问题比我说的其他问题都重要得多。我们为孩子物色的教师必须是生活上无可指责的,行为上不应受到非难的,并且应具有最好的教学经验。因为诚实与美德的源泉与根蒂在于受到好的教育。正如农夫总是用叉子将嫩弱的植物支撑起来,诚实的教师也是以精心的教诲和告诫将年轻人支撑起来,使之能长出良好行为的蓓蕾。但是,现时有些做父亲的人,他们的行为理应受到人们轻蔑的嘲笑,他们事前对于打算请来担任儿童教育工作的人没有任何检验,或者由于对他不熟悉,或者由于不善于挑选,就贸然把孩子的教育托付给名声不好的人,有时甚至托付给声名狼藉的人。虽然,如果他们在这件事情上只是由于不善于挑选,他们还不完全是荒唐可笑的。但是有时也有这样的情况,尽管他们知道,并且比他们更了解情况的人事先告诉了他们,某些教师既无能,又行为卑劣,他们有时是被这些教师的甜言蜜语和阿谀之词所制服,有时是不得不答应朋友的恳求,仍然把孩子交给这种不称职的教师去教育,这就是十足的愚蠢行为。

8. 所以,简言之,我认为(我所说的也许有正当理由要求人们把它看作是至理名言而不是忠告)在这个问题上,包括这个问题的从开始、中间到结束的全过程,最主要的事情是良好的教育和正规的教训,这两者对于成就德性和幸福都是大有帮助的。

对父亲的忠告

9. 我已经对父亲们提出忠告,希望他们把培养孩子的学问看作最为关注的重要事情。此外,在这里我还要补充一点,他们用来培养孩子的学问应当是健康的、有益的,决不应当是适合低级情趣的毫无价值的东西,因为迎合多数人的兴趣就是使有学识的人扫兴。

如果有人问我,要教给儿童的次一件事是什么,要儿童养成什么样的良好品质,我的回答是,我认为可取的办法是,孩子无论在言谈还是在行为上都不应鲁莽轻率,因为,俗话说,最好的事情也就是最困难的事情。但是没有经过事先准备的即席谈话大都充满了非常平庸的漫无边际的废话,说话的人自己也不知道从何处开始,说到何处为止。在不经准备而突然发言的人常犯的错误中,他们易犯的一个大错误就是过分啰啰唆唆,而事先考虑好了再说就不会把话拉得过长。

重视人生哲学的学习

10. 只要儿童能通过听讲或公开展览获得各种普通知识,我们就不应当允许一个天真的儿童轻视这些知识,但是,我觉得他们只需要略加涉猎,只要浅尝而止就行了(鉴于任何人都不能精通一切知识),而应当在一切知识中将哲学置于最优先的地位。举例来说,航海环游,访问很多城市,这是一件很好的事,但选择一个最好的地方定居下来是有益的。……据此,我们应将哲学看作最主要的学问。因为,为了身体的健康,虽然人们经过勤奋努力发现了两门艺术——帮助恢复健康的医学和帮助达到体魄强健的体操——然而对精神的混乱和疾病却只有一种药方可以补救,这就是哲学。通过哲学给予的忠告和帮助,我们就能理解什么是诚实,什么是虚伪,什么是正义,什么是不义;总之,应当追求什么,避免什么。我们从学习哲学中知道我们对神祇、父母、长者、法律、陌生人、长官、朋友、妻子、孩子和仆人应当怎样谦恭。即是说,我们应敬奉神祇,尊敬父母,敬重长者,遵守法律,服从长官,友爱朋友,慎待妻子,慈爱儿童,不以傲慢态度对待仆人。最重要的是,处顺境时不要过分洋洋自得,处逆境时不要过分垂头丧气;既不要享乐无度,也不要狂怒失常。我认为这些都是我们从哲学中能得到的主要益处。慷慨大度地使用自己的财富是人的本分,以理智管束我们的享乐是明智之士的财富,而平息自己的怒气则只有非凡的人才能做到。凡是懂得怎样按照哲学的原理处理民政事务的人,我认为就是完美的人,因为他们由此就能成为两种最伟大的事情的主人——既是其生活有益于公众的政治家,又是生活宁静的哲学家。由于生活有三类,即行动的生活、沉思的生活和享乐的生活,因此,完全自我放任而成为享乐的奴隶的人是粗野的、精神卑下的人;将时间消磨于沉思默想而不行动的人是无益于人的人;行动而缺乏哲学指导的人是粗俗的人,往往行为愚蠢荒唐。因此我们要竭尽全力使自己兼具二者之长,即是说,既要适时地处理公共事务,又要从事哲学的研究。

关于儿童的学业,我想不需要再做更多论述。不过不要忽略为儿童收集一切古代作家的著作,这可能至少是有益的,甚至是必需的。但是他们要像农夫使用各种必要农具那样将收集的这些著作当作工具使用，因为学者使用书籍和农夫使用农具的性质是一样的，虽然书籍也能使学者从有益的源泉获得知识，但他们是将书籍当作获取学问的工具使用的。

注重身体锻炼及军体训练

11. 其次，不要忽略身体的锻炼；但必须送儿童上体操学校，他们在体操学校中在锻炼身体方面也是有事可做的。这种锻炼一方面有助于他们养成美好的姿势，一方面也有助于增强他们的体力。因为老年时期的活力是基于童年时代的健全体魄。因此，正如在晴朗的天气就要为水手准备好暴风雨到来时所需的一切东西，我们在年轻时就要生活有条理并按节制的规则管束自己，这是我们为老年时期做的最好准备。然而，他们要珍惜自己的体力，不要使力量枯竭以至无力从事学习。因为，据柏拉图说，睡眠和疲倦是艺术的敌人。

但是，我为什么在这些事情上说这么多呢？我要赶快说到最重要的、甚至比前面所说的更重要得多的事情，即是说，我希望儿童通过练习掷标枪、射箭和捕猎野兽，受到作战训练。因为我们应当记住，在战争中，战败者的财货就是战胜者的奖品。但是，身体习惯了娇嫩生活是不适于作战的，因为一个受过作战训练的士兵即使身体瘦小，也能打败一支只知道摔跤而不懂得打仗的部队。但是，可能有人会说，既然你承认你所提出的教育规则是为了一切自由民的儿童，你为什么只谈到适合富人需要的教育规则，而轻视穷人或平民的需要呢？这种责难是不难回答的。我的本意是不论什么样的儿童都应同样分享教育的好处，但是，如果有人由于财产的限制而不能利用我的教育规则，他们不应当责备我制定了教育规则，而应当责备命运之神，是命运之神使他们不能利用我的规则。如果不是命运之神注定他们没有财产，本来他们是会有受教育机会的。虽然，即使是穷人，也应尽最大努力给他们的孩子以最好的教育，如果不能做到，也应在可能范围内尽最大努力。我认为在我的论文中插进来说明这一点是必要的，这样我就可以更好地进而讨论儿童训练的正确方法。

合理的教育方法

12. 我认为，要用鼓励和合理的动机争取儿童学习自由学科而决不要用鞭答或任何其他侮辱性的惩罚去强迫他们学习。我并不是认为这种侮辱性的惩罚更适用于奴隶而不适用于天真的儿童，即使是奴隶，这样对待他们，部分是因为他们由于鞭笞而受的痛苦，部分是由于因鞭笞而受的羞辱，他们也会在完成其工作任务时变得迟钝和沮丧。但对于自由民儿童，称许和申斥比任何这种不体面的处理方法都更有效。称许足以扬善，申斥足以救失。我们应视具体情况交替运用各种称许和申斥。当他们发脾气时，他们会由于受到申斥而感到羞耻，当他们应受奖励时，就会因称赞而受到鼓舞。在这方面，我们应当仿效保姆，当婴儿啼哭时，她们就用奶头使他安静下来。对儿童的表扬不应过分夸张，因为这种过分夸大的表扬容易使他们觉得自命不凡，因而使他们的精神衰弱下去。

13. 此外，我曾见过一些父母，他们对孩子爱得太过分，因而事实上造成儿童对他们一点也不热爱。如果有人问我这种说法是什么意思，请让我举例说明。情形是这样：当他们过于急切地想在各种学问上把他们的孩子提高到远远超出同龄孩子的水平之上的时候，他们给孩子提出太难太重而无法完成的功课，孩子由此而灰心丧气；再加上其他不恰当的做法，结果就造成孩子对学习本身产生厌恶。譬如植物，浇灌适度，就能生长旺盛，但过多的水分就会使植物溃死。人的精神也是如此，适度的努力可以使精神得到提高，负荷过重就力不胜任。因此，在儿童持久的努力之后，我们应给他以喘息的机会，因为人的全部生活总是包括劳逸两个部分。为此目的，自然所赋予我们的倾向是不仅有醒着的时候，也还要睡眠；正如我们有战争，有时又有和平；有时是暴风雨，有时又是晴朗的天气；又如我们有忙季，也有节日的假期。一言以蔽之，休息是劳累的调味品。不仅生物如此，无生命物也是如此。甚至弓箭和竖琴的弦，我们也将它放松，以便能再将它绷紧。而且，众所周知，身体的维持要靠吃饱和排泄，心智的维持也要有张有弛。

此外，有的父亲一旦把儿子托付给教仆或教师，就再也不过问他们完成功课的情况，这样的父亲是应当受到责备的，他们这样做是放弃了自己的职责。他们每隔一些日子应不时检查孩子对功课的掌握情况，而不要把对他们的希望信托给雇来的教师的识别能力。当受雇的教师知道他们要定期受到检查时，他们就会加强对孩子的关心。有一句关于国王的马夫的谚语在这里是适用的："国王眼里的肥马就是最肥的马。"

但是，一切锻炼中最重要的锻炼就是使孩子经常运用记忆力，因为记忆力宛如学问的仓库。因此，神话研究者认为记忆力是缪斯女神之母。这句话明白地表示，记忆力对于学问的作用甚于一切。因此，不论儿童的记忆力是天生的灵敏还是天生的迟钝，我们必须为了两重目的而运用它。因为，这样做了既可以使天性敏慧者的记忆力得以加强，又可以使天性有缺陷的人具有记忆力。正如前一类儿童会由此而超过别人，后一类儿童也会超过他们自己。关于这一点，赫西俄德①说得好："一点加一点，永远不间断。积少可成多，积土可成山。"

所以，父亲们对这件事不可等闲视之。学校中的记忆力锻炼不仅对学问的成就有极大的帮助，而且对人生的一切行动都有极大帮助。因为对过去的事情的记忆在我们考虑未来时能提供榜样。

为人处事的教育

14. 应当使儿童避免说下流话，因为，正如德谟克里特②所说，言语是行动的影子。此外，更教育他谈吐得体，合乎礼仪。因为粗鄙的态度总是令人厌恶的，所以，为了不让儿童养成说话引起误议的积习，他们在谈话中就应防止粗俗的言语。不仅懂得怎样取胜，而且懂得在争胜会给自己带来不利的时候善于做出让步，这对每个人都是有益的。有时，胜利的取得是以巨大的牺牲为代价而得不偿失的。正如哲人尤里披蒂③所说："两人谈话，如果一人勃然生怒，停止争论的一方是明智之人。"

现在再进而谈谈儿童所不应忽视而应更加注意的其他事项，这就是：他们应避免游手好闲的生活，要言辞谨慎，不要动怒，不取不义之财。

我不得不还要说到言辞谨慎，如果有人认为这是小事，不必重视，那是十分错误的。因为，在必要时，缄默乃是智慧的特征，虽非上策，但比说话要好。在我看来，正是由于这个原因，古人创立了神秘的献身礼这种宗教仪式，以便在这种仪式中养成沉默的习惯，通过这种仪式我们可以将对神明的畏惧转变为对人间秘密的忠诚。而且，经验的确表明，后悔的决不是保持沉

---

① 赫西俄德，生活于前8世纪的希腊诗人。——选编者注

② 德谟克里特（约公元前460—前370），古希腊哲学家，原子论的创始人。——选编者注

③ 尤里披蒂（公元前480？—前406），古希腊悲剧作家。——选编者注

默的人，而是没有保持沉默的人。只要愿意，一个人不难把由于沉默而藏在心里的话说出来，但一旦已经说出，要收回就不可能了。此外，我可以回忆起我曾听说过的无数事例以说明由于言辞失控而遭祸。

除这一切事项之外，我们还要养成儿童说话诚实的习惯。他们应该把这看作是、它的确也是他们应当做到的事。因为说谎是一种奴性的品质，理应受到人人的憎恶；而且，这也是我们对最卑贱的奴隶也不能宽容的一种缺点。

（选自普鲁塔克著：《论儿童教育》，见任钟印选译：《昆体良教育论著选》附录，人民教育出版社2001年版）

《忏悔录》

奥古斯丁

【导读】

奥古斯丁（S. A. Augustinus，354—430）是早期基督教神学家、哲学家、拉丁教父的主要代表。他出生于北非的塔加斯特城，17岁时到迦太基城上雄辩术学校，19岁时对哲学产生浓厚的兴趣，开始探索善与恶的来源问题，并皈依摩尼教，后受米兰主教安布罗斯的影响，脱离摩尼教，改宗基督教。395年，奥古斯丁任北非希波城主教，从此开始与基督教内部各教派展开激烈的论战，写下了大量的哲学和神学著作，成为当时基督教学术界的中心人物。

《忏悔录》（约5世纪初）是奥古斯丁的主要著作之一，共十三卷，可分为两部分，前十卷是对自己思想历程的回顾，后三卷是对神学的思考。它是一部以自传形式阐明基督教徒的教学过程和原理的书。奥古斯丁在书中宣扬"原罪"论及"赎罪"论。他认为在上帝面前，人生来就有罪，包括刚刚出生的婴儿，人们必须不断地赎罪，才能得到灵魂的净化。他认为教学应该生动，注意引导儿童的兴趣，注意灌输基督教的精神，教育儿童要谦逊，避免和改善恶习，认为戒尺、皮鞭、棍棒是制服儿童所必需的物品。他提出学习的目的就是更好地爱上帝，更好地服从上帝。这些观点对欧洲后世的儿童教育产生了重要影响，尤其在中世纪大行其道，成为基督教社会儿童观及教育观的基础。

卷一

六

婴儿时期①

……那时我只知道吮乳，舒服了便安息，什么东西碰痛我的肉体便啼哭，此外一无所知。

稍后，我开始笑了，先是睡着笑，接着醒时也会笑。这些都是别人告诉我的，我相信，因为我看见其他婴孩也如此，但对于我自己的这些情况，一些也记不起来。逐渐我感觉到我在什么地方，并要向别人表示我的意愿，使人照着做；但是不可能，因为我的意愿在我身内，别人在我身外，他们的任何官感不可能进入我的心灵。我指手画脚，我叫喊，我尽我所能做出一些模仿我意愿的表示。这些动作并不能达意。别人或不懂我的意思，或怕有害于我，没有照着做，我恼怒那些行动自由的大人们不顺从我，不服侍我，我便以啼哭作为报复。照我所观察到的，小孩都是如此，他们虽则不识不知，但比养育我的、有意识的人们更能告诉我孩提时的情况。

我的幼年早已死去，而我还活着。

七

原罪说

谁能告诉我幼时的罪恶？因为在你面前没有一人是纯洁无罪的，即使是出世一天的婴孩亦然如此。谁能向我追述我的往事？不是任何一个小孩都能吗？在他们身上我可以看到记忆所不及的我。

但这时我犯什么罪呢？是否因为我哭着要饮乳？如果我现在如此迫不及待地，不是饮乳而是取食合乎我年龄的食物，一定会被人嘲笑，理应受到斥

---

① 本文中的此级小标题均为选编者添加。

责。于此可见我当时做了应受斥责的事了，但我那时既然不可能明了别人的斥责，准情酌理也不应受此苛责；况且我们长大以后便完全铲除了这些状态，我也从未看到一人不分良莠而一并芟除的。但如哭着要有害的东西，对行动自由的大人们、对我的父母以及一些审慎的人不顺从我有害的要求，我发怒，要打他们、损害他们，责罚他们不屈从我的意志，这种种行动在当时能视为是好事情吗？

可见，婴儿的纯洁不过是肢体的稚弱，而不是本心的无辜。我见过也体验到孩子的妒忌：还不会说话，就面若死灰，眼光狠狠盯着一同吃奶的孩子。谁不知道这种情况？母亲和乳母自称能用什么方法来加以补救。不让一个极端需要生命粮食的弟兄靠近丰满的乳源，这是无罪的吗？但人们对此都迁就容忍，并非因为这是小事或不以为事，而是因为这一切将随年龄增大而消失。这是唯一的理由，因为如果在年龄较大的孩子身上发现同样的情况，人们绝不会熟视无睹的。

主啊，我记不起这个时代的生活，仅能听信别人的话，并从其他孩子身上比较可靠地推测这一段生活，我很惭愧把它列入我生命史的一部分。这个时代和我在胚胎中的生活一样，都已遗忘于幽隐之中。"我是在罪业中生成的，我在胚胎中就有了罪"，我的天主，何时何地你的仆人曾是无罪的？现在我撇开这时期吧；既然我已记不起一些踪影，则我和它还有什么关系？

八
童年

是否我离开了幼年时代而到达童年时代，或童年到我身上替代了幼年？但前者并没有离去，它能往何处去呢？可是它已经不存在了。我已经不是一个不言不语的婴儿，已经成为牙牙学语的孩子了。据我记忆所及，从此以后，我开始学语了，这也是我以后注意到的。并不是大人们依照一定程序教我言语，和稍后读书一样；是我自己，凭仗你，我的天主赋给我的理智，用呻吟，用各种声音，用肢体的种种动作，想表达出我内心的思想，使之服从我的意志；但不可能表达我所要的一切，使人人领会我所有的心情。为此，听到别人指称一件东西，或看到别人随着某一种声音做某一种动作，我便记下来：我记住了这东西叫什么，要指那件东西时，便发出那种声音。又从别人的动作了解别人的意愿，这是各民族的自然语言：用面上的表情，用目光和其他肢体的顾盼动作，用声音表达内心的情感，或为要求、或为保留、或是拒绝、或是逃避。这样一再听到那些语言，按各种语句中的先后次序，我逐渐了解它们的意义，便勉强鼓动唇舌，借以表达我的意愿。

从此，我开始和周围的人们使用互相达意的信号，在父母的约束下、在尊长的指导下，更进一步踏入人类生活翻覆动荡的社会。

九
儿童厌恶学习，酷爱游戏

天主，我的天主，这时我经受了多少忧患、多少欺骗！当时对童年的我提示出正当生活是在乎听从教诲，为了日后能出人头地，为了擅长于为人间荣华富贵服务的辞令。因此，我被送进学校去读书，那时我还不识读书的用处，但如果读得懈怠，便受责打。大人们都赞成这种办法，并且以前已有许多人过着这样的生活，为我们准备了艰涩的道路，强迫我们去走，增加了亚当子孙的辛劳与痛苦。

但是，主，我们也碰到了向你祷告的人，从他们那里，我们也尽可能地学习到、从而意识到你是一个伟大人物，你虽则未尝呈现在我们面前，却能倾听我们、帮助我们。因为我在童年时已开始祈求你，作为我的救援和避难所，我是滔滔不绝地向你呼吁，我年龄虽小却怀着很大的热情，求你保佑我在学校中不受夏楚①。每逢你为了我的好没有听从我时，大人们甚至绝不愿我吃苦的父母们都笑受扑责。这在当时是我重大的患难。

主啊，是否有人怀着如此伟大的精神，以无比的热情依恋着你，我说，是否有人——因为有时由于愚昧无知也能到此地步——虔诚依恋着你，抱着宏伟的毅力，身受世界上谁都惊怖战栗、趋避唯恐不及的木马刑、铁爪刑等楚毒的刑罚，而竟处之泰然，甚至还热爱着战慄失色的人们，一如我们的父母嘲笑孩子受老师的扑责？我是非常怕打，切求你使我避免责打，但我写字、读书、温课，依旧达不到要求，依旧犯罪。

主啊，我并不缺乏你按照年龄而赋畀的记忆和理解力；但我欢喜游戏，

---

① 夏楚即荆条，古时用来体罚学生的工具。《礼记·学记》中有"夏楚二物，收其（儿童）威也"的说法。——选编者注

并受到同样从事游戏者的责罚。大人们的游戏被认为是正经事,而孩子们游戏便受大人们责打,人们既不可怜孩子,也不可怜大人。但一个公正的人是否能赞成别人责打我,由于我孩提时因打球游戏而不能很快读熟文章,而这些文章在我成年后将成为更恶劣的玩具?另一面,责打我的人怎样呢?假如他和同事吵架,被同事打败,那他便发出比我打球输给同学时更大的嫉恨!

十
儿童由于贪玩而忽视父母的告诫

我是在犯罪,主,天主,自然万有的管理者与创造者,但对于罪恶,你仅仅是管理者。主,我的天主,我违反父母师长的命令而犯罪。不论他们要我读书有何用意,以后我却能好好地用我所学。我的不服从,不是因为我选择更好的,而是由于喜欢游戏,喜欢因打架胜人而自豪,喜听虚构的故事,越听耳朵越痒心越热,逐渐我的眼睛对大人们看的戏剧和竞技表演也发出同样的好奇心了。招待看戏的人,用这种豪举来增加声望,他们差不多都希望自己的孩子日后也能如此,但假如孩子因看戏而荒废学业,他们是宁愿孩子受扑责的。

十三
儿童主要喜欢学习什么

我自小就憎恨读希腊文,究竟什么原因,即在今天我还是不能明白。我酷爱拉丁文,当然不是启蒙老师教的,而是所谓文法先生教的拉丁文,因为学习阅读、书写、计算时所读的初步拉丁文,和一切希腊文一样,在我是同样感到艰涩而厌倦。什么缘故?当然是随着罪恶和渺茫的生命而来的:"我是血气,不过一阵去而不返的风。"我过去和现在所以能阅读各种书籍和写出我所要写的文字都靠我早年所读的书;这些最早获得的学识,比逼我背诵的不知哪一个埃涅阿斯①的流浪故事,当然更好、更可靠。当时我为狄多②的死,为她的失恋自尽而流泪;而同时,这可怜的我,对那些故事使我离弃你天主而死亡,却不曾流一滴泪。

---

① 埃涅阿斯是罗马诗人维吉尔所著《埃涅阿斯》史诗中的主角。——译者注
② 狄多是传说中的迦太基女王和建国者。——选编者注

还有比我这个不知可怜自己的可怜人，只知哭狄多的殉情而不知哭自己因不爱你天主、我心灵的光明、灵魂的粮食、孕育我精神思想的力量而死亡的人更可怜吗？我不爱你，我背弃你而趋向邪途，我在荒邪中到处听到"好啊！好啊！"的声音。人世间的友谊是背弃你而趋于淫乱，"好啊！好啊！"的喝彩声，是为了使我以不随波逐浪为可耻。对这些我不痛哭，却去痛哭"狄多的香消玉殒，以剑自刎"。

我背弃了你，却去追逐着受造物中最不堪的东西；我这一团泥土只会钻入泥土，假如有人禁止我阅读，我便伤心，因为不能阅读使我伤心的书本。当时认为这些荒诞不经的文字，比起我阅读书写的知识，是更正经、更有价值的文学。

现在，请我的天主，请你的真理在我心中响亮地喊吧："不是如此，不是如此。最先受的教育比较好得多！"我宁愿忘掉埃涅阿斯的流浪故事和类似的文字，不愿忘掉阅读书写的知识。文法学校门口挂着门帘，这不是为了保持学术的珍秘，却更好说是掩盖着那里的弊病。他们不必哗然反对我，我已不再害怕他们，我现在是在向你，我的天主，向你诉说我衷心所要说的，我甘愿接受由于我过去流连歧途应受的谴责，使我热爱你的正道。请那些买卖文法的人们不用叫喊着反对我，因为如果我向他们提一个问题："是否真的如诗人所说，埃涅阿斯到过迦太基？"学问差一些的将回答说不知道，明白一些的将说没有这回事。如果我问埃涅阿斯的名字怎样写，凡读过书的人都能正确答复，写出依据人与人之间约定通行的那些符号。如果我再问：忘掉阅读，忘掉书写，比起忘掉这种虚构的故事诗，哪一样更妨害生活？那么谁都知道凡是一个不完全丧失理智的人将怎样答复。

我童年时爱这种荒诞不经的文字过于有用的知识，真是罪过。可是当时"一一作二、二二作四"，在我看来是一种讨厌的歌诀，而对于木马腹中藏着战士啊，大火烧特洛伊城啊，"克利攸塞①的阴魂出现"啊，却感到津津有味！

---

① 克利攸塞是希腊神话中的希腊公主。她曾试图阻止其丈夫埃涅阿斯参加战争。有关记载见《埃涅阿斯》卷二。——选编者注

十四
识字

为何当时我对于讴歌这些故事的希腊文觉得憎恨呢？的确，荷马很巧妙地编写了这些故事，是一个迷人的小说家，但对童年的我却真讨厌。我想维吉尔对于希腊儿童也如此，他们被迫读维吉尔，和我被迫读荷马一样。读外国文字真是非常艰苦，甜蜜的希腊神话故事上面好像撒上了一层苦胆。我一个字也不识，人们便用威吓责罚来督促我读。当然拉丁文起初我也不识，但我毫无恐惧，不受折磨地，在乳母们哄逗下，在共同笑语之中，在共同游戏之时，留心学会了。我识字是没有遇到也没有忍受强迫责罚，我自己的意志促引我产生概念，但不可能不先学会一些话，这些话，不是从教师那里，而是从同我谈话的人那里学来的，我也把我的思想说给他们听。

于此可见，识字出于自由的好奇心，比之因被迫而勉强遵行的更有效果。但是，天主啊，你用你的法律，从教师的戒尺到殉教者所受的酷刑，使胁迫约束着好奇心的奔放，你的法律能渗入有益的辛酸，促使我们从离间你我的宴安鸩毒中重新趋向到你身畔。

十九
关于童年的忏悔

我童年时可怜地躺在这些风尚的门口，那里是我鏖战的沙场，那里我更怕违犯文法，不怕因自己犯文字错误而妒忌不犯错误的人。

我的天主，我向你诉说以往种种，并向你忏悔我当时获得赞扬的往事，而当时我的生活标准便是使那些称道我的人满意，我尚未看出垢污的深渊，"我失足于其中，远远离开了你的双目"。

在你眼中还有什么人比我更恶劣呢？由于我耽于嬉游，喜欢看戏，看了又急于依样画葫芦去模仿，撒了无数的谎，欺骗伴读的家人，欺骗教师与父母，甚至连那些称道我的人也讨厌我。我还从父母的伙食中间、从餐桌上偷东西吃，以满足我口腹之欲，或以此收买其他儿童从事彼此都喜爱的游戏。在游戏中，我甚至挟持了求胜的虚荣心，往往占夺了欺骗的胜利。但假如我发现别人用此伎俩，那我绝不容忍，便疾言厉色地重重责备；相反，我若被人发觉而向我交涉时，却宁愿报以老拳，不肯退让。

这是儿童的天真吗？不是，主，不是，请允许我如此说，我的天主。因为就是这一切，从对伴读家人、老师，对胡桃、弹子、麻雀是如此，进而至于对官长、君主，对黄金、土地、奴隶也就如此；随着年龄一年一年伸展，一如戒尺之后继之以更重的刑具。

因此，谦逊的征象仅存于儿童的娇弱。我们的君主啊，你说"天国属于此类"，即是此意。

（选自奥古斯丁著，周士良译：《忏悔录》，商务印书馆2015年版）

思考与练习

1. 你怎样看待柏拉图在《理想国》中提出的"必须对儿童故事材料进行选择"的主张？
2. 《法律篇》中柏拉图对教育的定义是什么？培养美德的途径有哪些？
3. 试比较《理想国》与《法律篇》中有关儿童教育思想的异同。
4. 亚里士多德在《政治学》中关于优生优育及音乐教育的基本观点有哪些？
5. 昆体良关于"羊毛染色""紧口瓶"的比喻对学前教育有何启示？
6. 试评昆体良的教师观。
7. 普鲁塔克关于天性、理智（学习）和应用（练习）三者结合以培养儿童德性的观点给你以何种启示？
8. 你如何看待奥古斯丁的儿童观及学前教育思想？

第二章

文艺复兴及宗教改革时期学前教育名著选读

内容提要

文艺复兴及宗教改革时期是欧洲从古代封建社会向近代资本主义社会过渡的时期。

文艺复兴是14—17世纪欧洲新兴资产阶级在意识形态领域所发动的一场伟大变革,是反封建的文化革命运动及思想解放运动。资本主义萌芽的出现及古典文化的广泛传播是这场运动的经济基础与必要条件。

文艺复兴首先发生于意大利,后传至北欧,并引发了建立在人文主义与宗教理想双重基础之上的宗教改革运动。而北欧的宗教改革运动又导致了天主教会的反宗教改革运动,最终导致统治欧洲大部分地区达千余年的天主教会的分裂,从而削弱了封建统治,并为各种新观念(包括新教伦理)的产生创造了条件。人文主义文化和宗教改革是文艺复兴运动的两大重要成就。

文艺复兴时期,进步的思想家号称从古典作品中重新发现了"人"。他们在反对天主教会和宗教神学时,打出了"人文主义"这面大旗。人文主义是一种崇拜现实、崇拜人生,并以世俗的人为中心的世界观。它要求否定神权、肯定人权,重视现世胜于来世;主张个性自由、个人幸福;强调人能创造一切,也必须享受一切。显然,它是与基督教禁欲主义对立的一种世界观。

文艺复兴时期的人文主义教育家和思想家,以人文主义为指导,批判了性恶论的儿童观,反对把儿童看成被"原罪"污染的有待赎罪的羔羊,认为儿童是自然的生物,应当得到成人的悉心关怀和照顾。他们重新提出了培养身心全面发展的人的教育目标和塑造新人的教育理想，重视教育培养人的作用，注意到儿童身心发展的一般规律和个别差异，强调体育和游戏的重要意义。他们重视家庭教育，认为儿童虽然以7岁入学为宜，但在入学之前，儿童应在家庭中受到良好的预备教育，尤其是道德行为与语言文字方面的教育。他们看到了环境（尤其是家庭环境）对儿童教育的影响，要求父母、教师或保育人员以身作则，为幼儿树立表率。他们要求取消或者减轻对儿童的体罚，建议用儿童的荣誉心、竞争心去代替体罚，作为推动儿童学习的积极手段。在教学工作上，他们要求注意利用或启发儿童的兴趣与积极性。所有这些，相对于中世纪的儿童教育不啻是一个重大的进步，并深刻影响到后来的教育。

本章节选了文艺复兴及宗教改革时期的人文主义教育家及教育巨匠夸美纽斯的一些教育著作。其内容涉及早期教育的重要性、环境对儿童的影响、教师的选择、儿童教科书的编写，以及对儿童的教育方法、教育内容等问题。其中虽然有些消极的因素，比如有的作品宗教色彩浓重，但诸多精华或观念历经数百年不衰，成为后世众多教育思想（包括儿童中心主义教育）的渊源。近代许多教育家在构建其学前教育理论时，都曾从中获益。

《一个基督教王子的教育》

伊拉斯谟

【导读】

伊拉斯谟（D. Erasmus，1466—1536）是文艺复兴时期人文主义教育家、文学家。他生于尼德兰鹿特丹的教士家庭，9岁开始接受人文主义的影响，1493年进入巴黎大学学习神学，曾周游法、英、德、比等国及到意大利研究古典文献，编辑古典著作。1510—1514年，他在英国剑桥大学任神学教授，兼教希腊文，并赞助人文主义教育家科利特建立圣·保罗学校。他编写的拉丁文课本《名物篇》（1511年）、《对话集》（1518年）在16、17世纪被欧洲各国广泛采用。

《一个基督教王子的教育》（1516年）是伊拉斯谟的教育代表作之一。该书比较全面、系统地阐述了他的教育观点。在书中，伊拉斯谟极力为君王治理国家出谋划策，认为将王子培养成为基督徒、成为仁慈而贤明的君主是治国的要务。书中讨论了基督教王子应具有的素质，特别强调对王子美德的培养，并以基督教的标准加以衡量。虽然书名为《一个基督教王子的教育》，但伊拉斯谟认为，他所表述的教育主张，不仅适用于王子，"也适用于王子将来统治的那些自由的、情愿的臣民们的成长"。因此，在某种意义上，本书所阐述的教育原理及方法具有普遍适用性。这里节选了书中对幼年时期的王子怎样进行教育的相关论述，其中包括环境对儿童发展的重要影响、教师的选择、儿童品德的培养以及儿童阅读书籍的选择等内容。作者要求王子谨慎交友、选择良师、阅读好书、远避坏人。这些看似是对王子的要求，对当今的家长和教师正确教育幼儿亦不无启迪。

第一章
基督教王子的品质和教育

从襁褓时期开始，当未来的王子还是虚心坦怀、没有形成的时候，就必须使他的心灵充满有益的思想。道德的种子必须播种在他精神的处女地，以便随着年龄和经验日益增长，它们会逐渐生长和成熟，在整个生命的过程中植根。从来没有什么东西像在早年学习的东西那样根深蒂固。

一个国王应该从他全体居民中选拔教师担负这个责任——甚至从各方面招募具有优秀品德和无可争辩的原则性、严肃、不仅精通理论而且具有丰富经验的人——年长，使他们受到深深的尊敬；生活纯洁，使他们享有威信；爱交际和态度温柔，使他们得到爱和友谊。这样，一个幼弱、年轻的人，不致因严格训练而受到损伤，不会在还没有懂得社会准则的时候就学会怀恨准则；另一方面，他也不会由于导师的没有经验的放纵而品德败坏，滑到不应该的地步。对任何人的教育，特别是对王子的教育，教师必须采取中庸之道；他应该相当严厉，足以压制青年人的鲁莽的鬼把戏，但又对他有友好的理解，以减缓他严厉的抑制。王子未来的导师就应该是这样的人：他能责备人而不使其感到冷落，会赞扬人而不流于谄媚，由于他纯洁的生活而受人尊重，由于他使人愉快的态度而受人敬爱。

不应该把年轻的王子交给随便哪一个保姆，而只能交给曾受过护理的专业教育、训练有素、品德纯洁的人。不应该让王子和未经选择的游伴往来，他只能与品德优良、谦虚谨慎的孩子交朋友。他应该受到最精心的抚养和训练，使他成为一个绅士。当他的心灵还没有用优良行为的箴言使它强固以前，必须使他远远避开成群的顽童、不肯悔改的酒鬼和讲下流话的人，特别是那些拍马屁的人，一定不要让他看到或听说。因为，这些人的天性倾向于作恶，而没有一个幸运的天性，是不会为错误的训练所腐蚀的。一个王子，不管他天生的性格怎样，在他襁褓时期就受到了最愚蠢的见解的袭击：他在糊涂的妇人的圈子里受教育，在顽皮的女孩子、被抛弃的游伴和最卑鄙的拍马屁者中间，在演滑稽戏的人和小丑、酒徒和赌棍以及愚蠢的、行为放荡的人中间长到童年。和这些人在一起，除了享受、娱乐、傲慢、自大、贪婪、闹气和残暴以外，他听不到什么东西，学不到什么东西，吸收不到什么东西。从这所学校，他很快将进展到管理他的王国！虽然每一种伟大的艺术都是非常困难的，但是没有一种艺术比善于统治的艺术更加精巧，更加困难。为什么独有对这一件事情我们感到无需训练，认为生来就能胜任呢？若他们在童年时期尽是扮演暴君，在成年时期除了献身暴虐以外，还能有什么别的目的呢？

国家把它的王子交给教师管教，教师应该仔细思索，发现王子的性情。有时，在这样小的年龄，就能从某些迹象发现王子比较倾向于急躁还是傲慢，倾向于希望成名还是渴求名声，倾向于放荡还是赌博、贪婪，倾向于抵抗还是战争，倾向于鲁莽还是残暴。当他已经发现王子的弱点时，他应该用优良的理论和适当的教导教化他，设法把一个尚易于接受引导的人引向更好的道路。另一方面，如果发现王子的天性倾向于生活中的好事，或者无论如何只倾向于那些容易转变为美德的坏事，例如功名心和挥霍浪费，教师则应该更加努力，帮助王子天性的长处得以发扬。只是向王子交出一些箴言，限制他的不道德行为或鼓励他上进，还是不够的，必须使这些箴言对王子发生深刻的影响。要把它们传授给王子，对他谆谆教诲，并且想方法使王子经常地接触它们，时而用暗示，时而用寓言，时而用类推，时而用榜样，时而用格言，时而用谚语。这些箴言应该雕刻在戒指上，画在图画中，挂在花环上，并且采用任何其他适合王子的年龄、能使他感兴趣的方法，经常地摆在他面前。著名人物的事迹灼烤着高贵的青年的心胸，但是，他们所吸取的见解更为重要。因为整个的生活方式就是从这些发展起来的。如果仅仅是一个男孩，我们必须立刻注意，使他只得到善良的和有益的思想，好像用某些有效的药物加强了防卫，抵制老百姓的有毒害的见解。

如果导师不幸遇到一个倔强、不易驾驭的性格，他也没有权利逃避或缩减责任。没有一只野兽那么狂暴、那么可怕，以至训练者的技能和忍耐不能驯服它。为什么导师要断定一个人那么粗暴、那么无望，以至他不能用不辞劳苦的教育加以改正呢？

另一方面，如果导师遇到一个比较好的性格，没有理由阻滞他的努力。如果农夫不注意，则土壤的质地愈好，就愈会被荒芜，长满无用的野草和灌木。一个人的性格也是这样：它愈丰富、愈高贵、愈正直，若不用优良的教学加以改善，则它愈会被可耻的坏习惯所袭击。

当他的学生还是一个小孩时，他可以把有趣的故事、令人愉快的寓言和巧妙的比喻引进他的教导。当他年龄稍长时，他可以直接地教他相同的东西。

当诱惑开始降落到王子年轻的心胸时，他的导师应该把这些故事归入他的教育内容。他应该告诉王子，蜂王从不远飞，它的翅膀和身体的大小比起来，比其他蜜蜂的翅膀小，而且只有它没有刺。从这一点，导师应该指出，经常留在国土之内是做好王子的一个方面；以仁慈闻名应该是对他的特殊的奖赏。任何地方均应贯彻同样的思想。这篇论文的任务，不在提供一个冗长的实例的目录，而仅在于指出原理和方法。如果有一些故事看起来过分粗糙，教师应该用有说服力的语言给它们以修饰。教师应该在别人面前给他以表扬，但是表扬要合乎事实，并且要得当。教师的申斥应该私下进行，在批评王子的时候，应该态度和蔼，稍微减少训诫的严肃性，当王子年龄稍长时，特别要这样做。

导师应该首先注意使他的学生热爱和尊敬德行，让这成为最适合于一个王子的优秀的品质；应该首先注意使他嫌恶和回避道德行为中的奸恶，视其为最肮脏、最可怕的东西。避免年轻的王子惯于把财富看作不可缺少的必需品，从而认为可以通过正当的或不正当的行为去获取。要使他懂得，通常所称赞的荣誉并不是真正的荣誉。真正的荣誉乃是出于自己心愿的德行和正确行动的结果，它愈不装模作样，就愈有名声。人民的低级的欢乐和王子很不相称，特别是与一个信奉基督的王子更不相符。另外有一种欢乐，它在一生中经久不变，纯正而且真实。应该教导年轻的王子，有人愚蠢地夸大显赫而高贵的身份、雕像、蜡制面具、家谱以及传令官的华丽的行列，但这些除非得到有价值的行为的支持，就只能是空洞的词句而已。一个王子的威信，他的伟大，他的庄严，决不能通过狂妄夸耀来发展和保持，而必须通过智慧、团结和优良的行为去建树。

不要害怕死亡，我们也不应该为别人的死亡而悲伤，除非这是诱杀。一个最幸福的人，并不是一个生命最长的人，而是一个充分利用他的一生的人。生命的长短不应该用年龄来测量，而应该用我们出色地完成的事业来测量。生命的长度和一个人的幸福并无关系，问题是他生活得是否美好。当然，德行本身就是奖赏。一个好王子有责任考虑他的人民的福利，如有必要，甚至不惜自己的生命。而为了人民而丧失生命的王子，他并没有真正死去。一切为普通人视为快乐而珍爱的东西、认为美好而尊重的东西，或者觉得有用而采取的东西，都只能用一个标准来衡量，那就是价值。另一方面，任何普通人认为不愉快而反对的东西、认为卑贱而轻视的东西，或者他们认为有害而回避的东西，都不应该躲避，除非它们和不名誉联系在一起。

这些原则应该倾注在未来王子的心灵里，它们应该深深印在他柔顺、幼小的心田里，好像是最神圣的法律。让他听到有许多人为这些思想而被表扬，另外有许多人为相异的思想而被谴责。然后，他将习惯于由于做好事而得的表扬，并且憎恶由于做坏事而来的耻辱。

假如你有了名声，不要夸耀你的地位。假如人们有什么赞扬的话，那是属于艺术家的天才渲染。最好是使你品性好。假如伟大、宽厚和仁慈不在王子一边，那么照天意办事又是什么意思呢？因为残忍经常伴随着极权。

你不要想干什么就干什么，像愚妇和谄媚者经常吹捧王子那样。上学受教育，可以使你对不适当的事物感到不愉快，这就防止犯错误。要记住，对公民适合的，却不一定是你需要的。任何一点错误对一个王子来说都是可耻的。愈是众人体谅你，你就愈要严格要求自己。别人要宽容你，你就要检查自己。当人们称赞你，你就要严格进行自我批评。你的生活应该让大家知道，不要把自己隐藏起来。你或者是一个普通的好人，或者是一个带来破坏的坏人。每当人们给你荣誉时，你要尽力去报答他们。

不要从你的外表和你的好运来评价自己。不要用别人的称赞来衡量自己，要用自己的事迹来衡量自己。因为你是一个王子，不要接纳任何对一个王子来说不值得称赞的称赞。假如有人谈到你的外表，要记住，这是称赞妇女的方式。假如有人称赞你讲话流利，记住，这种称赞适合于智者和演说家。假如有人称赞你的体力强健，记住，这种称赞用于对运动员而不是对王子。假如有人吹捧你的高贵地位，你必须有这种思想："他这样称赞我，那是想从我的地位上得到什么。"假如有人称赞你的财富，记住，这种称赞适用于银行家。总之，这些歌颂性的称赞，没有一个是适用于王子的。

假如你要人们恰当地称呼你，那就要看你的行为是否能得到好名声，你是否走正确的道路。因为没有真正的赞扬是由通过惧怕强取而来的，或由阿谀逢迎得来的。当王子的名誉和对他的拥护是通过威胁和暗地里的强迫而得到的，这是很坏的、可耻的事。

所有这些思想，必须由儿童的父母、看护、导师种入儿童幼稚的心中，使他逐渐长成一个真正的王子。他必须是自愿地而不是被迫地学习这些原则。这种方式也适用于王子将来统治的那些自由的、情愿的臣民们的成长。要让王子学习热爱美德和厌恶不公正，让他用羞耻心抑制羞耻的行为，让他勇敢而不怕困难。一个好王子在方向和情欲方面要有一个正确的观念。因为羞耻心可以纠正不良道德，较成熟的年龄和给以纠正可以改变堕落性的需要。把不荣誉与道德联系起来进行比较，不做暴君等等，是一个王子重要的职能。当生活中的所有行为的源泉被污染后，纠正就成了很困难的事了。因此，在教育上，第一个和最重要的办法就是把低级思想从王子的思想中根除。如果在任何情况下种下了不良的根，但能用与王子相称的有益的思想予以替代，则仍不失为一个基督教王子。

第二章
王子必须避开谄媚者

首先，必须注意使保姆不要被这种疾病传染，或者是只有极轻的毛病。女性是特别容易患这种疾病的。此外，多数保姆具有母亲所共有的缺点——多数母亲由于放任而纵坏了她们孩子的性格。所以，应该使这样一批人尽可能离开未来的王子,因为她们生来就容易有两个大的缺点——愚蠢和阿谀。其次,除了导师的训练以外,给王子增加一些性格诚实的伙伴,他们将殷勤相处而不用阿谀,习惯于说话风雅,并且不会仅仅为了讨好而欺骗或说谎。关于选择教师的问题,我已经表示过意见了。

最重要的是对作者进行选择,因为孩子最初阅读和吸收哪一类书籍是十分重要的。不正经的谈话毁坏心灵,不正经的书籍毁坏心灵的程度并不比它稍差。没有声息的文字会转变成为态度和情绪,特别是当它们碰上一个有某些缺点的天然性格的时候更会如此。最好还是读一些诗人写的喜剧和传说,而不读那些无聊的东西。如果谁想采用我的计划,那他在教了一些初步的语言知识以后,应该立刻提出把所罗门①的《箴言》《传道书》和《智慧篇》作为阅读材料。这不是要一位说大话的解释者用神学家的思想去折磨孩子,而是要用很少几句话,把一个好王子的职能适当地向他指出来。首先必须培养王子对作者和他的作品的爱:你是命里注定担任统治的,而他(作者)在解释统治的艺术;你是帝王的儿子,你自己是未来的帝王,你将听到最聪明的帝王是怎样教他自己的准备继承王位的儿子的。然后,可以读福音书。在这里用什么方法激发孩子的精神,使他热爱作者和他的著作非常重要,这将在相当程度上依靠解释者的聪明和善用时机,要解释得简短、明白、有道理而且生动,并不是什么都解释,而只解释和王子的职务最有关系的那些部分,以及会使年轻的王子清除他头脑里一般王子所共同的有害的思想的那些部分。第三,读普鲁塔克的《格言》,然后读他的《道德论》,因为,找不到比这些著作还要纯洁的书。我还喜欢他的《传记》。读了普鲁塔克的著作以后,我毫不犹豫地指定塞内加②,他的著作很有刺激作用,它激发读者的热情,追求道德的完美,使读者从卑污的心地抬起头来,特别是他的作品谴责各处的暴虐。亚里士多德的《政治论》和西塞罗③的《论义务》有许多值得读的部分,可以很好地摘出来。但是,柏拉图的著作是有关这些问题的最可敬的来源——至少我的意见是如此,西塞罗采纳了他在《法律篇》中的一部

---

① 所罗门(约公元前10世纪中叶),犹太国王,以智慧著称。——选编者注
② 塞内加(约公元前4—65),古罗马剧作家。——选编者注
③ 西塞罗(公元前106—前43),古罗马政治家,哲学家。——选编者注

分看法；而《共和国》一书是遗失了。

我将不会否认，读历史家的作品可以从中得到极丰富的智慧，但是，除非你预先得到警告，谨慎地阅读，否则你将从同样这一些来源吸取到毁灭的要素。你应该注意，不要被多少世纪以来大家所推崇的作家的名字所欺骗。希罗多德①和色诺芬②都不是基督教徒，但他们都写历史，他们往往叙述最坏的王子，一个通过他们的描写使人觉得快乐，另一个描写非常的领袖的形象。

然而，假如在一些事务中，你偶然发现一个坏王子做了一件值得称赞的事，你就要挽救他，好像从粪堆中找到一块宝石。一个暴君是可恶的，虽然他没做过好事，但也不能说他一无是处。

当王子拿起一本书，他不要有读书是为了快乐的想法，读书是为了使他变得更好些。他要是真希望好一些，他就能容易地找到逐步好起来的方法。善的最主要之处是决心为善。没有什么比从书中能获得更正直和更有益的东西了。

（选自吴元训选编：《中世纪教育文选》，人民教育出版社2005年版）

《论教育》

维夫斯

【导读】

维夫斯（J. L. Vives，1492—1540）是欧洲文艺复兴时期西班牙人文主义教育家。他出生于瓦伦西亚的一个贵族家庭，幼年受过良好的家庭教育，1509年入巴黎大学。在巴黎大学的三年学习期间，维夫斯由于阅读伊拉斯谟的著作而信奉人文主义。1523年，他应英国王室的邀请，担任玛丽公主的家庭教师。在此期间，他还应牛津大学的邀请担任该校希腊文、拉丁文教授。

---

① 希罗多德（约公元前480—前425），古希腊历史家。——译者注，有改动
② 色诺芬（公元前427—前355），古希腊历史家。——选编者注

《论教育》(1531年)是维夫斯的教育代表作。这是一部自成体系的教育学巨著。全书共分教育的起源、学校、语言教学、高级课程和学习与生活五卷。这里节选了第二卷和第三卷的部分内容,主要涉及家庭教育与教师教育方法问题。维夫斯认为,如果没有理想的学校,儿童还是在家庭里受父亲的直接管教比较好。他重视对教师的选择,要求教师具有学识、才干及良好品质,掌握教学技巧,还要求他们热爱学生,进行教学时考虑学生的性情。他提出在学习中游戏的重要性。他重视实用知识的学习,认为观察和经验是智力活动的开端。这些意见都不失为有益的见解。维夫斯的教育思想对后世的影响很大,特别是对夸美纽斯教育思想的形成产生过相当大的影响。

第二卷 学校

第二章 理想的学校

男孩子进学校

当一个男孩子被他父亲带到学校的时候,应该使其父亲明白,不应把求学作为过安逸生活的手段,因为,那是一个和这样非常的劳动不相称的报酬。如果教师实际地在他们的生活中表现了这种意见,别的人就容易相信这种意见是正确的。如果情况相反,要是做父亲的看出教师——他儿子的榜样,是轻率的或不正经的,他能有什么指望使他儿子培养实际的智慧和虔敬的美德呢?应该明确,学习的目的在于使孩子变得聪明些,因而更好些。先让孩子在预备学校待一两个月,以便调查他的性情。让教师每年分别在不同地方举行四次会议,共同讨论他们学生的天性,商讨他们的教育问题,安排每个孩子学习他似乎最适合学的东西。

私家教育和公家教育

有人问这样的问题:"男孩子在家庭受教育好呢,还是在公共机关受教育好?"如果有像我所描述的那种学院,那肯定最好把孩子从婴儿期就送去,他们在那里可以立刻感受到最优秀的道德品质,不良的行为在他们看来将是奇怪的和可恶的。

总的说,孩子们必须习惯于对好的事情感到愉快并且热爱它们,对坏的事情感到悲痛并且憎恶它们;但是,他们对于好和坏的看法,应该适合他们的理解能力，因为他们不能立刻理解最高的和绝对的善。事实是这样，遵循习惯是令人愉快的。我们在童年时期所接受的看法，在我们生活的道路上跟我们走得很远，如果它们在幼年时期就在行为中凝固和确定下来，那么它们在我们一生中的影响便更为深远。在这一方面，孩子们自然像猴子，他们模仿一切事情，特别是常常模仿那些他们认为值得模仿的人，如父母、保姆、教师和同学，或者由于他们的权威，或者出于对他们的信仰。所以，我们在许多学生身上发现某种不良的性情，应该从他们身上消除这种性情，当然要在我刚才提到的那些人身上消除掉。

父亲对儿女道德品质的关心

做父亲的非常关心儿子的道德品质，对此比对他的遗产更加关心，因为德性比遗产更加重要。不管他是否有遗产传给下一代，首先应该占有的是正直的性情。不，说得更加恰当一些，不需要遗产，只需要德行，因为"好人很快会发财，而坏人很快会把钱用光"。当父母要求一种教育子女的方法时，造物主告诉我们说，圣灵用榜样和箴言教导我们。一个父亲，特别是当他考虑他儿子的教育问题的时候，最重要的是应该熟悉他的住家和整个家庭的情况，即使在别的时间他对这些情况毫无所知。如果他看到有人把他儿子的像蜡一般的心灵铸成坏的东西，要是他方便，应该把这个人赶走。如果不把他赶走，而家庭里又没有一个人的品德值得孩子模仿，那么，他应该使孩子离开家庭，委托别人照顾。所以，罗马人过去常常把他们的儿子托付给某一年老、著名、非常严肃和虔诚的人，跟他学习。

如果一个父亲能够聘请一个圣洁、纯正的人担任他儿子的教师，要让他不要只是教自己儿子一个人，因为昆体良说过，那样教法，儿童的进步不会快。如果不可能找到这样一个人给他孩子以优良的教学，或者找不到几个同学，那么，让父亲把孩子送到国家的公立中学去，并且选择一个亲戚、邻居或朋友，时常把孩子送到他那儿，以便检查他的学业和他行为的进步。但是，孩子在学校膳宿并不好，因为他们在学校营养不如在家庭合乎保健的要求，供给也不如在家庭中丰富，除非家长是卑鄙、吝啬的人，生活放荡，或者过于放任，以致败坏他们子弟的性情。现在有一些人把子弟送到某些学校，为的是使他们受到谦恭、有礼而高贵的教育，而他们是非常失望的。因为，几乎所有的教师都是贪婪、卑鄙、低贱和愁眉苦脸的，难于讨好而又急躁，性情很坏，更不用说他们的懦弱无能了。教师不能经常和孩子们在一起，事实上，孩子们相互之间学习和助长了不良的行为和某些关于事物的错误见解。所以，他们长成青年离开学校时，社会上没有一个人看到他们不作呕、能耐住不讨厌的。

家庭中比较优越的条件

在家庭里，条件就比较优越。柔弱的身体能得到比较好的营养，家庭也比较有利于健康和发展成长中的体力。在年老的和慎重的人们中间，他们教育孩子也比较磊落和纯正，每天和家长的接触，使孩子对家长的尊敬不致消失，父亲也容易保持和卫护儿子对他的尊敬，他可以每天看到他的儿子，并且以父亲的威严给儿子以命令。每一天都可以通过运用和占有习惯，使那种权力得到更新。如果儿子生性善良，或者看到父母某些公正和智慧的标志，亲子间的爱也将增长。父母所特有的虔敬，将扩散到和他们血肉相连的人的身上。所以，如果父母的性情不良，就必须忧惧。因为，父母和亲戚的性情，被孩子和奶一起吸进去，并随着年龄固定下来，有什么东西比此具有更大的影响呢？但是，如果父母的性情是高贵的，它将被爱所引导。有什么影响能比父母和亲戚的影响更加大呢？有很多人被引导后行为很好，就是由于尊敬他们的父母，有使他们快乐的愿望。

亲戚必须调查孩子的性情

亲戚和朋友能够发现孩子的性情和他最适宜于做什么事情，而孩子自己每天将从多方面把这些表现出来。如果他不长于做学问，玩忽作业，更为严重的是——浪费时间，那么就应及早把他转移去做他所适宜的工作。他将从事这个工作，获得较好的结果，成为一个有充分训练的人，正如希腊人所称"富有成效的学生"。在年轻的孩子中间，犯错误的苗头是会碰到的，所以，柔顺的心灵必须按照正确的准则加以陶冶。家长、亲戚和父亲的朋友，很容易依靠他们的威信保持对教师和国家的尊敬。

使孩子守秩序的方法

和孩子同年龄的人，腐蚀他的影响比较小，因为，无论他和他的伙伴走到哪里，总要碰到他的监护人，在他失足以前，他就被他们拉回来了。如果他已开始滑跤，爱将以它温和的手握住他。如果这还不够，尊敬和恐惧会给他帮助（孩子从小就应感受到尊敬和恐惧的心情，使其成为习惯），所以，他们没有希望可以摆脱，甚至连摆脱的愿望也不会有。所以，儿子由于父亲的影响和威信而忠实于他，他热爱他，尊敬他，并且不会认为不愿意尊敬他是正确的。纪律的手杖将在孩子眼前和他的背后经常举起，因为所罗门明智地说过，手杖对这个年龄的孩子是特别好的，而且是极其有益的。同时，通过这样的生活方式，在他心中将炽烈地燃起对父母和祖国的热爱，对于无论什么于国家有益和宝贵的东西，他将愿意考虑国家的利益而奉献，同时，只要他有机会，他将尽其所能为国家的进步做出一切有益的贡献。

第四章 教师和学生

记忆力是能力的标志

昆体良认为记忆是天赋能力的一个标志。他说，记忆包括两部分——即时的理解和忠实的保持。前者无疑是敏锐的证明，后者是能力的证明。判断力随后逐渐地发展。所以，按照我上面所述，要命令儿童先熟记，然后模仿。儿童应该在游戏中练习，因为游戏显露他们的敏锐性和他们的品德，特别是当他处于同年龄的相像的儿童中间时，没有一点做假，什么都是自然的。

智慧，未来的能力应经过检验

无论在一个国家或在一所学校里，都有着许多改变天性和品德的事例。但是，当意志有缺陷时，更多的人是变坏。一个孩子的心理不够灵敏，这不是一件令人失望的事情，因为有些人曾经被人轻视，但是，一定时间之后，他们结出了果实。当一个父亲有许多儿子的时候，不要一开始就决定让他所喜欢的那个儿子去学习，正如他从一堆鸡蛋中拿出一个去煮或去煎，而是要让他自己和他的朋友们都认为是最适宜于搞学问的那个儿子去学习。有些家长把不适宜于从商、参军或从事其他文职工作的孩子送到学校去，命令他们学习，没有比这更加可笑的了。最不虔敬的事情是，他们把他们最下贱和无用的子弟献身于上帝，并且认为，一个连对最琐屑的事情都没有判断能力的人，足以胜任这样高贵的职务。当孩子被指定学习时，父亲应该对他的儿子抱有最大的希望，教师也应该对他的学生抱有最大的希望。但是，有一点不同，父亲的爱一般是眼光暗淡的甚至是盲目的，而教师的仁爱应该和最敏锐的眼光结合起来。一个刚被送到学校的孩子，不应该认为他没有希望，以致把他立刻开除，教师应该设法帮助他进步，要是不能在学习方面进步，至少应在他的生活方式方面得以改进。

第三卷
第四章 训练过程

辩论

儿童一到学校不要立即从事辩论，因为当他对各种事物还无知时，如何能知道说什么呢？所以，先让他平静地注意学校的安排，并且小心地考虑每一种训练。让他一开始就向他的校友们请教各种事物，这比一开始就去判断或辩论要好。

改正错误

假如不用自然的办法教育一个人，而是教训其努力和勤奋等等，那么，他就会常常犯错误，就会按相反的方向发展，干他自己的事，所以在任何年龄阶段都要纠正错误。我们不允许儿童被任何错误抓住，并且日益发展。因此，当一些事情学生还不能理解时，教师应把它们推迟到以后适合的年龄去做或学。同时警告学生，他要做的事要经过批准，要按照他的发展进程去做。学生不知道，做错了是可以原谅的。但是当学生的认识提高到一定程度，教师就要给他指出什么地方容易错，为什么错，要他必须避免。在儿童时，我们批准一些东西，但是等到成人了就不需要了。

对待学生的方法

在教学中，对学生出现的一些小事可以假装没看见，不要凡事都要指责。道德必须保持没有污染，虽然在那时，儿童在每件事上不能做到十全十美，但至少要避免开始任性。聪明的教师会懂得，一个人开始接近错误和已形成错误的区别。当儿童开始有不良倾向时，不纠正他，而寄希望于到青年时期形成自我控制道德的性格，没有比这更愚蠢的了。这好比当树在初春刚发芽时，就希望成熟。当教师教儿童很长时间后，他们仍不能做到青年该做到的事时，不要对学生发怒。教师在什么时候要多少发点怒呢？就是当儿童自己能做而他不做的时候。没有比教师用残酷的威胁、发怒和鞭打，要求幼小儿童做这做那更为愚蠢的了。这样的教师，他们自己就应该被鞭打。教师对学生要遵守温和指责的原则，至少他不要疏忽和引起学生们的反感。他不要用严厉的字眼打击儿童们的神经，或用严厉的态度吓唬他们。在做每件事的开始，比如开始说拉丁文或学习写字，在这时检查，错误是很容易纠正的。用称赞和肯定激励学生，就像用踢马刺刺马。在他们试验自己的能力绝望之前，他们不会认为教师和同伴经常的冷淡和微薄的嘲笑是可耻行为，因为他们之所以被嘲笑，是由于没有大胆去做任何进步的尝试。对那些进步的学生不要有任何过分的称赞，因为他们也会有一天被指责。温和的校订和纠正是有帮助的。尽管他默默地纠正了学生的一些错误，至少他能断定学生不会说这种纠正是无益的。这就提高了他的威信。

惩罚

由于人的头脑常被情感引向错误，因此，每个没有思考的行动必须加以检查，用申斥来制止，用语言来责备，如果需要则用鞭打。像动物挨打受痛，使儿童从错误转向正确，这只有在说理不奏效时才使用。所有这些，我不赞成在自由人中进行，像在奴隶中进行那样；除非儿童发展到如此地步，非用打的办法去激励他们去完成任务，像对奴隶那样。教师不要跟儿童太随便。当他们还小的时候，因为"太随便会滋长轻视"。教师要牢记不要严厉，要和蔼；不要威胁，除非需要；不要辱骂儿童，这会引起他们对学习产生轻视和厌恶。假如儿童不受威胁，教师可以打他。但采用这个办法，要注意，不要使身体感到太痛，甚至受到伤害。教师不要让学生习惯于他的轻视或训斥。我希望他不要行之过度，以备在特殊和很少情况下使用。教师要保持尊严，要考虑问题，不要经常发怒而产生无情。大一点的儿童更应少用发怒来检查，可是有时也要用。儿童们的错误言行主要是用威胁来制止。教师和学校领导是儿童道德和罪恶行为的观察者，因此要受到尊敬。此外，还要尊敬父母和亲属，他们也是约束儿童的因素。

教师对学习的称赞

教师还要指出在学习中的乐趣，那些深远的、长久的快乐，没有什么可与之相比了。所有东西，当它再出现以前都消失了，而知识则可保持到老，像个安全的保卫者，贯彻一生为我们服务，不论快乐还是忧伤。此外，无知还带来黑暗和危险。这样的事例很多。进一步，必须提醒儿童，不但要接受学过的有关道德的知识（哪怕是个很小的故事），而且还要去做。他们要认识到知识在人的头脑中像个最有用的牧场，必须经过咀嚼、消化，变成头脑中的财富，否则它对大脑有害，像将不消化的东西倾入胃中一样。

休息

我们的头脑和身体的力量是无穷的，但有时是虚弱的。我们要给它们一些食物和休息，这样，才能完成进一步的工作，否则，它们将在很短期间就要耗尽，变成无用。儿童要经常锻炼他们的身体，因为这个时期他们需要生长和发展力量。因此，我们不能把学习压得太多太紧，要允许他们的注意力有休息的时候，否则，他们在开始爱学习之前就开始恨它了。但是他也不能滑到自私的享乐地步。人的头脑倾向惊人的自由，它可以用来工作，但它不愿忍受强迫。我们从询问、谈话中很自然、很容易地获得知识，但是要强取就得的很少，困难也多。

最好的游戏

游戏包括快乐与荣誉，如投标枪、打球或赛跑。这些游戏的目的在促进儿童的身体健康，不是使儿童粗野和凶顽。对健康的保护是直接使头脑精力充沛和获得他（西塞罗）所希望从上帝那里得到的东西，"健全的精神寓于健全的身体"，增强和清新头脑，以便于适合每日的工作。

当天气不适宜在户外锻炼身体或有人的健康状况不允许他参加游戏时，愉快的谈话是有益的。比如，讲愉快的、生动的、理智的和美妙的故事或历史等。同样，也适合于引证长期流传的优美格言或一些明智的和可笑的谚语。有时也允许进行相当集中的室内游戏，用以训练学生的头脑，加强他们的判断力和记忆力，如玩跳棋和象棋。他们游戏的地方要有门廊和宽厅，以备在下雨天时用来娱乐。

（选自吴元训选编：《中世纪教育文选》，人民教育出版社 2005 年版）

《蒙田随笔》

蒙　田

【导读】

蒙田（M. E. Montaigne，1533—1592）是法国人文主义作家及教育思想家。他出生于波尔多一个贵族家庭。他撰写的《蒙田随笔》（1580 年）是世界文学名著，内容驳杂纷繁，其中有一些涉及教育问题。这里选择《蒙田随笔》中有关教育的两篇散文。

《论儿童的教育》堪称蒙田的教育代表作。在该文中，蒙田论述了有关教育、教学的许多问题，如反对灌输教学及死读书，要求根据儿童的年龄和心理特点进行教育等。这里节选了对现代教育有参考价值的一些片断，包括在孩子的教育成长过程中如何选择一位好教师、教师如何教育学生，以及反对对孩子从小娇生惯养等内容。

《我谴责教育上的一切体罚》强调发展学生的思考力，发挥学生的主动性和积极性。作者要求以一种自然的、自由的教学代替中世纪人为的、抽象的和奴隶性的教学。这里节选了蒙田反对对儿童采用体罚的一些建议，强调让孩子在父母的关爱下愉快、自由地成长，充分反映了人文主义的教育理念。

蒙田的这些教育思想对后来的夸美纽斯、洛克、卢梭有很大的影响。

第一部分
论儿童的教育

孩子年轻的时候，他们的天性的征兆是那么不固定，他们的性情那么多变，他们的指望那么无定，他们的希望那么虚幻，他们的前途那么可疑，即使最有才智的人，也很难根据它们做出任何确定的判断。

我认为应该教他们学习最好的、最有用的东西，不要相信我们所肤浅猜测的在他们幼年所具有的令人喜爱的前兆和令人涸惑的预测。

你要为你的儿子委派一位导师。你孩子的教育和成长，完全在于导师的选择。我希望这个孩子的父亲或监护人，在为孩子选择导师时要非常小心谨慎，我宁愿推荐一位心神镇静、稳健的导师，而不愿推荐一位头脑塞得满满的人，而这两种人同样可以当导师。我还是喜欢有智慧、有判断能力、习惯文雅和举止谦逊的人，而不喜欢空空洞洞、只有书本知识的人。应要求他在履行职责时，能采用新的方法。

有些人在他们学生的耳边喋喋不休，学生好像向漏斗里灌东西似地听他们讲课，而且，学生的任务仅仅在于复述他所学过的东西。我希望一个导师改变这种做法，一开始就应该按照他所教育的孩子的能力施教，使他的能力表现出来，让他对许多东西都学一点，然后独立地做出选择和区别，有些时候给他开条路，有些时候要让他自己去开路。我不希望导师独自去发明，只是他一个人讲话，而应该容许学生有讲话的机会。苏格拉底和阿凯西劳斯①就是要求他们的学生先讲话，然后他们自己再讲。教者的权威常常阻碍着要学的人。

所以，他最好先让孩子在他面前走几步，以便更好地判断他的速度，从而推测他能坚持多久，然后方能适应他的能力。如果我们不顾分寸，就常会坏事。要懂得如何选择，做到什么地步而又善于掌握分寸，这是我所知道的最困难的任务之一。要懂得如何支持儿童的行动，在多大程度上屈从他们的行动，又该如何指导他们的行动，这是一种高贵的精神的标志，也是一种坚毅的精神的结果。

如果有人按照我们通常的做法，采取同样的讲课方法和教育方式来指导很多体质和性情都不相同的儿童，要是其中只有两三人由于受到他们的训练而获得良好的结果或到达完善的境地，那是不足为怪的。

教师不仅应该要求学生说出他讲课中的话，而且还要他们懂得它的意义和实质；在判断学生的收获时，不要用他的记忆来证明，而是用他的生活来证明。他应要求学生把他新近所学的东西用很多不同的形式表达出来，并且在很多不同的学科中去应用它，从而了解他是否懂得所学的东西，并使其成为自己所有，在适当的时机，则遵循柏拉图的教导②去做。

我希望他在婴儿期就开始出国旅行，一开始就要一箭双雕，使他到语言和我们很不相同的国家去旅行，因为，除非在他年轻的时候就学会他们的语言，到他成长以后，就很难学会了。

此外，有一种普遍的看法，这种看法不同意把一个孩子挨紧抚抱、娇养溺爱，使其在父母的膝上长大。这种看法不无道理。因为，父母天生的慈爱

---

① 阿凯西劳斯（公元前315—前240），古希腊哲学家。——选编者注
② 蒙田建议导师把柏拉图对话集中苏格拉底所用的教学方法作为从已知到未知的教学方法的模范。——译者注

或柔情，甚至对最聪明的人，也往往觉得是那么懒散和过于啰唆，因为父母们不能、也不想制止、纠正或惩罚他们孩子的过错，他们也不忍心看到他们的孩子被教育得那么吝啬，一点儿也不懂规矩，而且很多时候必然会碰到一些危险。当父母们看到他们的孩子参加一个绅士所必需熟悉的体育锻炼回来，有时衬衫湿透，满身泥浆，有时汗流浃背，浑身尘埃，他们喝的水不是太热，就是太冷，他们就感到心疼；当他们看到他们的孩子骑一匹不驯服的马，或者和一个技术高明的剑术家激战，或者端起一支步枪射击，就使他们忧虑。但是，如果要孩子长成一个有能力的、老练的或者诚实的人，上述情况是无法避免的，在他年轻的时候不能有所姑息。

仅仅使他的心智健全是不够的，还必须增强他的体力，如果心智得不到体力的支持，就要受到过分的压力。要心智一身而二任，未免太难了。一个孩子必须忍受身体锻炼的痛楚和艰难，以便能忍受腹痛、烧灼、跌倒和扭伤的疼痛以及人体偶然发生的疾病。而且，如有必要，也应耐心地忍受囚禁和其他折磨。为了更大的荣誉和利益，他将会遭到这种苦难。因为，无论好人或坏人，在不同的时间和地点都可能遭受这些痛苦，我们从经验中看到了这些情况。谁要是想违抗法律，就是以灾祸和敲诈威胁着善良的人们。再者，教师对于他所教的孩子本应有最高的威信，但是由于父母的溺爱和他们的经常出现，教师的威信受到了阻挠和挫顿。此外，整个家庭对孩子所表示的宠畏，以及孩子对家庭的财产、希望和权势的了解，在我看来，都是对年轻绅士进行正确教育的不小的障碍。

必须教育年轻人谨慎节俭，花钱时手紧一些，不要挥霍浪费，对于他即将占有的财富，要节约俭用。对于在他面前所讲的荒诞故事，不要予以尖刻批评，因为对于任何与我们脾气不合的东西都加以反对是无礼的，应该让他满足于自己纠正错误。同时，也不要让他以自己不愿做的事情去责备别人，或者去反对共同的习惯。"一个人可以聪明而没有一点浮夸和妒忌"，要让他避离世界上的那些专横的形象，那些粗野的行为和幼稚的野心，上帝知道，太多的人们具有那些东西，即：夸耀他实际上没有的东西，竭力为他没有的东西树立声誉；同时好像没有人对此责难，也没有什么新方法出来，而他可能由此而获得具有特殊美德的名声。

应该教育他不要轻率地去和人谈论或争辩，除非是遇到一个值得和他较量的优胜者。就是在这个时候，我希望他也不要用尽全副手法，而只运用对他最有用的那些手法。应该教育他仔细选择论据，论点适当，结果简单扼要。总而言之，应该教育他，当发现真理时，不管真理在对方，还是由于考虑周到，真理在于他自己，都要立刻服从真理，在真理面前解除戎装。因为，他不应该喜欢地位高出别人，而只是反反复复讲些同样的话；他也不应该去辩护他所不能同意的论据；更不应该做一种交易，使一个人悔悟和改正的自由为现金所出卖。

要让良心和德行闪耀在他的语言里，让理性成为他的主要向导。要教育他承认他在自己的论断中发现的错误，虽然除他以外没有别人看到这些错误。因为，这显然是判断的作用和真诚的影响，而它们都是他追求的主要品质。固执顽强地做文字上的争辩，这是卑鄙的人的最显著的一般品质；改正自己的错误，在热烈争论时抛弃不正确的论点，这是罕见的、伟大的、哲学家的品质。应该劝告他，在人面前，要环顾四方；因为，我注意到，最高荣誉的地位通常是被最不相称和能力不强的人得到的，而最大的幸福难得为最有才能的人所享受。我曾经看到，在餐桌的上端，他们正忙于应酬，谈论着餐厅里花帷的美丽，或者某杯美酒的滋味，而在餐桌下端的许多出色的谈话全被忽略了。他应该考察一下每一种职业的人（一个农民、一个泥工、一个异乡人或者一个旅行者）的才能，所有这些人都必须利用，各取其所长，因为，他们是全都有用的；即使是另一些人的愚直朴素，也将有益于他的教育。通过观察别人的仪态举止，他将学会嫉恶和向善。

让他培养起探索一切事物的性质和原因的真诚的好奇心；让他调查他周围任何罕见的独特的东西：一座房子，一个喷泉，一个人，一处战场，甚或凯撒或查理曼的语录："什么地方气候炎热，什么地方遍地冰雪，什么风吹拂着意大利的海岸。"

他应努力研究国家风俗、财产、政权和所有国王的属地和联盟，这些东西学起来使人很快产生兴趣，了解它们也是非常有用的。

在和人们交往方面，我的意思是，他主要应了解那些只是在书籍的记忆里生活着的人。借助于历史，他将熟悉历史上许多全盛时代的最可尊敬的人。如果一个人随随便便学习，那就徒然浪费时间，但是，对于能学习历史的人，那就有不可估量的价值了。

应该教导学生"什么是正当的愿望，金钱有什么真正用处，应该把什么贡献给亲爱的朋友和祖国，上帝希望你成为怎样的人，给你放在怎样的社会地位，我们是什么样的人，我们为着什么目的而生存"。

还应教导学生应该知道什么，不应该知道什么，什么是学习的范围，什么叫勇敢，什么叫节制，什么是公平，野心和贪婪有什么区别，奴役和解放、服从和自由有什么区别，什么是辨别真正的、完全的知足的标志，一个人应该在什么情况下畏惧死亡、悲痛或羞辱，以及"怎样可以避免或忍耐一切困难。"

一旦教会他一些知识使他更加聪明和更加善良以后，就该教他逻辑、自然哲学、几何和修辞学的基础，培养他的判断力，然后选择他最喜欢的科学，使他在短时间内就能掌握它。讲授的方法，有时应该应用谈话，有时采用书本，导师有时可以把合适的作家介绍给学生，有时给他已经咀嚼过的精华。如果他对于载有他准备研究的优秀论文的书籍还不十分熟悉，那就不妨派几位学者和他做伴，以便在必要时供给他迫切需要的装备，使他以后能分配使用。

做导师的应该了解，他应该使学生的心灵充满对德行的热爱和敬畏，更多的是对德行的热爱。导师应向他说明，真正德行的奖赏、荣誉和高度，决定于履行德行是否容易、有益和感到愉快。学习德行并不困难，也没有阻碍，无论儿童和成人，也无论平常人和聪明人，都能把它学到手。要使他依靠慎重和节制获得德行，而不是通过暴力和任性。

我不愿意这个年轻的绅士被幽闭起来，也不愿意轻率地使他成为性急的学校教师的无端发怒或忧郁性格的牺牲品。我不愿意把他紧紧地束缚起来，像有些人那样，每天在书本上劳动十四五个小时，似乎他是一个散工，这有损他正在发育的心灵。同时，由于某种孤独或忧郁的天性的缘故，使他过度地沉溺于书本，以助长这种天性，我认为也并不恰当。

至于我们的年轻绅士，无论是房间、花园、桌子、床铺，无论是独个儿还是与人们一伙，无论是早晨还是夜晚——所有时间，对他都是一样，所有地方对他都是书房。哲学作为判断的创造者和习惯的形成者，是他的主要课业，它有权利在一切地方干涉一切事情。

一般说来，这种教育方法应该宽严结合，不像有些人那样，不是亲切地邀请儿童参加学问的宴会，而是以恐怖和冷酷对待他们。让我们除掉这种粗暴和强制，在我看来，再没有别的东西比它们更加使生来善良和温和的天性迟钝和堕落了。如果你要他害怕羞耻和惩罚，别使他过分害怕，而要耐心地使他习惯于忍受炎热和寒冷、尖锐的风和灼热的太阳，并且藐视一切危险。在衣着、住宿和饮食方面，不求精致和古怪，使他习惯于一切东西。使他不成为一个美丽、任性、喧喧地哭的孩子，而成为一个强壮、有力的孩子。从我还是一个孩子时直到成年以至现在到老年，我一直这样判断，这样相信。但是，我特别不能忍受我们大多数中学里所用的这种纪律。如果他们稍为温和些，危害就会少些。这是被逮捕的青年的一间真正的牢狱，由于他们事实上并不放荡而惩罚了他们，他们就变得放荡了。在他们将要上课时走近他们，你只能听到受折磨的儿童和怒气冲冲的教师的鞭打声和大声争吵，他们想诱导年幼而胆小的儿童读书，但是面色严厉、蹙额、手持戒尺，这是多么大的距离啊？呵！这可恶而有害的教学方法！昆体良曾经正确地指出过，这种专横的权威，换言之，这种惩罚儿童的方式，会带来很多危险。要是看到学校和教室里点缀着绿色的树枝和花卉，而不是血淋淋的桦树枝，那该多好呢？如果我能做到，我会像哲学家史坡锡普司①那样，在学校里到处悬挂快乐、花神和美丽、温雅、欢喜等神的肖像。儿童利益所在的地方，也应有他们的娱乐，正如对儿童的胃有益的肉类，应该烧得又甜又香，有害的肉类，把它们烧得苦些。

不要孩子多背诵功课，而是要他行动。他应该在行动中复习功课。我们必须观察"他的事业是否明智，他的举动是否诚实，他的态度是否谦虚，他的行动是否公平，他讲话是否有见识和斯文，他病中是否勇敢，运动是否适度，快乐有无节制，治家是否有秩序，口味是否无可无不可，无论肉、鱼、酒或水，都没有关系""他把学问不看作知识的虚饰，而看作生活的法律，他服从他自己，实行他所定的法律"。

最好的办法莫过于培养对学问的兴趣和爱好，否则我们将只是教育出一些满载书籍的傻子，凭着棍棒的力量，在他们书包里装满了给他们保存的知识。要做得好，必须不仅是把它们藏起来，而且要和他的心灵结成姻亲。

我谴责教育上的一切体罚

在培育娇嫩心灵的方面，我谴责一切体罚。塑造心灵为的是荣誉与自

---

① 史坡锡普司（公元前 409—前 339），古希腊哲学家。——选编者注

由。强迫与压制有着说不出的奴性味儿。我想，凭理性、智慧、灵巧都做不到的事情，借武力也不会取得更大的效果。人家就是这样培养我的。大家说，我小时候只挨过两次皮鞭，而且都打得非常轻。我对自己的孩子也坚持这样做。不过他们都很小就死去，只有莱奥诺尔，我唯一的女儿幸免于夭折。她长到六岁多，无论引导她或惩罚她的过失（母亲宽容孩子的过失是很自然的），也顶多是训斥一下，而且语气都很轻。我知道我的方法是正确的，合乎自然的。就是女儿令我大失所望的时候，也不能指摘我的方法，而一定另有原因。倘若我有儿子，我会更加慎重对待，因为男孩子不像女孩子那样生来要侍候他人，男子的地位要自由得多。我多想自己的儿子心中充满自由和独立的精神啊。皮鞭的教育只会使心灵更加怯懦，或越发促其坚持邪恶。我看不出有其他效果。

我们想得到孩子的爱吗？我们不愿意孩子有巴不得我们死掉的想法吧？（孩子有这种可怕的心愿是不正当的，不可原谅的）。那么，我们就应当尽自己的可能让孩子们生活得愉快、合理。

已故的蒙吕克元帅先生，有一个儿子死于马德拉岛。那是个英武过人的贵公子，曾经是希望的所在。蒙吕克对我说，他从未和儿子有过思想交流，失去了赏识和理解儿子的机会，再也无法向他表达自己深沉的爱和对他的人品的尊重。这都是由于蒙吕克硬要摆出做父亲的威严的脾性造成的。后来他感到多么难受、多么痛心啊！这是他一生中最大的憾事了。他说道：

"这可怜的孩子，只知道我性情苛刻、蔑视一切。他肯定以为我不会爱他，也不知道正确估计他的人品。其实我内心深处对他保持着一份特殊的感情，我一直隐藏着这份感情，究竟为了谁啊？应该充分领略这份感情并对此表示感激的人不正是他吗？我过去为了保持无用的假面具，竭力自我克制，自己折磨自己。我失掉了与他相处的乐趣，也失掉了他的爱。他对我的感情是相当冷淡的，因为他从我这里得到的只是粗暴的对待，他在我这里体验的只是专横的手段。"

我觉得这番懊悔的话说得很好，句句在理。

（第一篇选自华东师范大学教育系、浙江大学教育系选编：《西方古代教育论著选》，人民教育出版社2001年版。第二篇选自蒙田著，梁宗岱、黄建华译：《蒙田随笔》，湖南人民出版社1987年版）

《太阳城》

康帕内拉

【导读】

康帕内拉（T. Campanella，1568—1639）是意大利文艺复兴时期的空想社会主义者。他出生于意大利南部一个贫苦家庭，因参与领导南意大利人民反对西班牙哈布斯堡王朝的斗争，于1599年被西班牙当局逮捕，度过了27年的铁窗生涯。《太阳城》（1602年）就是康帕内拉在狱中写成的。这是一本具有深远影响的空想社会主义著作。作者在书中描绘了一个废除了私有制、没有剥削、人人劳动、全民幸福生活的国家——太阳城。太阳城里实行"哲人政治"，只有大智大慧的"贤哲"才能担任国家最高管理人（称为"太阳"）及其助手。

《太阳城》通过管理员和航海家之间的对话来反映康帕内拉空想社会主义思想。在教育部分，优生及学前教育是其中的重要内容。太阳城里的教育是从根本抓起的。首先是重视优生，其次是优育。作者受到柏拉图《理想国》的影响，提出对儿童实行公养公育的主张，对男女婚配、胎教和学前教育问题都有所涉及。在太阳城中，所有的儿童（不管是男孩还是女孩）都能接受同样的社会教育。他们从幼年起，就能通过游戏获得有益的知识。这个国家的主要城市好像是一个陈列着直观教具的博物馆，孩子们由教师率领着在城市中散步和游戏，通过直观教学获得简单的科学知识。从一定的年龄起，对孩子的教育就由这种游戏教育转变为教劳结合。在本书中，作者的构想虽然是空想，有的想法甚至有些离奇，但对后世公共学前教育制度的产生发挥了积极作用。

关于优生优育[1]

"爱"首先掌管有关生育的事务，监督两性的结合，以便使后代成为最

---

[1] 本文中的此级小标题均为选编者添加。另，为了呈现上的方便，本文选段与原文中的顺序并不完全一致，略做了调整。

优秀的人物。他们嘲笑我们对于犬种和马种的改良特别重视，而对于人种的改良却不重视。抚育儿童、医疗、制药、播种、收割庄稼和收获水果、农业、畜牧业、伙食，总之，关于衣、食以及性关系的各种工作，都由"爱"来掌管。许多男女教师在他的指挥下来监督这一切工作。

（在太阳城）任何一个妇女在未满 19 岁时不能同男子发生性关系；男子在 21 岁以前是不能生育子女的。反之，年满 21 岁，甚至年满 27 岁仍然保持童贞的人，就会受到人们特别的尊敬或在公共的会议上受到表扬。在古雅典式的体育学校上课时，所有男人和女人都要按古代斯巴达人的风俗把衣服脱光。这样，领导人就能够根据他们体格的情况，来确定哪个男人最适合同哪个女人性交。体格匀称和美貌的女子，只同体格匀称和健壮的男子结合；肥胖的男子与消瘦的女子结合，消瘦的男子与肥胖的女子结合，为的是使他们能得到有益的平衡。晚上，孩子来替他们铺好床铺，然后根据男女领导人的命令，引导他们到卧室去睡觉。只是在吃了东西消化以后并向天神做了祈祷以后才能性交。在卧室中摆着一些名人（男人）的漂亮雕像，为的是使女子经常去看它们；同时，让女子从窗内仰望上天，祈求上帝赐给她一个受人尊敬的后代。男女在性交之前，要在两个分开的小房间之内独寝。性交时辰一到，就有一位女领导人从外面把两扇门打开。性交的时刻，要由星相家和医生努力抓住以下的时刻来决定：金星和水星处于太阳以东的吉室中，木星处于良好的方位，土星和火星也要处于良好的方位或处于它们的方位以外。

那些同时又担任司祭的负责人员和那些有学问的教师，由于他们从事紧张的脑力劳动而削弱自己的生命力和耗费脑力，由于他们要经常思考某些问题而有生出体质衰弱的子女的危险，所以他们要在很多日子内，遵守许多条件的情况下才能性交。为了尽量避免这种危险，所以就先让这些有学问的人与活泼热情和美丽的女子结合。反之，精力旺盛、敏感、不安分和性情暴躁的男子则配以肥胖而性情温和的女子。太阳城的人民肯定地说：赖以发展美德的完美的体格，通过体操是锻炼不出来的；天性上有缺陷的人，只是由于他们害怕法律或上帝，才很好地工作，否则，他们就会秘密地或公开地危害国家。因此，应该把整个主要的注意力集中地放在生育子女问题上，必须重视的是双亲的天赋品质，而不是嫁妆和不可靠的贵族身份。

妇女在受孕后两个星期内，不必从事体力劳动，此后，做些轻微的工作，使胎儿易于吸取母体的营养而生长健壮，同时也可以加强母体本身，然后，再做一些比较繁重的工作。根据医生的指示，只发给她们维护健康的食物。分娩以后，她们就在一所特设的公共大厦里休养并照料婴儿。哺乳期为两年，但可以根据"物理学家"的指示加以延长。断乳后，小孩便按性别交给男首长或女首长抚育。于是，他们就和其他儿童在一起轻松地学习字母、看图、赛跑、游戏和角力，并根据画图认识历史和各种语言。他们穿着漂亮的花衣服。到了7岁就开始学习自然科学，然后学习其他的科学，接着，根据首长的鉴定，再学某一门手艺。天分比较差的儿童被送到乡下去，但其中知识有所进步的，又可以接回城市。在同一个时日同一个星座照临时出生的儿童，他们的天分、性情和面貌大多数是相似的，因此他们总是互助互爱，而使这个国家呈现一片和谐的景象。

关于生育，他们把它看作是为国家谋利益的宗教方面的事情，而不是个人的事情，而且必须服从政权的调配。我们认为每个人应该有自己的房屋、自己的妻子和孩子，以便了解和教养自己的后代，这是一种天然的权利。但太阳城的人民反驳这一点说，生儿育女的目的，正如圣托马斯①所说的，乃是为了保存种族而不是为了保存个人。因此，生育后代是一个关系到国家利益的问题，而不是个人利益的问题；个人仅仅是作为国家的一分子才与这个问题有关。因为大部分的人总是不善于教养后代而使国家濒于灭亡，所以，负责人员的神圣职责是把这一点当作国家福利的重要基础来进行监督。

太阳城的教育

按照"智慧"的命令，在内外城墙的里里外外和上上下下都悬挂着美丽的图表，反映了各种科学的非常严整的逻辑联系。

第一个城区的内墙上画着各种数学公式的图表。

在第二个城区的城墙里边，可以看到各种宝石及各种贵重的和普遍的矿产和金属的图形以及它们的标本。

第三个城区的城墙里边画着各种花草树木，其中有些植物还种植在瓦盆里。

---

① 圣托马斯，即托马斯·阿奎那（1225—1274），中世纪天主教神学和经院哲学最重要的代表人物。——译者注

第四个城区的城墙里边画着各种鸟类，并标明它们的性质、体积、习性、颜色和生活方式等。

第五个城区的城墙里边画着比较高级的地上动物，它们的种类真是多得惊人。

第六个城区的城墙的里边画着各种手工业和它们的工具，以及各国人民所使用的工具。把这些手工业按其性质加以排列，并附有说明。也画着各种工具的发明者的肖像。在墙外边，画着各种科学和武器的发明者以及某些立法者；我在那里看到摩西、奥西里斯、丘比特、莫考莱、李库尔赫、庞皮利、毕达哥拉斯、扎莫尔克西、梭伦及其他许多人的画像；其中也有穆罕默德的像，但是太阳城的人民看不起他，认为他是一个荒谬的和微不足道的立法者。他们对耶稣和十二使徒却极其敬慕，还把这些人置于其他人之上，并看作超人。我也看到凯撒、亚历山大、皮洛士、汉尼拔和其他一些在战争和从事和平事业中的著名的杰出人物（主要是古罗马人）的画像，这些人的像是画在墙的下部和柱廊下面的。当时，我很惊奇地问，他们是从哪里了解我们的历史的？后来我才明白，原来他们具有各种语言的知识，他们曾经常派出自己的观察员和使者到某些国家去了解他们的风俗习惯、实力、政治制度和历史，以及它们所有的一切好的和坏的东西，然后再向自己的国家汇报。他们对所有这一切特别感兴趣。我在那里也知道，原来中国人早在我们以前就发明了以石球为弹的大炮和印刷术。太阳城有许多教师负责讲授这些绘画的意义。因此，儿童们在10岁以前就能毫不费力地、轻松地通过直观教学法来掌握各种科学的基本知识了。

孩子们从2岁到3岁时就在房屋墙壁的周围游玩，并学习和读念字母，他们分为四组，由四位领导他们的有学问的老人来照管。稍大以后这些老人就教他们体操、跑步、掷铁饼和其他可以平均发展四肢的体操和游戏。到了7岁，他们经常光着头、赤着脚行走。同时，把他们送到一些作坊去学着当鞋匠、面包师、铁匠、木匠和画师，等等，以便了解每个人将来的志向。

到8岁时，在他们根据墙上的字画学完初等数学以后，就让他们去听各门自然科学的课。每门课程有四位讲师讲授，分四个组轮流学习他们的课程，以四个小时为限，一部分人在进行体育锻炼或履行公职时，另外一部分人则专心地听课。

接着，大家开始研究比较抽象的科学：数学、医学和其他学术，并经常举行热烈的讨论或辩论。然后，大家在各个科学或手工业部门中获得职务。在那里，他们可以取得很大的成就，因为每个人都有自己首领式的领导人指导工作。有时也派他们到田野和畜牧场去观察和学习农业和畜牧业。凡是精通技艺和手艺的人，凡是能很熟练地应用它们的人就会最受人重视和尊敬。

....

我对几个很懂我国语言的孩子考试以后，证明了他们的这种说法是对的，这使我非常惊异。我后来知道其中的每三个孩子，必须懂我国的语言，或者懂阿拉伯语，或者懂波兰语，或者懂其他国家的语言。此外，他们还尽量利用其他休息时间去求取更多的知识，为此，他们被送到野外去练习赛跑、射击、掷标枪、用前膛火枪打靶、猎捕野兽、辨识草木和各种石头，等等，也分别参加农业队或畜牧队学习农业和畜牧业。

（选自康帕内拉著，陈大维、黎思复、黎廷弼合译：《太阳城》，
商务印书馆1980年版）

《母育学校》

夸美纽斯

【导读】

夸美纽斯（J. A. Comenius，1592—1670）是 17 世纪捷克教育家，具有人文主义、民主主义及唯物主义感觉论思想。他一生致力于民族独立、消除宗教压迫以及教育改革事业。从 22 岁开始，他先后在捷克、波兰长期担任中学校长并从事教育理论研究。他熟悉古代希腊、罗马的教育遗产和文艺复兴、宗教改革时期的进步教育思想，与同时代的教育改革的先行者建立了广泛的联系。在吸取前人和同时代人的智慧基础上，他根据自己亲身的实际经验，大胆创新，探索改革教育、改造社会、更新基督教的途径。

《母育学校》又名《幼儿学校》（约1630年），

是历史上第一本学前教育学专著,也是历史上第一本家庭教育学著作。之所以起名《母育学校》,其意是此类教育机构应带有如母亲般关怀幼小子女的特点,母亲应成为幼儿的主要教师。本书详细论述了学前教育的重要性、胎教、新生儿的养护、幼儿智力和语言发展、良好习惯的养成、游伴的选择和环境的影响以及入学前的准备。它和夸美纽斯编绘的幼儿看图识字读物《世界图解》(1654年)堪称姊妹篇,凸显了夸美纽斯对学前教育的重要贡献。本书主要议及学前儿童的家庭教育,但其历史意义不仅如此。美国学者孟禄(W. S. Monroe)曾指出:"夸美纽斯所写的《母育学校》一书,是母亲教育启蒙期的儿童的指南。但是在这本珍奇古老的书中,人们找到的不仅是母亲教育儿童的指南,而且也是所有教师和一切担负着培养幼儿这一崇高神圣使命的人们的指南。"

第四章 早期教育的性质

1. 人人知道一棵老树的枝干具有什么样的性质(倾向),从其生长初期就必须使之这样来形成。如同动物,除非它在最初形成时期接受一切肢体的基础(基本素质),无人希望它会接受这些东西,因为谁能修正那天生是瘸腿的、瞎眼的、有缺陷的或畸形的呢?所以,人在其身心最早形成的阶段中,就应当这样来塑造,使其成为终身应当成的那样。

2. 任何人在幼年时代播下什么样的种子,那他老年就要收获那样的果实,诚如谚语所说:"幼年的追求就是老年的爱好。"

7. 儿童还应在德行和德性方面受到教诲,特别是在以下几方面。

(1)在节制方面:他们应学习按照自然的需要吃、喝,但不要过于贪婪或在已满足的时候,还要塞胀肚皮。

(2)在整洁和礼节方面:如上所述,饮食衣服以及身体都需要保持清洁,他们并应习惯于端庄有节。

(3)关于尊敬长辈:对长辈们的行为、谈话和教诲,他们应学着尊敬。

(4)在使他人满足方面:在其长辈点头表示允许的情况下,他们必须进行所有一切要求做的事。

(5)特别需要的就是他们应惯于说实话,而他们所说的一切的话都应按照所说的那样"是,就说是;非,就说非"。他们没有任何理由说谎话,或说一些言过其实的话，不论是严肃的抑或是以此取乐的。

（6）他们必须同样受到待人公平的训练，如不捉弄人，不暗中搞事情，不藏匿他人的东西，或不在任何方面使他人受害。

（7）应灌输给他们待人亲切的思想，要使人高兴，如此他们的心将落落大方，既不吝啬又不嫉妒。

（8）使他习惯于劳动以至厌恶懒惰，这对他们是极为有益的。

（9）他们应当学习谈话，但也应学习在需要的时候保持安静，默不作声，例如，在祈祷时或别人正在讲话的时候。

（10）他们必须锻炼耐性，如此，他们就不会希望举凡一切应做之事都会使别人满意，从幼年时起，他们就应学习约束自己的愿望。

（11）他们应当有礼貌地并甘心乐意地服侍其长辈。由于这是幼年期的重要而优美的品质，所以应从婴儿时代起就予以训练。

（12）由上所述将产生殷勤，借此，他们可以学习对人做出好的举动，祝贺问安，和人握手，跪拜，因接受小礼品向人道谢，等等。

（13）为避免粗鲁或轻浮的外表，应同时让他们学习端庄，如此才能谨慎地、优雅地做事。一个儿童在这样德性中学习初步知识，如基督所表现的那样将会受到上帝和人的称赞。

8. 至于正确的学习，这有三方面：学会理解、习作和说明一些事情或学会理解、习作和说明一切事情，但坏事除外。

9. 儿童在头六年中应知以下事物。

（1）自然事物。知道元素的名称——火、风（空气）、水、地，会说出雪、冰、铅、铁等名称。同样会说出树木和较为著名的和较为普通的植物的名称，如紫罗兰、各种草以及蔷薇花。同样，如各种动物的区别，什么是鸟，什么是牛，什么是马，等等。最后要辨别自身的外部肢体，应说出它们的名称和用途，如耳朵能听，腿能走路，等等。

（2）属于光学的。能知何为黑暗，何为光亮和一些普通颜色的区别及其名称，那就够了。

（3）在天文学方面。能辨认日、月、星辰。

（4）在地理学方面。能知道他自己出生的地方和他生活的地方是城市、乡村、集镇或卫城；何为一块地、一座山、一片森林、一个牧场、一条河流，等等。

（5）关于儿童初次学习的年代学。能知道何为一小时、一天、一周、一月、一年；何为春天、夏天，等等。

（6）历史学的开始。要记忆昨天做的什么，最近做的什么，一年以前、或两三年以前做的什么。

（7）家务。要辨识谁是家庭的成员，谁不是。

（8）在政治学方面。要知道一国之中有君主、行政官、国会议员，并知道国家不时举行各种会议。

10. 至于行动，有些是关于思维和语言的，如辩证法、算术、几何学和音乐，有些是关于心和手的，如各项劳动和身体的动作。

（1）辩证法的原理。可为儿童所吸取的，如他要知道问题是什么，答案是什么，并能清晰地回答提出的问题，而不把葱答成蒜（意即不要答非所问）。

（2）算术。属于基础方面的是要知道某些东西是多或少，能数到20，乃至一连数到60，并能理解何为偶数与奇数；同样要知道数目3比2大，3加1是4，等等。

（3）在几何学方面。知道什么是大的、小的、长的、短的、宽的、窄的、厚的、薄的，何为一英寸、一英尺、一码，等等。

（4）儿童音乐。会背唱一些诗篇或圣诗（赞美诗）中的词句。

（5）至于心与手。每种劳动或艺术作业都开始于切断、劈开、雕刻、排列、捆绑、连接、搭起和展开，这些事都是为儿童所熟悉的。

11. 至于语言，它的适当性是借助于语法、修辞和诗学来认知的。

（1）头六年的语法问题，儿童应当用自己的语言尽多地表达所知道的事物，虽然他说的话还不完整；但是应当使他言必切题并且使他音节分明地说话，好让人听懂。

（2）儿童的修辞学是要采用自然的动作来表达，并且要理解和重述一个寓言或一个比喻，如果他们听到的话。

（3）诗学初步将是背诵某些诗句或韵律。

12. 关于教导儿童认识这些事物的方法，必须予以注意，不要把这类的教导精确地分配在某几年或某几个月（因为以后在其他学校还要教），但一般而论，这有以下的理由。

(1) 因为所有做父母的,在其家庭中并不注意或按照像公共学校那样的次序来教,在学校里并无罕有的事情来打扰事物的有规律的进程。

(2) 因为在幼年期所有儿童的天赋能力并不是同等的,有些儿童一岁时就开始说话,有的在两岁,还有些儿童在三岁。

13. 所以,我将用一般的方法说明在头六年之内,如何教导儿童:

(1) 在认识事物之中;

(2) 在具有活动力的各种劳动之中;

(3) 在语言方面;

(4) 在德行和德性方面;

(5) 在虔敬方面;

(6) 既然生活与健康构成关系到人们的一切工作的基础,通过父母的勉励和照顾,会指导教育儿童如何保持健全和健康的。

第五章 体育

4. 主妇们应特别保护其自身的健康而不致伤害其儿女。

(1) 她们应注意节制和饮食,否则,她们因过度的饮食或不合理的禁食,因泻剂、放血、寒冷等,必将陷入衰弱之境,易于伤害其自身,并使其子女消瘦或虚弱;主妇怀孕期间,她们必须特别小心防止过度之事。

(2) 应使她们知道不要蹒跚而行,绊倒或碰撞着东西以及走路不小心;因为上述任何一种或全部情况一旦发生,就会使软弱和发育不健全的婴儿受到伤害。

(3) 未来的母亲们须约束一切情感,这样做是为要避免招致突然的恐惧,陷入过度的愤怒或怨恨和伤感,等等。因为除非她知道注意这些事,她将生育一个怯懦的、易动感情的、忧虑和沮丧的婴儿。更坏的情况,由于突然的恐怖和激动,招致死胎,或至少是极其虚弱的孩子。

(4) 关于外部的动作,做母亲的更须注意不仅不要沉溺于过多的睡眠、懒惰或麻痹大意,而且应以愉快的心情和敏捷的行动从事日常的工作;因为她若是这样,她的子女的天性也将如此。关于其他的事情,熟练的医生、护士和受人尊敬的保姆们将会予以指导的。

5. 儿童出生以后,应立即给他适当的清洁和洗浴;应将婴儿置于柔软而暖和的热罨之中;做父亲的应立即准备合宜的食物。这里应当特别加以注意的，就是母亲应自任护士，既不要排拒自己的亲骨肉，也不要把生产前她常吃的营养品勉强给予婴儿。有些母亲（特别是上层阶级）常以亲自抚育子女为苦事，而把教养的责任诿诸他人。这样奇怪的行为是有害于儿童的，而且是不可宽恕的！在这里有必要指斥说明的就是这种硬心肠的人是有罪的。除此，还应指明的，就是这些人应如何审慎地对待这件事。因为这种习惯生根愈深，传播愈远，就更不能对此事保持缄默，特别是我们在这里要指明从最初基础所产生的优良秩序之好处的时候。

6.所以，我认为做母亲的对其婴儿这样残酷的疏远（即将婴儿寄托别人哺乳，除非在不可避免的情况下和母亲不能亲自抚育）是：（1）与上帝和自然相对立的；（2）对儿童有害的；（3）对母亲自身也是有害的；（4）不名誉的而且应予谴责的。

17.另一方面，之所以应当特别细心保护儿童的健康，是因为他们的细小的身体还很弱，他们的骨骼还软，他们的筋脉纤弱和他们肢体的任何一部分还未成熟和完善。因此，在抱孩子、把孩子扶起、背负、放下、包扎或置于摇篮中的姿势方面，都必须十分谨慎、周到，否则，一有疏忽大意，他们就会因跌倒、碰撞东西而受伤害，因此他们或变成瞎子、聋子，或变成跛子，或变成残废。儿童比黄金更为珍贵，但是比玻璃还脆弱。它是易于被震荡和受伤的甚至成为不可补偿的损伤。

18.当婴儿开始坐、站或跑的时候，为要预防碰撞着东西而受伤，就需要小的坐凳、护膝板和小车。这些东西，开始时总是要最小的。有些国家，常给婴儿戴上一个里面填满棉花卷的小帽，一旦发生跌倒的事故，他们的头部不致遭受损伤；对于其他肢体的预防损伤也是完全适用的。在冬季应以合宜的衣着与温暖的盖被防护他们免于着凉和适应气压的变化。用几句话来说明这桩事，就是应当让他们不因撞伤、过烈、多吃多喝或饥渴而招致损害。凡此种种，都须加以适当的注意。

19.注意正当的秩序，同样是有益的。例如，儿童每天应睡眠（休息）多久，多久进餐以及玩耍多久，等等；因为这有利于健康而且成为今后行为规则化的基础。虽然，这对于某些人来说或以为没有什么多大价值，但是使婴儿完全习惯于恰当而快意的秩序，仍是非常正确的，也是为事例所证明了的。

20.虽然我们的生命含有旺盛的热力和自然的火力，若无足够的空气和反复的鼓荡，它是会很快熄灭的。照样，婴儿每天的锻炼和娱乐也是很必要的。为此目的，儿童在能够走动和跑跳以前，应采用一些摇动摇篮、背负、转换地位以及乘具等器械。但是，当孩子们能够走几步而且开始能站稳的时候，就可以让他们跑并做点这样那样的事情（在母亲和保姆的指示之下）。一个孩子这样的活动、跑和游戏愈多，他的睡眠也愈香甜，胃的消化愈加容易，而其身心的生长与发展就愈快；只须注意的就是不让他伤害着自己。所以，应当为孩子们找一个他们可以在其中跑或安全锻炼自己的场所。至于这种受到许可而不致招致损伤的锻炼的比例，是应当予以说明的；而保健员、护士和运送婴儿的人也必须招聘。

21. 最后，让我们引用几句格言："一种愉快的心情就是一半的健康""精神快乐是人的生命的泉源"。在这方面，父母们也应特别小心，不要使孩子们没有快乐。例如，儿童一岁时，用摆动摇篮、抱着轻轻摇动、轻声唱歌、玩拨浪鼓、带到广场或花园中运动，乃至接吻和拥抱等方式来振奋他们的心灵。然而，这些事也必须耐心细致地去做。在他们二至四岁时，应以适于他们的各种游戏，或与其他儿童的共同游戏、跑跳、彼此的追逐、音乐、任何适于他们看的东西如画片等来活跃其心灵。为要说明我自己的一般见解，任何适于或能使儿童愉快的事无论如何是不应予以拒绝的。

第七章 活动与表现

1. 男孩子们总是爱好做事的，因为他们那旺盛的血液是不许他们静止的。既然这是极为有利的，那就应该不加限制。但是必须有所准备，好让他们有事可做。应当让他们像蚂蚁一样，不停地从事工作、输送、拖拉、建筑和倒转（移置），假定他们不论做什么工作，都必须勤奋地完成。应该帮助他们，给他指出各种物品的形状，乃至玩具的形状；因为他们还不能从事真的工作，而我们就应和他们共同游戏。我们知道施米斯塔克莱斯[①]，雅典的最高执政官，常以长芦苇当马与其子共骑，这事为当时的一位未婚的青年公民看到，他表示惊异，心想这位伟大的人物何以如此稚气，但他请他不要把这种偶然的事告诉任何人，直到他已有儿子时为止。这就说明，当他做了父亲，他将更加深刻地理解到父母对于子女的爱，到那时他将不再对他认为孩

---

① 施米斯塔克莱斯（公元前520—前449），雅典著名的将军和政治家。——选编者注

子般的行为表示惊奇了。

2. 既然儿童们要力图模仿他们看到别人所做的事，那就让他们做一切的事，除了那些使他们招致伤害的事，如刀子、手斧和玻璃，等等。当其不方便的时候，应为他们找些玩具以代替真的工具，即如铁刀、木剑、锄头、小车、滑板、踏车（磨房）、建筑物（房屋），等等。这些东西，可以帮助他们自寻其乐，并可锻炼身体的健康、精神的活泼和各种肢体的敏捷。孩子们喜欢搭盖小屋，并爱以泥筑墙，堆积碎片、木头或石头，这样来表现他们的建筑才能。简言之，只要对他们没有什么伤害，不论孩子们喜欢玩耍什么东西，与其限制他们，不如满足他们，因为就精神和身体而言，不爱活动比爱好作业反而更有害处。

3. 现在进而按照儿童的年龄分别阐述。在第一年，假如他们了解到为什么吃东西要张口，头要抬起，手拿东西，坐下，起立，等等，他们就将有充分的机械学的知识；所有这些事情与其要依靠教养不如依靠自然。

4. 在第二、三年，儿童们机械学的知识可以扩大；因为到此时，他们开始学习什么是跑、跳、不同方式的运动（动作）、游戏、点火和熄火、倒水、把东西搬来搬去、放下、举起、平卧、立正、转身、旋转、捡起、展开、弯曲、伸直、劈开、割开，等等；只当机会许可时，这些事就应让他们去做并给他们讲明。

5. 第四、五、六年时，不仅要而且应当有充足的劳动和建筑活动；因为静坐过多，或行步缓慢，对儿童来说不是一个好的标志；相反，经常跑来跑去或做一些事情却是身体健康、智慧充沛（活跃）的一种可靠的标志。所以，凡是任何吸引他们注意的事物，与其拒绝不如交给他们。凡是要做的事都必须做得适当并且应该看到对将来的好处。

6. 在母育学校第四、五年的儿童们也应练习绘画和写字（这是按照已经发现或可以激发他们的倾向而言），供给他们粉笔（贫穷儿童可用炭条），借此可随意画些点、线、钩、圆；绘画的方法是容易指明的。儿童这样画，既可以当作练习，亦可以当作娱乐。按照这种方式进行绘画，他们的手就会习惯于使用粉笔并写成字母；同时，他们逐渐理解一个点和一条线的意义，并且在以后将大大减轻教师的劳动。

7. 在这个阶段中的辩证法（推理）除非是很自然的，或像在实践中所得来的，还不能加以运用。但是那些与儿童们相过从的人们，无论用什么方法，理性的、非理性的，来指导自己的行动，他们怎样，孩子们也将怎样。

8. 在第三年，可能很少向儿童陈述算术的各种因素；但是他们不久就能数到5或10，或至少能把数目正确地讲出来；他们最初或不能理解那些数目的真正意义，但他们自己将会观察数目的用途，在第四、五、六年，若是他们连续数到20，并能分辨7比5多，15比13多，那就很够了。何为一个偶数，何为一个奇数，他们从游戏当中很容易学会我们所称的单双数。在算术方面若超出这个范围，这不仅无益反而有害；因为没有像数目这种东西那样难于牢记于心。

9. 大致在第二年的时候，当我们说到某一东西是大的或是小的时候，几何学的原理是可以被认识的；他们将在以后容易地知道什么是短的、长的、宽的或窄的。在第四年，他们可以学习各种形状；举例说，何为圆形、直线和正方形。最后，他们可以学习通用的度量衡的名称，如一指宽、一指距、一英尺、一品脱、一夸脱、一加仑。

第九章 道德训练

1. 幼年时代应该锻炼的外部德行，我已在第四章列举出来，现在进而说明各人应如何尽其职责而适当地予以完成。如果有人要问如何使一个如此年幼的儿童习惯于这些严肃的事情，我的回答是，甚至像一棵幼嫩的树苗，也能使之弯曲，为的是按照这种或那种方法生长得比一棵已经长成的树更加容易。所以如果采用正当的方法，幼年儿童在其生活中的头几年，能比以后更容易地锻炼每种好德行。这种方法是：（1）提供各种行为的永久范例；（2）适时地和聪明地教导和锻炼；（3）适当地进行规定的训练。

2. 在儿童面前为他们提供一个永久的、优良的范例，是极为必要的，因为上帝已在他们的天性之中播下模仿的种子，也就是模仿别人的欲望。事情常是如此的，虽然你并未想要一个儿童做某件事情，但是只要你在他面前做或说某件事，那么，你将看见他是要同样试做的；这一点已为经验所证明。因此，有的儿童家庭，就需要对这样的事给以最缜密的考虑。如此，就不会做出和德性相悖的事情来；但是整个家庭都须注意节制、清洁、整齐，对长辈适当尊敬、相互关切、信任，等等。如果勤勉奉行的话，那么就很自然地无需多用唇舌去教导或以打骂来强制。但是由于成年人常失之于无节制，所以儿童觉得应当模仿别人的行为，也就无足为奇了。

3. 然而，适时的、聪慧的锻炼必须示范。只有当我们发现范例对他们还未收到充分的效果时，或当他们诚然愿意按照别人的榜样来持己处人，但仍然做得不适当时，用话来教导仍然是必要而适时的。在这种情况之下，可以命令他，劝告他，要他按这种或那种方法来立己处人，对他说"想想看，注意我怎样做""看看父亲或母亲怎样做""不要做这样的事，你怎么不害臊，规矩些""如果你真是这样，你永不会成为一个优秀青年""街上的乞丐和坏人才这样做"，等等，或相似的话。但是单靠增加时间来训诫或谈论一些对他们以后没有什么用处的事，那是很不合算的。

4. 为使儿童注意好的榜样和训诫，有时是需要惩罚的。现在可以提出两类训练。一个男孩须加斥责，如果他做任何事情都不像样；然而，应该明智地，不要用威吓来打击他，而是使他知道有所畏惧，自己有所反省。有时也需要更加严厉的斥责并使他感到羞愧，告诫之后不要立即做某一件事，训诫可以带有威吓。虽然如此，如果你在训诫的时候，立刻或稍待一会儿之后，对他加以称赞，那将会有好处的；因为有许多有益的结果是来自明智的表扬或责备的，这不只对儿童，就是对成人也是一样。假如第一步训练证明无效的话，那么第二步就要用鞭打或掌击，为的是使这个孩子自知反省并使他更加注意。

5. 这里我不能不对某些思想浅薄的、嘲弄爱情的父母加以非议，他们对每件事几乎都佯作不见，允许儿童可以完全不加任何改正或管教，听任其成长。这样的父母，甚至容忍其儿女做各种坏事：各处乱窜、借贷、卖东西、叫喊、无故号哭、爱告发他们的兄长，向别人伸舌头，并且不加限制地让他们为所欲为；而以后又常用这样的话来宽恕他们："他是一个孩子嘛；不应当刺激他，他还不懂事。"但是当你们发现你们儿女缺乏认识的时候，如果你不帮助他认识的话，那你们做父母的就是愚笨的人；因为儿童生下来不是要做一头小牛或一头驴，而是要成为一个有理性的人。你不知道《圣经》上所说的话么？"愚蒙迷住孩童的心，用管教的杖可以远远赶除。"为什么你们喜欢把孩子拘留在他那自然愚昧的状态之中而不借助于及时的、圣洁的和有益的训练救他出愚行呢？不要借口孩子不懂事来说服你自己；因为他是懂得怎样刚愎、发脾气、狂暴、露齿而笑、鼓其两颊（作无理之言）、对人粗野；确实地，他也会知道棍棒的意义和它的用途。正确的理由不会使理由失败，但是不智的父母既不知道也不要知道什么将会有助于他们和他们儿女的慰藉。这样的事是怎样发生的呢？即大部分儿童以后不仅不听父母的话而且还用各种方法困扰他们，除非是由于他们并未受到尊敬父母的训练。

8. 节制和俭朴应列为首位，因为二者是健康和生活的基础，和其他一切品德的根本。儿童是会习惯于节制和俭朴的，只要你使他们沉溺于如自然天性所需要的定量饮食和睡眠。因为那些只受自然支配的其他各种动物，比我们更能节制，所以儿童们应当依其自然天性的需要并在感觉饥渴或必须休息的时候，才去吃、喝和睡眠。儿童并未感到饮食睡眠的需要，就给他吃、喝，让他们睡，超出他们需要地塞满他们的肚皮，让他们多穿衣服或强迫他们休息，这样的行为是疯狂的。按照天性来提供这些东西，那就足够了。必须注意的是他们的食欲不要为麦糊或其他没有营养的细软食品而受阻；因为一些油脂的东西，如果多于需要的话，就会诱使胃口大增，吃得过饱。这些东西实在是奢华生活的诱饵。有的给儿童以带香味的东西吃，虽然这不一定是不适当的事，但是用甜肉当食品，对于健康和健全的德行是同样有害的。

9. 婴儿周岁的时候，尽可能地使之在清洁整齐的条件下得到抚养，这样就可立即奠定这两方面的基础；这样的事，护士（保姆）会知道怎样做，如果她不缺乏常识的话。在两三岁以后的时日里，要适当地教导儿童温雅地用餐，不要用油脂沾染手指，不因弄撒食物沾污自己；食时不作声（像猪吃食时那样哑唇），不要伸出舌头，等等；也要教导他们不要贪饮，喝水不要有舐音，更不要溅洒在自己身上。在衣服方面同样要有整齐清洁的训练：不要用衣服洗擦地板，不要把衣服故意弄脏，这样的事由于儿童缺乏智慧是很常见的；但是做父母的，因显著的愚钝，往往对此佯作不见。

10. 孩子们容易学会对长辈的尊敬，如果长辈们自己倍加注意并且同样尊敬别人的话。所以，如果你对儿童常加教诲并且常加叱斥和处罚，你倒无须惧怕他不会尊敬你。但是，如果你对儿童凡事有求必应（这是许多溺爱儿童的一种实践），那么，招致的结果，除了使孩子们变得更顽劣，更刚愎以外，是没有比这事更肯定的。"爱儿童是自然的，但厌恶那样的慈爱却是聪明。"《格言集》的著者赛瑞克所记载的话不是不智之言："一匹不驯之马使人难以驾驭，被忽视的儿童会变得刚愎。和儿子取笑，他会使你恐惧；和他玩耍，他会使你发愁；不要和他同欢笑，否则，你就要同他同悲伤，末了，你要咬牙切齿。"用训练和畏惧管束儿童，比溺爱他要好得多，对儿童溺爱就好像为刚愎和悖逆敞开窗户。把叱斥儿童的权利赋予别人是会有好处的，如此他们不仅在其父母注视之下，而且不论在什么地方，他们就会惯于对他们自己的行为给以适当的检点；用这样的方法可使谦逊与对人的尊敬的情感在心中生根。确实地，有这样的父母，他们的行为不但不慎重而且是极端不智的，这些人竟不许任何人用他们认为是不亲切的眼光来看他们的孩子；如果某个人与他们讨论管教孩子的事，甚至就在孩子面前，为他们的孩子做辩护。不如此，他们的热血，很像被激动起来的一匹马那样，失去驾驭放荡和傲慢的能力。所以这是应该严加警惕的。

11. 至于实际的服从，应特别注意幼年的训练，因为服从将在以后成为至善的基础，当儿童学习控制自己的意志、愿望和顺从别人的意志的时候。我们尚且不让一棵幼苗自发地成长，而是用一根支柱把它架起；如此捆扎，它就可以易于向上伸并增强力量。所以，泰仁斯①说的话是很真实的。他说："我们因过分的自由而更糟。"因此，父母往往在与孩子交谈时说："不要触动那个——坐安静些""把刀子放在一边""拿走这个或那个"。应让儿童习惯于立即按照命令他们的去做；如果他们表示任何的顽抗，那就用叱斥或明智的处罚来克服。

12. 我们知道波斯人在训练儿童"节制和诚实"方面最为勤奋，这不是没有原因的，因为虚伪和伪善在上帝和人的面前都是可憎的。普鲁塔克说："说谎是奴隶般的恶习，一般人都应该对他加以谴责。"至于上帝如何对待说谎的人，《圣经》证明说："说谎言的嘴，为耶和华所憎恶。"只要儿童犯了任何过错，就应该强迫他们恭顺地悔改，而不应听其抗拒；另一方面，也不应允许他们说一些本来就不真实的话。职此之故，柏拉图就连各种寓言和幻想的故事都要禁止给儿童背诵，因为他认为儿童应当直接被引到真理方面。我不知道怎能认可这样的事呢？事实上就有人这样做，本来是自己的孩子做了坏事，而他们的父母反而教导他们把这种羞耻转嫁他人。不但如此，还从中作弄和取乐。这样做，除了害了自己的孩子以外，岂不还要贻害别人么？如果他把谎言当成笑话的事习以为常，那他就很自然地学习了说谎。

---

① 泰仁斯（公元前185—前155），罗马喜剧作家。——译者注，有改动

13. 关于违背公道或一种占有他人财物的欲望，在幼年期问题不大，除非保姆是这样或者那些管教儿童的人们有此恶习；果真发生此事，那就是任何人在儿童面前暗中拿走别人的东西，秘密地把儿童的食物隐藏起来据为己有，或强使他人也照样去做；这样做，不论是取笑或当真这样，只当孩子们看见的时候，他们将会模仿的，在这方面真像小猴子一样；因为他们看见什么，他们就会记着并且照样做。在这些事情上，护士和管教儿童的人们应当加以高度的警惕。

14. 在最初几年中，儿童能够逐渐学会并能实践对他人的仁爱和慈善，如果他们看到他们的父母周济穷人或者甚至他们也在受命施舍；照样，有时也可以教导他们把自己的一点东西赠予他人；他们这样做的时候，是应当予以称赞的。

19. 关于礼仪方面，一到孩子们能够了解的时候，就可以对他们进行训练。在这方面，过多的教诲是没有必要的。儿童是温顺的，他自己会谦逊地、尊敬地对待父母和他人。这是某些儿童生而具有的。但是，有的儿童仍需训练，因此，那就不应有所疏忽。

第十二章 进入公共学校的准备

3. 明智而虔敬的父母、家庭教师和监护人应该照下面所说的行事。首先，儿童接近入学的时候，他们应当以快乐的心情尽力鼓舞儿童，好像节日和收获葡萄季节快到时那样。当他们和其他儿童结伴入学并在那里共同学习、共同游戏的时候，父母亲可以应许他们添置一件美丽的衣服、一顶漂亮的小帽、一个光滑的写字板、一本书和其他相类似的东西；遇有机会，也可以把准备给他们的东西指给他们。但不在适当的时期，不应当给他们，而只是应许将来一定给他们。这样做更会增强他入学的愿望。用这样的话对他们说："来，我亲爱的孩子，勤恳地祈祷，盼望入学的时间很快地到来；要虔敬和顺从。"

4. 告诉儿童知道入学获得学问是何等美好的事情，将会收到良好的效果，因为这可以使他们知道只有这样，才会变成伟大的人物、律师、教授、医生、宣教士、议员，等等。所有这样的人都是优秀的人物，受欢迎的，富足的和聪慧的；又是为其他人必须尊重的。告诉他们那更好而更适宜的就是入学比在家里懒散或在街上乱跑，或学些坏习惯要好得多；告诉他们学习不是做苦工而是一种同书与笔打交道、比蜜还甜的娱乐，这种娱乐的滋味儿童们是可以先尝的。让儿童用粉笔在石板上或纸上描绘三角形、方形、圆形、小星星、马、树，等等，也是极有好处的；描绘得是否正确，倒可不去管它，只要能使他们精神愉快就行了。使儿童习惯于组字母并能辨别它们，不是徒劳无益的。至于其他任何足以激发他们喜欢学校的，凡是可以办到的，都应该做到。

5. 复次，父母们应当努力激发儿童对未来教师的信心和爱戴，这可有各种不同的做法；举例来说，如亲切地提到教师的名字，称他是父亲的朋友、母亲的朋友，或是一个好邻居并且一般地称道他的学问、智慧、和蔼与仁慈。告诉儿童，教师是一个出众的人，知道许多事情，对儿童和气而且喜欢孩子们；同时也应向儿童讲明教师惩罚某些儿童虽然是真实的，但这只是那些不听话和顽劣的儿童，这些儿童，每人都可以处罚他们，但是他永不处罚顺从的儿童。此外，他能对儿童说明许多事情，教人如何写字、绘画，如何学习背诵，等等。用孩子般的态度和这种或那种方法，父母们是可以消除儿童所有的恐惧和畏惧。有时也可以向他提出这样的问题："你愿意服从么？"如果孩子回答"是"，那就须告诉他："真的，以后你的老师就会喜欢你。"为了使儿童认识他的未来的教师，让他知道他是一个能干的人并且使他相信这样的意见，父亲或母亲有时应让儿童自己去或和仆人一同去给教师送点微薄的礼物；而教师如果注意他的责任的话，就对这个孩子和蔼可亲地谈话，指给他看某些他以前或者未曾见过的东西——一本书、一张画片、一些音乐或数学教学用具，或其他能使儿童高兴的物品。有时，他也可以给儿童一块写字板、一支笔、一个小钱①、一块糖、一些水果或其他类似的东西。然而，教师不必多所破费，做父母的，他们的兴趣也诚然是这样，应该对他有所酬答，或在这以前送去礼品。这样做法，一个儿童将会有准备地获得和快活地预料到对于老师喜爱的情感，特别表现在这方面，儿童的性情往往是毫不吝啬的；这种工作若开始做好，那么，现在就已完成一半；因为一旦学校对于儿童们是一个娱乐的场所，他们将很快地和高兴地有所进步。

（选自夸美纽斯著，任钟印选编：《夸美纽斯教育论著选》，人民教育出版社 2005 年版）

---

① 英文原字是 penny，便士，英国货币单位。——译者注

《大教学论》

夸美纽斯

【导读】

夸美纽斯的《大教学论》(1632年)是西方教育史上第一部体系完整的教育学著作。它全面论述了人的价值、教育的目的和作用、旧教育的弊病、改革教育的必要性和可能性、学制、教学法、体育、德育、宗教教育、学校管理等内容。在该书中,夸美纽斯首次将学前教育(母育学校)纳入一个具有民主色彩的单轨学制。有关构想虽未达到公共教育的水准(仍局限在家庭教育范围内),但将学前教育正式纳入学制一事在历史上具有非凡意义。此外,该书还提出了许多颇有见地的建议。这里着重选择该书中关于学前教育重要性、教育内容、教育方法以及母育学校的阐述。其中,作者灌输虔信的主张具有宗教色彩,反映了时代的局限性,但他倡导的许多方法是值得人们借鉴的。夸美纽斯的有关教育思想后来给幼儿园的创立者福禄培尔以重要启迪。

第七章 人最容易在年轻时形成,若非这个年龄,就不能正确地形成

四、一切产生的事物的本性就是,在它柔嫩时易于弯曲和塑造,当它长结实以后,就不易改变了。蜡在软的时候能够轻易地改变和塑造,变硬了就容易断裂。植物的幼苗可以栽种、移植、修剪,可以任意弯曲,当它长成小树时,这样做就不可能了。新下的蛋,在母鸡的孵化下,很快就升温,生出小鸡。鸡蛋放陈了就不行了。如果一个骑手要训练一匹马,一个庄稼汉要训练一头牛,猎人要训练猎犬或鹰隼,驯熊者要训练熊跳舞,或者老妇人要训练鹊、渡鸦或乌鸦模仿人的声音,他们就必须在它们极小的时候进行挑选,否则,他们的劳动将是白费劲。

五、显然,这对于人本身也是适用的。我们曾以人的大脑与蜡相比,因为它接收呈现在它面前的外界事物的形象,在幼年时期是十分易感的、柔软的,适合于接收它所接触到的一切形象。我们从经验中知道,以后它逐渐长

硬变干，事物就不容易印刻在它上面。所以，西塞罗说，孩子能快速不经意地学会无数的事物。同样的道理，只有在童年时代，当肌肉还能受到训练时，手和其他肢体才能受到训练去生产精致的产品。如果一个人打算成为一个优秀的作者、画家、裁缝、五金匠、细木工或乐师，他必须从很年轻的时候起，当想象力很活跃、手富于弹性时，就从事于那种技艺，否则，他就生产不出任何东西。如果要使虔信在任何人的心中生根，就必须在他年轻时就铭刻在他的心上。如果我们希望在追求智慧上取得显著进步，就必须在年幼时，当欲望炽盛、思维敏捷和记忆力很强时，就使他的能力向那方面努力。"一个老年人还在学习他的功课，是不体面的、可笑的。训练和预备属于年轻人，行动属于老年人。"

七、在人身上，只有在年轻时吸收的东西才是持久的。同样的例子也说明这点。一只新瓶子即使打破了，瓶子上所染的气味仍保留着。当一株树在幼小时，它的枝条围绕着它伸展开，几百年都保持原样，直到它被砍倒。羊毛第一次染上的颜色是如此牢固，不可能把它漂白。弯成曲形轮子的木环，可以破成碎片，但不可能再弄直。同样，对人来说，第一次的印象是如此牢固，除非出现奇迹，是不可能把它抹去的。所以，在幼年时期就铸造人达到智慧的规范，这是深谋远虑的。

第八章 年轻人必须接受公共教育，因此学校是必需的

七、虽然可能有些父母有闲暇时间教育他们自己的孩子，但年轻人还是在大的班级里受教育更好，因为当一个学生成为其他学生的榜样和激励时，教育的效果更好，也更愉快。看到别人做什么也就跟着做，看到别人在那里也就跟着去那里，跟随走在我们前面的人，保持我们一直走在后面的人的前面，这是我们所有人最自然地喜爱的行动准则。

    只有在有竞争对手要超越或有领头马要追赶时，骏马才跑得最快。[①]

特别是幼年儿童，用榜样去引导和管理，往往比用教训更容易。如果你教给他某条教训，不会有深刻的印象；如果你指出别人在做某事，不需要教他们去做，他们就会模仿。

---

① 这两行诗引自古罗马诗人奥维德（公元前 43—17）的《爱情的艺术》。——译者注

第九章　所有男女儿童都应该上学

四、有些人似乎天生迟钝愚鲁，那也不是任何障碍，因为这使得对这才智的一般培养更加迫切。任何一个人的资质愈迟钝、愈弱，他就愈需要帮助，使他尽可能去掉粗野的愚鲁和迟钝。没有任何一个人的智力竟弱到不能用培养加以改进。如果你不断地把水往筛子上泼，虽然它不能把水留住，但筛子会愈来愈干净。同样，迟钝的和弱智的人，虽然他们不能在学问上取得进步，也能在性情上变得柔顺，学会服从行政长官和教会执事。此外，有很多例子说明，那些天生迟钝的人，在掌握科学上能超过更具天分的人。正如诗人所说："勤奋能克服障碍。"此外，正如有些人在儿童时代很健壮，而以后却变得多病，而另一些人，他们年轻时身体多病，个子矮小，但能发育成强健的高个子。智力也是如此。有些人发育早，但很快就瘦弱下去变得迟钝，而另一些人，本来很迟钝，却变得敏锐、深刻。在我们的果园里，我们不仅喜爱有早结果的树，也喜欢晚结果的树。因为正如西拉之子所说，每一种事物受到赞美，各有其合适的时令，到最后，虽然晚了，也表明它没有白白地存在过。所以，为什么我们希望在学问的花园里只应当容忍有超前的、灵敏的这一个类型的才智呢？除非神拒绝给予他以感觉和智慧，但愿谁也不要被排除在外。

第十二章　改革学校是可能的

十六、也许有人主张，有一些人的智力是如此虚弱，他们不可能获得知识。我回答说，要找到一面如此模糊竟不能反映某种印象的镜子，或找到一块表面如此粗糙竟刻不上任何东西的木板，那几乎是不可能的。再者，如果镜子被脏物或污点弄脏了，首先必须把镜子擦干净；如果木板粗糙，就必须先把它刨光，然后两者都能履行其职能。同样，如果教师不畏麻烦，人就会变得光亮，最后，一切人都能理解一切事物（我坚持我的口号，因为我们的基本原理证明是正确的）。智力自然是有区别的，迟缓的人只能达到知识的一个台阶，天赋较高的人可以攀登得越来越高，从一个对象到另一个对象，搜集极为有用的新的观察资料。最后，虽然有些智力是不能培养的，正如多节的木块不适合于雕刻一样，即使如此，我的主张对于有正常能力的人是有益的。由于神的仁慈，这样的人是很多的。事实上，一个十分缺乏智力的人是稀有的现象，正如一个生来就肢体不全的人是稀有的现象一样。因为，事实上，盲、聋、跛、虚弱，很少是从一出生就有的，而是由自己的疏忽大意造成的，因此，它是例外的弱智。

十七、有些人提出了进一步的反驳：对于很多人来说，缺少的不是学习能力，而是学习的愿望，强迫这些人违反他们的意愿，既令人不愉快，又无益。我回答说，据说有一位哲人有两个学生，一个懒惰，一个勤奋。两个人都被老师送去学习，一个有能力学习而不学习，另一个迫切地要求获得知识而没有学习能力。但是，如果指出学生厌恶学习的原因就在教师本身，事情会如何呢？亚里士多德说得好，每个人生来都是渴求知识的，正如我们在第五章和第六章中已经看到的。然而事实上，父母温情的纵容妨碍了儿童的自然倾向，以后，轻薄的社会又把他们引向懒惰的道路，而城市中的各行各业和宫廷生活以及环绕他的外部环境又促使他远离本来的倾向。于是其结果是，他们对不知道的东西表现出没有学习的愿望，又不能安心地集中他们的思想（正如舌头耽于一种味道，就难以鉴别其他味道；头脑也是如此，它忙于一件事情时，就难以注意到别的事情）。在这些情形下，首先必须去掉外部分心的东西，那时，本性就会以固有的活力发挥自己的作用，对知识的渴求就会再一次显现出来。

十八、现在，适宜于对性格的区别做些说明。有些人敏锐，而另一些人迟钝；有些人温和、柔顺，而另一些人刚烈、倔犟；有些人渴求知识，而另一些人热衷于获得机械技巧。从这三对相反的性格中，我们一共得出六种不同的区分。

十九、摆在第一类的必须是智力敏锐、热衷于学习和易受感染的。不需要为他们提供我们称之为知识的营养品的东西，因为正如优质的树，它们能自行生长。除了预见以外，不需要别的东西，因为不应允许他们跑得太快因而由于疲劳而未老先衰。

二十、另一些是智力敏锐的，但乐于慢慢来，对他们必须加以督促。

二十一、第三类是智力敏锐，也热衷于学习，但同时他们又刚愎任性、倔犟。这些人通常是学校中困难的主要根源，而且大都是因失望而被放弃的一群。然而，如果以正常的方法对待，他们往往能发展成最伟大的人物。

二十二、第四类是柔顺而又热衷于学习的，但是同时他们又冷漠、迟钝。这一类人能够跟上前面提到的人的脚步。但要使这成为可能，教师要迁就他们的羸弱的性格，必须不使他们负担过重，不要提过分的要求，而是要有耐心，帮助他们，使他们坚强，使他们心绪正常，不致灰心丧气。虽然这样的学生成熟得晚些，但也许他们更能持久，像晚熟的果实一样。正如在铅块上铭刻印记虽比较费力，但它更能持久。所以，这些学生较之更聪明的学生有更稳定的性格，一旦学会就不易忘记。所以在学校中，应当给予他们各种机会。

二十三、第五类是那些弱智但同时又懒惰、无所事事的人，这些人也可取得重大进步，只要他们不是固执的，但是需要高超的技巧和耐心。

二十四、最后，是那些弱智而又既刚愎自用又淘气的人。这些人很少能变好。但是确定无疑的是，自然往往给有毒的事物提供解毒剂。不结果实的果树如果得到恰当的移植，也可以结出丰硕的果实。我们不应放弃一切希望，但应当注意至少要与其刚愎自用作斗争并克服这个毛病。只有证明这是不可能达到时，才能把卷曲的和有节的木块抛弃，因为要想用它们雕刻出墨丘利雕像是徒劳无功的。

二十五、这些说法的要害与普鲁塔克的下述说法是相符的："谁也不能对幼儿的性格负责，但是用恰当的训练使他们成为有德行的人，这是我们力所能及的。"请好好留意这句话，他说是"力所能及"。因为园丁可以用移植的技巧稳妥可靠地把一棵挣扎中的幼苗栽培成一棵树。

第十六章　教和学的普遍要求，
亦即必须准确地达到预期结果的教和学的方法

十、我们得出结论：

（1）人的教育应当在人生的春天开始，即是说，在童年时代开始（因为童年相当于春天，青年相当于夏天，成年相当于秋天，老年相当于冬天）。

（2）早晨的时间最适合于学习（因为早晨相当于春天，中午相当于夏天，黄昏相当于秋天，夜晚相当于冬天）。

（3）要学习的一切学科要这样安排，使之适应学生的年龄。凡是他们不能理解的，都不要给他们学习。

第二十三章　道德教学法

七、（5）刚毅的一条重要原则就是，我们应当使孩子习惯于凭理智做事，决不由于冲动做任何事。因为人是理性动物，所以应当受理性领导。在行动前，应仔细考虑每一个运作应怎样完成，使他真正成为他自己的行动的主人。因为孩子还不完全能有这种深思熟虑的、理性的态度，如果迫使他们养成执行别人的意志优先于自己的意志的习惯，即是说，在一切事情上毫不迟疑地服从长者，这对教给他们刚毅和自制将是一个很大的促进。拉克坦休说："正确驯马的人首先教它们服从缰绳。"要想教育孩子的人应当从首先使他们习惯于服从命令开始。如果我们从人的幼年起就学会互让并在做一切事情时以理性为向导，我们事实上就有希望看到弥漫这个世界的骚乱可以被更好的局面所代替。

十一、（9）如果孩子总是忙于一些事情，不论是做功课也好，做游戏也好，他就能学会忍劳耐苦。

只要孩子有事做，急于做什么，为什么做，那是没有区别的。在游戏中可以学会很多东西，它们在以后环境需要时会有用处。所以，我们必须在工作中学会工作，正如我们在行动中学会怎样行动（如在上面已看到的）；用这种办法，使身心不断忙于某种事情，而又同时避免一切过重压力，就能培养出勤勉的倾向，使人积极进取，不能容忍懒散悠闲。那时，就能看到辛尼加的话的正确性："勤劳培育高尚思想。"

十三、（11）必须在很早的阶段，当邪念还没有主宰思想时，就谆谆教诲德行。因为如果你不在田地里播撒良种，它就会长出最坏的野草。但如果你想要开垦它，你只要犁地、播种、在早春松土，你就可以容易做到这点，并有更大的希望成功。确实，使儿童在年幼时受到良好训练是最重要的，因为一只花瓶很长时间保留新花瓶时染上的气味。

十五、（13）父母、保姆、家庭教师和同学的井井有条的生活的榜样必须经常呈现在儿童面前。因为儿童像猿猴，爱模仿他看见的东西，不管是好的还是坏的，甚至不被人要求这样做也是如此。基于这个理由，他们在学会用脑以前先学会模仿。所谓"榜样"，我是指活生生的榜样和书中的榜样。事实上，活生生的榜样更重要，因为他们给人的印象更强烈。所以，如果父母是家中纪律的高尚的、细心的监护人，如果家庭教师是尽可能精心挑选的，而且是品德出类拔萃的人，就会成为正确培养年轻人的道德的重要促进力量。

十七、（15）必须小心地防止儿童与坏人交往，以免他们受到熏染。

第二十八章 母育学校素描

一、树刚一出土时就长出以后要成为主要树枝的幼芽。正是在最初的学校里，我们必须在人身上播下一切知识的种子。我们希望他在一生的旅程中用这些知识装备起来。对知识的全貌做一简短的观察就能说明这种可能性。如果我们把一切事物归入20个标题下，就容易做这种观察。

二、(1) 形而上学（如人们所称呼的）应当肯定地成为我们的出发点，因为儿童具有的最初概念都是一般的、模糊不清的。他们看、听、尝、触摸，但是不知道他们所感觉到的准确的对象。所以，他们从学习一般的概念开始：某些东西，没有任何东西；是，不是；这样，不是这样；何处，何时；相像，不像；等等。这些都不过是形而上学的主要概念。

三、(2) 物理学，在孩子的第一个六年中可以使他们知道什么是水、土、空气、火、雨、雪、霜、石头、铁、树、草、鸟、鱼、牛，等等。他还可以学会他的身体的各部位的名称和用途，或至少可学会外部的部位。在这个年龄，这些东西是容易学会的。它们为自然科学铺平了道路。

四、(3) 当孩子开始辨别并叫出光明、黑暗和阴影的名称，并知道主要颜色白、黑、红等时，他就学习了光学的基本知识。

五、(4) 天文学的基本知识包括知道什么是天、太阳、月亮和星星，每天看它们升起落下。

六、(5) 当我们根据我们长大的地方的地形，学会山、河谷、平原、河流、村落、城堡或国家的性质时，我们就知道了地理学的初步知识。

七、(6) 如果孩子懂得什么是一小时、一天、一周或一年，或什么是夏季和冬季，或"昨天""前天""明天""后天"这些名称时，就奠定了年代学的基础。

八、(7) 历史学的开始包括搜集并报告最近发生的事，或某某人完成了某某事，尽管这种练习应当只与儿童生活中的某些事件有关。

九、(8) 如果孩子懂得"多""少"是什么意思，能数数到10，能懂得3比2多，能懂得1+3=4，算术的种子就播下了。

十、(9) 如果孩子知道说"大""小""长""短""宽""窄""厚""薄"是什么意思，知道我们说一条线、一个十字或一个圆是什么意思，他们就有了几何学的基本知识。

十一、（10）如果孩子看到用天平称东西，或亲手称东西，并能说出它的大致的重量，他就已经学会了静力学的初步知识。

十二、（11）如果允许他们或实际教他们不断用手，例如，将某物从一处移到另一处，用某种方式安排其他事物，构建某物，或将某物撕碎、打结、解开结等，他们就在机械学上受到了训练。这些正是这个年龄的孩子喜欢做的。因为这些动作不过是活跃的头脑在机械生产方面努力实现自我，它们不应受到阻碍，却应受到鼓励和有技巧的指导。

十三、（12）当孩子观察到谈话是用问和答的方式进行的，他自己也获得提问和回答的习惯时，就学到了推理过程即辩证法的初步知识。然而，应当教导他提出明显的问题，做出直接的回答，不要游离于所谈的问题之外。

十四、（13）儿童时代的语法在于学会正确地说国语，即是说，字母、音节、单词的发音要清晰。

十五、（14）雄辩术的初步在于模仿在家庭谈话中出现的修辞手段，特别是在于模仿恰当地运用手势，变换嗓音使与言语相适应，即是说，在提问时，在最后一个单词的最后一个音节上声音要提高，在回答问题时，最后一个单词的最后一个音节的声音要降低。诸如此类的要点是自然地获得的。但是，如出现错误，稍加教导是大有帮助的。

十六、（15）学习背诵一些诗句，首先是含有道德情感的诗句，儿童就可获得关于诗学的一些概念。

十七、（16）学习简单的圣歌和颂诗，他们就学得了音乐的初步，这种练习应成为他们每日祈祷的一部分。

十八、（17）当孩子学习家庭各个成员的名称，即是说，父亲、母亲、女仆、男仆等这些名称是什么意思，或者房屋各个部分如厅、厨房、卧室、马厩或家用器具的名称如桌子、盘子、刀、扫帚等时，就获得了经济学的基础知识。

十九、（18）要预先给予政治学的经验是不太容易的，因为在这个年龄他们的理解力才发展到仅仅能领会家务事。然而，还是可以做些努力。例如，可以指出国家就是一些人会集在会议室，他们称为市议员。在这些人中，有的人是议员，有的人是大臣，另一些人是律师，等等。

二十、（19）特别是道德（伦理学）应打下牢固的基础，因为对一个受过良好教育的年轻人来说，我们希望实践德行成为他的第二天性。例如：

①应通过决不吃得过饱，除了充饥解渴的需要以外不吃更多食物以实践节制。

②在用餐和穿衣、玩偶、玩具上实践清洁。

③儿童应表现出尊敬长者。

④随时自愿和及时地服从命令和禁止。

⑤虔诚地遵守真实，决不允许虚假和欺诈，不论是开玩笑还是真心的（因为这类玩笑可能沦为严重的过失）。

⑥如果他们决不触摸、拿取、保存或隐藏属于别人的任何东西，如果不使任何人生气，不妒忌任何人，他们就学会了正义。

⑦他们学会实践仁慈具有重要意义。

⑧还应该教导儿童使他们不断地有事可做，或做功课，或做游戏，使懒散成为他们所不能容忍的事。

⑨应当教导他们少说话，学会话到嘴边留半句，甚至在情况要求时保持绝对沉默，即是说，当别人正在说话时，当有名人在场时，当环境要求安静时。

⑩在婴儿时期就学会忍耐是重要的，因为这在他们一生中对他们都有用。用这种办法，在情感变得强烈以前就被驯服，让理智而不是冲动占上风。

⑪优雅有礼和乐于助人是年轻人的、也确实是各种年龄的人的重要装饰。这也应当在第一个六年中学到，使我们的年轻人不失时机地为他们所遇到的人提供服务。

⑫我们也不要遗漏训练他们优良的风度，使他们不致做事笨拙、粗鲁。为此目的，他们应当学习上流社会的风度，如怎样握手，当有什么要求时怎样提出谦恭的请求，在对别人的善意回报谢意时怎样屈膝和文雅地吻手。

二五、母育学校的另一种学习辅助读物是一本图画书①，应当把它直接放到儿童手上。在这个年龄，教导应当主要通过感性知觉的媒介来进行，因为视觉是最主要的感觉，如果我们将物理学、天文学、光学、几何学等的最重要的事物以图画的形式给予学生，并按我们刚刚概要地说明的各学科知识

---

① 指夸美纽斯的著作《世界图解》。——选编者注

的顺序加以安排，我们的目的就能达到。在这本书中应描绘出山峦、河谷、树、鸟、鱼、马、牛、羊和各种年龄各种高度的人，应表现出光明和黑暗以及天上的太阳、月亮、星星和云，还应在这些东西上加上颜色。与房屋、工场相关的事物如锅、盘子、锤子、钳子等都不应遗漏；应表现国家的职能、国王及其节杖、王冠、士兵及其武器，农夫及其犁，车夫及其马车，全速行进的邮车；在每幅图画上面应当有该图画所代表的事物的名称，如"房屋""牛""狗""树"，等等。

二六、这本图画书有三种用途：（1）正如我们已经指出过的，它有助于在头脑中形成印象；（2）使小家伙们习惯于快乐来自书本的观念；（3）有助于学习阅读，因为，既然名称都写在代表每一事物的图画上面，由此就完成了阅读的第一步。

（选自夸美纽斯著，任钟印译：《大教学论·教学法解析》，
人民教育出版社 2006 年版）

思考与练习

1. 试分析伊拉斯谟、维夫斯及蒙田关于幼儿教师及教法的观点体现了人文主义的哪些特征。
2. 试对《太阳城》中关于优生优育及科学教育的主张进行评价。
3. 你如何看待夸美纽斯在《母育学校》及《大教学论》中阐述的幼儿智育观点？其主要特色是什么？
4. 夸美纽斯对幼小衔接提出了哪些主张？可给人们以何启示？
5. 试论述夸美纽斯对学前教育的主要贡献。

第三章

近代学前教育名著选读（上）

> **内容提要**
>
> 以1640年英国资产阶级革命为标志，世界进入了近代，即资本主义时代。此后的约两个半世纪，是资本主义制度在欧洲建立、巩固的时期，在很多国家也是资本主义和封建主义激烈搏斗的时期，同时也是工人阶级反对资本主义奴役、剥削的运动开始产生和发展的时期。在近代，科学技术、生产力以及自然学科和人文学科都得到了极大的发展。上述时代特点及错综复杂的矛盾，对这一时期学前教育的实践与理论产生了重要影响。
>
> 18世纪60年代产业革命前，学前教育的主要形式仍是家庭教育。进入近代以后，各国都在社会上增设了不少诸如孤儿院、育婴堂等收容幼儿的机构，但它们属于贫民救济设施的组成部分，目的在于挽救贫苦婴幼儿的生命，无多少教育意义可言。
>
> 18世纪下半叶至19世纪末是近代学前教育制度产生和发展的重要时期。近代资本主义及其生产力的迅猛发展急剧改变了社会生活，对学前儿童社会教育及公共教育提出了迫切的要求。美国比较教育学者康德尔在谈到近代幼教机构的产生和发展时指出："这种机构的增设是受了如下数因素的影响：家庭形态的改变、都市环境的拥挤、住宅条件的不够理想、妇女的就业谋职及国家或社会有意使所有儿童获得一较佳生活的开始。"[①] 由欧文创立的幼儿学校于19世纪上半期曾遍及欧美各国，

---

① L L KANDEL, The new era in education: a comparative study [M]. Boston: Houghton Mifflin Comp, 1955: 51.

形成一场规模广泛的幼儿学校运动。与此同时,各国政府的学前教育政策亦有很大发展。在欧美各国,还出现了许多致力于发展、维护和普及学前教育机构的团体。19世纪后半期,福禄培尔主义幼儿园逐渐占据主导地位。各国成立了许多团体,致力于福禄培尔教育思想的研究和传播。至19世纪末,学前教育在西方各国教育制度中已基本确立了基础地位。近代不仅产生了一些对后世有重大影响的学前教育理论,还有不少人顺应工业时代的需要,积极创办学前儿童社会教育机构,并使学前教育理论与学前儿童社会教育实践更紧密地联系起来。

本章选介的著作包括洛克、卢梭、裴斯泰洛齐、康德等17世纪中叶至19世纪初著名教育家的重要作品,它们分别代表着资产阶级不同阶层的利益(有些甚至代表平民的利益)。总体上看,它们都反映了这一时期正处于上升期的资产阶级的教育观念,并赋予学前教育及家庭教育理论许多新的观念。恩格斯曾经指出:"18世纪的伟大思想家们,也和他们的一切先驱者一样,没有能够超出他们自己的时代所给予他们的限制。"这些教育家们也同样如此。虽然他们批判封建教育、经院主义教育时异常犀利,但往往同时对封建教育存有一定的幻想,或者反封建不够彻底。瑕不掩瑜,这一时期教育家的教育思想和教育理论在教育史上占据重要地位,并对后世产生了深远影响。

《教育漫话》

洛　克

【导读】

洛克(J. Locke,1632—1704)是17世纪英国哲学家、政治思想家和教育思想家。《教育漫话》(1693年)原为洛克与友人爱德华·克拉克讨论其嗣子的教育问题的通信。1688年后,洛克将这些信札加以整理,于1693年公开出版,命名为《教育漫话》。

洛克教育理论的核心是绅士教育,属于一种

家庭教育理论。该理论建立在唯物主义白板说的基础上，强调教育与环境的主导作用。洛克根据当时英国新兴资产阶级的需要，提出教育的目的是培养有德行、有才干、有作为的绅士，必须具备德行、智慧、教养和学问等四种品质。在《教育漫话》中，洛克提出了体育保健、德育、智育等儿童教育内容和实施办法。在体育方面，洛克强调"健康的精神寓于健康的身体"，对儿童的体育、养护等提出了具体的、有价值的意见。洛克认为德行是人生最重要、最不可缺少的品德，缺乏德行就无人生幸福可言。他要求通过教育和练习培养幼小绅士的良好品德，提出反对溺爱或放纵子女、慎用体罚和训斥、正确运用奖励、培养良好的习惯等具体措施。在智育上，洛克主张培养世俗的聪明（即智慧及能力）。在他看来，学习的根本目的"不是使青年人精通任何一门科学"，而是打开他们的心智，装备他们的心智，"增强心智能力"。为了实现智育的目标，洛克对课程内容、教育方法提出了一些有意义的见解。

《教育漫话》在西方教育思想发展史上占有重要地位，对后来各国（特别是英国和法国）教育实践和教育理论的发展产生了重要影响。《教育漫话》问世后，与洛克的其他著作一样，成为欧美乃至世界文化、教育的瑰宝，数百年来，不断再版，被许多信徒奉为儿童教育的圭臬乃至宪章，影响了一代又一代学人。

上篇　健康教育
一、教育的作用及健康教育的意义①

1. 对于人世幸福状态的一种简洁而充分的描绘是：健康的精神寓于健康的身体。② 凡是二者都具备之人就不必再有其他的奢望了；然而一个人的身体与精神中若有一方面存在缺陷，即使功成名就，也绝无幸福可言。人们的幸福或痛苦主要由自己决定。心智颠顶者做事定然找不到正确的途径；身体衰弱者即使有了正确的途径，也决不能获得进展。本人承认，有些人的身

---

① 本文中的此级小标题均为译者添加。——选编者注
② "健康的精神寓于健康的身体"（A sound mind in a sound body），是洛克引用前人的一句格言。据译者所知，夸美纽斯在《母育学校》（1630）第五章也引用过该话，并说这是"某一作家的忠告"。——译者注

心生来就很强健,无需别人的多少帮助;他们凭借天赋之力,自幼便能日臻完善;并依靠与生俱有的优良体质,能够建功立业,创造奇迹。但是此类人实属罕见;我认为,可以这样说:我们日常所见到的人中,他们是行为端庄或品质邪恶,是有用或无能,十分之九都由他们的教育所决定。人与人之所以千差万别,均仰仗教育之功。我们童稚时所得到的印象,哪怕极其微小,乃至无法察觉,都有极重大、极久远的影响,犹如江河的源头,水性异常柔弱,一点点人力便可以影响河流的流向,乃至使河流的方向根本改变;总之,从源头上加以引导,河流就接受了不同的趋向,最后流向十分遥远的地方。

2. 本人认为,儿童的心智和源头的水性相近,容易引导,决之东则东,决之西则西;精神固然是人生的主要部分,我们关切的主要是内心,可是外在的躯壳也不可忽略。所以我打算首先由此切入,先讨论身体健康问题,对于这个问题,也许你早已有相当的期望,因为我对于这个问题做过格外的研究;如果我的预感不错的话,这个问题涉及的范围有限,很快就可以谈完。

3. 对于我们的工作及人生幸福,健康是何等重要;而一个人为了出类拔萃,功成名就,就必须能忍受艰辛、疲乏,因此对强健的体魄提出了很高的要求,其中的道理一目了然,无须证明。

二、健康教育的具体意见

(一)避免娇生惯养

5. 应该当心的第一件事是:无论冬夏,儿童的穿着都不可过暖。我们出生时,面孔的娇嫩并不在身体其他部分之下,后来由于锻炼,才使之能经受风寒。正因为如此,当有个雅典人看见锡西厄①的哲人在霜天雪地中竟赤身裸体而大惑不解时,锡西厄哲人的回答是颇为令人玩味的。他说:"冬天寒气袭人,你们的面孔暴露在外,为什么经受得住呢?"那个雅典人说:"我的面孔已经习惯了。""那么你把我的身体都看作面孔好了。"锡西厄人继续说道。诚然,我们的身体的确是能承受一切的,只要从小养成习惯。

(二)脚的锻炼与冷水浴

7. 我主张让他每天用冷水洗脚;他的鞋子应该做得很薄,遇到须踩水

---

① 锡西厄是生活在欧洲西北部、过农耕生活的诺曼底部落。——选编者注

时，水可浸入。说到这里，恐怕无论是主妇还是女仆都会反对我。主妇觉得肮脏不堪，女仆害怕洗涤袜子的麻烦。然而真理却是：孩子的健康较之其他种种考虑都重要，甚至重要百倍。请设想一下吧，那些从小养尊处优的人一旦沾湿了脚，会带来何等麻烦，甚至可能把命搭上，大家那时就会觉得不如和贫民的孩子一道赤脚混大的好；由于从小养成了赤脚习惯，贫苦的孩子即使弄湿了脚，也如同弄湿了手一样，不会伤风，也不会有任何不适。手与脚之间之所以有如此之大的区别，请问除了习惯使然外，难道还有别的原因吗？

（三）游泳与户外运动

8. 当孩子长到可以学习游泳的年龄而且又有人教他时，他应该学习游泳，这是不必由我在这里多说的。许多人的生命是由于会游泳才得以保全；所以罗马人把掌握游泳技能看得异常重要，甚至将其与文学并列；他们在形容一个人未受到良好教育、百无一用时，喜欢用这样一句谚语：

　　　　他既不会读书，又不会游泳。①

但是游泳除了使他获得一种技能，能应付急需外，又因在炎夏时节，可以使他常常浸泡在冷水中洗浴，对于健康也大有裨益，对此想必是无须我来提倡的了，只有一点应当小心在意，那就是在他运动发热之后，或是血脉处于亢奋状态时，是决不能贸然下水的。

9. 还有一件事对于每个人尤其是儿童的健康极有好处，这就是要多到户外活动，即使在冬天，也应尽量少烤火。这样，他就习惯于既能忍受寒冷，又不畏惧炎热，既不怕骄阳，也不怵风雨了；若是一个人的身体连冷热晴雨都不能忍受，这样的身体对于他活在世上又有多大帮助呢？若待他长大成人才去着手培养这一习惯，就会为时过晚。这种习惯要尽早培养，逐步养成。

（四）衣着

11. 说到女孩子，一件事浮上我的脑海，大家决不可忘记；这就是你的

---

① 这句谚语原文是"Nec literas didicit nec natare"，出自文艺复兴时期荷兰人文主义学者伊拉斯谟的《箴言集》（Adagia）Ⅰ.13。据洛克研究者考证，这原是一句希腊谚语，而非罗马谚语。——译者注

孩子的衣服一定不可做得过于紧身，尤其是胸口部分。就让自然（Nature）按照它所认为的最佳方式去塑造形体吧。自然自己的作为远比我们指导它去做的好得多、精确得多。

12. 狭窄的胸脯，短促且散发异味的呼吸，衰弱的肺腔，以及佝偻，是束缚身体及穿紧身服装的必然的、常见的结果。人们原来是想使他们苗条挺拔、身材健美的，结果却适得其反。当为身体上各种器官所预备的营养不能遵循自然的设计去分配时，必然导致身体各个部分的发育失去和谐。其结果是，一旦可能，营养便在身上那些不受挤压的地方堆积，因而经常造就一个异乎寻常的肩膀或臀部，这是不足为奇的。

（五）饮食与健康

13. 至于他的饮食，应该极其清淡、极其简单，如果要我进言的话，我主张在他年幼尚着童装时，至少两三岁以前，应该禁止肉食。这样做对于他保持健康与增强力量，无论是着眼于当前还是长远考虑，都不无裨益，但是我担心做父母的由于自己接受了多食肉类的不良习俗的误导，难以赞同这一做法；他们会自行其是，越俎代庖，认为他们一天倘若不至少吃两次肉，便会挨饿。我确信，如果一般儿童不像现在这样，被慈爱的母亲及无知的仆人将肚皮填得满满的，三四岁前与肉食完全不沾边，他们年幼时出牙的危险就会大大降低，各种疾病也会退避三舍，而为健康、强壮的体格奠定基础也是确定无疑之事了。

15. 至于他的用餐时间，我以为要尽可能避免有固定的进餐时刻表。因为如果习惯使他的进食固定在特定时间，那么如果错过时间，他就会焦虑不安，他的胃不是因亢奋而导致弊端重重的饮食过量，就是因消沉而导致食欲大减。有鉴于此，所以我不主张为他的早餐、中餐、晚餐预设固定进餐时间，我宁可主张他一日三餐的进食时间差不多要每天变化。如果他在三次正餐之间还要进食，可以满足他，一旦他要求时，可以随时提供优质的干面包。早晨通常被安排来读书，孩子的胃如被食物充填得满满的，是一种不良的准备。

（六）睡眠与卧床

21. 在所有各种显得缠绵、温柔的事情中，没有什么比睡眠更易使儿童沉溺其中。在生活起居中，只有睡眠是儿童可以充分享受的；没有什么比睡眠更能增进儿童的生长与健康。唯一应当成为规范的是，一天24小时之间，究竟哪一部分应当作为他们的睡眠之用；这一问题不难解决，正如常言道：

  早起成习惯，受益无穷多。①

  如果早起形成习惯，对健康极为有益；一个人若从童年起就养成及时起床的习惯，并驾轻就熟，游刃有余，那么，至他成年之后，他就不会将他生命中最宝贵、最有用的时间浪费在昏睡中及床褥上了。如果儿童必须早起，自然便得早睡，其结果可使他们养成一种习惯，不去涉足那种不健康、不安全的放荡的夜生活；凡是正常安排生活的人很少因放荡淫逸而招致责难。

  22. 让他的卧床坚硬些，铺设宁可用棉絮，而不是羽绒。硬床可以锻炼身体，然而如果每夜被羽绒被褥所包裹，则会融骨伤体，不啻为虚弱之因、短寿之源。自然给予人们的甘露是睡眠，与之失之交臂者便会遭受痛苦。对于这种甘露，凡是只能在母亲的精美的金杯中去畅饮，而不能在粗糙的木盘中品尝的人，就是不幸之至之人。能够甜睡的人就能饮到这种甘露；至于下榻之处是柔软的床褥还是坚硬的铺板，那都无关紧要。唯一必要的事情就是睡眠而已。

（九）身体保健的规则

  30. 与身体及健康有关的事宜，我这就说完了，总结起来可以归纳为如下几条极易遵守的规则：大量呼吸新鲜空气，经常运动，睡眠充足；食物须清淡，不喝酒或烈性饮料，少用乃至不用药物；衣着不可过暖、过紧，尤其是头、脚要保持凉爽，脚应习惯与冷水接触，不怕暴露在潮湿的环境中。

中篇 道德教育

一、德育的意义及原则

  31. 一旦身体获得了应有的关注，保持强健兴奋，能服从并执行精神的命令之后，另一个主要问题就是如何使精神保持正常，使之在一切场所的一切行为举止得当，合乎一个理性动物高贵美善的身份。

（一）重视儿童精神形成的意义及德行的原则

  32. 我在本文开头说过，人们的言谈举止、能力之所以千差万别，较

---

① 这段谚语原文是："That is of Great Use to accustom them to rise early in the Morning"。——译者注

之任何其他事物，教育所起的作用乃是最大的；倘若这种说法如本人所确信，诚然不错的话，我们就有理由提出以下主张：要格外重视儿童的精神的形成，而且须及早形成，这足以影响他们今后一生的生活。因为他们做事或好或坏，随之而来的赞扬或责备便会与其所受的教育相联系；他们如果在某件事上出了差错，人们便要批评，声称那样的结果是符合其所受的教养的。

33. 身体强健主要体现在能吃苦耐劳，精神的强健同样如此。一切德行与价值的重要原则及基础就在这一点上：一个人能抗拒自己的欲望，能够不顾自身的自然倾向而纯粹服从理性最好的指向，尽管与欲望背道而驰。

（二）早期教育的意义及教育不当的危害

34. 据本人观察，人们在教养儿童方面有个重大错误，对一个问题没有给予及时充分的注意；这就是人的精神在最纤弱、最容易支配之时未能使其习惯于遵守纪律，服从理智。接受自然的明智的命令，为人父母者无不爱护自己的子女，但是如果理性不是极为严密地监视这种自然的爱，就容易流于溺爱。父母爱护自己的子女，固然是其职责；但是他们常常连子女的过失都呵护有加。诚然，对子女的行为不宜横加干涉，应当允许他们在各项事务上运用自己的意志；而且，由于孩子年龄尚幼，他们也不会做出太出格的坏事，所以做父母的总觉得可以放纵子女的过失而无危险，他们以为孩子任性地嬉戏打闹是孩子纯真的童年的表现。但是对于一个溺爱子女、对于其恶作剧不去纠正、一味原谅并认为那是无关紧要的小事的父母，梭伦①答复得好："不错，但是习惯却是一件大事啊！"

（三）教育儿童用理智克服欲望

38. 对我来说有一件清楚明白的事情是：一切德行与美善的原则在于，当欲望得不到理性认同时，我们需要具有克制自身欲望得到满足的能力。这种能力的获得及改进依靠习惯，而使之轻松、熟练地发挥则靠早期实践。

（四）及早管教的意义及亲子关系

40. 因此凡是有心管教子女的人，应该在子女极小的时候早早开始管教；而且还要看清楚，他们是否完全服从父母的意志。你想使你的儿子过了

---

① 梭伦（约公元前 638—前 559），古代雅典政治家及诗人。——选编者注

童年期后仍旧服从你吗？那么，必须在他刚刚知道服从，知道自己置身于谁的权威之下时起就立刻树立起做父亲的权威。如果你希望他敬畏你，你便应在他的婴儿期打下印记；然而当他越来越接近成年时，你则应该采用越来越亲切的态度去对待他；这样一来，他小时候是你的一个顺从的臣仆——这是那时合适的身份，长大后又成为你的一位贴心朋友了。因为在我看来，人们对待子女的方法极为失策，他们在子女幼小时，任其放肆，与大人不分你我，然而一旦子女长大成人，却又对其声色俱厉，与其保持距离。自由与放纵对于儿童毫无好处可言；他们遇事缺乏判断的能力，所以非得有人管束、规范不可。

二、德育的具体意见

（一）对儿童管教的方法、措施

45. 我们只要思考一下，在一种坦诚的教育中，规定的目的是什么，应立足于何种基础上来运作，有关道理是很容易让人们信服的。

第一，凡是不能控制自己的嗜好、不知听从理智的指导行事去摒弃眼下的快乐或痛苦纠缠的人，他就缺乏德行与勤勉的真正原则，就有流于百无一用的危险。这种习性既与他们未受指导的天性相悖，故应及时培养；此外，这种习惯又是未来的能力与幸福的真正基础，故只要可能，应尽早注入他们的心灵，在儿童知书明理的第一个黎明起就要着手；凡是对儿童的教育负有责任的人，都应殚精竭虑，在他们身上形成这种习惯。

46. 第二，另一方面，如果儿童的心理被勒束过紧，导致颓唐；如果他们由于受到过分严格的管束，精神遭到严重压制乃至损害，他们便会失去活力与勤奋，这种情形较之前者的弊端有过之而无不及。

47. 鞭挞是人们在惩罚儿童时通常采用的偷懒的及简单的方法，这是教师一般所了解的或能想到的管理儿童的唯一工具，但却是教育上最为不当的一种方法。

52. 所以，我们若想使儿童变成明智、贤良、机灵的人，将鞭挞及其他奴隶性的、肉体的惩罚运用于他们的教育中，不是合适的方法；只有在万不得已的场合与极端的情形之下，才能偶尔使用。此外，用儿童喜欢的事物去奖励儿童，博取他们的欢心，也应小心避免。

56. 我们用以使儿童遵守秩序的奖惩完全属于另类，它们具有一种力量，以至只要我们使之运作起来，便大功告成，困难亦不复存在。儿童一旦领略到尊重与耻辱的含义，对于他们的心理二者便是所有因素中最为有力的刺激物。如果你能使儿童爱好信誉，知道羞耻，你就使他们掌握了一个真正的原则，该原则将长期发挥效能，并使他们走上正轨。但也许有人会问：这种事是怎样发生的呢？

我承认，这件事最初看去并非没有困难；但我认为仍值得我们去寻求达到这种目的的方法，一旦找到，还要付诸实践，我将此视为教育的一大秘诀。

57. 第一，儿童对于称赞与奖励——也许比我们所想到的还要早一些——是极其敏感的。他们感到被别人称赞及得到好评，尤其是被父母及自己依赖的人看得起，是一种快乐。所以做父亲的若看见子女行为端庄，便予以爱抚及赞扬；若看见子女行为不轨，便显出冷若冰霜及不屑理会的神色；同时母亲及儿童周边的人也都用同样的态度去对待他们，这样，无需多久，儿童就会感到其中的差异；这种方法如能坚持贯彻下去，我毫不怀疑其功效一定比威胁或鞭挞要大得多，威胁或鞭挞一旦用得太多就会丧失震慑力，当羞耻之心未随之产生，就毫无用处；因此，除了以后所说的万不得已的情形以外，是应该禁止，决不采用的。

61. 关于名誉一事，我只有一点要说，就是名誉虽然不是德行的真正原则和标准，因为那是关于人的责任的知识，满足的程度是服从造物主，遵行上帝所赋予的启迪，以期获得他的欢心和默佑，但是它离德行的真正原则和标准是最近的；作为证言和喝彩，它是大家根据理智，对于有德行的、良好的行为的一种共同认可，当儿童尚未成年，还不能运用自己的理智去辨别是非以前，它是一种指导儿童和鼓励儿童的正当方法。

62. 这种考虑可以指导做父母的人，使他们知道应当怎样去责备或赞扬他们的孩子。在儿童犯有过失时，斥责和呵斥有时难以避免，但这样做时不但用语应严肃认真，不受情绪支配，而且应当背着别人私下进行；至于儿童应受赞扬时，则应当着众人去得到。儿童受到赞扬之后，经过大家一番传播，则奖励的意义就要翻番；而父母只在私下揭露子女的过错，子女对于自己的名誉就会愈加珍惜，他们觉得自己是有名誉的人，因而会更加小心地去维持别人对于自己的好评；倘若你在大庭广众中宣布他们的过失，使其无地自容，他们便会灰心丧气，致使钳制他们行为的工具都化为乌有，他们越是感到自己的名誉遭受了打击，则他们设法维持别人好评的心愿就会愈加淡薄。

64. 现在我有机会要提到一件我认为是普通教育方法上的错误做法：这就是令儿童时时记住许多规则和教训，对于那些规则和教训，他们常常并不明白其中的含义，总是左耳进、右耳出。其实，如果你希望儿童应做某事，或是做某事时应该换个做法，结果儿童还是忘了去做，或是做得不好，你就应当令他们反复去做，直到做得渐趋完美；采用这种办法有两层好处。

第一，你可以借此知道某件事情儿童是否能做，是否应当指望儿童去做。因为有时我们吩咐儿童去做某事，直至试过以后，方知他们并无做好那些事情的能力，事先还需加以教导和练习才行。但是做教师者，动嘴下命令比进行教导却容易得多呢。

第二，这种办法还有一个好处，就是一种动作经过多次练习，可以在儿童身上变成习惯，那时儿童的行动便不必再靠记忆与思考，而是一种自然而然的表现；须知，记忆与思考是深谋远虑与成熟的伴随物，而不是童年的伴随物；譬如有人向一个绅士致礼，他应鞠躬回答，有人向他说话，他应注视对方的面孔，因为时时应用的缘故，这种习惯就像是一件与呼吸空气一样自然的事；用不着思索，也无需考虑。你用这种方法把儿童的任何过失矫正之后，那过失便算是永远改正了；这样一件一件地改正下去，你便可以根除他的全部过失，在他身上种下你所喜爱的任何习惯的苗木。

65. 我知道有些做父母的人，将大堆的规则加在儿童身上，可是可怜的孩子连那些规则的十分之一都记不住，更遑论去实行了。可是一旦他们违犯了这众多繁杂的、不恰当的规则，呵斥与鞭挞便会接踵而至。由于儿童的注意力分散，记不住大人所说的一切，因此自然而来的后果是，他们知道自己很难做到不违背成人的清规戒律，从而招致谴责，于是对他们来说异常明显的事实就是：不去理会各种条条框框。

所以，你对令郎所定的规则应该愈少愈好，乃至比表面看去似乎绝对不可缺少的还要少。因为如果你的规则太多，使他无法消受，结果不外乎两种：其一是，儿子必定时时受罚，而惩罚过多，结果肯定不佳；其次是，儿子违犯某些规则后，你若不加以处罚，他们势必轻视有关规则，而你在他心目中的威信也就随之降低。故规则应该少定，一旦定下，便须严格遵守。于儿童而言，小小的年龄只须少少的规则，待他年龄渐长，当一种规则经过练习，奠定基础之后，方可再去增加另外一种规则。

（二）通过练习培养习惯

66. 但是请你务必记住，儿童绝非用规则就可以教好，规则迟早是会被他们忘掉的。倘若你感到他们有什么必做之事，你便应该利用一切机会，甚至在可能的时候创造机会，为他们提供一种不可缺少的练习，使之在他们身上固定。这样就可以使他们养成一种习惯，有关习惯一旦培养成功，便无需借助记忆，轻易自然地就能发生作用了。不过在这里请允许我提供两点忠告。

第一，你若要他们通过练习去培养你希望在他们身上形成的某种习惯，最好和颜悦色地去进行劝导与提醒，不可疾言厉色地责备，仿佛他们是有意违抗。

第二，还需注意的一件事是不可同时培养太多的习惯，以免花样太多，让他们不知所措，结果反而一事无成。要等到某一种习惯经过经常的练习，变得轻松自然，儿童做来不假思索时，你才可以再去培养另外一种习惯。

（八）儿童的管教与惩罚

73. 第一，儿童应学之事，决不可变成儿童的一种负担，也不应当作一种任务去强加给他们。否则哪怕他们原本喜爱那种事情，他们也会立刻感到乏味，厌恶之心油然而生，或者持漠然态度。

74. 第二，因此，作为此事的结果，即使你已经使他们对于某事形成向往的心理，但当他尚未立意去做时，也应少安排他们去做。有些喜爱读书、写字、音乐之人，在某些时候对于这些东西也会感到乏味；倘若那时他再勉强自己去从事有关活动，结果无非是无目的地自寻烦恼而已。

儿童也是一样。儿童兴致高涨时，学习效率要好上三倍，然而勉强或被迫去做时，就要花费双倍的时间与辛劳。如果其中的道理能受到应有的注意，儿童便可以尽情游戏，同时还有充分的时间去学习适于各种年龄所能学习的东西。

75. 无可怀疑的是，儿童学习任何事情的最佳时机是他们兴致高涨、一心向往的时候；此时他们的精神既不消沉，也不会因驰心旁骛而导致别扭与厌烦；但除此之外还有两件事需要注意。

第一，如果这种时机没有被你留心观察到，每一次机会到来时失之交臂，或是这种时机本不常有，你不可因此就不设法使之得到改进，而任他养成一种懒散的习惯，老是心不在焉，兴趣索然。

第二，我们有一件重要的，值得我们全力以赴去做的事是：即使他因心情不好，或是另有所好，在其他事情的学习上表现不佳，我们仍应教他养成一种自控的能力；对于某事虽然做得正起劲，但能拿得起，放得下，并不为难甚至愉快地转向其他事情；一旦得到理智或其他人的忠告指点，要能摆脱懒散的情绪，精力充沛地去做好该做的事情。

80. 不过，既然惩罚尤其是鞭挞，应该尽量避免，我觉得这种情形还是少发生为宜。倘若儿童具有我说过的畏惧心理，在多数情形下，只要给点眼色就已足够。确实，也不能指望年幼的孩子与年长者具有同样的举止、同样的严肃、同样的勤勉。

81. 我一提到对待孩子也要说理，人们也许会感到不解；但我却不能不认定这应是对待他们的真正方式。儿童一到使用语言之日，就是明了道理之时；如果我的观察不错，儿童之希望被看作是具有理性的生物，远比人们通常想象的年龄为早。他们这种自负的态度应当得到珍惜，我们也应尽量利用这种态度，将其作为支配儿童的重要工具。

不过我之所谓说理，必须以适合儿童的能力及理解力为限，不可引作他用。谁都知道，不可把一个3岁或7岁的孩子当作大人那样去和他辩论。长篇大论的说教和哲学意味甚浓的推理，最佳效果也无非是使儿童感到惊奇与迷惑而已，并不能提供真正的教导。我之所谓应以理性看待他们，其意是，你的举止应温和，即使惩罚儿童时，态度务必镇静，要使他们感到你的做法是合理的，对他们是有益且必须的；要使他们感到，你之所以吩咐或禁止他们去做某件事，并非出自心血来潮或胡思乱想。这是他们可以理解的；我认为，无论对于应在他们身上激发的德行，还是应远离的过错，无不可以用道理说服；不过所说的道理应符合他们的年龄及理解力，同时应以极少的简明扼要的措辞表达。至于责任的基础及是非的根源，对于那些不习惯于从通行的见解中抽象出自己思想的成人，打进他们的心扉也决非易事，至于儿童就更难了解虚无缥缈原理的推论了。冗长的演绎实难打动他们。倘若要用道理达到目的,那种道理便须明白流畅,符合他们的思想水平,而且应该能够(如果我能这样说的话)被接触到和被感觉到方可。不过,若是他们的年龄、性情以及性向能被充分考虑,这种可以说服他们的动力绝非难觅。倘若他们犯了任何值得注意的过错,而又缺乏其他特殊的动力可以利用,有一种方法常常可使他们醒悟,并有力量去阻止那种过错的发生,这就是使他们知道那种过错会使他们贻笑大方、蒙受羞辱、失掉你的欢心。

82. 然而在各种教导儿童以及培养其礼貌风度的方法中,最简单易行且富有成效的方法是:将儿童应做出或避免做出的事情的榜样放到他们跟前。在他们知识所及的个人实践上,一旦你向他们展示了他们所熟知的人的榜样,同时说明这些榜样为何美丽或丑恶,那种吸引或是阻遏他们去模仿的力量将比任何可为他们提供的说教都要大。当你指导他们去观察,在其实践中比较这种或那种品质孰优孰劣时,用言语开导去使他们明白何为德行,何为邪恶,不如使他们看到别人的行动。采用这种观察他人榜样的方式,儿童在许多事情上,对于有良好教养所展示的风采,对不良教养所暴露的丑恶,必然懂得更清楚,印象更深刻,这是任何规则及教训都无法企及的。

(九)教师应具备的条件及其地位与作用

94. 教师的重要工作是在他的学生身上培养风度,培养心智;养成良好的习惯,坚守德行与智慧的原则;一点一滴地传授关于人类的观念;使学生喜爱并模仿良好的值得夸奖的行为;当学生依此而行动时,给他力量与鼓励。教师之所以要让学生去用功,目的就在于锻炼他的能力,消磨他的光阴,以免他饱食终日,游手好闲,并借此教会他努力,习惯于吃苦耐劳,能品尝自己的努力所带来的益处。因为谁会希望一个青年绅士在教师的管束之下成为一个有成就的批评家、演说家或是逻辑学家呢?谁会希望他钻到形而上学、自然哲学或是数学的深处去呢?谁会希望他成为一个历史学或是年代学的大师呢?诚然,上述种种学问,都应教会他一点;但旨在开启一条门径,使他得以一窥里面的情形,浅尝辄止,并不要他登堂入室,安营扎寨;如果教师使学生在那里停留太久,或是钻研太深,反而会遭到责难。然而良好的教养、礼仪、关于人情世故的知识、德行、勤勉以及爱好名誉的心思,只会是多多益善;如果年轻人具备了这种种优点,他在其他方面所需要的或所希望的东西便不至于那么急需了。

我们既然不能指望学生有时间与精力去学习一切事物，所以他最主要的精力便应当耗费在学习最急需的事情上；他所最应该追求的事物就是他在世上最需要、最常用的事物。

（十）父亲正确的教子方法及合理的父子关系

96. 常常令我不解的一件事是，我见到一般做父亲的人，非常爱护自己的儿子，可是一辈子对于儿子的态度始终冥顽不化，老是保持一副权威的模样，并且总是与孩子保持距离，好像自己决不能从孩子身上寻到快乐或安慰，尽管孩子是他们人世间的最爱，这种情况一直延续到他们撒手人寰，彻底地失去孩子。建立及巩固友谊与善意的最佳方法莫过于互相信赖地交流心事与唠家常。缺少这一特点，别种慈爱终究会留下一些嫌隙；不过一旦令郎看见你向他敞开了心扉，看见你因要交班给他的事物终究会到他的手中，所以你注意让他参与你的事务，那时他便会关心这些事情，如同关心他自己的事情一样；既然你不将他当外人看待，彼此亲密无间，他便会耐心地等待自己的机会，同时又能爱你。这样一来，他还可以知道，你的一切享受并非没有为他考虑；在这些地方他越是清楚，他便越是不会嫉妒你的所有，他便越加会认识到，自己能有你这样的良师益友、这样细致周全的父亲，去替他打理一切，实在是一种幸福。年轻人有了一个可靠的朋友，遇事能够依靠，有了问题亦可随时讨教，身处此境，若还不满意，这种没有脑筋、缺乏感觉的人，人世间恐怕难得一遇。

99. 你一方面使你的儿子认识到他必须依靠你，是在你的权力控制之下的，这样你便树立了你的威望；同时，如果他执拗地坚持去做你曾禁止他去做的反映不良本性的坏事，尤其是说谎，你对他的态度就应是没有丝毫妥协余地的严厉，务使他对你产生一种必要的畏惧心理；另一方面，你对于符合他年龄特征的所应享有的自由，又允许他去尽量享受，对于他的童真的举止，打打闹闹的行为，都看成是他在年幼时期的必有现象，就像吃肉或睡眠一样不可或缺，使他在你的面前不感到拘束；你须将他看成是你的一个伙伴，通过放纵与温和的举措，使他感受到你的关爱，尤其是当他事情干得漂亮的时候，不管在什么场所，都要用适合他年龄的、自然教给父母且比我想象出来要高明的千百种适合于其年龄特征的时尚方法去抚爱他，向他表示善意；我说，你用这种种父母对其子女决不会缺少怜爱与柔情的方法，就在他心里植入了他对你特别眷恋的心态；这时他就达到你所希望达到的境地了，你便在他的心里形成了一种对你的真正敬仰，以后应当永远小心地将其延续下去；这里有两个部分，即"爱"与"惧"，都得作为重要原则加以保持，你可凭借这一原则，长久将其掌控，使他的心理走上重道德与爱名誉的康庄大道。

（十一）儿童的自然倾向、合理与不合理要求的表现及对策

106. 第一，我已说过，儿童恳求的事物，坚决不可让他得到，他们哭着闹着求取的东西，更加不可予以满足，甚至他曾提到的物品也是一样。不过这种说法容易造成误解，把它解释为，仿佛我的意思是说无论什么事物，儿童都不能向父母提及，由此大家或许会觉得，这种做法过于压制了儿童的精神，导致违背亲子应该互相关爱之宗旨；因此这里我要稍微详细地做点解释。

儿童有了需要，应该有自由去向父母申述，父母也应尽量和蔼地倾听他们的意见，满足他们的需要，至少当儿童年龄尚幼时应该如此。然而孩子说"我饿了"是一回事，说"我要吃烤肉"又是一回事。儿童申述了自己的需要，他们的自然需要，包括由于饥饿、干渴、寒冷或其他自然需要所导致的痛苦，父母及周边的人有责任予以解除；不过赖以解除有关痛苦的事物哪些是适宜的，在多大程度上满足？应由父母为儿童去选择、安排；不可由儿童自己决定。

107. 无论对于儿童自然的需要应给予何种程度的满足，他们嗜好的需要却是决不能得到满足的，甚至不可让他们提及。他们提到嗜好的需要之日，便是失去有关事物之时。当他们提出需要衣物时，可以满足；不过如果他们提到要这种料子，那种颜色，他们就肯定得不到了。我并非要父母在无关紧要的事情上故意和子女对着干；相反，只要儿童的表现值得满足某种需要，人们又确信满足这种需要不会损害或弱化他们的精神，不会因此使得他们去注意琐碎的小事，在这种情况下，我认为，一切东西应尽量策划得使他们满意，好使他们感到在有关事情上运作正常的安逸与快乐。对于儿童而言，最好的现象是他们根本不将任何快乐建立在与嗜好的需要相联系的事情上，不以嗜好去调节自己的兴致，他们对于自然安排好了的一切事情，最好全然置之脑后。这是他们的父母及教师所主要应实现的目标；但在尚未达到目标之前，我在这里反对的只是儿童请求的自由，要使他们在这种想入非非的事情上的恳求总是以目的未遂而告终，以此方式去对他们加以约束。

（十二）怎样对待儿童的好奇心

118. 我认为，鼓励好奇心，使之处于经常旺盛的活跃状态的方法有以下一些。

第一，无论儿童提出什么问题，切不可以制止或羞辱，也不可使他受到讥笑；你应按照他的年龄特征与知识容量，回答他的一切问题，解释他所想要明白的事物，使他尽量懂得。不过，你的解释或观念不可超过他的悟性所及，眼下无用的形形色色的事物不宜多提，免得反而把他弄糊涂。你要注意他的发问的目的，而不要注意他发问所用的言辞；一旦你告诉了他，使他得到满足之后，你就可以看到，他的思维本身就可以扩大，适当的答复可以引导他前进，乃至超出你所想象的限度。我相信，许多儿童之所以沉迷于无聊的娱乐，将全部时间乏味地消磨掉，其原因只有一个，这就是他们的好奇心受到了抑制，他们的求知欲遭到了冷落。我相信，如果他们能够得到比较和善与尊重的待遇，他们的问题能够得到应有的满意的答复，他们就会在学习与增进知识方面取得更多的快乐，因为较之时时回到同一游戏与玩具上去，那里始终有他们所喜爱的新奇的与充满变化的事物。

119. 第二，除了认真地答复儿童的提问以及告诉儿童那些他们急切想了解的事情外，还可采取一些特殊的称誉的方法。你可当着他们的面，告诉他们所敬重的人，说他们懂得某某事情了；我们从摇篮的时候起就都是一些自夸自负的动物，不妨让他们的虚荣心在有益于他们的事情上面得到鼓励；应当利用他们的自负心理，使他们去做有益于其长处发展的事情。立足于此，你将会发现，要使年长的孩子通晓你要他学习的事物，且能独立求知，最好的鞭策莫过于让他去教他的弟妹。

120. 第三，儿童的问题不可忽视，甚至还应格外注意，以确信他们从未得到虚妄的、困惑难解的答复。如果他们受到了轻视，或者受到了欺骗，他们是容易察觉的；他们很快地就会仿效，学会疏忽、佯装及伪善等伎俩。在一切交往之中，我们全都不可侵犯真理，尤其在与儿童交往的时候；因为如果我们跟他们弄虚作假，我们就不独愚弄了他们的期盼，阻碍了他们的认识，而且也毁坏了他们的纯真，使他们学会了最坏的邪恶。

121. 第四，通过使儿童领略新奇的事物，引发问题，并提供机会让他们自己去求得了解的方式，以激发他们的好奇心，这在有时也许不能视为不智之举。万一他们的好奇心引发的问题不是他们所应知道的，你就最好坦诚地告之：这是一件他们眼下还不宜知道的事情。不宜用假话或琐屑、不得要领的答复去加以搪塞。

（十五）儿童的玩具

130. 我觉得儿童应该有玩具，包括各种类型的玩具；但是他们也应在教师或他人的监督下去玩玩具，他们一次只可有一种玩具，当第一种玩具仍在他手中时，不可让他得到另一种玩具。这就可以及早使得他们留神不要将自己所有的东西丢失或毁坏了；如果你让他们保有各种各样数量繁多的玩具，他们就会嬉闹任性、漫不经心，这就会把他们从小变成挥霍浪费的人。我承认，玩具是些小事情，似乎用不着管理者去操心；不过，凡是能够形成儿童心理的事情，都是不可忽视、不可大意的，凡是能使他们养成习惯、敦风化俗的事情，都值得儿童管理者去留心、去关注，因为这些所谓的小事，其可能产生的后果却一点也不小。

此外，还有一件关于儿童玩具的事情，也值得他们的父母注意。这就是，使儿童不妨拥有几种玩具，但是我认为，这些玩具决不可以通过购买得来。他们的玩具要自己做，至少也得自己努力试着去做；在此以前，他们一件玩具也不能有，尤其是任何一件精巧的玩具也休想得到。一粒圆润的石子、一张纸、一串母亲的钥匙，或是任何不会使他们受到伤害的东西，在小孩子看来，其好玩的程度并不亚于那些从店铺里买来的价格昂贵得多、造型古怪的玩意儿，那是一玩就会出毛病，弄坏弄破的。儿童若不是玩惯了这种玩具，他们是决不会因为缺乏那种玩具就觉得乏味或发脾气的；他们年幼时，玩什么东西都行；等到他们年龄渐长，如果不是别人愚蠢地花些钱而使他们拥有许多玩具，他们就会自己去做。一旦他们自己有了什么构想要去亲手制作时，他们就应该得到教导及帮助；不过如果他们自己不去动手，只是一味懒洋洋地坐着，百无聊赖，一心指望别人给他们提供现成的，他们就什么都不应该得到。如果你在他们遇到困难时伸出援助之手，那就较之买些昂贵的玩具给他们，更能得到他们的喜爱。有些玩具，如陀螺、鱼钩、毽子板之类的东西，要想造出来，非他们的技艺所及，通常要用些气力，自然得为他们预备。他们最好具有这些东西，不是图的多样化，而是为的运动；但是这些东西也以尽量少给为宜。假如他们有了一只陀螺，则抽陀螺所用的木棍和皮带就要让他们自己去制作及配好。这样就可以使他们习惯于依靠自己的努力去获取自己所需要的事物，他们就可以学得克制、专心、勤奋、思考、策划和节俭等品质；这种种品质对他们日后长大成人的时候不无裨益。

（十六）儿童的撒谎与对策

131. 撒谎是遮掩任何过失的一种现成便捷的方法，因此它在形形色色的人群里面都颇为流行，要使儿童察觉不到别人在各种情况下说谎是很困难的，所以，若不特别留意，小心防范，他们是很难不学会说谎的。当儿童第一次被发现说谎时，你最好将此看作他身上的一件匪夷所思的事情，表示惊愕，而不可把它当作一种普通的过失去责备。如果这还不足以使之改邪归正，当故态复萌，重犯类似错误时，他就应受到严厉的斥责，并遭到父母亲以及一切注意到了此事的人的唾弃。

132. 如果有某事要问儿童时，如果他最初的答复是一种遁词，你就应该严重地警告他，令其说出真相；万一他仍用假话搪塞，就应受到责罚；不过如果他爽快承认了，你就应该表扬他的坦诚，原谅其过失，不管有怎样的过失；既然原谅他了，以后则切不可再因此而训斥他，或者再次提及此事。因为假如你想使他热爱坦诚，并通过经常实践而形成习惯，你就应该当心，不可使他因为坦诚而感到任何极小的不便；相反，他的坦白认错，除了永远不会令他受到处罚之外，你还应该用一些称誉去加以鼓励。假如你不能证实他的遁词里具有虚假的成分，你就姑且把它当成真话，并不要流露出一丝怀疑。你应使他在你的面前尽量保持最好的声誉；因为一旦他知道自己的名声扫地，你也就失掉了对他的一种重要的，乃至最佳的支配权。所以你要在可以尽量避免而又不至于助长他说谎的范围内，使他在你跟前不要觉得自己是个说谎者。

（十七）绅士应具备的四种品质

134. 每个绅士（凡是关心儿子教育的绅士）希望为其子所做之事，除了留给他家产外，包括在（我假定的）以下四种品质的培养上，即德行、智慧、教养和学问。

（十八）德行

135. 在一个人或者一位绅士应具备的各种品性之中，我将德行放在首位，视之为最必需的品性；他要有存在价值，受到敬爱，被他人接受或容忍，德行乃是绝对不可缺少的。缺乏德行，无论是在阳世还是在阴间，我认为他都毫无幸福可言。

（二十）教养

141. 一个绅士的第二种美德是良好的教养。不良教养在行为举止上有两种表现：一种是忸怩羞怯，另一种是轻狂放肆。要避免这两种情况就须恪守一条规则，即：不可轻视自己，也不要藐视他人。

下篇 知识与技能教育

一、学问在教育中的地位

147. 读书、写字和学问，我也认为是必需的，但却不应成为主要的工作。我想，如果有人竟然不知道将一个德者或者智者看得远比一个大学者更为可贵，你也会觉得他是一个愚不可及之人。我并不否认，对于心智健全的人来说，学问对于辅佐德行与智慧都极有帮助，然而，同时我们也得承认，对心智不是那么健全的人来说，学问就徒然使他们更加愚蠢，乃至沦落。

二、知识教育的具体意见

（一）如何诱导儿童学习

148. 当他到了能够说话的时候，他就应该开始学习阅读。但是与此有关，我又要提到一件大家极易遗忘之事，再来叮嘱一下。这就是，你应该极力注意，决不可把读书当作他的一种工作，也不可使他把读书看成一项任务。一旦我们发现了他们的性情，就可以将某些想法注入他们的头脑，使他们自己去向往学习，把求学当成另外一种游戏或娱乐去追求。

（五）教师的合理教学方法及技巧

教师的突出技巧在于集中并且保持学生的注意；一旦办到之后，他就可以在学生能力所及的范围内向前推进；如果他不能集中并保持学生的注意，他的所有忙乱辛劳就会是无的放矢。为了达到此目的，他应该使儿童理解（尽其所能地理解）他所教授的东西的用途，应该让儿童知道，利用他所学过的知识，他就能够做出以前所不能做的事情了；这种事情能给他以力量，使他具有真正的优势，凌驾于对此一无所知者之上。此外，教师在他的一切教导中，还要显得和蔼可亲；他可通过谦和的举止，使儿童知道教师是爱他的，他的良苦用心只是为了自己好，这是在儿童身上激发爱心，使之一心向学、热爱教师教导的唯一方法。

漫不经心、疏忽健忘、见异思迁、神志恍惚，这些都是儿童时期的自然的缺点；所以，只要他们不是有意表现，应予温和地提醒，假以时日，逐渐地克服。对于儿童，他应经常流露出亲切与善意，并以此调剂他施予儿童心灵的对他的敬畏之感，这种亲切与善意的情感可激励儿童去完成其本职工作，使之乐于服从他的命令。这就可以使他们赢得教师的青睐，可使他们听教师的话时，就像是听一位对自己关怀备至，为自己好而甘愿吃苦受罪的朋友一样；这就可以使他们在与教师相处时感到安适、自在，只有具备这种情绪，心灵才能接受新的知识，才能容许各种印象进入，那些印象如果不被他们所接收、所保持，那么，他们和教师合作所做的一切均告徒劳；其中不快的情绪多，而学习的成效微乎其微。

结束语

217. 我对于教育所持的明确的意见，现在要宣告结束了，不过我不愿意大家认为我把这些文字看成一篇讨论教育题材的恰切论文。教育上需要考虑的事情还有成百上千件；尤其是当你考虑到儿童的各种不同气质、倾向、过失，要去给予合适的医治时，更是如此。事情实在太复杂，要一本书才能写完；其实一本书也还不够。每个人的心理都与他的面孔一样，各有一些特色，使之与他人区别开来；我们很难找到两个能用完全相同的方法去进行教导的儿童。此外，我认为一个王子、一个贵族，以及一个普通绅士子弟，其教养方式也应当彼此有别。但是我在这里所提到的只是针对教育的主要结果、目的，提出若干仅供参考的一般意见，这些议论原是为一位绅士的儿子而发的，那时这位绅士的儿子年龄很小，我只把他看成是一张白纸或一块蜡，可以随心所欲地描画或铸造成时髦的式样；我所提到的差不多全是这种年轻绅士的教养所必需的项目；我现在将这些偶然的想法公之于世，同时怀有这种希望，即本文虽然远谈不上是一篇完善的教育论文，它也不能使得每个人都从中获得正好适合于其孩子的方法，但是本文能给予那些对自己珍爱的小孩子关怀备至的人以若干启示，使他们在教育子女问题上格外有勇气，宁可服从自己的理智，冒些风险，而不是完全地服从古老的习俗。

（选自约翰·洛克著，杨汉麟译：《教育漫话》，人民教育出版社2006年版）

《爱弥儿》

卢 梭

【导读】

卢梭（Jean-Jacques Rousseau，1712—1778）是18世纪法国启蒙思想家、哲学家、教育家。他出生于瑞士一个钟表匠家庭，自幼生活艰辛，长期过着漂泊动荡的生活。卢梭是启蒙思想家中小资产阶级及平民利益的代表者，其著作广泛涉及哲学、社会学、宗教、伦理和文学等诸多领域，被称为18世纪法国大革命和近代欧洲资产阶级革命的理论先驱。他所著的《社会契约论》（1762年）对于欧美资产阶级革命，包括美国的《独立宣言》、法国的《人权与公民权宣言》和1793年的宪法，都产生了直接影响。

《爱弥儿》（1762年）是卢梭的教育代表作。书名按照法文直译为《爱弥儿或论教育》，但一般通俗地称为《爱弥儿》。这是一部半小说半论文体的著作。在书中，卢梭通过他虚构的主人公爱弥儿从出生到成人的教育过程，系统地阐述了他的自然主义教育理论。卢梭认为：儿童出生后有一个内在发展时间表，教育过程中应把儿童看作儿童，而不能看作成人；应遵循自然，即尊重儿童的天性，启发诱导，而不是越俎代庖，强行干涉，以成人意志代替儿童意志，谋划发展。全书共分五卷，提出了对不同年龄阶段的儿童进行教育的原则、内容和方法。其中第一卷及第二卷与学前教育直接有关。第一卷讨论婴幼儿期（0~2岁）的教育。作者提出：反对束缚儿童，父母应亲自教养儿童，让儿童保持自然的习惯，要增强体质，训练感官，按照自然的方式生活。第二卷讨论儿童期（2~12岁）的教育。作者提出：12岁以前的儿童处于理性的睡眠期，对幼小儿童的错误应采用自然后果法进行教育。他要求锻炼身体、训练感官，反对过早进行理性教育，推崇消极教育。

卢梭高唱自由，推崇自然，鼓舞人们从封建专制的奴役和压迫下解放出来，从教会的权威下解放出来，鼓吹儿童本位，吹响了儿童解放的号角，具有重大的历史进步意义，给后人以诸多启示。鉴于该书的巨大影响，在西方，《爱弥儿》与洛克的《教育漫话》一起被列为18世纪教育理论的两大经典文献。但卢梭的思想中也有不少空想、偏颇或自相矛盾之处，这是在阅读《爱弥儿》时应该予以具体分析的。

第一卷
人性以及遗传环境与教育①

一切出自造物主之手的东西都是好的，而一旦落到人的手中，就全都变坏了。他硬是强迫这种土地要生长出那种土地上的庄稼，强迫这种果树结出那种果树的果实。

种种偏见、专制、要求和教训，以及各种社会制度，都把我们湮没在其中，所有这一切都会使他的天性泯灭，而不可能将它置于应有的位置之上。他的天性就像是大路上偶尔冒出来的一棵幼苗，随时都会被行人碰来撞去，弄得东倒西歪，不久，就会被过往的行人踩踏而死。

我的温柔、有先见之明的母亲，我是在对你倾诉，你深谙要避开大路，也懂得如何呵护从石头缝儿里冒出来的那棵幼苗，不让它遭受各种舆论的攻击！当这棵幼苗还活着的时候，你辛勤地培育它、浇灌它，让它不至于死去；而且终有一天它会结出果实，让你感到快乐和欣慰。

我们生来孱弱，所以需要有力量；我们生来一无所有，所以需要帮助；我们生来愚昧，所以需要具有判断能力。所有这些都是我们出生时不曾具备而长大后需要的东西，它们统统要通过教育才能赋予我们。

这种教育，或来自自然，或来自人，或来自事物。我们的能力和器官的内生发展，是自然的教育；有人教会我们怎样使用这种发展，是人的教育；从影响我们的事物中获得经验，是事物的教育。

因此，我们每个人都是由以上三种教师培养起来的。如果这三种教师各自不同的教育相互冲突的话，学生就不会受到良好的教育，因而，学生自己

---

① 本文中的此级小标题均为选编者添加。

永远都无法和谐地成长。如果学生所受到的这三种不同的教育能够彼此协调一致且目标相同的话,他自己就能达到他的目标,这样,他的生活就会很有意义。这样的学生,就可以说是受到了良好的教育。

不过,就这三种不同的教育而言,自然的教育完全不取决于我们,而事物的教育也仅仅在某些方面取决于我们,只有人的教育才是我们能够真正起主导作用的。不过,这种主导作用也只是依据假设,因为有谁指望能够完全控制一个儿童周围的那些人的言语和行为呢?

我们真正要研究的是人的地位。在我看来,我们当中最能承受住生活中快乐和痛苦的人,才是接受了最好的教育的人。由此看来,真正的教育应该是少些说教,多些实践。我们从一开始生活,就开始了对我们自己的教育。我们的教育伴随着我们的生命,我们的第一位教师就是我们的乳母。就"教育"一词而言,古人尚有另外一层意义,即"养育"的意思;不过,现如今我们不再赋予它这样的含义。瓦罗①说,接生婆接生,乳母哺育,塾师启蒙,教师教导。也就是说,教育、教诲和教导是三件事情,它们的目的各不相同,如同乳母、塾师和教师的作用不同一样。但是,这些不同没有被区分清楚。要获得良好的教育,儿童不应该只跟从一个向导。

成人应教育孩子如何生活及摆脱世俗偏见

人们只想到保护自己的孩子,这是不够的;应该教他长大成人后如何保护自己,教会他承受命运的打击,教会他不要为财富和贫困所困扰,如果有必要,就把他放在冰岛的冰天雪地里或马耳他发烫的岩石上,去经受生活的磨砺。你事先想的是不让他死掉,然而,这是办不到的,他还是会死去的;到时候,尽管他的死并不是你照料不周所造成的,但是,你的悉心照料还是可能被人误解。问题不在于如何防止他死去,重要的是要教会他怎样生活。生活,不只是呼吸,还有行动,也就是使用我们的各种器官,使用我们的感觉和能力,以及使我们感觉到我们存在的自身的各个部分。生活得最有意义的人,并不是那些活得最长的人,而是那些最能感受到生活的人。要是一个人直到临终那一刻还没有感受到生活的话,即使他活到百岁才寿终正寝,实际上等于他一出生就死了,这样的话,还不如年轻时就走进坟墓

---

① 瓦罗(公元前116—前27),古罗马学者。——译者注,有改动

更好些。

襁褓是违背自然的恶习

"当婴儿刚从娘胎里出来，降生到人世间时，当他刚开始自由活动，能舒展小手小脚时，有人就要再次束缚住他。人们把婴儿放在襁褓之中，睡觉时让他头部固定成一个姿势，两条小腿伸长，两只手臂放在身体两边，两边还塞满了各种衣物，然后用绷带把他扎紧，不让他随意改变睡觉的姿势……"

新生儿需要活动身体、伸展手脚，以便摆脱肢体麻木的状态，因为他蜷曲成一团，麻木的时间太长了。不错，大人让婴儿的手脚都伸展开来，却不让他的手脚自由活动，甚至用枕头固定他的头，似乎人们怕看他活着的样子。

这样一来，当婴儿体内器官的生长发育需要通过运动加以促进时，却遇到了不可逾越的障碍。孩子就这样不断地痛苦挣扎，耗费了他的体力，延误了他的生长发育。他在娘胎里的时候，都还没有像在襁褓里那样感到窘迫、拘束和不自在。我真看不出他来到这个世界上究竟得到了什么。

这种不理智的习性来自何处？来自一种不符合自然的习俗。

教育要遵循自然

遵循自然，沿着自然指明的道路前进。它持续不断地训练儿童，通过各种各样的考验磨炼他们的性格，使他们变得坚强；它要让儿童从小就知道什么叫辛劳，什么是悲痛。长牙的时候，让他们发烧；腹痛腹泻厉害时，让他们痉挛；长时间的剧烈咳嗽，让他们呼吸困难，喘不过气来；寄生虫折磨他们；多血症败坏他们的血液，引起危险的发疹。整个婴儿时期，他们几乎都处在疾病和危险之中；出生的孩子中，有一半在八岁以前就死了。经过种种磨难和考验，儿童会变得有力量；一旦他们能够掌控自己的生命，他们生命的本原就会变得更加坚实，更加有保障。

经验告诉我们，娇生惯养的儿童往往要比别的儿童死亡数量更多。只要不超过儿童能够承受的限度，那么，使用他们的体能要比爱惜他们的体能的危险更小些。因此，平日里就应该对他们加强训练，以便有朝一日他们能够承受遭遇到的磨难。还要锻炼他们的体格，让他们变得结实，能经受住恶劣的季节、气候、环境，以及饥饿、口渴和疲劳；把他们放到冥河水中去扑腾吧。在他们的身体习惯形成之前，可以使他们养成你所喜欢的习惯，这样做是没有什么危险的；然而，一旦他们的身体习惯形成之后，其他所有别的变化对他们来说都具有危险性。一个儿童往往能够承受一个大人所不能承受的变化，因为儿童最初的身体组织是柔弱可塑的，你不用太费事就能让他形成你教给他的习惯，而成人的习惯则比较顽固，你只有在使用暴力的情况下，才能改变他已经形成的习惯。所以，我们不必让儿童遭遇到生命和健康的危险，就能够让他强壮起来；即使有点儿危险，也不必犹豫不决。这些危险是人成长过程中不可避免的，因此，最好是在这些危险处于最小的时候就及时把它们去掉，除此以外，人们还能有什么别的好办法吗？

父母的职责

作为父亲，孩子的出生和抚育，只是他义务的三分之一。他对人类有生育繁衍、传宗接代的义务，对社会有培养合群的人的义务，对国家有培养公民的义务。所有能够承担这样三重义务却没承担的人，都是有罪的；要是他只承担了一半的义务，罪行也许还要更大些。而那些不能履行父亲义务的人，根本就没有权利为人父。不能因为贫困，没有工作，没有人的尊敬，就要求免除抚养儿童和亲自教育儿童的责任。诸位读者，请你们相信我所说的这番话。我不妨预言一下，那些心存善意的人如果忽视了如此神圣的义务，他们将会因为自己的过错而痛哭流涕，并且永远无法摆脱这种自责。

教给儿童的只有一门学科，这门学科就是做人的本分。不管当年色诺芬对有关古波斯人的教育曾经说过什么，这门学科是一个整体，是不能被分割的。此外，我宁肯把教这门学科的老师称为导师而不是教师，因为重点不在于要教会儿童什么，而在于引导他怎样做人。导师的职责不在于教会儿童行为的准则，而在于促使他们去发现这些准则。

要经常给孩子洗澡；他们身上搞得很脏，表明他们有这种需要。如果只给孩子擦澡，会把他们的皮肤擦破；不过，随着孩子的身体一天天壮实起来，就可以逐步降低洗澡水的温度，直到最后，无论夏天还是冬天，都能用冷水甚至冰水给他们洗澡。为了不让孩子们受到伤害，应该逐渐地、几乎毫无察觉地降低水的温度，可以用温度计准确地测试水温。

人一旦养成了洗澡的习惯，就不应该中断，这一点很重要，而且一生都要坚持下去。我之所以重视这种习惯，不仅仅考虑到孩子的清洁卫生和眼前的健康问题，同时，还想以此使他肌肉的纤维组织变得比较柔软，使他在面对不同程度的炎热和寒冷时不必过于费力，也不会有什么危险。为了达到这个目的，我希望他在成长的过程中逐步养成这样一种习惯，即在洗澡时，有的时候能忍受多高的温度就用多高温度的水，而且尽可能冷水沐浴。水是密度较大的液体，会给我们更多的感觉，让身体受益更多；由于习惯耐受不同温度的水，所以我们对空气里不同的温差几乎就不会产生什么不适的感觉了。

当婴儿从胎膜里出来，开始呼吸外界的空气时，我们就不要再把他裹在比胎膜更严实的襁褓里。不要给婴儿戴帽子、系带子，也不要给他包什么襁褓；他穿的衣服要宽松一点儿，好让他的手脚自由伸展，不要让他感到穿得太重而影响到活动，更不要让他感觉热得透不过气来。把他放到一个宽大的、铺垫得好好的摇篮①里，这样，婴儿在里面可以随意活动，又没有危险。当他的体质开始增强的时候，就让他在屋子里爬来爬去，随他自己去活动，伸展他的小胳膊、小腿；这样，你能看到他一天天地健壮起来。要是你把他与那个包得严实的、与他同龄的孩子比一比，你定会惊奇地发现，这两个孩子的发育情况有着多大的差别呀！

儿童教育的四条准则

当儿童尚不具备多余的力量，甚至还不具备足够的力量来应对大自然对他们的要求的时候，必须让他们利用大自然给予的一切力量，然而他们是不能随意滥用这些力量的。这是第一条准则。

必须对他们的智力、力量以及身体需要的各个方面提供帮助，对于不足的方面应该加以弥补。这是第二条准则。

给予他们的帮助，应该仅限于真正对他们有益，而不是要顺从那些怪念头或毫无道理的欲望；由于怪念头不是自然的，所以即使不让它实现，也不会让他们感到痛苦。这是第三条准则。

应当仔细研究他们的语言和行为，以便在他们还没有学会掩饰的年龄阶段，能够辨别哪些是直接来自自然的愿望，哪些是他们自己的想法。这是第四条准则。

---

① 用"摇篮"这个常用的词，是因为没有其他的词可用；我相信没有必要总是把婴儿放在摇篮里摇来摇去，这个习惯对他们往往是有害的。——作者原注

以上这些准则的精神，就是既要让孩子多一些真正的自由，又要让他们少一些支配别人的想法，要让他们多动手，而不是只要求别人替他们去做。这样做，就能尽早使他们养成好的习惯，把欲望限定在他们力所能及的范围之内，他们就不会有因力不从心所造成的痛苦。

第二卷

找准童年的地位

为了避免空想，我们不能忘记怎样才能适应我们生活的环境。在世间万物的秩序中，人类有自己的位置；在人一生的秩序中，儿童也有自己的位置。因此，人们必须知道：成人就是成人，儿童就是儿童。要让每个人各就各位，按照各人的天性安排其所求，以达到他精神上的满足和物质上的享受，这就是我们所能做的。其他的事只能取决于外部原因，而外部原因不是我们的能力可以左右的。

自由是教育的第一基本原则，但不应违背自然秩序

那些实现自己抱负的人，不需要靠别人的帮助就能实现自己的心愿；因此，在人的全部财富中，最为宝贵的不是权威，而是自由。一个真正自由的人，只想做他能够做的事，只做他喜欢做的事。这就是我的基本准则。只有将这一基本准则应用到儿童身上，才能引出各种有关教育的规则。

有两种类型的依赖：一种是对物的依赖，这是对大自然而言的；另一种是对人的依赖，这是对社会而言的。对物的依赖不涉及任何道德因素，因而不损害自由，也不会造成任何恶果；对人的依赖则是杂乱无序的，会造成乱象丛生，这种依赖关系使得主人和仆人都变坏、堕落。

只让你的孩子保持对物的依赖，遵循大自然的秩序，他就能在受教育的过程中获得进步。如果孩子有冒失行为，你只需让他能够发现那样做会有阻力，或行为本身会惩罚他，这样就能提醒他了；因此，只需要告诫他不要过于调皮捣乱就行了，而无须强行制止他。对孩子来说，经验不足或体力不够就足以成为他的法则。不能因为他想要什么就满足他什么，而要看他实际需要什么。当他在行动的时候，不要让他只知道一味服从，也不要让他在行动的时候，由他来号令别人。无论在他的行动中或是在你的行动中，都要使他

感觉到他是自由的。当他的力量不够时，要给予他补充，这种补充只要正好能满足他自由行动就够了，而不要让他随意支使别人；让他在得到你的帮助时表现出惴惴不安，从而希望能够及早地摆脱让别人帮忙的阶段，能够体面地去做完自己的事情。

大自然自有一套促进儿童身体生长发育和成长的方式，这些都是人们完全无法阻止的。因此，我们一点儿都不必强求孩子。当他想走路的时候，你就不要强迫他待在那里不动；当他愿意原地不动时，你也不必非要他走动不可。只要儿童的愿望不是因为我们的过错惯坏的，他就不会做那些无用的事情。只要他高兴，想跳就让他跳，想跑就让他跑，想大声喊叫就让他喊叫好了。总之，他的一切活动都是因为身体生长发育的需要；但是，我们必须提防那些他想做却无能为力的和需要别人帮助的事情。因此，我们应该认真区分哪些是他真实的需要，哪些是自然的需要，哪些是他开始产生的一时兴致所引起的，哪些是我曾说过的过于优越的生活所引起的。

我已经说过，孩子因为这种或那种原因啼哭时应该怎么做。在这里，我只想补充一点，这就是：自从孩子懂得用语言表达他的要求后，为了很快得到他想要的东西，或是不想让别人拒绝他的要求，他都会用哭声来表达，在这种情况下，你干脆不要理睬他。如果他的确有需要的话，你就让他讲出来，也应该搞清楚他究竟需要什么，然后马上按他的要求去做；但是，如果他一哭你就给他东西，这样容易使他产生误解，等于是在教他怀疑你的好意，而且使他相信对你强求要比对你温和请求更有效。要是他不相信你是出于善意，他很快就会变坏；要是他认定你软弱，他很快就会强硬起来。因此，重要的是，凡是你同意的事，只要他需要，你就不要拒绝。不要不问青红皂白地加以拒绝，不过，一旦拒绝之后，你就不能再表示同意了。

像这样一个充满怒火、动不动就大发脾气的孩子，我怎能设想他可以成为一个幸福的人呢？就凭他，还有什么幸福可言？他就是个暴君；他既是奴隶中最卑劣的奴隶，又是世人中最可悲的人。我曾经见过采用这种方式教育出来的孩子，他们有的想让人一下子就把房子推倒，有的想让人把钟楼上的风信鸡取下来交给自己，有的要让正在行进中的军队停下来，以便多听一会儿行军时敲击的鼓声；倘若你没有及时听从指挥，他们就会大哭大闹，全然不听旁人劝阻。大家白白忙乎，谁也无法让他们高兴起来；以往，他们的欲望能够轻易得到满足，因而欲望愈加强烈，特别是那些越不可能的事，他们就越发要坚持，这样一来，他们四处碰壁，被搞得痛苦不堪。他们总是哭哭闹闹，调皮捣蛋，狂躁不安，似乎要用哭闹和抱怨打发日子。难道说这样的人很幸福吗？身体柔弱和心理强势相互混杂在一起，只会使他们变得胡思乱想，痛苦不堪。在两个被宠坏了的孩子当中，如果其中一个摔打桌椅，另一个就会暴跳如雷，闹得不亦乐乎；他们只有在发完脾气，摔打了许多东西之后，才会消停下来，才会感到心满意足。

用理性教育儿童是洛克的一条重要原则。今天，这条原则也是再时髦不过的了；然而在我看来，尽管它仍然受人推崇，我却对它有所保留。就我而言，我还没有见过比用理性教育儿童更愚蠢的了。在人的所有能力中，可以这样说，理智只是由其他各种能力组成的一种，而且也是其中发育最为困难的一种，发育得最迟；可是，偏偏有人想用它去发展人的其他能力！要知道，最能反映一种良好教育成功的标志就是要培养有理性的人；为此，人们试图通过理性教育来培养儿童！这种把目的当作手段的做法，就是本末倒置。

大自然想看到的是，儿童在长大成人之前就是儿童。如果我们想要打乱这个次序，就只能培育出早熟的果实，这样的果实既不成熟，也没有甜味，而且很快就会烂掉；我们所能得到的只能是一些青涩的博士和上了年纪的儿童。儿童有自己特有的观察、思考和感觉事物的方式，如果我们试图用成人的那一套方式取代，那简直就太不合情理了；我宁愿让一个十岁的儿童身高长到五尺，而不希望他有什么判断能力。实际上，在他这个年龄，理性对他有什么用呢？它只会阻碍力量的发展，儿童是不需要这种阻碍的。

对于你的学生，你应根据他们的年龄区别对待。首先，把他安排在适合他的位置上，并让他好好保持住，不再试图离开那个位置。这样一来，他在懂得什么是聪明睿智之前，就能践行其中最重要的行为准则了。千万不可对他强迫命令，无论如何，绝不要用命令的方式行事，不要让他想象你会试图对他行使什么权威。对他的这种约束完全是由于他身体的力量而不是别人的权威。凡是他不应该做的事情，你用不着阻止他；即使你要阻止他去做，也用不着向他解释其中的原因。凡是你答应给他的东西，只要他要，你就给他，不要提什么要求，尤其不要提什么条件。给他东西的时候要表现出高兴的样子，拒绝他的时候要表现出不高兴的样子。你一旦拒绝他，就不能再改变了，无论他怎样纠缠不休，你都不能反悔；"不"字说出去了，就像有了一道钢铁铸成的墙，他撞它五六次后，就会筋疲力尽，再也不来折腾了。

最糟糕的教育就是让他在他的意愿和你的意愿之间犹豫不决，而且你和他无休止地争论究竟谁做主；我希望看到，凡事都由他做主，这样要比你做主强一百倍。

你尝试过各种各样的教育手段，唯独一种除外，而正是这种唯一的手段能够获得成功，这就是：适度的自由。

儿童是理性的睡眠期，应实施消极教育

在这里，我是否能大胆地提出教育中最为重要和最有用的规则呢？这样的规则不是要赢得时间，而是会浪费一些时间。在他们的心灵具备各种健全的能力之前，不应该让他们应用他们的心智；因为，当心智还处于蒙昧状态时，即使给它一个火炬，它也无法看见；何况在那茫茫的思想原野中，理性存在如此模糊不清，因此，哪怕是最明亮的眼睛也难以辨认出来。

因此，儿童最初的教育纯粹是消极的。这个阶段的教育，不在于要教他什么道德和真理，而是要让他的心灵免遭恶习的污染，预防他的思想出现谬误。如果你能采取自己不教也不让其他人去教的做法，如果你能引导你的学生茁壮健康地成长到十二岁，即使他还分不清自己的左手、右手，这时你再开始教他，他就会向着理性睁开他那双智慧的眼睛；他没有任何偏见，也没有沾染上什么坏习惯，因此，他身上就不会有什么能够妨碍你的教育效果。他在你手里很快就会变成众人当中的佼佼者；最初你什么也不教他，结果你却创造出了一个教育奇迹。

你办事不因循守旧，就能把事情做得很出色。你应该训练他的身体、他的器官、他的感觉和他的力量，但是，你要尽可能久地让他的心灵处于轻松而没有负担的状态。所有这些延迟的做法都大有益处，这样做既能促使他朝着目标前进，又丝毫不会让他失去什么，而且还有利于他在童年时代理智方面的成熟。

明智的人哪，多花点儿时间去探索大自然吧，在面对你的学生开口讲第一句话之前，必须好好地观察他。首先，让他个性的胚芽自由自在地表现出来，不管是什么都不要去约束它，以便更好地对他进行全面的观察。你想想

看，对他来说，这样的自由算是浪费时间吗？情况正好相反，他的这段时间得到了充分的利用，因为正是这样，你教会了他在宝贵的时间里不要浪费片刻时光；不然的话，在你弄清楚应该做什么之前就贸然行动，那么你必然盲目行事，容易出错，而且还不得不重新来过，也就是说，你急于达到目的，结果反而使你离你的目的更远。童年时代失去一点儿时间，长大以后获得的就会更多。

你应该记住，在敢于担当起培养一个人的任务之前，自己就必须造就成一个人，而且必须是一个值得推崇的榜样。当儿童尚处在一种懵懂无知的状态时，你务必做好一切准备，好让他最初所看到的都是适合他的。你务必成为受大家尊敬的人，务必从让别人爱你开始做起，最终让每个人都愿意得到你的青睐，都愿意让你称心如意。如果你不能对你周围的人产生影响的话，你就不能做孩子的老师；而且，如果你的德行得不到大家的认可，你将永远都无法行使这种权威。

不要把你自己的过失都归咎于其他人：孩子们耳濡目染的坏事所引发的祸害，同你教给他们的那些东西所引起的祸害相比，还是要逊色一些。你总是以说教者、道德家和学究的身份，对他们灌输你自以为是上乘的思想，同时你又把很多毫无价值的东西塞给他们。尽管你头脑中装满了各种想法，可是你看不到这些东西在他们头脑里会产生怎样的效果。对于你那些使他们感到不快而冗长的高谈阔论，你以为他们就不会听错一句吗？你以为他们不会按照自己的方式来评论你的一大堆解释吗？你以为他们不会从中找到一些材料来编排他们能够理解的一套东西，以便有机会的时候用来对付你吗？

在不得已的情况下，你可以把一个叛逆性很强的孩子当作一个生病的孩子来对待；把他关在他的房间里，如有必要的话，让他躺在床上，吃特定的饭菜，让他对自己的那些缺点感到害怕，让他觉得那些缺点是令人讨厌和可怕的，从而让他觉得你为了纠正他的缺点而采取的严厉措施并不是惩罚。如果你一时冲动，在施教时表现得不够冷静和克制，也不要试图掩饰你的错误，而要坦率地以温和的责备口气对他说："我的朋友，你让我感到难过。"

道德观念的植入及自然后果法

我认为，在人类社会里，要把一个孩子一直带到12岁，这期间一点儿都不教给他一些有关人与人的关系以及人类行为道德的观念，是不可能的事情。实际上，我们只需要教他一些必要的概念，不过要尽量晚一点儿告诉他，而且是在他不可避免地需要这些概念时，才教给他一些当前需要的东西，以便让他相信，他不是任何人的主人，也不能毫无顾忌地伤害别人，以致伤害了别人自己却不知道。对于那些性格温和的孩子，我们可以把他们从纯真的童年时期一直带到长大，这期间都不会发生什么大的问题；但是，对于那些性情暴烈的孩子，他们凶狠的禀性很早就开始了，因此，必须抓紧教育他们成人，以避免日后不得不采用强制的方式来对付他们。

  为了不至于在这些困难的事情中忽视了一些重要的事情，我们不妨再举个例子加以说明。

  你那个性情暴躁的孩子无论拿到什么东西都非要把它摔坏不可；你也用不着生气，只要把东西放到他拿不到的地方就行了。即使他摔坏了要用的家具，你也别忙着给他添置，要让他感觉到缺少了这些东西会很不方便。他打碎了房间的窗户，你就让他日夜都受冷风吹，患上了感冒也不要理会他；因为宁肯让他伤风感冒，也不要让他任性发疯。千万不要埋怨他给你造成的麻烦，而要让他感到第一个遇见麻烦的人正是他自己。在这之后，你再让人把窗户修好，不过在整个过程中你什么都不用说。要是他再次把窗户打破了呢？如果是这样，你就要改变方法。你不要生气，只是口气强硬地对他说："这些窗户是我的，我花了力气才把它装好的，我不希望它再被打破。"随后，你就把他关在一间没有窗户的黑屋子里。这样一来，他就会开始大哭大闹起来，你让人都不要理睬他。过不了多大一会儿，他就会不耐烦，改变哭叫声；然后，呻吟起来，还叽叽咕咕地抱怨。这时，一个仆人出现在那里，那个捣蛋鬼肯定央求仆人放他出去。你要仆人不用找借口说不能放他出来，只回答说"我也有窗户不想被打碎"，然后走开。最后，孩子在那里待了好几个小时，这么长的时间足以使他感到厌烦，也让他长点儿记性，这时你再让人叫他和你约法三章，按照约定，你可以让他得到自由，而他要保证从今往后再也不打坏窗户了。就这样，他也不会再要求什么了。他叫人请你去看他；这时你一定要去看，他要是对你提出什么要求，你也可以很快答应他，对他说："这个想法很好，对我们两个人都有好处，你为什么不早一点儿想出这个好办法呢！"然后，不要再问他有什么不同的意见，也不要问他如何保证他的承诺，而是很高兴地上前拥抱他，很快带他回到他的房间，似乎这个协议一经订立，就是神圣不可破坏的。在这种情况下，你想想，他会对这个举动有什么看法，是相信约定还是认为它是有用的呢？如果这个世界上还有一个孩子，当然不是指被娇惯坏了的孩子，经过这件事情的教训后，还会再故意打碎窗户的话，那就说明是我错了。

人要是做了他不应该做的事，就想极力隐瞒。一个好处能使人许下诺言，而另一个更大的好处也能使人违背诺言；问题不仅在于违背诺言可以不受到惩罚，而且在于对策是天生的——他会隐瞒，会撒谎。既然不能事先预防那些恶习和坏事，我们就只能对它们加以惩罚了。人们生活的不幸，就在于这种不幸是伴随人生的错误开始的。

有关这方面的事，本人已经讲得够多了，我们不应当只是为了惩罚儿童而惩罚儿童，而应当让他们懂得，受到惩罚正是他们不良行为的自然后果。所以不要一味地指责他们，也不仅仅因为撒谎而惩罚他们，而要让他们懂得，这种恶习只会给他们自己带来不好的后果。比如：从今往后，即使他们说的是真话，也没有人会相信他们；即使他们什么坏事也没干，也会被说成是他们干的。无论怎样争辩，各种不良的后果最终都会落到他们头上。因此，要给孩子们解释清楚，让他们懂得撒谎将会付出怎样的代价。

任何一种好的行为都能产生好的效果，因为当你在做这件事的时候就认为它是好的，而不是因为看见别人做了，你才那样做。但是，儿童还处于懵懂阶段，我们应该让他们模仿我们希望的那种好的习惯，期待他们能够通过自己的判断和对善的喜爱去实践那些行为。人是善于模仿的，动物也是一样；爱好模仿是一种天生的好习性。

对你的教育规则都深究一番，你就会发现它们都是违背常理的，尤其是那些涉及道德和品行的规则就更加荒唐。在道德教育方面，唯一适合儿童且对各种年龄的人都最为重要的规则就是：绝不祸害他人。甚至教人行善这一条，如果不从属于这个规则，那也是危险的、虚假的和错误的。

至于我的学生，或者更确切地说，大自然的学生，从小锻炼尽量依靠自己的力量，所以他不习惯求助别人，更不会随便向别人炫耀自己有学问。不仅如此，对于所有与他直接相关的事情，他都能够自己做出判断、推测结果、讲明理由。他从来不夸夸其谈，而是重在行动；你可以说他对世上的事情知道得不多，但是，他很清楚地知道自己适合做什么事。由于他要不断地开展活动，所以他必须观察各种事物，了解许多事物的影响；他从小就获得了很多经验，那都是来自大自然而不是来自人的经验；正因为他不知道教育的意图，所以他受到的教育产生了良好的效果。就这样，他的身体和头脑同时得到锻炼。他的行动从来取决于自己的思想，而不取决于别人的思想，这样，他就能持续不断地把自己的身体和头脑两方面的作用相结合；他的身体越健壮，他就越有见识，越有理智。终有一天，这个方法可以使他获得一般人认为不可兼得的东西，即获得所有的伟人都具有的身体和精神两方面的力量：哲人的理智和斗士的魄力。

就这样，在大自然的单独指导下持续不断地锻炼，不但能强健体魄，同时又绝不会使头脑变得迟钝；相反，在我们身上会形成一种在儿童时期容易形成的理解能力，这种理解能力对任何年龄的人来说都是必须具备的。通过锻炼，我们更好地懂得了如何使用力量，如何认识我们的身体和周围事物的关系，了解我们能够掌握和适合我们器官的自然工具。那些总被关在房间里，只在母亲眼皮底下受教育的儿童，恐怕连什么是是质量和阻力都不会知道，还想拔起一棵大树，或掀动一块岩石，岂不是有些太傻气了吗？在头一次离开日内瓦时，我想追赶一匹飞奔的马，还捡起石头向萨莱富山扔去，殊不知那座山离这里还有两里远呢；乡下的孩子都拿我开心，在他们眼里，我就是个十足的傻子。我到18岁时才从哲学中知道了什么是杠杆，可是一个农民的儿子才12岁，他在使用杠杆方面要比法兰西学院那些一流的机械师在行得多。小学生在学校操场上相互学习的东西，也比你在课堂上讲给他们的东西管用一百倍。

一个儿童不像成人那么高大，也没有成人那样的力量和智慧，不过，他所看到的和听到的同成人一样清楚，或者是差不多的；尽管他的味觉不像成人那么敏感，不过也很好，能够很好地辨别出味道，何况他不像成人那样贪图美味。人体最早形成和完善的器官是感官，因此，应该最早训练的也是感官；然而，最容易被遗忘的或者最容易被忽视的也是感官。

训练感官并非仅仅使用它们，而是要通过它们学会很好地判断，也就是说学会如何去感受；因为我们本来不会摸，不会听，不会看，只有通过学习之后，我们才懂得这些。

第三卷
怎样对待儿童的好奇心及安身立命之道

如果儿童主动向你提问，那么，最好的回答就是去激发他的好奇心，而不仅仅是满足他一时的好奇心；但是，当你发现他不是为了学习，而是胡言乱语地说一通，向你提出一堆愚蠢的问题时，你就要立即停止回答他，因为这时他不是在关心你们所讨论的问题，而只是想用提问来找你的麻烦。这时，要注意的不是他所说的话，而是他说话的动机。

....

通过那么多有趣的事例来激发一个学生的好奇心，其间，我们始终没有脱离他所能够理解的实际的物质关系，也没有使他在心中产生他还弄不明白的概念！老师的艺术就在于：从不让学生把注意力集中在那些无关紧要的琐碎事情上，而要让他不断地接触他应该了解的重要关系，因为将来总有一天，这些知识都有助于他准确地判断世俗社会中的善与恶。在与学生交往的过程中，你必须善于启发你平时对他传递的那些思想。这样的问题，是不会引起别的孩子注意的，却让爱弥儿冥思苦想达六个月之久。

....

你总想依赖现行的社会秩序，却没有考虑到这种秩序不可避免地要遭遇到革命，而且你也不可能预见和防止影响你的孩子的革命。大人物可以变成小人物，富人可以变成穷人，帝王可以变成庶民，你还以为你能够避免命运的打击吗？危机的形势和革命的时代离我们已经不远了。有谁能够回答你将会变成怎样的一个人呢？既然人能制造这一切，人也能毁掉这一切；只有大自然铭刻出来的特点才是不可磨灭的，只不过大自然既制造不了国王，也制造不了富人，当然也制造不了权臣。这位大官，你曾经培养出来的这个暴君除了无耻之外，他还将做些什么呢？那个只知道依靠黄金生活的税吏，在穷困潦倒的时候又该如何是好呢？那个爱慕虚荣的蠢人，身无一技之长，只知道依赖别人，一旦他一无所有，又该如何是好呢？当一个人知道要摆脱他应该摆脱的状况时，不受命运束缚而敢于立身做人，这样的人还算是幸运的人。

在人类谋生的一切职业中，最接近自然状态的职业就是手工劳动；在所有具有身份的人当中，最不受制于命运和他人的就是手工业者。手工业者所仰仗的只是他自己的手艺；他是自由的，这种自由与农民受到的奴役形成了对照，因为农民受制于土地，而土地的出产物是由别人支配的。敌人、王公贵族、有权势的邻居或一场官司都能让农民丧失土地，有人可以利用这块土地，以各种方式使他丧失自尊，百般折磨他；但是，无论在什么地方，有人若是想羞辱手工业者，他会立刻卷起行囊走人。可是，农业是人类最古老的职业，它是最诚实、最有用的，因此，农业也是人类所从事的最高尚的职业。我没有对爱弥儿说"你去学干农活儿吧"，因为农活儿的事他都懂得，所有的农活儿他都再熟悉不过了，他就是从干农活儿开始学起的，而且还不断地干农活儿。于是我对他说："还是去耕种你父辈留下的土地吧。但是，如果你丧失了继承权，或者压根儿你就没有继承权的话，那该怎样办呢？因此，你还是要学会一门手艺才行。"

我是绝对主张让爱弥儿学会一门职业的。你说："要学的话，就要学一门正派的职业。""正派的"是什么意思呢？那些有利于民众的职业不都是正派的吗？我一点儿都不愿意让他去做什么绣花匠、镏金匠或油漆匠，不愿意让他去做像洛克所说的那种文化人，当然也不愿意让他去当什么音乐家、喜剧演员或写书之人。除了这些职业以及类似的职业以外，他想学什么职业就学什么职业吧，我不打算干涉他。我宁愿他去当一个修鞋匠，也不想让他当什么诗人；我宁愿他去修大马路，也不想让他在瓷器上画什么花。你又要说："可那些弓箭手、密探和刽子手，这些人也都是有用的呀。"殊不知，倘若没有政府的话，这些人是一点儿用处都没有的。还是算了吧，算我说错了；仅仅找一个有用的职业还不够，这种职业必须不能让从业者养成那种不符合人性的丑陋的灵魂。

以上就是我们为爱弥儿选择职业的指导思想，或者更准确地说，不是由我们选择职业，而是他自己选择职业。他所遵循的准则自然而然地会使他对那些无用的东西产生轻视的心理，他不愿把他的时间耗费在毫无价值的工作上，他只是按照事物真正的用途来认识其价值，因此，他所选择的这门手艺，必须是鲁滨孙在荒岛上用得着的一门手艺。

我们的学生起初只有感觉，现在他已经有了观念；他起初只会去感觉事物，现在他能判断事物了。因为，在对相继发生或同时发生的几种感觉加以比较的过程中，在对这些感觉的判断过程中，我们可以产生一种混合的或综合的感觉，我把这种感觉称为观念。

　　培养人的观念就是要为人的精神灌输一种特性。在真实关系上形成的观念才是稳定的观念，仅限于表面关系的观念只能是一种浅薄的观念。能够判断各种关系的人，其观念具有正确性；不能正确判断各种关系的人，其观念必错无疑。想象和杜撰无论在表面上还是实际上都不存在的关系的人，乃是疯子；不能对各种关系进行比较的人，乃是愚人。在比较观念和发现各种关系方面的能力的大或小，决定了人的智力的高或低。

　　简单的观念是从感觉的相互比较中产生的。简单的感觉和复杂的感觉（我称它为简单的观念）都包含着判断。从感觉中产生的判断完全是被动的，它确定的只是我们感觉到的感觉。从知觉或观念中产生的判断则是主动的，它要综合、比较和确定感觉所不能确定的各种关系。这就是差别，而且这种差别是很大的。大自然从来都不欺骗我们，欺骗我们的始终是我们自己。

　　由于他是使用自己的理智而不是别人的理智，所以他不得不迫使自己学习；为了不听信别人的任何偏见，他也就不必听从任何权威；我们的大部分错误都不是由于我们自己，而是出自别人。就像工作和劳累能使我们的身体产生一种活力一样，这种持续不断的训练也能使我们的精神产生一种活力。而另一个好处就是，这样可以促使人的身体发育与精神发育同步。精神只能承担它所能够承担的负担，而身体却不是这样。各种事物存储在记忆中之前是要经过理解的，而经过理解的东西才是属于自己的；相反，如果记忆中任意塞进那些未经理解的东西，结果就会使得所记的那些东西没有一样能够变成自己的。

　　尽管爱弥儿掌握的知识不多，然而，这些知识都是属于他自己的，而且其中没有半点儿是一知半解的。在他理解得很透彻的为数不多的事物中，最重要的是他知道有很多事是他现在不懂而终有一天会懂的，有更多的事是别人能了解而他却永远不能了解的，还有大量的事是任何人永远都无法了解的。他拥有一种包罗万象的胸襟，这并不是由于他拥有知识，而是由于他拥有获得知识的能力；他思想开明，头脑聪慧，应变灵活，正如蒙田所说的那样，他谈不上是个学识渊博的人，但至少是个善于学习的人。只要爱弥儿对于他所做的事情都能知道有什么用处，对于他相信的事情也懂得为什么要相信，我就感到很欣慰了。因为，我再说一次，我的目的不在于要教给他多少知识，而是要教会他在需要的时候懂得如何去获取知识，教会他准确地评估知识的价值，教会他热爱真理胜过一切。采用这样的教育方法，我们的进步看起来是慢一些，但是，我们不会走冤枉路，更不会无法前进而不得不倒回去重新开始。

（选自卢梭著，李兴业、熊剑秋译：《爱弥儿——论教育》，
人民教育出版社 2017 年版）

《林哈德和葛笃德》

裴斯泰洛齐

【导读】

裴斯泰洛齐（J. H. Pestalozzi，1746—1827）是18 世纪末、19 世纪初瑞士民主主义教育家，一生致力于贫苦儿童的教育，在教育实践及教育理论上都有诸多贡献。在教育上，他受到卢梭的影响，把教育理解为一个生长和发展的过程——儿童天赋才能的和谐而自发的发展过程。但与卢梭不同的是，他比较重视社会对儿童发展的影响，并不忽视教师的主导作用。他反对死读呆背，强调儿童在教学过程中的积极性、主动性。他试图探索一个以心理学规律为基础的简易可行的初等教育教学工作方法的体系。这种努力对 19 世纪后的初等教育改革产生过重大的影响。

《林哈德和葛笃德》（1787 年）是裴斯泰洛齐的教育代表作。这是一部社会教育小说，是他在第一次教育实验，即 1768—1780 年瑞士新庄的农业改革实验和孤儿院教育实践的基础上，总结经验而创作出来的，表达了他的社会改革理想及教育理念。裴斯泰洛齐在书中塑造了一个心地善良、教子有方、敢作敢为、疾恶如仇的农村妇女的形象，即书中的女主人公葛笃德。这里的节选部分反映了葛笃德（其实是作者）的家庭教育理念和教育方法，以及少尉格吕菲在学习借鉴了葛笃德的经验后创办的理想学校的情境，其中包括教劳结合、教育环境的布置、生活习惯的培养等内容，以及教育遵循自然、爱的教育等观念。

第一部

12. 家庭之乐

泥水匠林哈德一早到县府去，现在也回到了他妻子的身边。

葛笃德在丈夫回来以前，先忙着做完了星期六的工作。她一面替孩子们梳头，缝补衣服，整理房间，一面还教会了孩子们一首歌。

"爸爸回来的时候，你们都要齐声把这首歌唱给他听。"她对孩子们这样说。孩子们一听这是爸爸进门时喜欢听的歌，都很用心地学习。

他们在工作当中，不要唱本，毫不疲倦，毫不耽误地跟着妈妈唱，不一会儿，大家都会唱了。

爸爸开门进来的时候，妈妈去跟他打招呼，就开口唱起来，孩子们也齐声地一同唱：

"天上有平康，
能慰我忧伤，
愁苦越难当，
宽慰越舒畅。
啊，痛苦与欢欣，
早使我精疲力尽，
平康啊，请进入我的心！"

林哈德看见妻子儿女都高高兴兴、平平静静地唱着歌来迎接他，眼睛里禁不住淌出了欢喜的眼泪。

"上帝祝福你们，小宝贝们！上帝祝福你，我的亲爱的！"他很兴奋地对他们说。

"亲爱的，"葛笃德回答说，"我们只要追求宁静，清心寡欲，光明正大，地上也就是天堂啦。"

18. 一个可怜的孩子请求饶恕，说他偷吃了白薯；病人死去

葛笃德独自在家，他们就来了。她看见他们父子俩眼睛里都有眼泪。

"你有什么事，鲁迪老街坊？你为什么哭呢？这小家伙为什么哭呢？"她和蔼可亲地问他们，伸手去牵那个男孩。

"唉，葛笃德，我家里遭了不幸，"鲁迪回答，"我不能不到你这儿来一

下，因为小鲁迪好几次拿了你们地窖子里的白薯。他祖母昨天发觉了，他也已经认了错。请饶恕我们吧，葛笃德！他祖母病在床上，就要死了。唉，天啊，她刚给我们做了临终的告别。我又担忧，又害怕，简直不知道该对你说什么才好。葛笃德，老婆婆也带信给你，求你饶恕她。我万分抱歉，因为现在我没法还你白薯；不过我情愿来替你做几天工，补偿损失。请别多心吧！这孩子是因为饿慌了才干出这件事来的。"

葛笃德："别提这些啦，鲁迪！——喂，你，小宝贝，你快过来，答应我，你以后再也不拿别人的东西啦。"她吻了他一下，又说："你的老奶奶为人好极了，你该学她的善良正直。"

小鲁迪："您饶了我吧，大婶！上帝知道，从今以后我再也不拿人家的东西啦！"

葛笃德："是的，孩子，再也不要偷窃啦！你现在还不明白一切偷窃的人是多么可怜和不幸。再别偷窃啦！要是你肚子饿，尽管来告诉我，只要我有，我一定会给你们一点的。"

她在小鲁迪的衣袋里塞满了干果，又说了一遍："小宝贝，你以后可千万再别拿人家东西啊！"随后她便跟着鲁迪到他母亲那儿去。

31. 节日前夕一个正直贤惠的母亲家中的情景

她已经养成了习惯，每逢星期六总要利用晚祷的时间，专心地把她认为这个星期里的最重要和最有启发性的事情，铭刻在儿女们的心上。

今天对她说来，又是这个星期里的一个可以特别感念神恩的机会。她要尽可能地在孩子们的心中留下深刻的印象，使他们一辈子都不忘记这一天。

孩子们都安安静静地坐在她周围，合着一双手等着做祷告，妈妈就对他们说："孩子们！今天我要告诉你们一件好事。亲爱的爸爸在这个星期里得到了一件很好的工作，他在这件工作上所得的钱比过去做什么事情得到的要多得多。孩子们，我们往后可以指望不再像以前那样担心每天的面包了。"

"孩子们，要感谢上帝，这是上帝给我们的好处；要时常想想过去的日子，那时候我分给你们的每一口面包都是用担忧和恐惧换来的。我给你们的，常常既不多又不够，有时真使我痛心到了极点；可是天上的慈悲的上帝已经知道了，上帝要帮助人，就不会有问题；亲爱的，与其让你们绰绰有余，养成骄气，倒不如叫你们吃些苦，受些艰难，或可以锻炼成器。因为人要是有了他想要的一切，思想就容易流向轻薄，就容易忘怀上帝，不肯自发地去做那些对自己最好最有益的事情了。孩子们，记住吧，一辈子都不要忘记我们经受过的那些贫苦忧伤和艰难的日子。要是现在我们的境况好了一点，孩子们，那就别忘记那许多像我们过去一样正在受苦的人。永远不要忘记饥寒交迫的苦痛，对于穷人，要是自己有一口余粮，就应该乐意送给他！孩子们，你们都愿意这样做，是不是？"

"是的，妈妈，我们愿意！"孩子们都这样说。

49. 孩子的个性与孩子的教育①

尼可拉悄悄地走到妈妈跟前，拉着她的手说："妈妈，请你再多给我一片面包好吗？"

妈妈："尼可拉，你不是已经有了吗？"

尼可拉："我这是要送给小鲁迪吃的。"

妈妈："我没叫你非送人不可；你要吃，可以把它吃掉。"

尼可拉："不，我不吃这个；可是，你再给我一片，好吗？"

妈妈："不，一定不给你。"

尼可拉："唉，为什么不呢？"

妈妈："免得你先要自个儿吃够了，肚子饱了，才想到穷人。"

尼可拉："所以你就不给是吧，妈妈？"

妈妈："不过，你现在真是要把整片面包都送给他吗？"

尼可拉："是的，妈妈，当然，当然是整片！我知道小鲁迪饿得多厉害，可是我们每天六点钟就有晚饭吃。"

妈妈："而且，尼可拉，我想他晚上是什么也吃不到的。"

尼可拉："是的，天知道，他夜里一定没有东西吃，妈妈！"

妈妈："嗯，穷人的苦既然这么大，人要是一点不动心，不愿从自己嘴里节省，去解救和减轻穷人的困难，那就简直是心肠太硬、太残忍了。"

尼可拉听了，眼里噙着眼泪。

妈妈又接着问别的孩子："丽赛，你的面包也要全送人吗？"

---

① 作者在这一节里叙述了葛笃德引导孩子无私地帮助邻居鲁迪家的动人故事，反映了葛笃德爱的教育的成效。——选编者注

丽赛："是的，妈妈，我一定要送！"
妈妈："你呢，安丽，你的也要送人吗？"
安丽："当然是，妈妈！"
妈妈："约拿，你的呢？"
约拿："我也是，妈妈！"

妈妈："好，孩子们，这是很了不起的事情！可是，你们现在要怎么去送呢？凡事都该有一定的做法，要是做得不当，再好的事也会被人误解成坏事。尼可拉，你说你要拿你的面包怎么办？"

尼可拉："我要赶紧跑去把小鲁迪叫出来，我不把面包装在兜里，好叫他赶快拿到手。让我马上就去吧，妈妈！"

妈妈："你稍等一等，尼可拉！——你呢，丽赛，你拿你的面包怎么办呢？"

丽赛："我不照尼可拉的做法。我要对小姑娘贝特丽使个眼色，叫她到角落里来。我要把面包藏在我的围裙下面悄悄给她，不给任何人瞧见，连她爸爸也不叫知道。"

妈妈："你呢，安丽，你又怎么做呢？"

安丽："我现在哪里知道会怎样碰见赫莱利呢？我要看他怎么来，就怎么给他。"

妈妈又问："你呢，约拿，你这小精灵，心里计策多得很，你要怎么做呢？"

约拿："妈妈，我要照你开心的时候喂我面包的样子，把面包给他放到嘴里。'张大嘴，闭上眼'，我要照样对他这样说；然后把面包放到他的牙齿中间。这样做很好玩，是不是，妈妈，这样做真逗！"

妈妈："孩子们，你们说得都很有道理！不过，我还要对你们说一下：你们务必要把面包悄悄地单独送给人，别让外人看见，免得有人猜想你们是在做面子。"

尼可拉："天呀，真奇怪！妈妈，我还是把面包藏在衣袋里，好吧？"

妈妈："这还用说吗，尼可拉！"

丽赛："我早就想到了这一点，妈妈，我起先已经说过，我是不要别人知道的。"

妈妈："你很聪明，常常都很机灵，丽赛！我刚才忘了夸奖你；你提醒我一下倒是好的。"

丽赛听了满脸绯红，倒不肯说话了。妈妈又对孩子们说："你们现在可以去啦；不过要注意我教你们的话！"

孩子们都去了。

尼可拉连跑带跳地急忙向小鲁迪的家走去；谁知小鲁迪并不在巷子里。尼可拉咳了几声，假装吐痰，悄悄唤他的名字，都不见动静，他不敢再往前走，怕逼近了人家的窗户。

尼可拉对自己说："现在我怎么办呢？我进他的屋里去吗？是啊，我必须单独送到他手里。我可以进去请他出来，到巷子里去走一趟。"

小鲁迪这时候，正跟他的爸爸和兄弟姊妹们坐在祖母的没有盖上的棺材旁边。再过几个钟头，这具棺木就要送到坟地去安葬了，父亲正含着眼泪对孩子们讲述死者生前对人家骨肉的忠诚和辛苦。他们因为死者临终的时候曾经对偷马铃薯的事伤心，都在那儿淌眼泪，盖棺以前对天父立下誓愿，今后宁愿饿死也不偷任何人的东西。

正在这时候，尼可拉推开门进了屋子，一见死人，大吃一惊，就倒退了出去。

小鲁迪的爸爸看见了他，以为是林哈德打发孩子来传达什么话，所以就跟着男孩追出去，问他有什么事。

"没什么，没什么，"尼可拉回答说，"我只是来找小鲁迪的，不过他现在正在祷告。"

小鲁迪的爸爸："你要找他没有关系。"

尼可拉："请让小鲁迪跟我到巷子里去走一下吧！"

鲁迪："外面是这么冷，他不大愿意离开他死去的祖母。你还是进屋到他这儿来吧！"

尼可拉："我不愿意进去，鲁迪伯伯！请你让他出来一会儿；到我这儿来吧！"

"这并不是不可以的。"鲁迪回答他，就回到屋里去了。

尼可拉跟着他走到门口，对小鲁迪说："你出来一会儿吧！"

小鲁迪："尼可拉，我现在不想到巷子里去！我宁愿跟祖母多待一会儿；

人家马上就要把她抬走了。"

尼可拉又对他说："你只消出来一会儿！"

小鲁迪的爸爸："去吧，你去看他有什么事！"

尼可拉拉着他的胳膊走，对他说："来，我跟你说句话！"——他领他到一个角落里，把面包塞进他的衣袋，就自己跑开了。

小鲁迪谢谢他，向他喊着说："请你也谢谢你爸爸妈妈！"

尼可拉掉转身子，给他打手势，叫他住嘴；对他说："别让任何人知道！"回头就像箭似地跑回了家。

第二部
22. 持家和教育的一些原则

鲁迪家的孩子们现在几乎每天都在她那儿，天天都自动地学习，从周围的环境直觉地学习，遇事当心，遇事负责。

在孩子们学纺纱、学缝纫的时候，她也教他们学计数和演算。葛笃德热烈地主张"计数和演算是给脑子奠定规律和组织的基础！"——这在她的教育法里占了重要的地位。她的方法是：在纺纱和缝纫的时候，要使孩子们把纱线和针脚来回地数，计算它的数目，用不相等的数字跳过去，练习加法和减法。

孩子们在这种游戏当中，每个人都很高兴，并且还要竞赛谁算得最快最准。他们在觉得疲劳的时候，就一同唱歌。

第三部
2. 农家风味和淳朴的热情
关于整顿教育和改善生活的建议

过了一会儿，迈耶尔又说："我仔细地想想，大人要办的事固然很多，可是事情有本末先后，首先须解决当务之急。大人如果首先不整顿本镇的学校，不撤去混充'教师'的舒迈斯的职务，那么本镇的学校教育，不但会长此有名无实，而且也会被他杜绝设立新学的可能性。大人，请您想想！时代在进步，五十年来，一切都变动了，学校还是依然故我。这哪能培养出现代的人才，哪能适合时代的需要，不是很清楚吗？

"旧的教育是十分简单的，只教人怎样耕作谋衣食就可以了。因为那时的人，无需更多的本领。农民是在牛栏里、田地里、山林里、禾场里操作时来获得自己的特别的教育的，要求究竟不高。可是现在到了纺纱的时代，操作划一了，并且坐着来谋生，要求就完全不同了。据我看来，如今在乡间做这种活计的孩子和城市里的手艺人的教育，要求是一样的。否则，乡里的孩子学识不足，头脑不清，不能精益求精，勤求进步，生产就要永远落后于城市，再好的职业救济规划，也不能把他们拉出长期贫困的泥淖。请大人注意纺纱的人家，父母对孩子们的家教都很差，这样下去，贫困是永无止境的。应该充分利用学校教育来弥补这种家庭教育的缺陷。还有很多方面的教育，在家庭里是无法实施也不能实施的，所以学校教育更不可少。"

18. 怎样建立十全十美的学校

县长从棉纱客迈耶尔家里回去之后，只要能挤出一点时间，都要召请少尉来细谈，布置设立新学校，实行新教育制度。

两个人都感觉意见相同，认为要把孩子在各方面都教育得很好，首先就要看他长大以后，将从事何种职业，要以这个为基础，使孩子学好为他个人和他周围的人日后的幸福所必需的一切。他们以为一切教育的根本的、卓越的目标是人间学校理想中所首先需要的。

他们又觉察到，无论是少尉或是别人，凡要为农民和工人办好学校的，自己就必须彻底了解手工纺纱的孩子们和耕牧的孩子们应当学会的是什么；如果自己不了解，就应当不耻下问，物色有本领的人，在身旁指点自己。

19. 人类真正的智慧是良好教育的基础，
也就是人生幸福的基础

当他们走进葛笃德家的时候，看见房间里排满了纺纱车，几乎容不下客人。

葛笃德没想到会有生客来访问，她开了房门，不免一惊，马上招呼孩子们站起来让地方。可是，县长叫她不要这样做，只让一个孩子挪动了一下，让他自己跟牧师和少尉靠着墙壁，一个挨一个地手拉手地走过去，走到了葛笃德的桌旁。

客人们此时眼中所见到的都是享受了家庭幸福的穷苦孩子在努力向上的气象。这是县长头脑中憧憬着的,也就是他平日所想象的、受有良好教育的、新一代的景象。少尉的一双锐利如鹞子的眼睛,不住地从这边望到那边,从这一个孩子看到那一个孩子,从这只手看到那一只手,从这双眼睛看到那一双眼睛,把这一个的工作和那一个的相比。

他看见的东西越多,心思也越见复杂。他百感交集,自言自语地说:"我们要追求的东西,这位大嫂已经实行了,并且完成得很出色。我们所追求的理想中的学校,其实就在她的屋里啦!"

及至少尉看见每一架纺车上都放着一本书,他便问葛笃德那是做什么用的。

她望了一眼回答他说:"那是他们学习用的书。"

"他们既要纺纱,还能够读书吗?"少尉问。

"当然可以,一面纺纱一面读书认字。"葛笃德回答。

"我现在,可巴不得看看他们是怎样读的。"少尉又说。

县长也凑着说:"对!葛笃德,请你教读给我们看看。"

葛笃德就说:"孩子们,拿起书来,念书!"

"跟往常一般,大声念吗?"孩子们问。

"是的,跟往常一样,大声念,可是要念对,不要错!"葛笃德说。

孩子们都把书翻开了,找着指定今天要读的篇页和行句。纺车的轮盘仍然辘辘地转动不停,孩子们只用眼睛看着书本。

少尉总是看得不够,请求她照平日所做的教授方法,给他们表演一回。

她再三谦虚地说,她的教法都是先生们知道的,先生们比她做得要好几百倍。

后来县长也要她表演。她马上吩咐孩子们注意看书。这次教的是一篇韵语:

"太阳升,多么美,光明灿烂真妩媚。
清肺腑,醒五官,渗透心灵人欲醉。"

又教了一段:

"太阳西没定朝夕,上帝要人得休息。
如此良辰和美景,朝朝暮暮来复去。"

葛笃德一句一句地照书念，孩子们跟着念，字字清楚，先慢后快。念诵的次数不定，一直到有个孩子说："我背熟了！"于是，她吩咐这个孩子独自背诵；要是一字不错的时候，她又让别的孩子背诵，又使其余的孩子跟着他合诵，直到所有的孩子都学会背诵为止。接着，她又把最后的一段，按着曲子教他们歌唱，因为前几段是孩子们已经唱会了的。

她教读完毕，又给来客们表演她教算术，她所用的方法极为简单，而教材又最为实用。

64. 学校的布置

格吕菲特地邀请了葛笃德，带着她家所有的孩子到了学校，要她按照她家里的办法，安排学校开课的一切事宜。

她按着孩子们的年龄和他们的专业，把他们分了班次，再把自己的孩子和鲁迪家的孩子，分别插入各班，使他们用熟悉的手艺和惯常的做法来带动大家学习。

从前面第一排起，坐的是最小的，这是还不认得 ABC 的一批。其次坐的是认过一些字母的，再次是稍稍能拼读一些字音的，最后坐的是完全能读的一批。对启蒙的孩子，这天上午只教三个字母。先叫个别的孩子读，其余的孩子跟着念。字母写在黑板上，时而写小写字母，时而又换大写字母，轮流着教他们念会看熟。

对能拼读字音的一批，和认过一些字母的，都合在一起，教学拼音读字的课程。这两批孩子都有书本，他们和能读的一批孩子一起把书本摊开，放在纺车面前，逐字地读。一个人朗诵，其余的人跟着低声复诵。不到一两分钟，总是有孩子喊叫说："会了，往下读！"

关于纺纱方面，葛笃德带了一个名叫玛格丽的妇女到学校来，因为她自己不能每天去帮忙，所以介绍了这个玛格丽，每天都到学校来担任工作。

在纺纱上，很不容易学到玛格丽那样的手艺，学校这次请到了她，可算是深庆得人。遇到某个孩子因手艺差而使车轮停下的时候，她总是立刻到他跟前，纠正扶持，把他教会，使他能按部就班地工作为止。

65. 续前

总而言之，少尉发现贫苦人家的孩子们，一般的手、脑都是很巧很灵的，超过他预料的程度。这点正合乎自然规律。因为只有在艰难困苦中才能使人动脑筋，发挥手和脑的能力，借以赚取面包。格吕菲办学，就很着重这点。他的教育方法，跟他所说所做的，都是以这种自然规律作基础。他对贫苦人和乡民的教育，可以说就是实际劳动的教育。

他对人们工作的看法是这样：人们经过流汗以至于疲劳是完全必要的。他断言，为了对一个人真正有切实的帮助，不论要他学什么实用的东西，或是要培养他具有学识和艺术修养，都非通过流汗学习不可。如果缺少了流汗锻炼，那么即使学的是科学或是艺术，结果总像大海里的泡沫，从老远看，好像深渊里冒出来的岩石，可是，徒有其形，而无其实，经不起风浪，一碰就会消灭。因此，他说，对人们的教育，要从严肃认真的专业训练入手才是脚踏实地的，这比什么书本教材都重要。

他并把专业训练和道德培养结合在一起。他断言，社会上各行业、各阶层以及各个地方的风俗习惯都各有长短；人生在世上，是社会中的一分子，风俗道德和他是息息相关的。一生的生活，是否幸福、平安、清洁，则要看他的处世为人，是否道德无亏，能否做社会的表率。因此，修身的教育也成为他的学校工作的主要部分。

67. 热爱人类就必须疾恶如仇

少尉当面也常常对牧师说，由于他的性情和善，反倒把人湮没了，一味和善不能把人磨炼出来。少尉尚严，大家从各方面都很清楚，在坚持教育的原则上，更找不出第二个人能比得上他那样严格的。

他坚决认为，用单纯的慈爱办教育是没用的，只有慈爱和威严互相结合才行；因为要一个人去披荆斩棘，是决没有出于自愿的，必须使他逼于形势，不得不然，逐渐锻炼才能成为习惯。他说："若要把一个人教育得好，若要把他培育成器，就一定要消灭他的恶习，根除他的虚伪，在他那诡诈的道路上惊出他一身冷汗来。"少尉断言，教育一个人，就像锉磨一根大链条的环节。通过这一个环节，链条方能互相连接，成为一串整的。一般人所犯的教育错误以及领导上的错误，都是把链条的每一个环节拆散处理、分别加工，好像环节不属于整串链条，而是各自为政似的。他们总以为各个环节的用途是要拿来镀金、镀银，甚至是装饰宝石的；而不知它那得力之处，在于每环坚固，每节结实，又能跟其他环节配合得宜，这样才可收到整个链条经常工作的效率，使每个环节能周转自如、灵活润滑。

68. 数学的精神和真理的概念是分不开的

少尉不但要求学生品行端正，也要求他们思想健全，他要培养他们有清醒的头脑，使之保持如明月在晴空一样的皎洁明亮。

他常说："唯有使人把学习的东西吸收融会成自己所有的东西，才算是学习。如果融会不了，反而使人昏聩迷惘、越学越糊涂，这便是迷乱了脑筋，不能算作学习。"

因此，为了防止孩子们的脑筋糊涂，不致颠三倒四，他就首先教孩子们学会仔细地看和准确地听，通过他们的工作和勤勉培养冷静的注意力，同时加强正直的根性，这是每个人天赋的本能，必须使他们发展起来；他对这方面的主要办法是多教他们学习数学。不需一年光景，学生们居然头脑清楚，能够分辨是非了，而且达到了这样的程度：镇上哈德诺夫那一派信徒的虚玄论调一出口，立刻就会遭到学生们的蔑视。

看得确切，听得确切，这是走向生活的智慧的第一步。数是包罗万象的，计算可使人查出错误，明白真理；学好计算，可以奠定人生平安和幸福的基础；唯有从事职业生活，精打细算，谨谨慎慎，才是为人的幸福之道。

因此，我们的少尉非常注重孩子们学的数学；他认为，人的脑筋，必须通过数理，精打细算，甚或通过经验阅历，才能把思想扩展起来；数学计算，可以代替部分的经验阅历，计算就是一切事务的根据和准则；离开了数字，什么都失了根据，无法弄清是非真假。

81. 学校的教育目标含义很广

著者要专门说一下胆小羞怯。少尉教育孩子取得伟大的成功，就因为他认识了这个胆小羞怯的根本问题，就是说，他要养成孩子们从内心不虚不假，永远理直气壮。他经常告诫孩子们说："即使有人犯了一百个错误，我都可以原谅；但是，谁一旦开始为虚作假，那么他就根本不可救了，他将一生不走正道，诡诡诈诈，永不成器！"他的一对如鹞子般锐利的眼睛，把这点也看得非常透彻。如果他察觉谁稍稍有一点儿不老实，他就追究根源，盘问到底，毫不容情，要使犯错误的人惊出一身大汗，彻底承认错误。学生们最怕他说"你的脸色怎么啦?"或"你的眼色有诈了!",他的这些话好像利剑那样尖锐。因为大家都知道他的厉害,谁若玩虚弄假,他就严格对付、丝毫不苟。不过,我已经说过,少尉的教育方法是有基础有原则的。

  首先,他使孩子们养成谨慎周密的个性,这才能使他们坦白率真,使他们小心,不至于错信。养成他们勤勉的习性,自然就不怠惰。让他们忠实,才能遇事可靠。使他们贤明理智,就能自信信人。由于奠定了这一切的基础,孩子们一出现在人前就能表现出他平素要求孩子们的明理、爽朗、坦白的风度。总而言之,他要培养他们的丈夫气概;将来无论在什么地方都是不折不扣的好汉;更不论教他什么业务,他将是可靠的、有成就的人。当然,应该指出,他的教授法是与别人仅用口头讲授和书面文字的教法有所不同的。

  为了教育,少尉在孩子们面前也不得不隐匿着他对学生日深月久地形成的热爱。他平日严格对待学生,并不是不爱,但是只有在决定处分他们的时候,才显出他那一片婆心般的至仁至义来。他对人的这种态度所收到的效果真是令人意想不到的。他深知自己疼爱学生,但在责备他们时的一副严肃的面孔常显得很冷酷无情,这当然不是出于本心。学生受不了那种使他们感到害怕的脸色,因此可说是使他们改正的压力增加了一倍,直待自己改正了错误,才能见到他满意的脸色。又如在他的手里打通了许多人的顽固脑筋,也是想象不到的事情。

  少尉对姑娘们做的工作也不少。女学生在这位和善的校长教导之下,从早到晚无忧无虑地在学校学习。她们的家长或亲属纵有邪癖恶习,再也影响不到她们的精神。姑娘们在学校,整天两手一直不停地操作,再没有饶舌闲扯的空暇和习惯扰及她们的头脑,破坏他们的心情。因此,她们都是容光焕发,彬彬有礼,一对充满了喜悦的眼睛永远是那么活泼明亮。她们一双灵便矫捷的脚行走如飞,一双细巧柔软的手适合于任何一种女性工作。女生们的眼睛都流露着大自然和人类的美,她们在生活中表现了勤劳、节俭、家庭秩序、道德品质等的实质,这些都是在格吕菲手中培养人发扬天性返乎自然所得的结果。

  哎!在旧政治下她们是什么样子呢!在苦难的泥淖里就没有一个人像人

的。没有父教,男的没有个男子气;没有母教,又在愚顽的老师管辖之下,女孩子也不成其为好姑娘。

现在,在格吕菲手下,男孩子和姑娘们都发育良好,被培养成人世间顶天立地敢作敢为的男女。

格吕菲觉得一个校长犹如学生们的父亲,一定要为子女们终生的事业打算,因此在学校功课以外的任何事情,凡跟孩子们日后生活有关的,他都认为属于他的教育范围之内。

因此,他在课余之暇,几乎每晚都要和学生们一起工作,有时同他们劈柴,有时同他们化蜡,塑造人物的手脚、房屋、磨坊、锯木厂和船舶等的模型。教室里也有时装满了工具和木屑之类,活像个工场;不过在放学以前都是打扫得很清洁,看上去像一个冬天耙除了枯草的地方。

在学校草地的上首有一株枝叶茂密的核桃树,那是前人栽种的,给后辈留下了林荫。每当天气晴和的晚上,校长总是带领学生坐在那里看斜阳西没的风景。那是全镇最好的地方,只有在那里才能将坡下的山谷风景一齐收入眼底。

格吕菲在核桃树下同学生们谈说他们的职业和环境,一讲就是几个钟头。

第四部

36. 部长和校长

毕立夫斯基伯爵……仔细地、长久地观察着各方面的工作;先询问梗概,渐渐详细地追问;对人对事都洞察入微。他又走到镇上,实地参观了全镇的状况,接见了棉纱客迈耶尔、玛莱丽,接见了葛笃德、瑞诺尔德老头、瑞诺瑛少妇、林登堡、米席尔,甚至也去见了前镇长胡美尔。他到学校里去参观,从上学到放学,上午、下午他都没有离开,从头至尾看得清清楚楚。他尤其注意功课与劳作相结合的教法;在未窥全豹以前,一句话也不加批评。考察完毕后,才向少尉表示自己的意见,这当然是少尉所喜欢听的,他说道:

"我看出您的措施,既适合孩子们的天性,又符合他们所处的社会条件。"停顿了一会儿他又说:"为人在世,可贵者在于发展,在于发展各人天赋的内在力量,使其经过锻炼,使人能尽其才,能在社会上达到他应有的地位。这就是教育的最终目的。发展人的内在力量,不得不利用社会与人生相结合的教育办法,从而使其得到人的品德、家庭幸福、工作能力,直到能实现社会上的需要。因此,领导和锻炼,使人都有各人的工作能力,把每个人塑成适用的模型,使人人长于劳作,并能胜任愉快,那么,他在世界上才能得到快乐,生活才有保障。①

"朋友啊!您的办法,对于我方才说的这些需要,真是措置得当,的确是我从来没有见过的。可以说,这就是伟大的主张,抓着了人生的真正需要,找到了造成幸福与保证生活的根源。使功课劳作合一,提倡职业训练,是提高人的工作能力,增加实际生产量的最好的途径。如今各邦君侯,墨守成规,希图改良而不得要领的比比皆是,实在不能望您的项背了。"

(选自裴斯泰洛齐著,北京编译社译:《林哈德和葛笃德》,
人民教育出版社 2005 年版)

《葛笃德如何教育她的子女》

裴斯泰洛齐

【导读】

裴斯泰洛齐的《林哈德和葛笃德》出版后,一炮打响,得到社会的极大赞誉,也向社会提供、树立了葛笃德这样一位集心地慈善的贤妻良母、能干的教师、敢作敢为的教育及社会改革者于一身的平民妇女典型。在出版商的建议下,裴斯泰洛齐遂借助葛笃德的形象来继续宣传自己的教育理念。《葛笃德如何教育她的子女》(1801 年)一书就是作者以葛笃德的名义,用书信方式系统阐述其教育思想的著作,但葛笃德在书中并未出现。

这里选用了书中几封信的片段。其中,第六封信介绍的是裴斯泰洛齐初等教育教学探索的主要成果之一——要素教育的思想,第十四封信及附录主要讨论道德教育、爱的教育与家庭教育。有关讨论总体上反映了他的教育教

---

① 这段话虽然是以参观者毕立夫斯基伯爵的口吻说出的,但历来被认为是代表了作者的重要教育观点,常被引述。——选编者注

学心理化的思想。关于斯坦兹的通信还反映了裴斯泰洛齐在斯坦兹孤儿院从事教育活动时表现的献身精神，读来令人动容。

第一封信　在斯坦兹和布格多夫的试验

这样，人的全部教育就是促进自然天性遵循它固有的方式发展的艺术；这一艺术完全依赖于儿童接受的外部印象同他已发展的能力的精确程度之间的关系与和谐。教学给儿童提供的印象还必须有顺序，其开端与其全过程必须与儿童能力发展的开端及其进程保持同步。我不久发现，在人类知识的全部领域中，尤其是人类头脑赖以发展的那些基本点中来探求这种顺序，必定是简易的，而且是唯一的获得各种级别的学习和教学用书，并使其适合于人的天性和需要的途径。

第六封信　数目、形状、语言

我长期探寻一切教学艺术的共同心理根源，因为我确信只有通过这个共同的心理根源，才可能发现一种形式，在这个形式中，人类的教养是经由大自然自身的绝对规律来决定的。很明显，这种形式是建立在心智的一般结构的基础上的，依靠这种心智结构，我们的理解力把感官从大自然接受来的感觉印象在想象中结合成一个整体，即形成一个概念，然后，逐渐地使这种概念清晰起来。

我对自己说："每一条线，每一个量，每一个词，都是由成熟的感觉印象产生的理解的结果，必须看作是使我们的概念一步步走向清晰的手段。"其次，一切教学基本上就是这么回事。所以，教学的原则必须从人类心智发展的永恒的第一个形式中引申出来。

一切都依靠对这个原型的确切的认知，所以我一再开始关注这些起点，从这些起点中肯定会推导出这个原型。

"这个世界，"我一边沉思一边说，"呈现在我们面前犹如一个混乱的感觉印象的大海，其感觉印象相互交融。假如我们仅仅通过大自然而进行的发展不够迅速和顺利的话，那么教学所做的事情就是消除这些感觉印象的混乱；把对象互相分离开来；在想象中把那些相似的或相互联系的对象结合起来；用这种方法使所有对象都清晰地呈现在我们的面前，同时借助对这些对象清晰的了解，产生正确无误的概念。教学首先把混乱、模糊的感觉印象一个一个地呈现到我们的面前，然后把这些孤立的感觉印象以变化的姿势放到我们眼前，最后把它们跟我们早先已有的整个系统组合起来，清晰的概念就是这样形成的。"

这样一来，我们的学习就是从混乱走向确定，从确定走向明白，从明白走向完全清晰。

朋友！关于教学要素的活生生而又不明确的思想，就这样在我脑海里盘旋了很长的时间，所以我在《报告》①中描绘它们时，还没有发现它们跟自然机制规律之间牢不可破的联系，并且未能肯定地定义我们关于教学艺术的系统见解的出发点，或者确切地说，那时尚未肯定这种形式，借助它，人类通过自身本性能够决定自身的改善。最后，突然地，像机器之神一样产生了这种思想——使一切通过感觉印象而获得的认识得以清晰的手段，来自数、形和词。突然间，我试验着做的事情似乎得到了新的启迪。

在我长期奋斗之后，或确切地说在我胡乱幻想之后，我一心一意地要探明，一个有教养的人当他希望把呈现在眼前的含混不清的任何对象——区别开来，并且逐渐使自己获得清晰的概念时，他是怎么做的而且如何肯定会做的。在这种情况下，他将注意三件事情：

1. 在他面前的对象有多少？有哪几种？
2. 它们的外貌、形式或轮廓。
3. 它们的名称；他如何用一种声音或词来称呼它们。

这种人进行这样的观察活动而获得结果，显然意味着他已经形成了下面的能力：

1. 按照外貌而认识出不同的对象的能力和能讲出外貌所包含的内容的能力；
2. 说出这些对象的数目并对自己说出它们的多或少来的能力；
3. 用语言称呼出这些对象数目和形状并且不会遗忘的能力。

---

① 指1800年6月27日裴斯泰洛齐在布格多夫向教育之友协会所做的一次报告。在该报告中，裴斯泰洛齐首次提出了他的直观原则和"教学心理化"的著名论点。——选编者注

我还认为，数目、形状和词一起，就是教学的基本手段，因为任何对象的外部特征的总和，就是由它的轮廓和它的数目组成的，并通过语言为我们的意识所掌握。

那么，从这种三重原则出发，并遵循它进行工作，肯定就是教学艺术的一条永恒不变的规律：

1. 教儿童把眼前任何物体看作一个单位，就是说，看作是从那些互相联系的东西中分离出来的单位；
2. 教他们认识每一物体的形状，就是说，它的大小和比例；
3. 尽可能快地使他们熟悉一切用以描述他们所知道的物体的词和名称。

由于儿童的教学应该从这三个基点上着手进行，那么十分明显，教学艺术首先要用来培养基本的计算能力、测量能力和说话能力，这些能力是一切精确认识物体意义的基础。我们应当用最严格的心理学的艺术来培养它们，努力强化它们，使之强而有力，并且作为发展和教养的手段，使它们达到最简单、最牢固、最和谐的程度。

我进而发现，我们的知识来自三种基本能力：

1. 来自发音能力，语言的本源；
2. 来自形成印象的不确定的简单的感觉能力，一切对形状的意识都是从这种能力中产生的；
3. 来自确定的、不再仅仅是形成印象的感觉能力，统一性的意识以及跟它一起的计算和数学能力，肯定从这种确定的感觉能力引发出来。

我接着想，教导我们人类的教学艺术一定要跟这三种基本能力——声音、形状、数目的最基本和最简单的成果——联系起来；我还想到，这三种基本能力的最简单的成果，假如不被看作是大自然自身所决定的一切教学的共同出发点的话，那么，各个部分的教学就不能在我们本性的整体上得到什么满意的效果。从这种认识得出的结论就是，一切教学的出发点必须符合于这样一些形式，即普遍地、和谐地从这三种基本能力的成果出发，同时这些形式从根本上肯定会促使所有教学稳定地、不间断地发展这三种基本能力，把三者结合起来运用并看作是同等重要的。唯有这种途径才有可能引导我们在所有这三个分科中，从模糊的感觉印象达到精确的感觉印象，从精确的感觉印象达到清晰的表象，从清晰的表象达到确定无误的概念。

最后，在这里，我发现了教学艺术跟大自然之间普遍的和根本的和谐；或者确切地说，发现了教学艺术跟它的原型的一致。大自然通过这种原型使我们清晰地认识世界万物的本质及其极度的简明性。这样一个难题解决了：如何发现所有教学方法和艺术的共同根源以及相应的形式，凭借这种形式，通过我们自身固有本性的实质来决定我们人类的发展。把机械学的规律运用到教学形式的困难排除了，我把机械学的规律看作是所有人类教学的基础，而所谓的教学形式，由于多少世纪的经验已经为人类所掌握，并用来促进我们人类的发展。所谓运用机械学的规律，就是把它们运用到读、写、算等等的教学活动中去。

第十四封信　道德教育

朋友！如同我以前所说，详细地阐述培养实践能力所依赖的原理和法则，会把话题扯得太远。但是，我不愿意丢下我的整个教育体系中的关键问题不谈就结束写信。这个问题是：宗教情感同我认为普遍适合于人类发展的那些原理是怎样联系起来的？

这里，我还是从自身的体验中来寻找问题的答案。我想知道：上帝的观念怎么会在我的心灵中萌发？我是怎么会信仰上帝的？我是怎么会投入上帝的怀抱的？我在爱他、信任他、感激他、跟随他的时候，又是怎么感受到他的恩典的？

我很快认识到，热爱、信任、感激和乐于服从这些情感肯定已经在我内心里发展了，然后才能用来侍奉上帝。我必定首先热爱人、信任人、感激人和服从人，然后才能渴求热爱、感激、信任和服从上帝。任何人如果不爱自己已经见过的兄弟，怎么能爱未曾见过的上帝呢？

于是，我问自己：我是怎么会热爱、信任、感激并且服从人的呢？人类的爱、感激和信任等感情是如何在人的本性中产生的呢？人的服从的行为又是如何产生的呢？我发现，它们主要来源于婴儿与其母亲之间的关系。

这就是道德自我发展的基本原理，这些原理是在母亲和孩子之间的自然关系中展现出来的。然而，在这种母与子之间的自然关系中，还存在着人类特有的心理状态，即人类依赖于造物主的自然萌芽的全部实质。也就是说，人类通过信仰而依赖上帝的一切情感的萌芽，从实质上说同婴儿依赖于其母亲所产生的情感的萌芽是一回事。这些情感的发展方式也是一模一样的。

由此可见，母亲试图通过对上帝的信仰倾向，把孩子初始的自主性和新近发展起来的道德感结合起来。这种纯洁、善良的初步尝试向我们指明，如果教育和教学确实旨在使我们获得崇高的品德，就必须注意这些基本原理。

如果说爱、感激、信任和服从的萌芽是母子之间本能情感的吻合的简单结果，那么，进一步发展这些萌发了的情感便是人类的崇高的艺术。

附录　与友人谈斯坦兹经验的信[①]

孩子们这样完全缺乏知识，丝毫不使我烦恼。因为我相信，即使最穷苦最没有人照顾的孩子，上帝也给他们天生的能力。我已经观察了很长时期，在孩子们的粗笨、怕羞以及显然的无能的背后，蕴藏着最优秀的才能，最珍贵的能力。现在，在斯坦兹围绕着我的这些可怜的孩子们当中，显著的天生才能很快就开始表现出来了。我知道，生活的共同需要是这样的有用，它们教导人们事物的关系，启发他们的天赋的智慧，形成他们的判断，激发他们的才能。这些才能好像埋藏在他们天性的比较粗糙的成分下面，直到它们得到解放，才会活跃而有用。因此，我的目的就在于解放这些才能，改善他们纯洁而简单的家庭的生活环境。因为我深信，通过这样的途径，有可能几乎完全按照我的愿望去塑造儿童的心智。

我要用实验来证明，如果公共教育对人类有任何真正价值的话，它必须模仿家庭教育的优点。因为我的意见是：假如学校教育不考虑家庭生活的情况，以及一切和一个人的普通教育有关的所有其他东西，它只会导致人为地和系统地阻挠人的成长。

任何良好的教育，母亲必定能逐日地，不，每一小时地从儿童的眼睛、嘴唇、面部判断他心灵中的最微小的变化。教育者的力量，也要像一个父亲的力量一样，为家庭生活的一般情况所激励。

这就是我所要建立的基础。我决心使我的孩子们在一天中没有一分钟不从我的面部和我的嘴唇知道我的心是他们的，他们的幸福就是我的幸福，他

[①] 这封信原本并未收录在《葛笃德如何教育她的子女》一书中，而是于1807年发表在《人的教育》周刊上。但因其与上述信件同是作者写给友人盖兹纳的，内容上也一脉相承（均为总结在斯坦兹与布格多夫的教育经验），为本书呈现上的方便，故在此作为附录。——选编者注

们的欢乐就是我的欢乐。

人易于接受善的东西，孩子乐于听从善的东西。但是他们要善，并不是为了你们教师和教育者，而是为了他们自己。你所要引导他向往的善，不能单凭你一时的高兴或热情；它必须是善的本身，而且事物的本性必须是善的，并且是孩子能认识到它是善的。他必须感到在涉及他的幸福的事物中你的意志的必然性，然后才能指望他服从你的意志。

第一件要做的事，就是要赢得孩子们的信任和热情。我相信，假如我做到了这一点，一切其余的问题也会随着解决了。设想一下我的处境，设想一下人们的偏见，甚至孩子们的偏见，你就可以了解我必须克服的困难了。

但是，缺少帮助和支持不论对我是如何地痛苦，它对于我的事业的成功却是有利的。因为它迫使我一切为了孩子。从早到晚，我一个人和他们在一起，是我的双手，供给他们身体的和心灵的一切需要。他们都是直接从我这里得到必要的帮助、安慰和教学。他们的双手被我握着，我的眼睛凝视着他们的眼睛。

我们一同哭泣，一同欢笑。他们忘却了外部世界和斯坦兹，他们只知道他们是和我在一起，我是和他们在一起。我们分享着食物和饮料，我没有家庭，没有朋友，也没有仆人，除了他们，什么都没有。他们生病，我在他们身边；他们健康的时候，我也在他们身边；他们睡觉的时候，我也在他们身边。我最后一个睡觉，第一个起身。在寝室里，我和他们一起祈祷，由于他们自己的要求，我教他们，直到他们都熟睡为止。

我要使每一件事，不从一个预定的计划而来，而是从我和儿童的关系而来。我从我的孩子们的和谐的共同生活中，从他们共同的注意、活动和需要去寻找最高的原则和教育的力量。因此，我不是从任何外在的组织中去寻求他们所迫切需要的改造和教育。假如我运用了强制、规则和说教，那么，我就不能使孩子们心服，不能使他们有高尚的胸怀，而将是抑制了他们，使他们心怀不满。这样，就更加远离了我的目的。首先，我必须激发他们纯洁的、高尚的道德情感，使得他们以后乐于注意外界的事物，肯定地能够行动和服从。总之，我必须遵从耶稣的箴言：先洗净内心，外表也就洁净了。假如这句箴言的真理，有一天可以明白的话，也要让它到那时才被了解。

我的一个目的，在于使他们过着共同的新生活，有新的力量，在孩子们中间唤醒他们兄弟般的情谊，使他们成为热情的、公正的和亲切的人。

我努力使我的一切行动所遵循的原则是：首先努力扩大孩子们的同情心，通过满足他们的日常需要，使爱和善意不断地同他们的印象和行动相接触，并使这些情操能铭刻在他们的心中；然后设法使他们能够判断，为人机敏，能够聪明、确切而充分地在周围环境中运用这些品德。最后，不要踌躇使他们接触善与恶的困难问题以及有关善恶的用词。你做这些工作，特别要与每天日常生活中的事件联系起来，因为你在这些事情上的整个教导，必须建立在日常生活的事件上。这样，可以提醒孩子们知道自己的情感，仿佛提供确实可靠的事实，作为他们道德生活中的美和公正的概念的基础。即使要你花费整夜的时间，设法用两个字来说明别人要用二十个字来说明的东西，也永远不要因失去睡眠而抱憾。

我给儿童们很少解释。我既不向他们谈道德，也不对他们讲宗教。但是有时候他们很安静，我常常对他们说："你们想想，你们这样安静了，不比你们吵扰更好和更合理吗？"当他们抱住我的头颈，称呼我父亲的时候，我往往说："我的孩子们，假如欺骗了你的父亲，这是对的吗？你们像这样地吻我，难道愿意背着我的面，做什么事情来使我烦恼吗？"当我们的谈话转移到国家的苦难，而他们却因为想到自己较幸福的处境而感到快乐时，我会说："上帝是多么好呀！这样给人们一颗慈悲的心肠！"有时，我也问他们：是否看到一个关心穷人并教他们谋生之道的政府，和一个让穷人游荡、作恶、行乞和送他们到贫民工场作为救济的唯一手段的政府之间，有着极大的区别？

对他们鼓励最大的是这样的思想，就是自己不会总是贫苦的。有一天，他们能够再和他们的伙伴在一起，具有知识和才能，使他们成为有用的人，并赢得人们的尊重。他们感到由于我的养护，他们在这方面的进步比其他儿童更大，他们完全知道，他们所做的一切不过是为他们将来的活动做准备，他们期望着未来的幸福，这种幸福是他们坚持下去的必然结果。这是为什么专心致志对他们是容易做到的事，因为它的目标和他们的志愿和希望是完全符合的。我的朋友，德行就是由于这种融洽而发展起来的，正如一株幼芽，由于土壤适合它的本性和供给它的嫩芽的需要而茂盛起来一样。

我亲眼看到在我的孩子们身上有一种内在的力量在生长着，这种内在力量的一般发展，远远超过了我的预料，而且在它的个别表现上，不仅经常使我惊奇，而且也深深地感动了我。

几个从格立生斯来的难民，给了我的可怜的孩子们一些钱。我立刻把孩子们叫来，对他们说："这些人被迫离开他们的家乡；他们很难知道今后在什么地方找到安家的地方，但是，他们不顾自己的困难，还给我们钱。来，谢谢他们。"孩子们听了我的这些话以后所表现的情感，使难民们也流下了眼泪。

就以这样的方法，在谈到道德以前，我努力唤醒孩子们的道德感。因为我认为和孩子们谈论，要他们在没有彻底了解他们自己所说的东西以前，就迫使他们讲那些题目是不明智的。

紧跟着这种唤醒孩子们情感的办法，我又用练习的方法，教孩子们自我控制，使他们优良的本性可以应用到日常生活中的实际问题。

我的亲爱的朋友，教育原则告诉我们，我们必须只用说理来说服孩子们的心灵，而不求助于体罚。这个原则，当然是好的，在良好的条件与情况下是可以采用的，但是，像我的孩子们，年龄参差那么大，他们又多半是乞儿，都有着根深蒂固的恶习，适当地运用体罚是不可避免的，特别是我急于以最简单的方法，有信心地、快速地影响全体儿童，为了使他们走上正确的道路，我是被迫去惩罚他们。但是，如果认为我因此而失去了我的学生的信任，那便是一种错误。

初步的道德教育，作为一个整体来说，包含着三个显著的部分：儿童的道德感必须首先从他们富有生气的和纯洁的情感所引起；然后他们必须练习自我控制，并教导他们关心一切公正和善良的东西；最后，他们必须通过思考和比较，自己形成关于他们的地位和环境所应有的道德权利和义务的正确的观念。

但是在儿童的工作中，我已经倾向于少注意目前利益，而多顾到身体的训练；而身体的训练，由于它发展了他们的力量和技巧，以后必然会给他们谋生的手段。同样，我认为通常所指的儿童教育，应该只是一种官能的运用，而且我觉得应该首先练习注意、观察和记忆，以便在判断和推理以前先增强这些官能。这在我看来，是避免出现那种肤浅的和傲慢的空谈家的最好的方法。那些人的错误判断，对人类的幸福和进步的危害，往往比通情达理的朴质的人们的无知，还要严重。

在这些原则的指导下，最初我比较少教孩子们去拼音、读书和写字，而更多地利用这些练习，来达到尽可能全面地多方面地发展他们的心智的目的。

我常常使儿童即使对很不重要的东西也学习得很好，我从来不使他们有所疏忽。例如，学了一个字就永远不让它被遗忘；写好了一个字母就永远不让写坏。我对于能力差和迟钝儿童总是很耐心，但是对那些作业退步的儿童却很严厉。

我的孩子们的人数和他们间发展的不平衡，使我的工作比较容易些。正如在一个家庭里，最年长的与最聪明的孩子，乐于对弟妹们显示出自己所知道的东西，以能够有暂时代替母亲的地位而感到骄傲和高兴。所以，我的孩子们知道了一些能教给其他孩子的东西，他们就感到愉快。一种荣誉感在他们身上产生了，他们在使年幼的孩子去复述他们的话的时候，他们就同样地学习了两遍。这样，我不久就在孩子中间得到了助手和合作的人。当我教他们用心记住难字拼音的时候，我往往容许那个能正确地讲出来的孩子去教其他的孩子。我从开始时就培养起来的这些儿童助手，他们按部就班地学着我的方法，肯定是比任何正式学校教师对我更有用。

我自己与儿童一起学习，我们的整个制度是这样的简单和这样的自然，使我不容易找到一位教师认为我这样的学习和教学是有失尊严。

我的目的在于简化教学方法，使得即使是最普通的人，也有可能自己教他的孩子。这样，就最初步的教学而言，学校可以逐渐地几乎不需要了。正如一个母亲给她的孩子第一次的物质食粮一样，她又奉上帝之命给她的孩子第一次精神食粮。我认为过早地使儿童离开家庭去接受人为的学校方法，对儿童是极有害的。教学方法被简化得使每一个母亲不但不需要其他帮助就能够教育自己的孩子，而且同时能继续自己的教育，这样的时间已是不远了。这个看法已为我的经验所证实，因为我发现有的儿童的发展是这样地好，能够跟随我的步伐。我更加深信，当我们把学校与工场结合起来，并在真正的心理学的基础上办学的时候，新的一代必然会培养起来。一方面经验将指出我们现在学习的东西，不需要我们现在所需时间或所给他们麻烦的十分之一；另一方面，这种教学所需的时间和精力以及学会这种教学的方法，是完全适合于家庭生活的条件的。每一个家长能够很容易地有可能使家庭的一个成员或朋友来进行教学；这种结果，随着教学方法的简化，受教育的人数的增加，将会变得日益容易。

我已经证实了两件事，这两件事对我实现这一期望的改进是相当有用的。第一件事是在同一时间内教好许多不同年龄的儿童是可能的，而且是容易做到的；第二件事是即使儿童在从事手工劳动的时候，也可以教他们很多东西。这种教学，看来不过是记忆的运用，事实恰是这样；但是，当记忆应用到一系列合乎心理学的循序渐进的观念时，所有其他心理官能也都起作用。这样，在一个时间使儿童练习拼字，另一个时间练习计数，又一个时间练习简单的唱歌，我们不仅锻炼了他们的记忆，而且运用了他们的组织能力，他们的判断，他们的爱好以及他们心灵的许多高尚的情感。这样，即使看起来只在训练他的记忆，实际可以激发儿童的全部能力。

（前三篇选自夏之莲等译：《裴斯泰洛齐教育论著选》，人民教育出版社2001年版；最后一篇选自张焕庭主编：《西方资产阶级教育论著选》，人民教育出版社1979年版）

《教育论》

康　德

【导读】

康德（I. Kant，1724—1804）是德国哲学家、德国古典唯心主义创始人，曾长期在大学任教，并开创西方教育史上在大学讲授教育学之先河。

康德的《教育论》（1803年）一书是他的学生林克根据他讲授教育学时的讲稿整理而成的。全书分为六章，共113节，涉及教育的基本理论、教育内容、教育方法等方面。

《教育论》一书从体育、心智教化和品德教育三个方面，阐述了康德的基本教育主张。康德认为，人是唯一需要进行教育的生物，人只有通过教育才能真正成为人，人完全是教育的结果。他指出，教育不仅关系到个人的成长，而且关系到全人类的完善和进步，在教育中包含着人类完善的伟大秘诀，因此，必须制订合理的计划以便使教育更好地发挥作用。康德赞同卢梭和巴泽多等人的思想，主张教育应当顺应儿童的自然发展，以促进儿童与生俱来的自然能力均衡地发展。在教育的三个方面中，康德尤其重视品德教育。他认为，人之所以是目的而不是工具，人之所以具有人格的尊严，就在于人有道德。教育的最高目的就在于培养有道德的人，使人成为理想道德王国的成员。

在康德的教育思想中，既有许多积极的合理的东西，也存在局限性。例如：在正确地重视人的理性和主体的能动作用时，却又从唯心主义方面对此做了不恰当的"发展"；在正确地强调自律在道德行为和品格培养中的意义时，却对所谓的"道德律"在根本上做了先验论的解释；虽然侧重论述了体育、心理功能的训练以及道德的陶冶，但对智育论述不足。康德有关儿童管理的观点对后来的一些教育家（如赫尔巴特）产生了重要影响。

第一章　导言

1. 只有人是需要教育的生物。所谓教育系指保育（儿童的养育）、管束、训导和陶冶而言。故人在幼儿时期须保育，儿童需要管束，求学时须加训导。

4. 人类的一切自然禀赋，须通过个人自己的努力，逐渐求得自身的发展。教育是一代教育一代。

7. 人只有依靠教育才能成为人。人完全是教育的结果。更应注意的是，只有人能教育人，换言之，即只有自身受过教育的人才能教育他人。有的人因为自身缺少约束和训导的工夫，所以不宜做学生的教育者。少年时不注意，到了能辨别是非的年纪，无论谁都知道缺点是在管束上或教化（也可称为训导）上。没有受过教化的人是粗鲁的，没有受过约束的人是不守秩序的。失于管束比失于教化更为有害，因为教化是以后可以改正的，然而不守秩序的性情却是除不去的，约束有误是不能修正的。或者教育可以不断地进步，每一代人都比前一代人进展一步，以达到人类的完美。因为教育是完成人类本性的伟大秘诀。可喜的是，通过教育，人性可以不断地改进，并逐渐达到配得上做人的状况。这使我们可以展望到未来将有较为幸福的人类。

11. 教育是一种艺术，只有通过一代一代的实施才能变为完善。每一代有前一代提供的知识，才能渐渐形成一种教育并均衡地向着他们的目的发展人的各种自然禀赋，从而推动整个人类向着他的目的前进。天意要人为他自己将潜在于本性中的善性发展起来。

12. 人必须要发展他向"善"的倾向。

15. 有一条教育原理是那些制订教育计划的人应当特别注意的，就是儿童应该受教育，然而不是为了现在，而是为将来人类可能得到一种改善的境况；换言之，应是适合人类的理想与人生的全部目的。

18. 人必须要教育。（1）须受管束。所谓管束就是防止兽性侵越人性，这对个人如此，对个人作为社会的一个成员也是如此。管束不过是抑制野性而已。（2）教育必须给人以教化。所谓教化包括教学与训导。教化培养能力。能力是能适应各种目的的才能。能力并不决定目的，而是视以后发生的情形而定。（3）教育必须教人一种礼让谦恭的谨慎态度，以便他在社会上能够立身处世，受到人们的喜欢，获得地位。（4）道德陶冶必须成为教育的一部分。

26. 教育时期应以何时为断呢？凡青年成长到可以自行指导自己的行为，当性本能已经发育，可以为人父母而教育其子女时，教育即可告一段落。这一般在 16 岁左右。此后，自然仍需要某些教化和秘密地进行某些约束，但就一般教育的意义而言，已可告一段落。

30. 这里必须进而论述下列各点。第一，必须允许儿童从幼时即在各方面都得到完全的自由（足以损害其自身者如戏弄刀剪等事除外），其自由以不侵犯他人的自由为限。第二，必须使儿童知道只有让别人达到他的目的，他才能达到自己的目的。例如，儿童不服从或不好学时，决不让他得到他所希望的对待。第三，必须使儿童知道现在教他克制是要他将来会正确地应用他的自由；使他的精神受到教养，是要他将来可以自由。换言之，可以自立，不求助于人。这也可以看出公共教育的好处，在这种教育制度下，我们学习以别人的能力来度量自己的能力，可以懂得权利的范围。为培养未来的公民，公共教育是最好的学校。

31. 教育或是体育或是"实际的教育"。体育的部分，人是与动物相同的，如饮食和照料。"实际的教育"或称道德教育，则是教人如何做人，如何过自由人的生活。这是个人人格的教育，自由人的教育。这种人能够自立，能在社会上占有他适宜的地位，同时认识到他自己的个性。

第二章 体育

35. 正确地说，所谓小孩的体育，只是幼儿的饮食与抚育，通常是父母和保姆的事。自然为婴儿所预备的养料是母亲的乳汁，所以最好是母亲能亲自抚养自己的孩子。如其母亲身体不健康时又当别论。

38. 其次，我们应当注意儿童穿衣服不必太热，因为儿童的血自然地比成年后热一些。儿童的血，热度为华氏110度，而成年男女的血仅为96度。使幼童穿着暖热如成年人一般，将有害无益。

第三章　训导（教化）

58. 教育的积极方面是教化。人之所以区别万物者在于此。所谓教化，主要是指心理功能的运用。因此，父母应给予儿童这种运用的机会。第一件最重要的事，是尽可能免除一切人工的帮助。小时候的引绳和推车都不必要，可以任小孩在地上爬走，久而久之，自然就学会了自己走路。最重要的是发展自然能力。有的时候训导是必要的；而有的时候儿童是很有创造力的，他能为自己创造合宜的工具。

第四章　心智的教化

70. 必须从小训练记忆力，但同时必须注意训练理解力。记忆力的训练包括：（1）学习记忆故事中的人名；（2）阅读和书写，儿童阅读时应用脑力思考，而不必专注于拼法；（3）对于语言，儿童应先学习听，然后阅读。

在教育儿童时，我们必须注意所学的知识要和将其见诸实行结合起来（知行宜合一）。一切科学中，数学似是最能满足这种要求的知识。知识与语言也必须结合。儿童还应学习清楚地区分知识与意见及信仰的不同。然后可引导儿童获得一种正确的理解与正当的爱好。

71. 为训练理解力，必须认识事物的规律。最好是在心理上能分别这种规律，以便理解得以进行，而且不单是机械地进行，而是自觉地意识到其中有一种规律。将这些规律纳入一种形式，然后记住，也是很有用处的。如果我们记住了这些规律，即使有时忘记了它的应用，亦可以很快想得出来。这里产生的问题是：应首先抽象地学习这种规律，抑或先应用再学习，或者同时并进？三者之中，以第三种为最佳，否则规律的应用是很不可靠的。然而久而久之，还必须将这些规律进行分类，因为如不加以组合，则很难记住。

第五章　道德的陶冶

77. 道德陶冶必须以"道德律"为基础，而不依靠约束。一则防止恶习的养成，一则陶冶人心使能反省。所以必须要求儿童习惯于以"道德律"为行为的标准，而不以时常变易的行为为标准。通过约束而形成的各种习惯，年纪渐长，其力量也就渐渐减少了。儿童的行为须以道德上的原则为准则，自身能见到这种行为的合理性。想让幼童做到这一点是有一定困难的，所以道德陶冶大部分依赖于父母与教师的深识远见。譬如小孩说一次谎话，不应即加责罚，但须表示不赞同的态度，并告诉他将来会得不到人们的相信。如果对小孩行一恶即罚，行一善即赏，他将单纯为求赏而做好事；当他踏入社会后见到行善未必赏、为恶未必罚时，必成为一阿世之徒，行事善恶都以对他个人利害为准。这是极不好的。

78. "道德律"须以人为本。在道德教育中，我们应尽早向儿童灌输善恶观念。想要树立道德，当先放弃惩罚。道德是神圣和高尚的东西，万不可将其降低为与管束和压制一样看待。道德教育的首要目的在养成品格。品格的养成，在于乐意地按"道德律"行事。首先是学校中的道德规则，继而是人类的道德律，最终儿童服从规则。"道德律"也是规则，不过是主观上的规则。"道德律"以对人的认识为起点。违反学校的纪律必须受罚，当然这种处罚应该是得当的。

79. 要想养成儿童的品格，最重要的是告诉他们每件事都有一定的规程、一定的原则，这些是必须严格遵循的。譬如饮食、工作、游戏，均须规定时间，并不得缩短或延长所规定的时间。对无关紧要的事情，可以让儿童自己选择，但既经制定一种规则之后，则必须遵循。不过，我们必须在儿童身上养成儿童的品格，而不是养成一个公民的品格。

81. 所以儿童必须受一定的"必然律"的支配。然而这种必然律必须是一种普遍的、能时刻注意到的规则（特别是在学校里）。师长对学生不应有偏爱，否则这些规则便不成为普遍的规则。当一个孩子看到其他的孩子和自己不是处于同一规则之下时，他必定立刻变得执拗起来。

82. 我们常听说，要儿童做任何事都应出于他们的意愿。有时此说颇为正确，但是对于义务心却必须及早告知儿童。这将使他们终身受用。虽然儿童未必知道义务之理由，不过对有些事还是最好先向他们指明。

83. 儿童违反命令即是缺乏服从心，须加以惩罚。即使出于疏忽，也要受到责罚。惩罚的方法，或为身体的惩罚，或为道德的惩罚。所谓道德的惩罚，就是故意不满足儿童求人给予荣誉和喜爱的渴望（有助于道德陶冶的渴望）；譬如我们故意冷淡地和疏远地对待儿童。然而，我们应尽力培养儿童的这种渴望。所以这种惩罚是最好的，因为它有助于道德的陶冶。例如儿童说谎话，对之以一种不相信的态度，便是最合宜的惩罚。所谓身体上的惩罚，或者是拒绝儿童的请求，或者竟是体罚。第一种近于道德的惩罚，是消极的。第二种方法用时需极为谨慎，否则易于养成奴性。给儿童奖赏是没有多大用处的，反而会养成他们的自私心。

85. 惩罚时带有怒色，是毫无益处的。儿童会简单地以为惩罚只是发怒的结果，而将他们自己视为只是某种发怒的受害者。所以，在对儿童执行惩罚时必须十分谨慎，必须使儿童知道惩罚的目的完全是为了他们的长进。当儿童受罚之后，还要他吻责罚者的手以示对责罚的感谢，真可谓不通，这只会使儿童养成奴性。身体的责罚不可多，不然易使儿童笨拙。如果父母因儿童固执而施以责罚，儿童往往更加固执。而固执的人不一定是最坏的人，他们也很容易接受善意的规劝。

87. 养成儿童品格的第二要素是诚实。这是品格的基础，也是品格的本质。喜欢说谎的人没有品格，即使他做了某件好事，也只是某种性情的结果。惩罚可分为消极的惩罚和积极的惩罚。消极的惩罚可施于懒惰或作恶之类，如说谎、不服从等。积极的惩罚可施于恶意的行为。但最重要的是切不可对儿童怀有猜忌嫌恶之心。

88. 养成儿童品格的第三要素是社会性。他须与其他儿童为友。有些教师不赞成儿童在学校结交朋友，这实为大错。儿童应当自己做好准备以享受生活的最大乐趣。如果一个教师允许自己比较喜欢某个儿童，不可以因为他们才能上的高下，而必须是考虑到他们的品格，否则将引起妒忌心，与友谊大相冲突。

90. 教给儿童的东西应该适合他们的年纪。许多父母喜欢他们的子女早熟，然而这样的孩子成就未必好。小孩子固然应当聪明，但只应该是小孩子的聪明，他不必学大人的样子。因为小孩子以适合大人的道德格言来装备自己，完全超越他的本分，至多不过是一种模仿。儿童只应有儿童的知识，不必过早地追求出头露面。早熟的孩子决不会成为有真知灼见的人。

第六章　实际教育

94. 我们的根本目的是养成品格。品格意味着首先有坚定的目的，然后实际上去实现这个目的。荷拉斯说过,人必须立志(坚持其目的),这是一种善良的品格。例如,承诺做一件事,则无论如何困难也不可失信,否则既不能见信于人,也不能自信。违反道德的事决不可立志去做。不道德的人的品格是有害的,因而我们甚至不称其为"品格",而称之为"顽固"。然而,一个人如能立志并坚持去实现其志向,即可使人相当满意,如能立志行善则更好。

95. 要为儿童建立道德品格的基础,须注意下列各点。必须尽可能以范例和规则使儿童明了他们所应履行的义务。儿童应履行的义务不外乎对己与对人两种,现分别说明如下。(1) 儿童对己之义务。所谓对己之义务,不是要丰衣美食,当然衣食也要过得去,也不是满足他的愿望,相反而是应该节制。最重要的是自觉意识到做人的尊严,人是在万物之上,人的义务即是一举一动不要玷污自己人格的尊严。譬如我们酗酒滋事,犯种种违反人性的罪恶,从事种种不法活动等,都是远离人之为人的尊严的,有时反而不如禽兽。不仅如此,阿谀奉承,卑躬屈节,以讨好于人,等等,都有失于为人的尊严。(2) 儿童对人之义务。儿童应尽早知道尊重他人的权利,而且,我们要注意使儿童能见诸实行。

(选自瞿菊农编译:《康德教育论》,商务印书馆1926年版)

思考与练习

1. 试分析洛克在《教育漫话》中阐述的儿童教育理论及方法对我国家庭教育的借鉴意义。

2. 卢梭提出,大自然希望儿童在成人以前就要像儿童的样子。这句话给你什么启示?

3. 你如何看待卢梭关于12岁前儿童处于理性睡眠期的论断及主张通过自然后果改正错误的观点?

4. 你怎样评价卢梭的消极教育理论?

5. 请谈谈《林哈德和葛笃德》以及《与友人谈斯坦兹经验的信》中体现的博爱教育给你的启示。

6. 你怎样评价裴斯泰洛齐的要素教育及教育心理化的思想?

7. 康德关于幼儿道德陶冶的观点有何现实意义?

第四章

近代学前教育名著选读（下）

> **内容提要**
>
> 　　本章继续选介19世纪初到19世纪末的学前教育著作。由于自然科学的迅速发展和发明创造的日益增多，19世纪常被人们称为"一个不可思议的世纪"。自然科学的成就与工业革命不仅在西方各国的社会生活中产生了重大影响，而且形成了一种对自然科学和文化知识的普遍信仰，促使了教育的变革和教育思想的发展。
>
> 　　在19世纪中，近代西方国家教育制度开始确立，近代西方教育理论体系逐渐成形。
>
> 　　在德国，新人文主义教育思想、主知主义教育思想、幼儿园教育思想的出现，使得德国在19世纪西方教育思想发展中处于领先地位。其中影响最大的是以德国教育家赫尔巴特为代表的主知主义教育思想。这种思想以实践哲学和观念心理学为依据，论述了管理、教学和教育，探索教育心理学化，试图建立一个科学的教育理论体系。后来由于赫尔巴特学派的大力宣传和广泛传播，主知主义教育思想成为在欧美以及世界其他不少国家的学校教育领域中占统治地位的一种教育思想。主知主义教育思想强调把"知"放在教育工作的首位，认为只有通过教学使儿童掌握知识，才能形成他们的道德意识，偏重于以教师为主导的书本知识的传授和"静听"的教学模式，成为西方传统教育派理论的标志。
>
> 　　19世纪在英、法等国产生的空想社会主义教育思想批判了私有制，强调教育是实现未来理想社会的主要工具，提倡人的全面发展，主张教育与生产劳动的结合，对马克思主义教育理论的创立产生了重要的影

响。英国空想社会主义者欧文还率先创立了幼儿学校及幼儿学校理论，并在19世纪上半叶风靡一时。

德国教育家福禄培尔在创立世界上第一所幼儿园的基础上构建了幼儿园教育学，强调学前教育的重要性，阐述了恩物的作用，重视游戏和作业活动。尽管福禄培尔的幼儿园教育思想具有浓厚的宗教色彩，但这一教育思想的产生和传播促使欧美国家在19世纪后半期出现了"福禄培尔运动"。在西方教育史上，幼儿园教育思想的产生标志着西方学前教育发展的一个新阶段。

在西方教育思想史上，这一时期可谓是承上启下、继往开来的时期。本章节选了19世纪一些著名教育思想家的著作，其内容包括早期教育的重要性、儿童管理的方法、家庭教育的重要性、幼儿学校及幼儿园教育的方法和内容等。值得注意的是，赫尔巴特是近代教育家中试图使教育学成为一门科学的开山祖，他首先明确提出心理学是一门科学，并试图在心理学和伦理学的基础上建立系统的教育学理论。到近代的末期，自然主义教育思潮逐渐被教育心理学化运动所取代，这在教育思想史上具有进步意义。尽管这一时期某些教育思想充满空想、神秘主义色彩，但明智之士关于学前教育问题的所想、所说、所写、所做，他们亲身的体验、成功的经验和失败的教训，都成为宝贵的历史遗产。

《普通教育学》

赫尔巴特

【导读】

赫尔巴特（J. F. Herbart，1776—1841）是19世纪德国哲学家、心理学家和教育家。他出生于德国奥尔登堡，小时候受到良好的家庭教育，1794年进入耶拿大学法律系就读，21岁时在瑞士一个贵族家庭担任3个孩子的家庭教师，获得一定的教育经验。他还结识了已负盛名的裴斯泰洛齐，并从借鉴及审视的角度研究了裴斯泰洛齐的理论。1802年后，他分别在哥廷根大学和格尼斯堡大学任教，同时创办、主持了教育研究所及实习学校。在赫尔巴特身上反映出德国资产阶级的典型性格：既向往革命又不敢轻举妄动，甚至对封建统治阶级处处退让。这种两重性也体现在他的教育思想中。

《普通教育学》（1806年）是赫尔巴特的教育代表作，分为绪论和三编，分别讨论教育性教学、儿童管理和教育的目的、教学和训育。赫尔巴特认为，教学可以在年轻人的心灵中培植起一种广阔的、其中各部分都紧密地联系在一起的知识体系，从而影响其道德品格的形成，因此，教学具有教育性。

这里着重节选赫尔巴特的儿童管理思想及教育目的论。他认为对即将入学接受正规教育的儿童必须首先进行管理，即对儿童进行外部的引导，以便为教学和教育创造良好的秩序。他提倡用监督、威胁、权威、爱等方法来管理儿童。赫尔巴特的儿童管理思想对学校和家庭教育产生了重要影响。虽然其中也反映了卢梭的某些新思想的闪光，但总体上属于典型的传统教育思想，其特点后来被杜威归纳为"教师中心、书本中心、课堂中心"。赫尔巴特的教育目的论强调道德的价值取向及多方面兴趣的培养，虽有其特定的历史背景，但从一般意义上考量仍具有长远的价值。

绪论

教育学是教育者自身所需要的一门科学，但他们还应当掌握传授知识的科学。而在这里，我得立刻承认，不存在"无教学的教育"这个概念，正如反过来，我不承认有任何"无教育的教学"一样，至少在这本书中如此。一个青年人纯粹出于得到好处的目的想向某一位教师学习什么本领和学识，这对于教育者来说是无关紧要的，就像他选择什么颜色的衣料做衣裳一样。但是他的思想范围是如何形成的，这对于教育者来说就是一切，因为从思维中将产生感受，而从感受中又会产生行动的原则与方式。利用这种连锁反应可以联想出授予学生什么样的一切，在他们的心灵中播种下什么样的一切，以及考察如何使它们相互补充，即如何使它们一个接着一个地相互衔接起来，如何使它们能够各自成为其未来出现的部分的支柱，而这一切就为教育者提出了如何处理各种事物的无穷无尽的任务，并给教育者提供了取之不竭的材料。凭借这些材料，教育者可以不断地推敲和审查他能够取得的一切知识和著作，乃至一切需要不断给学生安排的活动与练习。

通过儿童读物来进行道德教化的这种意图足以使儿童读物遭到毁坏。在这里我们忘记了，所有人，包括儿童，都从他所读的书籍中吸取适合他的东西，并按照他自己的方式来评价作品与作者。只要为儿童清楚地描述邪恶的事物，不过不要把它作为欲望的对象，那么他们将会发现这是邪恶的。假如给他们讲述一个有趣的故事，这个故事情节丰富，描写众多的人物及其复杂关系，它具有严格的心理的真实性，而不脱离儿童的感觉与观念，它没有描绘至恶或至善的追求，它只通过一种柔和的、甚至半朦胧的道德节拍来使儿童行为的兴趣从邪恶转向善良、公平和正义，那么你们会看到，儿童的注意力是如何扎根于你们的讲述中，他们如何深入到真理中去思考事物的一切方面，多方面的材料如何引起多方面的判断，消遣的吸引力最终如何导致善良的倾向，那种在道德判断方面也许感到比故事中的主人公与作者略高一筹的儿童，如何以一种内在的愉快感觉，坚定地根据自己的观点表明自己反对其在内心感觉到的那种粗劣行为。假如要使故事影响久远而深刻，那么还必须使它具有一个特点，即必须具有伟大人物的那种极强烈、极纯正的感染力。

第一编　教育的一般目的
第一章　儿童的管理

这一章究竟是否属于教育学范围，或者不如把它归入实践哲学[①]关于一般地论证管理问题的部分，对此是可以争议的。关心智育与仅仅想要维持秩序，这两者无疑是有本质区别的。满足于管理本身而不顾及教育，这种管理乃是对心灵的压迫，而不注意儿童不守秩序行为的教育，连儿童也不认为它是教育。此外，如果不紧紧而灵巧地抓住管理的缰绳，那么任何课都是无法进行的。最后，要将属于儿童教养的一切工作在真正的教育者与父母中间做出认真的分工的话，那么必须努力在分工的两方面之间适当地建立联系，使他们相互取长补短。

[①] 实践哲学即伦理学。——选编者注

一、儿童管理的目的

儿童并未带着他们的意志来到世界，是不能产生任何道德关系的。儿童很久以后才会具备意志，起初儿童并没有形成一种能下决断的真正意志，有的只是一种处处都会表现出来的不服从的烈性。这种烈性就是不守秩序的根源，它扰乱成人的安排，并把儿童未来的人格本身也置于种种危险之中。这种烈性是必须克服的，不然，儿童不守秩序的行为就可能被认为是儿童监护人的过失了。在儿童表现出具有真正意志的迹象之前，其烈性的克服是可以通过强制来实现的，而且为了完全获得成功，这种强制恰恰必须是强有力的，并必须经常重复使用。实践哲学的原理就是要求这样做的。

但是，这种盲目的烈性情绪的苗子，这种原始的欲望，仍然存在于儿童身上，甚至逐年增长扩大。所以，为了使那种在烈性与欲望中成长起来的意志不发展成反社会的倾向，就有必要经常对它们保持明显的压制。

成年人和理智的有教养者随着时间的推移会接受自己管理自己的任务。但是也有些人始终不能达到这种境地。社会便把他们始终置于受监护的状态，把他们中的一部分称为白痴和浪人。也有些人确实养成了反社会的意志，社会不可避免地同他们发生斗争。最终，他们往往都受到了他们应得的报应。但是这种斗争对社会本身来说也是一种道德上的罪恶，是应当避免的，而儿童管理就是许多必要的预防措施之一。

儿童管理的目的是多方面的：一是为了避免现在和将来对别人与儿童自己造成危害；二是为了避免不调和斗争本身；三是为了避免社会参与它没有充分权力参与却被迫要参与的那种冲突。

总而言之，这种管理并非要在儿童心灵中达到任何目的，而仅仅是要创造一种秩序。然而，读者不久就会清楚，儿童心灵的培育是完全不能忽视管理的。

二、儿童管理的措施

一切管理首先采取的措施是威胁。而一切管理在运用威胁时有触及两种暗礁的危险：一方面有些本性顽强的儿童蔑视任何威胁，敢于做他们想做的一切；另一方面有更多的儿童，他们太软弱，以致不能承受威胁，在他们身上，恐惧反而会助长欲望。两种结果，或此或彼是不可避免的。

儿童管理触及第一种暗礁的情况是罕有的，实际上无须忧虑，只要不太迟的话，这正是进行真正教育的极好时机。但是，儿童在轻率状态中表现出来的软弱与健忘使纯粹的威胁成为极不可信赖的手段,因此人们早就把监督看成是儿童管理所不能缺少的手段了。与其他任何管理手段相比,它在儿童管理中尤其不能缺少。

我几乎不敢对监督公开表示自己的意见。至少我不想急于表示并详尽地加以阐述。否则,父母与教育者们将会认真地认为这本书势必造成危害。在这里做简短的提醒已绰绰有余了,要知道拘泥于细节的和经常的监督对于监督者与被监督者来说同样是一种负担,因此双方都常常千方百计要回避它,并一有机会就会把它抛弃掉。首先,要知道监督的需要将随着其被使用的程度而增加,到了最后,任何停止监督的时刻都将造成极大的危险;其次,要知道监督还会妨碍儿童自己控制自己,考验自己,使他们不能认识许许多多事物,而这些事物是永远不会被引入教育体系之中,只有通过自己探索才能发现的;最后,要知道由于所有这些原因,那种唯有从本人意志中产生的行为所构成的性格,将根据被监督者寻找到摆脱监督的出路的多少,或者保持软弱状态,或者变得古怪起来。假如要把监督作为常规工作的话,那么就不可能要求那些在监督压制下成长的人们机智敏捷,具有创造能力,具有果敢精神和自信行为。我们也许只能期待产生这样的人,他们始终只是单调刻板的,并习惯于墨守成规俗套,不思改变,而对于高尚与奇特的事件则畏缩不前,把自身葬送于庸庸碌碌与安逸之中。不过,在这个问题上赞成我意见的人务必小心,不要认为你们对孩子不加监督,不加教养,放任他们撒野就能培养出伟大的品格来!教育乃是始终不渝地进行工作的一个重要整体,它要求及时地从一个终点过渡到另一个终点上去,仅仅避免某些错误是无济于事的!

当我进而讨论到儿童管理必须给予儿童心灵以帮助——权威与爱——的时候,我的意见也许又与其他教育家相接近了。

心智服从权威,权威能约束其超出常规的活动,因此非常有助于扑灭一种倾向于正在形成的邪恶的意志。对于那些具有最活跃天性的人来说,权威是最不可缺少的,因为这些人不管善与恶都会去尝试,而只有当他们不迷失于恶时,才会追随善。但是人们只能通过卓越的智慧获得权威,而卓越到什么程度才能获得权威,如大家知道的,是不能做出规定的。权威必须将教育置之度外而单独发挥作用。儿童管理像国家管理一样都不太能对恶的意志进行惩罚。给予这种恶的意志以深刻的否定，使它受到挫伤，这乃是教育要做的事情。而这方面的教育工作，只有当管理完成了它的使命之后，才能开始。在应用业已获得的权威的时候，要求超越管理而考虑到真正的教育本身，因为虽然直接通过让学生消极服从权威来对他们进行心智培养将一无所获，但这对于学生以后的思想范围的限定或者扩大来说是非常重要的，他们今后将要在这种思想范围内更加自由地活动，并独立地创造自我。

爱基于情感的和谐，同时基于适应。由此显而易见，对于一个陌生人来说要获得爱是多么难。一个孤僻的人，一个说话生硬并斤斤计较的人，他肯定得不到爱；而另外有一种与儿童亲近的人，他们本来应该在乐意与儿童相处的同时慎重对待儿童，但他们却在参与儿童玩乐时追求自己的玩乐，这种人也是得不到爱的。爱所要求的感情和谐可以通过两种方式产生：教育者深入到学生的感情中去，十分巧妙地悄悄融合在学生的感情中；或者他设法使学生的感情以某种方式接近他自己的感情。

父亲极自然地享有权威，因为一切都要服从他，一切要依靠他，家庭的一切安排由他决定与改变，或者更确切地说，母亲也似乎使一切都顺从他。这样在他身上就极明显地呈现出智慧优势来，这样的优势使他有可能用几句否定的话，或者几句赞同的话，使人感到沮丧或感到欢欣。

爱则极自然是母亲所具有的，没有人像她那样能够通过各种牺牲去探索并学会理解儿童的需要；她早就为儿童准备和编制了一种语言，并比任何别的人都早得多地找到传授给小孩语言的途径；她那由性别决定的温柔有利于她轻而易举地懂得用和谐的声音适应其孩子的感情，以至其温柔的力量永远不会被误用，也永远不会丧失其效果。

因为权威与爱对教育具有很大的间接影响，所以儿童思想的培养者（无疑给予他的信赖始终只限于有限的允许范围）不应当以傲慢的态度默默地、自成一体地、并排斥父母来进行他的工作，否则就会因此破坏他们的影响力，这种影响力是他难以获得补偿的。

诚然，假如应当由父母以外的其他人来承担儿童的管理的话，那么这取决于是否能把管理安排得尽可能容易些。而这又要视儿童的好动性同其活动余地的关系而定。但教育者们完全有理由及早考虑到向儿童提供大量受欢迎而无害的活动，以消除他们那种十分难以阻止的不安稳。凡是在那些环境能使儿童的活动本身找到有益轨道，并能让这些活动在其中完全发挥出来的地方，管理将取得最出色的效果。

三、以教育代替的管理

假定学生已经有了一种强烈的感觉，能明白地体会到智慧的引导带给他的好处，而缺乏这种引导，甚至减少这种引导将会给他造成损失，那么我们就可以让他明白：作为这种引导继续下去的条件，需要建立一种在任何场合都靠得住的完全稳定的关系。同时需要直截了当地规定，只要教育者有理由提出要求，他就必须立即服从。这里当然不是说盲目的服从，那是与任何社交关系都格格不入的。但在任何地方都会有这样的情况，那里只能由一个人做判断，而别人必须毫无异议地服从。可是，当他们刚刚被迫去做时，就应当向他们解释：为什么如此决断，而不做另一种决定？这就是说，应当使学生按照这样的解释在今后对教育者的命令做出判断。可见，对服从的必要性具有信念的儿童只能接受人们不是擅自做出的决定。在教育中也是如此。

四、在与管理的对照中看真正的教育

真正的教育也一样知道可以称为强制的办法。虽然真正的教育对待儿童从来不是生硬的，却常常是很严格的。

教育者在教育中不太会突然顽固地对学生提出他们很不愿意接受的要求与顽固地忽视学生的愿望，使教育变得像管理一样具有强制性。

从此时开始，教育者可以停止对学生平素所表示出来的亲切与赞许了，而这种做法的前提是，通常教育者应当以各种人道的态度将学生作为人来对待，并也许应当以应有的充满爱抚的情意将他们作为可爱的孩子来对待。而这里包含着更高一层的先决条件：教育者应当感受到人类能够具备的一切美好与可爱的品质。最好避免让青少年与那种性格忧郁，因而使这种感受变得迟钝起来的人接触。这种人是根本不会得到他们应有的谅解的。只有那种能够大量地感受，因而也同样能大量地反馈给他们的人，才能大量地剥夺他们，并通过这种作用得心应手地驾驭青少年的情绪与注意力。

但是，如果他不愿为他们充分地牺牲他本人情绪方面的自由，那么他是不能驾驭他们的！假如他总是保持着一种冷漠的态度，那么他怎么会把形形色色美好的智力活动赋予那些正处在轻率态度与体力增长高峰的儿童呢？而没有这些活动，儿童就不可能有强烈的同情心，不可能有真正的鉴赏力，甚

至也不可能有真正的、敏锐的理解力与观察的智慧。

表达个人情绪所需要的语言,其多少是由各种客观情况来决定的。那种说话从来不多的缄默性格,那种缺乏抑扬顿挫能力的迟钝的语言器官,那种缺乏多种变化的表达,以致不能用庄严来表达不满,不能用高兴、热忱来表达赞许——这一切准会把最好的意志置于绝地,把最美好的感情置于窘迫之中。在教育过程中教育者需要讲许多,并需要一些无事先准备的言辞。这些言辞虽不必做艺术修饰,但不可完全缺乏表达形式。

第二章 真正的教育

一、教育的目的是单纯的还是多方面的

我在另一篇论文①中,按照这里看来是必要的那种方法论证了教育的最高目的——道德。至于读者是否能正确理解那篇论文,这首先取决于读者是否能注意到德育应涉及教养的其他部分,也就是说,德育应把其他部分作为先决条件,只有在进行其他方面教养的过程中才能有把握地开展德育。希望无成见的人们不难觉察到,德育问题是不能同整个教育分离开来的,而是同其他教育问题必然地、广泛深远地联系在一起的。我坚信把德育置于首位的探讨方法确实应当是教育的主要观点,但不是唯一的观点,不是能概括一切的观点。

从教育的本质来看,统一的教育目的是不可能产生的。这是因为一切都必须从这样一种思想出发来进行考虑:教育者要为儿童的未来着想。因此,学生将来作为成年人本身所要确立的目的,是教育者当前必须关心的,他必须为使孩子顺利地达到这些目的而事先使其做好心理准备。同时,他不应该挫伤未来成年人的活动,因此现在不应该把这些活动局限在几方面,同样也不应该通过分散这种活动来削弱它。他既不应该忽视活动的强度,又不应该忽视它的广度,被他忽视的,今后儿童会重新向他索取。不管困难大小,有一点是清楚的:因为人的追求是多方面的,所以教育者所关心的也应当是多方面的。

可是,我并不是说,教育的多方面不容易归纳到一个或几个主要的形式概念②中去,相反,我们认为,学生未来目的范围立即可以分为:一种纯粹

---

① 即《论对世界之审美描述是教育的首要工作》。——作者原注
② "形式概念",这里指抽象概念。——译者注

可能的目的领域和一种完全与此区分开来的必要的目的领域。前者他也许今后总会把握住，并在任何范围内去追求的；而后者，假如忽略过去的话，儿童是决不会原谅自己的。总而言之，教育的目的可以区分为未来成人的——既非教育者，又非儿童的——意向目的和道德目的。这两个主要纲目对于每个人，只要他记得起伦理学最著名的基本思想的话，便会立即清楚的。

二、兴趣的多方面性——道德性格的力量

1. 教育者如何才能在事先把握学生只有在将来才有可能达到的目的

人类社会早就发现分工是必要的，这样每个人都可以把他所做的事做好。但是，要做的事越局限，分得越细，那么每个人从其他人方面要接受的东西也就越多。因为智慧的可接受性基于各心智间接近的可能性，而后者又基于相似的心智活动，所以不言而喻，在人类真正的较高级活动领域中，分工不应该分到使每个人相互都不了解的程度。大家都必须热爱一切工作，每个人都必须精通一种工作。但是，这种专一的精通是各人意向中的事情，而多方面的可接受性，只能产生于个人从一开始就做出的多方面的努力之中，这就是教育的任务。

因此，我们把教育目的的第一部分叫作兴趣的多方面性。我们必须把兴趣的多方面性同过分强调多方面性，即许多事情都浅尝辄止，区别开来。因为意愿的对象、意愿的各个方向都不比其他东西更使我们产生兴趣，所以为避免弱点与优点的并列，我们还得补充一个限制词：平衡的多方面兴趣。由此我们可以得到通常的一种表达：一切能力的和谐发展。与此相关联就产生了这样的问题：心灵能力的多方面性意味着什么？而各种能力的和谐发展又意味着什么？

2. 教育者如何把握学生的必要的目的

因为按照正确的认识，道德只有在个人的意志中才有它的地位，所以我们当然先应这样来理解：德育绝不是要发展某种外表的行为模式，而是要在学生心灵中培养起明智及其适宜的意志来。

我观察人生，发现许多人，他们把道德看成是一种约束，很少有人把它看成是生活本身的原则。大多数人具有一种与善无关的性格，只有符合他意向的生活计划；他们只是偶然行善，而如果较好的行为可以使他们达到同一目标的话，他们便乐意避免做坏事。各种道德原则对他们来说都是些无聊的

东西，因为他们觉得从这些原则中除了对思想过程处处产生约束以外得不到其他什么结果；事实上如果有什么方式可以来对付这种约束的话，他们都是欢迎的。当一个少年顽童相当大胆地犯了错误时，他会得到他们的同情，他们会由衷地宽恕一切并非可笑、并非恶毒的过错。假如德育的任务就是使学生达到它所要求的水平的话，那么我们的工作就容易了，我们只要关心学生不受嘲笑，不受侮辱，使他们自信地成长起来，并获得关于荣誉的某些原则。这些原则是学生容易接受的，因为这些原则讲的荣誉不是那种难以获得的东西，而是一种自然所赋予他的占有，这种占有只需按照通常方式在某些情况下加以保护，使它发生效力就可以了。但是，谁可以为我们担保，未来的成人不会自己去寻求善良，把善良作为自己意志要达到的对象，作为生活目标，作为自我批判的准绳呢？到那时，谁来保护我们，去回答因此而受到的严厉批评呢？这种批评比如：未来的人要我们说出，为什么在出现了培养善的机会时，我们却擅自放弃这种机会呢？这种机会也许可以带来真正能提高智慧的良机，而绝不可能带来"已受过教育"的自负！这种例子是有的。假如无心把事管好，勉强为他人做管理者，那么这绝不会顺利的。似乎没有一个人愿意当着一个具有严格道德观念的成人受到严厉的谴责，就像他不愿意任何人无理地要求对他施加影响，使他有可能变坏一样。

所以，使绝对明确、绝对纯洁的正义与善的观念成为意志的真正对象，以使性格内在的、真正的成分——个性的核心——按照这些观念来决定性格本身，放弃其他所有的意向，这就是德育的目标，而不是其他。

（选自赫尔巴特著，李其龙译：《普通教育学》，人民教育出版社2015年版）

《教育学讲授纲要》

赫尔巴特

【导读】

《教育学讲授纲要》（1835年）是赫尔巴特后期的重要教育著作。在该书中，作者重申了《普通教育学》一书中提到的教育原则，并把这些原则同心理学理论更加明确地联系在一起。

赫尔巴特把人从出生到青年时期受教育的过程划分为四个阶段，即3

岁前、4~8岁、少年以及青年。这里节选了赫尔巴特有关学前教育的思想。他主张3岁前儿童的教育"应当把照料他们的身体放在一切工作之前"。同时,"由于早期年龄阶段儿童具有巨大的敏感性和易兴奋性,智育是极其重要的"。当幼童处于清醒、健康的状态时,要为其感官提供一些材料。还应通过无害的方式为幼童提供活动场所,并细心地对他们进行语言教育,避免使用超出儿童思想范围的不自然的表达方式。在4~8岁阶段,要给儿童一定程度的自由,使其有机会公开发表自己的意见,成人也可借此研究他们的个性;要通过合群精神的培养和成人不时的关心来形成儿童关于仁慈的观念;通过鼓励儿童提问和认真及时地回答,为今后的分析教学做好准备;通过读、写、算、组合和初步的观察练习为今后的综合教学奠定基础。赫尔巴特要求成人尊重儿童,同时应避免使儿童养成摆布成人的任性毛病。

绪论

第一条

教育学的基本概念就是学生的可塑性。

评注:在高等动物的心灵中显示出意志可塑性的迹象。但是,我们只能从人身上看到意志转化为道德的这种可塑性。

第二条

教育学作为一种科学,是以实践哲学和心理学为基础的。前者说明教育的目的;后者说明教育的途径、手段与障碍。

第一编 论教育学的基础

第一章 教育学的实践哲学基础

第八条

德行是整个教育目的的代名词,它是一种内心自由的观念,将在一个人身上发展成为根深蒂固的现实。

第十三条

公平的观念特别在下列情况下,即给予学生应有的惩罚以回敬其故意作崇时应当予以考虑。这里必须严格把握惩罚的尺度,并必须使受惩罚者对所受的惩罚视为正确而愿意接受。

评注:我们不要把这种惩罚同所谓教育性的惩罚混淆起来。所谓教育性的惩罚就是通过自然结果使学生聪明起来的惩罚。

第二章 教育学的心理学基础

第二十二条

很年幼的儿童就可能在游戏和交谈时流露出某种独立性,人们把这种独立性归结为想象。

最简单的玩具,只要是能动的,都能引起儿童各种观念的变更与联结,甚至伴随着儿童的内心冲动。

第二十三条

对外界事物的观察引起儿童提出无数问题的时刻不久便接着来到了。在这里,儿童力求把新事物纳入他们业已熟悉的概念中去,并用这种概念的符号,即他们业已熟悉的词语,来加以说明。于是,那种被人们认为能形成判断力的观察活动,会同理解结合起来。

第二十四条

这期间,儿童除了表现出自身快乐与痛苦的感情以外,还会表现出对他人的好感与反感来。此外,还会表现出一种与强烈的矛盾心理相联系着的,表面上似乎坚强的意志来,除非这种意志在早期就受到了抑制。

第二十五条

与此相反,审美的判断在儿童身上一开始通常很少表现出来,而且是一晃而过的。由此可以看出,如果以后违背儿童的自身意志与利益去教儿童掌握那种较高的艺术感与道德性赖以为基础的审美判断力,那是困难的。

第二十六条

儿童发问越少,就意味着应越多地去试图探究事物,从中默默地进行学习与练习。

在儿童的这种矜持中存在着或多或少的自决性,即人们习惯于把它归结为理智的东西。

第二编　普通教育学纲要
第一部分　儿童的管理
第一章　规章

第四十五条

身体发展的先决条件是必要的照料与培育，而不是娇惯与危险的锻炼。不要用实际的需求来引诱儿童；不要由于溺爱而提出不必要的要求；每一个儿童可以进行何种程度的锻炼，这必须视其体质而定。

第四十六条

管理的基础在于让儿童活动。然而在这方面还不考虑智力培养的收获问题。即使仅仅是为了防止他们捣乱而别无目的，也无论如何要使时间安排得充实。可是在这方面有一个要求，即应当满足每一个年龄阶段儿童对身体活动的各种需要，排除从中产生的不安。并不是任何儿童的需要都同样大。有些儿童只是因为有人强迫他们坐着，所以他们就显得难以控制。

第二部分　教学
第一章　教学对于管理与训育的关系

第五十九条

对于教育性教学来说，一切都取决于其所引起的智力①活动。教学应当增加而不是减少这种活动，应当使它高尚而不是变坏。

评注：假如体格要忍受这样多的学习，坐着不动，特别是常常徒劳无益地抄写各种教科书，以致迟早对健康造成危害，那么这就会削弱智力活动。

第二章　教学的目的

第六十二条

教学的最终目的虽然存在于德行这个概念之中，但是为了达到这个最终目的，教学必须特别包含较近的目的，这个较近的目的可以表达为"多方面

---

① 德文"geistig"具有"精神的""智力的"多种意思，从这里的上下文看，该词包含两种意思，因为文中没有能包含这两种意思的词，故选择了"智力的"这个词来译之。——译者注

的兴趣"。一般地说，兴趣这个词标志着智力活动的特性，这种活动应由教学引起，兴趣是不能仅以知识来满足的。因为我们认为单纯的知识是一个人完全可以缺少的一种储备，一个人似乎不会因缺少它而变样。反过来说，谁牢固地掌握着知识，并企图扩充它，谁就对知识有了兴趣。但是，因为这种智力活动是多样化的，所以必须有一个限定，这个限定就存在于多方面性之中。

第三章 多方面性的条件

第六十六条

多方面性并不能迅速达到，这是显而易见的。因为许多方面只能逐一获得，随之联合、概括与吸收。所以专心与审思必须交替进行。如同许多方面的掌握只能逐渐进行一样，许多方面的联合也只能逐渐进行。

第四章 兴趣的条件

第七十一条

兴趣就是主动性。兴趣应当是多方面的，因此要求多方面的主动性。但是并不是所有主动性都是我们所希望的，而只有正当的和适当程度的主动性才是我们所希望的，否则对于活泼的儿童我们只需要随他们自己去，而不再需要教育他们，根本不需要管理他们了。教学应当端正他们的思想和努力方向，引其走上正确的道路。这样做，会使他们在某种程度上处于被动，但这种被动性不应当压制他们身上较好的主动性，倒是应当激发起这种较好的主动性。

在这里有必要从心理学上区别被唤起的与自由产生的想象。被唤起的想象表现在重复所学习的东西方面，自由产生的想象表现在儿童的幻想与游戏方面。仅仅引向死记硬背的学习，会使大部分儿童处于被动状态，因为只要这种学习继续下去，就会排斥儿童通常可能具有的其他思想。然而，在幻想与游戏中，自由活动占优势，因此在那种相应地提供幻想与游戏的教学活动中，自由活动也占优势。

第七十七条

尽管统觉①的或者说理解的觉察不是儿童最先产生的觉察能力，但它在

---

① 在赫尔巴特的心理学词汇中，"统觉"指的是新旧观念的结合。——选编者注

幼儿身上已表现出来了，当他们在那种通常对他们来说不能理解的成人谈话中听到个别熟悉的语句并大声重复的时候，当他们稍晚一些在阅读图画书时用他们的方式讲出熟悉的事物的名称时，当他们在书中找出个别与他们的记忆相联系的名字时……这样的例子是不胜枚举的。我们在这里可以发现，各种观念突然从内心冒出以便同刚才提到的类似观念结合起来。在任何教学中，恰恰是这种统觉必然会在不断的活动中产生。因为教学只需传授话语，讲话的意义赖以存在的有关观念必须从听者的内心中产生。但是，话语不仅要让人理解，而且要有趣味。这样就可能产生较高程度和较容易发生的统觉。

第七章 教学的过程

第一百一十三条

首先必须使学生对周围事物的观念接近一致，特别是最强烈的印象。这一点可以通过一致地再现事物形象来达到。

第一百一十四条

假如没有什么害处的话，下一步可以是：讲述某一个整体分割成的各主要部分，这些部分的相对位置、它们的联系与变动。

这一切还不足以把观念提高到清晰的程度，并为未来的抽象思维做好准备。首先必须让儿童通过寻找各种事物的特征来给它们取名，然后倒过来，先提出这些名称，再按事物可以归属的名称把它们归总在一起（裴斯泰洛齐就是做这样区分的，这对抽象思维做准备是很重要的）。这时学生会自己提出比较和区别，有时候还会提出做更仔细的观察。

第三部分 训育

第六章 一般的训育措施

第一百七十三条

第三，当性格的主观部分开始显示出来时，一般在后期儿童年龄阶段，就可开始进行调节的训育了。不对儿童采用说服办法，这条规则适用于儿童的早期。这就是说，只要我们还能利用这条规则，那么就应利用它。但当学生自己说服自己时，这条规则就应停止使用了，此时停止是很适合的，因为他的思想已不再作为轻率的念头产生并消失掉了，而是获得了持续性与保持能力。教育者不应当听任学生自己说服自己，也不能用命令来消除这种说服行为，而是必须考虑关心它，以防止它继续错误地发展下去。

第一百七十八条

首先必须通过不过分的满足来抑制由于本能需要得不到满足而产生的撒野。不要让饥饿诱至偷窃，不要让过久的端坐诱至逃跑。

假如需要失去了激励，那么必定会有一定的和无法抗拒的力量来拒绝其他的欲望。这方面应当使学生的欲望转移到能使他活动起来的某些方面去。

假如可以移开能够不断刺激学生欲望的事物，那么这样做就更好。在自己家庭中比在别人家庭中能更多地，也更有必要地采取这种做法。假如不能把东西移开，那么也许可以使欲望慢一点得到满足，可以在以后允许儿童得到满足。

比如在果园里孩子想品尝水果，而断然拒绝他们，这将具有一种导致不服从的危险的刺激作用；而另一方面如果他们要采摘不成熟的果子，尤其是如果要损害别人的果园，那么就绝不允许无条件地宽恕他们想品尝的欲望。

在对这种非常明显的事物做类比之后，我们就能做出许多类似的判断了。

第一百七十九条

其次是应当在儿童的游戏中观察他们。自由想象越多，游戏花样变化越多，那么思考机会就越少。但假如常常按固定的规则来重复某一种游戏，假如安排一种学习来使儿童掌握某种特殊的技巧，那么他们可能会产生一种有时在没有输赢钱的情况下也要尝试玩纸牌的狂热。

第一百八十四条

这方面为我们开辟了观察儿童的双重途径。因为争吵可以显示儿童的力量，所以他们喜欢争吵；而且他们往往还会出于傲慢而寻衅争吵。在这里受到了阻挠，在那里就要发泄。我们应当通过体育锻炼来使他们显示力量；在戏耍与游戏中表现出来的非争吵性的竞赛应当受到欢迎。智力活动同样可以让其获得表现自己的机会，也可以引起相互较量，但对基于这种较量上提出的各种要求应明确地予以拒绝。

第一百八十五条

另一个观察途径是从正义转向公平。"于我正义之举，于他人则为公平"，尽管这条原理是正确的，但争吵会使人产生不满，甚至引起报复。也许儿童可以通过确定一个人在他赞成或不赞成的事情方面能获得别人多大程度的容忍或接受，从而来锻炼自己的洞察力，但是他们不应当冒昧地想给别人奖励与惩罚。在这方面应做到这样一点，即他们必须在不放弃自己见解的情况下，乐意地去服从他们的上级。

第一百九十三条

第六，训育应当及时提醒儿童，并纠正他们的失误。我们完全可以设想，即使一位年轻人在到达了能够做出道德的决心的水平之后，却还需要多次提醒。诚然，这方面每个人之间有着巨大差别，这种差别只有通过观察才能揭示出来。但是，我们要提醒的东西就是要求普遍实现的道德决心。假如学生不能正确地理解道德决心，或者不把它纳入正确的关系中来考虑，那么是否能实现是不容易肯定的。

第四部分 按年龄论普通教育
第一章 三岁前的教育

第一百九十六条

由于在儿童生活的头几年中他们的生命还极其脆弱，因此应当把照料他们的身体放在一切工作之前，因此在对儿童进行智育的时间分配方面，应视其健康状况进行区别。但不管这种智育的时间如何少，由于早期年龄阶段的儿童具有巨大的敏感性和易兴奋性，因此智育是极其重要的。

第一百九十七条

我们一定要利用儿童完全醒着而又没有什么疾病的时候，提供某些东西给他的感官去了解，但不应强迫他去了解。

第一百九十八条

我们通过无害的方式为儿童自己的活动提供场所，这首先是为了让他获得四肢活动的练习，也是为了使他通过自己的尝试促进对事物和事物变化的观察。

第一百九十九条

必须极其谨慎地让儿童避免获得对他人的可恶的印象，不管这人是谁。

任何人都不允许将儿童当玩偶来对待。

第二百条

但同样，任何人也必须不听任儿童来摆布，至少在儿童表现出暴躁的时候，不能这样做，否则养成儿童任性的习惯将是不可避免的结果。

第二百零一条

必须让儿童不断地感觉到成人的长处，常常使他感到自己无能为力。必要的服从就基于这一点之上。在合理地对待儿童方面，总是在儿童周围的人比其他很少在他们周围出现的人更容易得到儿童的服从。假如儿童情绪激动的话，我们必须给他时间，让他平静下来，不到万不得已，不要提出别的要求来。

第二百零二条

必须少用引起恐惧的暴力，除非有必要在迫不得已的情况下为了有效地进行威胁与制止儿童放肆的行为。在儿童早期的年龄阶段就必须加强管理了，以便在今后不必用极有害的方式迫不得已地采用强硬手段。

第二百零三条

从儿童早期起就要认真细心地对他们进行语言教育，以便不使陋习与耽误根深蒂固，否则以后往往要造成大量的时间损失和麻烦。我们必须避免使用不自然的表达方式，因为这种表达方式表示的意义超出儿童的思想范围。

第二章 从四岁至八岁的教育

第二百零四条

真正的界限划分不在于年龄，而在于基本的照料需要是否已结束，四肢的与语言的有关应用是否已出现。

第二百零五条

儿童越能自理，外界的帮助必须越少。同时，在管理方面，只要在儿童早期往往不能完全避免的任性的最后迹象还没有消失以前，就必须加强管理的坚定性，对某些儿童来说还必须加强严格性。但这种做法的先决条件是：没有人会画蛇添足地引起儿童进行某种自卫。儿童越清楚地理解对于他采取的不可动摇的纪律，就越容易使他服从。

第二百零六条

为了使儿童能公开发表自己的意见，以便使我们能够研究他的个性，我们必须按情况所允许的程度给他尽可能多的自由。但在这一年龄阶段的主要事情是：我们必须防止他养成糟糕的习惯，特别是同不好的意识形态有联系的那种坏习惯。

第二百零七条

在这里我们直接来考察一下两种实际观念，但用不同的方式，即从仁慈与完美性的角度来考察。属于完美性的各种观念，儿童几乎总是由自己形成的，而仁慈的观念较少会自我发展，我们必须教给他仁慈的观念，但这种教导不能直接地进行。

第二百零九条

首先可以假定，我们不应当常常让少年儿童单独地在那儿，而应当使他们的一切生活习惯合群起来，并使这个交际圈子有一种严格的纪律起支配作用。这样，恶意的表现就是出格的话，那么一旦出现这种情况，儿童就有这种起支配作用的纪律约束自己。儿童越习惯于服从一种共同的意志，并在这种环境中活动和感到快乐，那么他就越不能忍受孤独感。我们应当让作恶的儿童孤独，而这也就是对他的惩罚。

第二百一十一条

排斥恶意的合群精神还远不是一种真正的仁慈。甚至在通常儿童作品中对于仁慈的描写可能有被作为简单杜撰出来的无稽之谈而不加理睬的危险。因此，关键在于首先确立仁慈的信念。虽然一个儿童由于受到教育而不断地为仁慈举动所感动，但会因习惯而变得麻木不仁。我们应当取消对他进行习以为常的关心。当我们重新给他这种关心时，他就会把这种关心视为我们自愿的举动，并敬重这种举动。而假如儿童把对他们做出的关心视为我们的义务，视为某种机械的反应，那么这种误解便将成为他们许许多多道德判断的明显的渊源。

第二百一十二条

假如我们不愿使儿童的心灵变冷，不愿扼杀其仁慈的萌芽，那么必须对必要的严格辅以宽容，而对宽容辅以和蔼可亲。在我们这里谈论的年龄阶段中，儿童的情绪还直接依赖于我们如何对待他们，长期地对他们不亲热会促使他们变得冷漠起来。

第二百一十四条

当儿童自由活动的范围扩大的时候，当他通过自己的尝试获得越来越多的经验，此外还往往极需要从教育者方面得到有意识的引导的时候，经验便超过早期的想象占据优势，即使这种情况在不同的个人身上迥然不同。但是在儿童努力谋求获得新经验的过程中常常会产生各种天真的问题……尽管有些问题不能回答，有些问题不允许回答，但就整体而言必须使儿童爱问的倾向不断得到鼓励。否则，因为在问题之中存在着原始的兴趣，教育者在以后往往会对这种兴趣有一种难言的失落感，而用任何办法也不能再重新产生这种兴趣。儿童的提问在这里提供了机会，我们可以把解答问题同许多必须为今后教学打下基础的工作结合起来。

第二百一十五条

只要我们对包括回答儿童问题在内的分析教学还不能安排一定的课时，就应当使这种教学同引导、交际、活动与从这里引起的习惯、锻炼、道德判断以及初期的宗教印象等结合起来，部分也应同阅读练习结合起来。

第二百一十六条

尽管儿童还不能整小时地坚持稳定的注意，但初步的综合教学、阅读、书写、计算、最容易的组合和初步的观察练习，属于这一年龄阶段后期要开始的事情。因为注意的程度比注意延续的时间更重要，所以我们必须对儿童较短时间的注意表示满意。

我们应当注意在这里所举的教学内容。数数、组合、观察属于儿童智力自然发展的活动，我们不能通过教学来创造这种智力，而只能促进这种智力的发展。因此，必须在这里尽可能充分地分析这种措施。而读与写只能通过综合教学来教（可是必须在语音分析之后进行）。

1. 组合——一般是完全没有理由忽视的——属于最容易的，而且可使其他许多学习变得容易起来的练习，对于儿童来说是真正适合的。开始时可以变换两样东西的位置，即左右、前后、上下。下一步是将三样东西在一条线上做六种摆放。从上述一堆东西中取多少对，这是最容易回答的问题之一。而这方面进展到多远，必须视情况而定。只是不要用字母，而要用实物与儿童自己来占位置，来组合和改变位置。这些工作我们必须部分地像游戏一样教。

2. 直线有助于初步的观察练习,在直线上可画垂直线或斜线(也可在不同位置插大头针,使其靠拢在一起或相互交叉,其次可用跳棋子等类似的东西),然后可对圆做多种分割与演示。

3. 计算也同样需要用直观教具来教学(如钱币),用它们来数数、做不同的摆放,以便使儿童了解和、差与积,开始时只能是小数目,例如到12或20为止。

4. 可以把字母和数字写在小纸板上,以此做不同的组合,这有助于阅读教学。假如阅读学习进行得较慢,那么我们不应当在这时忽视其余的智育,以为其余智育的基本条件仅仅是阅读似的。阅读往往需要用很大的耐心去教,我们不应让阅读造成儿童对教师与书本的反感。

5. 简单的绘画有助于书写,我们必须把这种绘画同观察练习结合起来。假如进行了书写的话,那么这将促进阅读。

第二百一十七条

但在这方面也有某些儿童会落后的。开始他们由于对学习不感兴趣的情绪而对学习变得生疏,后来便产生缺乏学习能力的感觉。在无数学校中总有一些儿童试图努力向前和一批儿童试图随大流,在这样的地方我们往往可以取得成效,但多半是通过让学生相互模仿,而不是由于他们内在思想的一致性。在这样的学校中也还有一些令人深深感到烦恼的后进生。

(选自赫尔巴特著,李其龙译:《教育学讲授纲要》,人民教育出版社2015年版)

《新社会观,或论人类性格的形成》

欧 文

【导读】

欧文(R. Owen,1771—1858)是英国空想社会主义者、社会活动家和教育家。他出生于威尔士一个小手工业者家庭,只受过四五年的乡村小学教育,之后当过学徒和店员,经过艰苦奋斗,于1792年成为一家棉纺厂的经理,1800年又担任苏格兰拉纳克一家大棉纺厂的股东兼经理。针对当时工人劳动条件恶劣、生活贫困、缺乏教育及道德沦丧的状况,他着手进行改革,同时大办教育,包括为工人及其子女创办幼儿学校、小学、青年工人夜校及成人业余教育等。1816年元旦，欧文将上述教育机构统一命名为"性格陶冶馆"（又称"新馆"），并正式开馆。欧文的社会改革实验一度取得很大成功。工厂区的面貌大为改观，此地也被改称为"新拉纳克"。在新拉纳克的教育活动是欧文一生中最主要的教育实践活动。

《新社会观，或论人类性格的形成》（1816年）是欧文的代表作。该书论述了其从事社会改革实验的基本理论依据，即关于人的性格形成的理论，此外还总结了在新拉纳克的教育实践经验。这里节选了欧文的有关论述，包括性格形成原理、学前教育的必要性、幼儿学校的内部设施和分班制度、幼儿学校的教育内容和方法等。欧文论证了儿童从幼年起就应该接受公共教育的思想；重视科学教育，主张从教育中排除宗教和迷信，在广泛应用直观性原则的基础上使儿童认识周围现实中的各种现象；要求考虑儿童的兴趣，将游戏和娱乐作为教育手段；强调自幼培养儿童的集体主义精神和劳动习惯；主张把儿童培养成智、德、体、美全面发展的人。上述思想的提出在历史上具有重要意义，并成为马克思主义教育观的重要来源。

论文一　一般社会改造原理：人的性格由外力人为形成[①]

"运用适当的方法可以为任何社会以至整个世界造成任何一种普遍的性格，从最好的到最坏的、从最愚昧的到最有教养的性格；这种方法在很大程度上是由对世事有影响的人支配和控制着的。"

上述原理是一个广泛的原理，如果证明是正确的话，它必然会使立法工作获得一种新的性质——一种最有益于社会福利的性质。

从历代的经验和目前的每一件事实中可以看清楚这一原理是极其正确的。

这几篇论文所讲的原理只要为人们所知道就可以自己树立起来，我们今后的行动纲领也就变得清楚而明确，并且这些原理也不容许我们今后离开正路。它们指示各国当政者应为其人民的教育和普遍陶冶性格的问题制订合理

---

① 本论文标题及下面的论文标题均为选编者添加或重拟（论文一本无具体标题）。

的计划。必须拟定这些计划，使儿童从最小的时候就养成各种良好习惯（它们当然会防止他们养成说谎和骗人的习惯）。往后儿童必须受到合理的教育，他们的劳动必须用在有益于社会的方面，这种习惯和教育将使他们深深地怀有积极热忱的愿望，要促进每一个人的幸福，不因教派、党派、国家或风土气候而有丝毫例外。这些原理还将极少例外地保证每一个人身强力壮、生气勃勃，因为人的幸福只有在身体健康和精神安宁的基础上才能建立起来。

论文二 贯彻该原理的益处及实施途径①

论文一仅仅阐述了一般原理。这一篇论文将试图说明实现这些原理后可以得到哪些好处，并解释怎样才能顺利地普遍实现这些原理。

实现这些原理后可以得到的最重大的好处之一是，它们将提供最令人信服的理由，促使每一个人都"以宽宏精神对待所有的人"。凡是不够这条标准的感情在这样一种人的心里是绝不能存在的，这种人经过明白的教导，理解到世界各地的儿童过去是、现在是、将来也永远是具有与父母和师长相类似的习惯和情感的，只是由于过去和现在的或将来可能遇到的环境以及个人特有的体质的不同而有所变化。然而，这些形成性格的因素没有一种是由幼儿支配或以任何方式控制的。幼儿对于可能赋予他们的情感或品行是绝不能（不论我们心中被灌输了什么相反的谬论）负责的。社会的基本错误就在这个问题上产生，人类以往和现在所遭受的苦难大部分也是从这里产生的。

儿童们毫无例外地都是可以由人任意塑造的、结构奇妙的复合体。如果事前事后都根据有关这一问题的正确认识仔细地加以照管，就可以使他们集体地养成任何一种人类性格。这些复合体虽然像所有其他的自然产物一样有无数的种类，但都具有一种可塑性；如果行之得宜、持之以恒，最后是可以把他们塑造成充分体现人们的合理希望和要求的形象的。

1784年格拉斯哥已故的戴尔②先生在苏格兰新拉纳克郡克莱德瀑布附近办了一家棉纺厂。因此有必要招来一批新居民，为草创的企业提供劳工。这可不是一桩容易办到的事，因为所有受过正规教养的苏格兰农民都是不屑在棉纺厂里从早到晚、日复一日地做工的。因此，只有两种方法可以得到劳

---

① 论文二原标题是"续论前篇原理及其局部地运用的情形"。——选编者注
② 即欧文的岳父戴维·戴尔。——译者注

工：一种是从国内各公共慈善机关中招收儿童；另一种是吸引一些人家到工厂附近落户。

为了接纳儿童，当时盖了一幢大房子，最后住了大约500个儿童。他们多半是从爱丁堡的济贫院和慈善机关中领来的，他们的衣、食、教育都由厂方负责。戴尔先生以人所共知的始终不懈的慈善精神履行这些职责。

仁慈的厂主不惜费用使这些贫苦儿童生活舒适。给他们安排的房间是宽敞的、经常保持清洁的，室内空气也十分流通；他们的饮食丰富、质量极好，衣服整洁而又合用；那里还长年聘请一位医生，指导疾病的预防和治疗；同时还派了当地最优良的教师，结合儿童的实际情况，教给他们可能有用的科目。派来照管儿童一切活动的人是一些心地仁厚、性情和蔼的人。总之，初看起来，那里似乎什么都不缺乏，可以成为一个最完善的慈善机构。

儿童从5岁到10岁这五年中，在乡村学校里学习读书、写字和算术，不用父母花钱。一切教育方面的现代改良设施都已采用或正在采用中（为了避免在学校里由于专门采用一种宗教信条而产生麻烦，给孩子们读的书所教诲的都是各教派共同遵奉的基督教箴言）。因此，他们在从事任何正规工作以前就能受到教育和良好的训练。另外一个重要的方面是他们所学的全部课程已经成为他们所喜爱的东西；他们盼望上学比盼望放学还要迫切得多，因此进步很快。可以有把握地说，如果儿童不能养成最理想的性格，那也不是由于他们的过失，而是由于管教他们的人和他们的父母对于人性缺乏正确的认识。

用合乎理性的方法来培育任何地方的居民，他们就会成为有理性的人。为受到这种培育的人提供正当而有益的工作，他们就会非常愿意做这种工作而不愿意做有害或不正当的工作。对各国政府来说，提供这种培育和工作会带来无法估价的好处，而且也是简单易行的。

论文三　从小营造良好环境是形成良好性格的不二法门，并影响终生[①]

第二篇论文叙述了迄今在新拉纳克所做的一切，其主要内容是消除某些有助于产生、延续或增加人们早年的恶习的环境；也就是消除社会由于愚昧而允许其形成的东西。

[①] 论文三原标题是"前两篇论文所述原理在具体场合运用的情形"。——选编者注

但要做到这一点却比从小培育儿童，使他们按照应走的道路去走要难得多。这是因为后者是最容易的形成性格的方法，而去掉和改变长期养成的习惯则是直接违反人性中最顽固的感情的做法。

然而始终不懈地适当运用原理以后，却使这些老习惯发生了有益的变化，这些变化甚至超过了从事这种工作的人的最乐观的期望。

作者的计划所依据的原理都是研究了人性以后得出来的，是一定能成功的。

然而比较地说，为他们做的事依然很少。他们还没有学习怎样养成极有价值的家庭和社会习惯，例如最经济地烹调食物，使住宅整洁并保持其整洁等等，但是更加重要的不可比拟的是：他们还没有学习怎样把子女培育成宝贵的社会成员，也没有教他们知道天下有一种原理，如果在人们幼小时适当地付诸实践，就可以万无一失地使人人都具有公正、坦率、诚恳和仁慈的品行。

正是在这个发展提高的阶段中，必须做出安排，使他们得到一种环境，借以逐渐地获得并巩固地保持这些家庭与社会的习惯和知识。为了这一目的，在企业所在地的中央盖了可以称之为"新馆"的一幢房子，前面还圈出了一片场地。这片场地是村民的子女从会走路起到上学校为止这一时期内的游戏场。

惯于仔细观察儿童的人一定能清楚地看出，许多好事和坏事都是他们在很小的时候被教会或学会的，许多好的或坏的脾气和性情都是2岁以前养成的，许多深刻难忘的印象则是在1岁以前甚至在半岁以前获得的。因此，没有受过教育的或所受教育很差的人的子女，在这几年以及随后几年的童年和青年时代里，在性格的形成方面都受到很大的损害。

正是为了预防或尽量肃清贫民与劳动阶级在幼年时期所受到的根本性的毒害，这片场地才被划为新馆的一部分。

这片游戏场接纳刚会独自走路的儿童，由派来照料他们的人加以管理。

人的幸福主要地（如果不是全部地）取决于自己的以及周围旁人的情感与习惯；同时人们可以使所有的幼儿养成任何一种情感和习惯。因此，最重要的是，使他们养成只能增进其幸福的情感与习惯。所以每一个儿童进入游戏场的时候，都要用他们听得懂的话告诉他们说："绝不要伤害跟你一块儿玩的小朋友，相反的，要尽力使他们快乐。"只要人们不把相反的原则强加于幼弱的心灵，这条简单的格言（如果它的全部意义都为人所理解）加上早年实行这一格言所养成的习惯，就可以彻底清除迄今使世界陷于愚昧与苦难之中的一切错误。同时，这样一条简单的格言既容易教，又容易学，因为管理员的主要任务就是防止任何背离这条格言的行为。年纪较大的儿童认识到了根据这一原则行动所获得的无穷好处之后，就可以通过自己的榜样很快地驱使新来的小孩遵守这一原则；于是一群一群的儿童由于行为合理而得到的幸福将保证大家都能迅速地、自愿地接受这个原则。他们在这样幼小的时候不断地根据原则行动，养成了习惯，从而使这条原则牢牢地巩固下来；他们将感到它是自己所熟悉的、容易实行的原则，用常用的字眼来说，便是一条自然的原则。

这样自幼养成的性格，对个人和社会愈是有利，就愈能持久。这是因为人们生来就能在充分理解真理之后立刻记住真理，而且终身不忘（除了精神有病或死亡以外）；至于思想上有错误的人，只要能使他们认清错误，就一定能使他们在人生的每一个阶段里丢掉错误。由此看来，"新馆"这一部分安排可以达到下列目的：

儿童可以在目前切实可行的范围内尽量远离迄今未受教育的父母的错误的抚育。

父母在儿童能够自己走路到进入学校这个时期内，可以无须像现在这样为了照管孩子而花费时间，也无须操劳和担心。

儿童将被安置在妥当的环境里，和未来的同学与伴侣一起，养成最优良的习惯和品性。在吃饭时和晚上可以回到父母的怀抱里来，双方的情爱由于这样分离可能有所增进。

这一片场地还要当作军事操场和 5 岁至 10 岁的儿童在上课前和放学后的集合地点。军事操练的目的将在下面另做解释。此外还要搭一个棚子，在刮风下雨的时候，孩子们可以到那里去躲避。

这就是学校附设的游戏场的几项重要用途。

儿童在游戏场和学校里受锻炼的这段时期给人们以一切良好的机会去创造、培养并树立有助于增进个人福利和社会福利的情感与习惯。按照这种行动计划，2 岁儿童进入游戏场时所接受的格言——"要尽力使小朋友快乐"——在他们进学校的时候还要重新提出来,要他们遵守。老师的首要任务就是训练学生养成永远根据这个原则行动的习惯。这是一条简单的准则,它的明白浅显的道理在儿童幼小的时候就很容易教他们理解。当他们渐渐长大,养成了遵守这条准则的习惯并体验了自己所能得到的好处后,就能更好地感到并理解这一准则对社会的全部重大影响。

上面说的是儿童的实际习惯的基础,现在让我们来解释一下上层建筑的情形。

在学校里,除了教育男女儿童认识上述格言的原理并教他们身体力行以外,还要教他们好好地读书,并理解读物的内容;写字要快,字迹要清楚端正;准确地学习算术,以便理解并熟练地运用算术的基本规则。女孩子还要学会裁剪和缝制实用的家常衣服。在这些方面获得了充分知识以后,她们要轮流到公共厨房和食堂里去工作,以便学习经济地烹调卫生的食物,同时还要把房屋收拾得整齐清洁。

上面说过,要教孩子们好好地读书,并理解读物的内容。

目前通行的儿童读物所传授的东西全是一些不应当在他们那种年龄教给他们的东西……既然是这样,我们就应当根据同一类原理教育儿童。首先要教导他们认识事实,从小孩子最熟习的事情开始,逐渐涉及各人将来可能归属的阶层所必须知道的最有用的知识。在任何情形下,对每一桩事都要在儿童所能理解的基础上解释清楚;当他们的智力发展时,就可以做更详细的解释。

一旦孩子们有条件接受这种教育,老师就应该抓住一切机会使孩子们深深地认识到:个人的利益与幸福同所有其他人的利益与幸福之间显然存在着不可分割的关系。这应当是一切教导的全部要义;学生们也会逐步地理解透彻,以致深信其中的真理就像熟习数学的人深信欧几里得的证明一样。孩子们领悟了这个道理以后,现世生活中压倒一切的、要求幸福的原则将驱使他们把这个道理始终不渝地贯彻到行动中去。

假定上面介绍的方案从儿童还是幼儿时就坚决执行,不受现行教育制度的阻挠,那么,就真才实学以及一切优良宝贵的品质而论,他们甚至在青年时代就不仅大大超过古往今来的贤哲渊博之士,而且表里如一地成为有理性的优秀人物。诚然,这种变革不能一蹴而就,也不能通过魔术或奇迹产生,它只能逐步地实现；而最终完成变革则是一项经年累月的艰巨工作。这是因为从小受到错误教育的人，目前在世界上有势力有作为的人，以及其行动受前辈的错误观念支配的人，一定会力图阻挠这一变革。那些在早年系统地接受了一套错误思想、衷心地奉之为真理的人，当这些错误思想仍然存在时，必然会力图使之在自己的儿女身上流传下去。因此，必须采取某种简单而普遍能用的方法来尽快地消除这种大得骇人的障碍。

因为我们应当考虑到，我国的绝大部分人民属于劳动阶级或者出身于劳动阶级，而所有各阶层的幸福和享受都从根本上受到他们的影响，连最高的阶层也不例外，因为每个人家的儿童的性格有很大部分是由仆人形成的，这是那些不习惯于从人的婴儿时期就细心探索人的心理状况的人所想象不到的。儿童自幼所接触的人应该先受良好的教育，否则儿童在任何情况下都绝不可能得到正确的教养。凡是体验过很好的同很坏的仆人之间的差别的人都能充分赏识好仆人的价值。

人的享受幸福的欲望、自然倾向的幼芽以及获得知识的官能，都是在母胎中形成的，他自己是不知道的。不论完善与否，这一切都是造物主直接创造的，无论幼儿还是日后的成人都无法加以控制。

如果一个人的推理能力从幼儿时期开始就得到适当的培养或训练，而且他在儿童时期就受到合理的教导，知道要排除那些自己加以比较之后认为是自相矛盾的印象或观念，那么这个人就会获得真实的知识，或者会获得所有的、未因相反的教育法而变得无理性的人都认为是自相符合或合乎真理的观念。

现在从每一个人的幼年时代开始就印在他的头脑里、从而产生了其他一切谬误的根本谬误是：每一个人的性格是由他自己形成的，而且由于早年印在他头脑里的一些特殊概念而有了功劳或是有了过错。那时他还没有能力和经验去判断这些概念或想法，或者不让它们在自己的头脑里留下印象。这些概念或想法一经考察就显得是同周围的事实有矛盾的，因而便是虚妄谬误的。

这些错误概念一直在世界上造成祸害与苦难，而且现在仍然在向四面八方散播这些祸害与苦难。

这些概念之所以存在的唯一的原因是人对于人性一无所知；它们的后果就是人类以往和现在所遭受的，除去出自意外事故、疾病和死亡的祸害与苦难之外的一切祸害与苦难；而意外事故、疾病和死亡所造成的祸害与苦难，也由于人对自身一无所知而大大地增加和扩大了。

如果所有的人都被训练成有理性的人，那么战争技术就没有用处了。但是如果有任何一部分人受人教导，认为他们的性格是由各人自己形成的，并且从小就不断受到训练，使他们的思想和行动都不合理性（这就是说使他们养成仇恨的心理，认为自己有责任用战争去对付那些被教育得在情感上和在习惯上与自己不同的人），那么，即使最有理性的人，为了本身的安全，也不得不学会自卫的方法。最有理性的人所组成的任何社会，当它的周围都是那样错误地教育出来的人时，就应当学习这种破坏性的技术，使自己能够抵御无理性的人的行动，能够维护和平。

为了提供典型，说明这一点在不列颠诸岛能够怎样容易而有效地办到，我们的计划是：新拉纳克"新馆"所训练和教育的男孩子应当学习作战技术和武器的使用方法；指派在游戏场上管理儿童的人应当能够教导和训练儿童做体操，他应当时常从事这项工作，然后应当为孩子们准备武器，其重量和大小适合他们的年龄和体力，那时就可以教导他们操练和理解较为复杂的军事动作。

这种操练如果行之得法，对于孩子们的健康和精神是有很大的好处的，它可以使他们具有挺拔匀称的体形，养成精神集中、行动迅速和遵守秩序的习惯。可是，我们要教导他们认识到这种操练之所以绝对必要，是由于有些人陷于半疯狂状态（这些人受到世代相传的错误的教育，对于那些不由自主地在情感和习惯上和他有分歧的人养成了仇恨的心理，并逐渐发展到疯狂的程度）；认识到这种技术除了用来制止这种人的暴行以外是绝不应当运用的；而且运用时，也要尽量减低严酷的程度，运用的目的只是预防疯人的鲁莽行为将造成的不幸后果，并在可能时治好他们的疯病。

论文四　儿童可以经过培育养成任何性格，国家应承担职责[①]

这几篇论文所根据的基本原理是："整个说来，儿童们可以经过教育而养成任何一种情感和习惯"，也就是说，"可以经过培育而养成任何一种性格"。

经过适当的培育，世界上任何一类人的年幼子女都可以很容易地成为其他一类人，甚至于相信并声称某种行为乃是正确和高尚的、是自己即使牺牲

[①] 论文四原标题是"前几篇论文中的原理在政治方面的运用"。——选编者注

性命也要加以捍卫的，而这种行为却是他们的父母被教导得相信并说是错误和邪恶的，即使牺牲性命也要加以反对的。

治理得最好的国家必然具有最优良的国家教育制度。

必须事先指出的是：为了形成一个教育良好、团结一致和生活幸福的民族，这种国家制度在联合王国境内就必须是全国一致通行的；它必须以和平和理智的精神为基础。此外，我们也绝不能有排斥帝国境内任何一个儿童的思想，理由是不言而喻的。

但是国家教育的要义是使年轻一代养成有助于个人与国家的未来幸福的观念与习惯；要做到这一点，唯一的办法是把他们教导成为有理性的人。

一个普通的观察者也定能看清楚，不论是用贝尔博士的体系还是用兰开斯特先生的体系①，都可以教会儿童读书、写字、算算术、缝衣服，然而又使他们养成最坏的习惯，使他们的思想永远不合理性。

读书和写字仅仅是传授正确的或错误的知识的手段，我们教儿童读书写字时，如果不同时教他们怎样正确地运用这些手段，它们比较起来就没有什么价值。

如果我们能够丢开民族偏见，考察一下我们引以自豪的某些贫民教育新体系中的教学内容，我们就会发现这些内容几乎是糟糕透顶的。如要证实这个说法，我们只需走进任何一个所谓国民小学，请老师让我们了解一下孩子们的学习成绩就行了。老师把孩子们叫了出来，向他们提出一些连学识最渊博的人也无法做出合理答复的神学问题，但是孩子们随口就把原先所学到的话答了出来，因为这种似是而非的学习所要求于学生的只是死记硬背而已。

在这种情形下，如果一个学生对各种观念进行比较的天赋能力，也就是推理能力被摧毁得最快，而同时他却有记性，能记住互相矛盾、毫不连贯的东西，那么，这个学生就是所谓全班头一名学生。在这种情形下，本来应当用来进行有益的教导的时间，实际上就有四分之三是用来摧毁儿童智力的了。

把人们认为适合儿童学习的东西教给儿童时，教师的教学方式已经由于牧师贝尔博士和兰开斯特先生的倡议而有了改良（我们不难断言，这种改良

---

① 贝尔（1753—1832年）及兰开斯特（1778—1838年）是英国近代教育史上面向贫苦儿童的"导生制"（即利用小孩教小孩）这一教育体系的创立者。——选编者注

不久就会得到很多补充和修正），可是他们各自的教学体系帮助人们把谬误铭刻在幼儿与儿童的易于接受教育的头脑之中，这些谬误则是从那愚昧无知助长一切荒谬事物的时代里流传下来的。

这几篇论文所主张的原理绝不容许我们对任何一类人使用任何欺骗办法；这些原理只许我们在实践中采取无限诚恳和坦率的办法。这些原理不会造成任何不符合人类幸福的情感；它们所传授的知识会使人们看清楚，唯有把大人强制小孩接受的教育中一切虚伪和欺诈的成分铲除无遗之后才能获得人类的幸福。

目前，我们王国之内还没有任何人受到训练，能根据全人类的利益与幸福来教育年轻的一代。教育下一代是最最重大的问题，因为我们给这个问题以应有的考虑之后就可以看出，年轻人的教育必然是社会的上层建筑赖以建立的唯一基础。如果这种教育还像以往一样任其自流，而且往往由社会上最不能胜任的人掌管，那么社会就一定要继续遭受由于这种幼稚无能的做法而目前仍然在遭受的无穷苦难。反过来说，年轻一代的教育如果规划得好、执行得好，那么国家往后所做的事情就没有一桩能有重大的危害性了。这是因为年轻一代的教育的确可以说是一种创造奇迹的力量，是值得议会给予无比深切的注意的；它既可以轻而易举地把人训练成害人害己的恶魔，也可以把人训练成无限仁慈的造福者。

（选自欧文著，柯象峰、何光来、秦果显译：《欧文选集（第一卷）》，商务印书馆 2017 年版）

《人的教育》

福禄培尔

【导读】

福禄培尔（F. Froebel，1782—1852）是19世纪德国教育家，近代重要幼儿教育机构——幼儿园的创立者及近代学前教育理论的奠基人。福禄培尔的童年在凄风苦雨中度过，导致其性格内向、孤僻，同时富于反抗精神。有关经历对其教育思想的形成有重要影响。福禄培尔与著名教育家裴斯泰洛齐交往甚密，他批判地继承和发展了裴斯泰洛齐的教育思想。

《人的教育》（1826年）是福禄培尔的教育代表作，构筑了福禄培尔关于整个儿童时期教育的完整的理论体系。他主张教育要适应儿童天性，反对当时在德国盛行的强制性教育，反对压制儿童的发展，提倡重视儿童的积极活动，提倡发展儿童的创造性和个性，强调早期教育对人一生发展的重要意义和家庭教育的作用，主张人的一切发展阶段上教育的连续性。此外，他还注重儿童游戏和手工制作活动，重视劳动的教育作用。这些思想对19世纪后期欧美各国的初等教育有一定影响。他在书中提出的对儿童发展的看法和儿童自我活动等教育原则，对20世纪前后的新教育思潮也产生了直接影响。但在福禄培尔的学前教育思想中具有浓厚的宗教神秘主义色彩，这是应予剔除的糟粕。

第一章 总论

万物来自于、统一于上帝，教育应体现内在法则，即上帝精神①

有一条永恒的法则在一切事物中存在着、作用着、主宰着。这条法则，无论在外部，即在自然中，或在内部，即在精神中，或在两者的结合中，即在生活中，都始终同样地明晰和确定，这对于出自情感和信仰，被只能是这样而绝不可能是那样的必然性所充满、所渗透、所赋予生气的人来说是这样，对于以明亮而沉着的慧眼，在外表和透过外表洞察内在东西，并以逻辑的必然性和可靠性从事物内在的本质看到外表的人来说也是这样。这条支配一切的法则必然以一个万能的、不言而喻的、富有生命的、自觉的、因而是永恒的统一体为基础；这条法则，又按照与统一体本身同样的方式，被人们通过信仰或观察，同样活生生地，同样明晰和全面地认识到，以至它向来也能可靠地被一颗冷静而谨慎的人心，即一个考虑缜密的、清醒的人的心灵所认识，并将永远被它认识。

---

① 本文中的此级小标题均为选编者添加。

这个统一体就是上帝。

一切事物都来自上帝的精神，来自上帝，并唯独取决于上帝的精神，取决于上帝；一切事物的唯一本源在于上帝。

人的教育就是激发和教导作为一种自我觉醒中的、具有思想和理智的生物的人有意识地和自决地、完美无缺地表现内在的法则，即上帝精神，并指明达到这一目的的途径和手段。

通过科学及教育科学
来把握永恒法则

对这条永恒法则的认识和自觉掌握，关于它的本源、它的本质、它的整体和联系以及它的作用的活力的观点，关于生活和生活整体的知识就是科学，就是生命科学；而研究这种自觉的、具有思想和理智的生物如何通过本身以及在自身中表现和实践这条法则的科学，便是教育科学。

忽视上述真理而宁愿继续违背这条真理行事，从幼儿和少年儿童一定的外表现象直接推断他们的内在本质，这是造成争论和分歧的根本原因，是生活和教育常常犯错误的根本原因；对幼儿、少年的无数错误判断，在父母与儿童之间或来自一方或另一方的那么多的误解，对儿童的许许多多不必要的抱怨、不适当的指责和愚蠢的期望，其一定的原因就在于此。因为外表看来善的儿童，其内心往往并不善，就是说，并非出于自发或出于对善的爱、尊敬和赞赏才需要善的；同样，外表粗暴、固执、任性，即看来不善的儿童，往往在内心自发地对善的表现抱有最热心的、最强烈的追求；外表心不在焉的男孩在内心却具有牢固、坚定的思想，根据其整个外表并不能发现这种思想。

因此，原来的教育、教学和训练，其最初的基本标志必然是容忍的、顺应的（仅仅是保护性的、防御性的），而不是指示性的、绝对的、干预性的。

但教育本身也必然是这样的，因为未受干扰的神性之作用必然是善的，除了善之外，根本不可能是另一个样子。这一必然性的前提不能不是：年纪尚幼、似乎刚处于形成中的人，尽管犹如一个自然的产物还是无意识的，然而就其本身而言，却必然地、无疑地要求至善的，而且甚至采取完全适合于他的形式来达到至善，在表现这种形式时，他也感觉到自己身上的一切禀赋、力量和手段。

反对专断性的教育、训练，教育应顺应自然

按上帝精神的作用和从人的完美性和本来的健全性来看，一切专断的、指示性的、绝对的和干预性的训练、教育和教学必然地起着毁灭的、阻碍的、破坏的作用。因此，为进一步接受大自然的教训，葡萄藤应当被修剪。但修剪本身不会给葡萄藤带来葡萄，相反地，不管出自多么良好的意图，如果园丁在工作中不是十分耐心地、小心地顺应植物本性的话，葡萄藤可能由于修剪而被彻底毁灭，至少它的肥力和结果能力被破坏。在对待自然物方面，我们的做法常常是正确的，而在对待人的问题上，却会走上完全错误的道路，而且在两者中起作用的力量出自同一来源，服从于同一条法则。因此，从这一观点出发，对于人来说，重视自然和观察自然也是十分重要的。

幼儿、少年，总之人，除了在某一发展阶段上完全地实现各该阶段提出的要求，不应当有另外的奋斗目标。于是，每一个后继的阶段，会像新的幼芽一样，从一个健全的芽苞里萌发出来，而他也将在每一个后继的阶段上，在同样的努力下，直到该阶段完满结束，实现该阶段提出的要求，因为只有每一个先行的发展阶段上的人的充分发展，才能推动和引起每一个后继阶段上的人的充分和完满的发展。

上帝创造了人，即创造了他自己的摹本，他按照他自己的形象创造了人，因而人应当像上帝一样进行创造和发生作用。

第二章 幼儿期的人

婴幼儿的发展过程

在人的心灵和精神中，在人类的思想发展史中，在人类意识的历史中，在儿童身上，在每个儿童从他出生到世界上起直到最后作为一个人自己意识到身居伊甸园以及在这里体验到展现在他面前的美丽的自然为止所获得的经验里，正如圣书里向我们讲述的那样，复现着万物发展和被创造的历史。同样地，在每一个儿童身上，在以后的时期里，按其本性会重复同样的行为，这种行为标志着道德的解放、人的解放的开始和理性的开始，标志着全人类道德的解放、人的解放的开始和全人类理性的开始，而且这种解放和理性，为创造人类自由起见，是必然要开始的。

按照通过对立物认识事物的规律，幼儿的听觉器官首先得到发展。然后，通过听觉和在听觉的引发、制约、刺激下，视觉也得到发展。通过幼儿身上这两种感觉的发展，才使父母和周围的人有可能在物体同它们的对立物之间、物体同言语之间、然后是物体同符号之间建立最密切的联系，结合得像一个东西一样，像一个相互交错、相互重叠的共存之物一样，从而引导幼儿去观察事物和进一步认识事物。

随着感觉的向前发展，幼儿身上又同时地、有规律地发展对身体和四肢的运用，而发展的顺序又决定于它们自身的性质和物质世界事物的特性。

在发展的这一阶段上，对于一个出生到世界上的、正在形成中的人来说，至关紧要的仅仅在于他的身体、他的感官、他的四肢的运用，仅仅是为了运用、应用和练习，而并不是为了从身体、感官和四肢的运用和通过其运用而产生的结果。运用的结果对他来说是完全无关紧要的，或更确切地说，他还根本没有预感到这一点。因此，在这一阶段上开始的儿童游戏是运用四肢进行的：运用他的双手、手指、他的嘴唇、他的舌头、他的双脚以及他的眼睛和面部表情。

在发展了的感官、身体和四肢活动到了儿童开始自动地向外表现内在本质的程度时，人的发展的婴儿期也告终止，并开始了幼儿期。在这个阶段以前，人的内在东西还是一个不分化的、无多样性的统一体。随着言语的开始便开始了分化，即人的内在本质中按手段和目的联系起来的多样性的出现。人的内在本质发生分化，向外释放出来，力图向外表现自己，宣告自己的存在。人依靠自己自发的力量在自己外部固定的东西上，并通过固定的东西，把自己内在的本质向外表现，塑造其形象，而人的这种自发和独立的发展，这种内在本质通过自己的力量在固定的东西上自发表现，也可以充分地用kind（幼儿）一词来表达，k—in—d①，即标志着人进一步形成的这个发展阶段。

---

① 这里作者采用了一种文字游戏的手法，以说明"幼儿"（kind）一词所包含的深刻含义。他把德文"kind"一词划分为三段，即k—in—d，"k"在这里可理解为"力量"（kraft），"in"可理解为"内在本质"（das Lnnere），"d"可理解为"表现"（darstellung）。福禄培尔在这里要表达的整个意思是：通过自己的力量自发表现内在本质。——译者注

真正人的教育始于幼儿期

随着幼年时期的到来，随着人在外部和通过外部表现内部本质并寻找和力求两者一致的，即寻找和力求结合两者的统一的这一时期的到来，真正的人的教育便开始了。这时，虽然身体的保育减少了，但智力的培育和保护却加强了。但在这一时期，人及其教育还是完全被托付给母亲、父亲和家庭的，他同他们一起，构成一个就本质上说完整的、不可分割的统一体。

语言

这一发展阶段上的儿童，应当正确地和确切地看待一切事物，应当正确地、确切地、肯定地和纯正地描绘一切事物，无论就事物本身来说，还是按其本质和特性来说，都应当这样对待。他应当正确地描绘物体与空间和时间的关系，以及物体彼此之间的关系和物体对物体本身的关系，用恰当的名称和词汇表达每一个事物、每一个词本身，按照它的音调、音素、结尾等组成部分加以清楚、纯正地使用。由于人的这一发展阶段要求作为儿童的他清楚、正确、纯正地描绘一切，因此就极其需要把他周围的一切东西正确地、清楚地、纯正地展示在他的面前，使他能够正确地、清楚地、纯正地看到并认识这一切；两者是不可分割和相互依存的。然而在这一阶段，正如语言同说话的人还是一体的一样，对于说话的儿童来说，语言和语言符号同要描绘的对象也是一体的，也就是说，他还不能把词与事物分开，正如他还不能把身体与精神、肉体与灵魂分开一样。它们对他来说还是一体的、同一的东西。儿童在这一时期的游戏尤其可以表明这一点。儿童在游戏中，只要他能够说话，是很想多说话的。游戏和说话是儿童这时生活的要素，因此，处在人的这一发展阶段上的儿童，视每一个事物是有生命、感情和言语能力的，并相信每一个事物都在听他说话。这正是由于儿童开始把他的内在本质向外表现，所以在他看来，他周围的其他一切东西也能进行与他相同的活动，不管它是一块石头或一块木头，不管是一棵植物、一朵花或一个动物，都是如此。

游戏

这样，对于这一发展阶段上的儿童来说，正如他的生活本身得到发展、他同父母和家庭的生活得到发展以及他同一种对于他和对于这些与他共同生活的人来说崇高的、看不见的力量处在一起的生活得到发展一样，特别是他在——像他感觉到的那样——包含着同他相同生活的自然中以及同自然一起的生活也得到了发展。特别是父母和家庭的其他成员在这时必须把儿童在自然中和同自然一起的生活，同自然中明确的、无声的事物一起的生活作为儿童整个生活的关键来加以培育。而这一点，特别应当通过游戏，通过儿童游戏的培育来实现，而这种游戏在最初仅仅是自然的生活。

游戏是儿童发展的、这一时期人的发展的最高阶段，因为它是内在本质的自发表现，是内在本质出于其本身的必要性和需要的向外表现，"游戏"一词本身就说明了这一点。游戏是人在这一阶段上最纯洁的精神产物，同时是人的整个生活、人和一切事物内部隐藏着的自然生活的样品和复制品。所以游戏给人以欢乐、自由、满足，内部和外部的平静，同周围世界的和平相处。一切善的根源在于它、来自它、产生于它。一个能干的、自发的、平心静气的、坚忍不拔的、直到身体疲劳为止坚持游戏的儿童，也必然成为一个能干的、平心静气的、坚忍不拔的、能够以自我牺牲来增进别人和自己幸福的人。一个游戏着的儿童，一个全神贯注地沉醉于游戏中的儿童不就是这一时期儿童生活最美好的表现吗？

上面已经说过，这一时期的游戏并非是无关紧要的小事，它有高度的严肃性和深刻的意义。培养它、哺育它吧，母亲！保护它、关心它吧，父亲！用一个真正懂得人类本性的人的平静而敏锐的眼光来看，在这一时期儿童自发选择的游戏中显示出他未来的内心生活。这一年龄阶段的各种游戏是整个未来生活的胚芽，因为整个人的最纯洁的素质和最内在的思想就是在游戏中得到发展和表现的。人的整个未来生活，直到他将要重新离开人间的时刻，其根源全在于这一生命阶段，不管这未来生活是纯洁的还是污浊的，是温和的还是粗暴的，是平静的还是充满风浪的，是勤劳的还是怠惰的，是功绩卓著的还是无所作为的，是迟钝而优柔寡断的还是敏锐而富有创造的，是麻木不仁、畏首畏尾的还是富有远见的，是建设性的还是破坏性的，是和睦待人的还是生性好斗的，是惹是生非的还是给人以安宁的。他将来与父亲和母亲、家庭和兄弟姊妹的关系，与社会和人类、自然和上帝的关系，按照儿童固有的和天然的禀赋，主要取决于他在这一年龄阶段的生活方式。因为儿童的生活在他自身中和与他自己，在家庭成员中和与家庭成员，在自然和上帝中和与自然和上帝，这时还完全是统一不分的，所以，在这一年龄阶段的儿童几乎不知道哪一种东西对他更为亲切——是花朵呢，还是他自己对花朵的欢乐，还是当他把花朵带给母亲、带给他的父母时给予他们的欢乐，还是把花朵赐给人类的亲爱的造物主使他模糊地预感到的那种欢乐。谁能分析这一年龄阶段儿童的如此丰富地感受到的这些欢乐呢。假如儿童在这一年龄阶段遭到损害，假如存在于他身上的他的未来生命之树的胚芽遭到损害，那么他必须付出最大的艰辛和最大的努力才能成长为强健的人，必须克服最大的困难在其朝着这一方向发展和训练的道路上避免这种损害所造成的畸形，或至少防止这种损害所造成的片面性。

食物及进食

在幼年时期的这几年里，儿童的食物和进食是十分重要的，它不仅对于儿童目前的年龄和生活来说是重要的，而且对他整个未来的生活来说也是重要的，因为儿童可以通过他的食物，通过他的进食而成为怠惰或勤勉、萎靡不振或充满朝气、迟钝或敏捷、缺乏生气或充满活力的人。而且儿童以这种方式接受的，通过他的食物的性质接受的印象、性向、嗜好、感觉的倾向，甚至他所特有的生活倾向，生活中各种活动的倾向是难以摆脱的，甚至将来他已经成了自立的人时还是难以摆脱。它们同他整个肉体的生活成为一体，因而也同他的精神生活紧密联系，至少同他的感觉和情感紧密联系。所以，儿童在母乳之后最初的食物应当简单而适度，不超出绝对必要的限度之外的人工的和精制的食物，尤其不要用过多的香料来刺激食欲，也不要太油腻，以免阻碍内脏器官的活动。

反对束缚，努力发展四肢及器官

为了使儿童在这一时期在智力上、身体上能够不受限制地活动和游戏、发育和发展，他的衣服不应使他受到束缚、压迫和禁锢，因为这样的衣服也会束缚、压迫和禁锢人的精神。在这一年龄阶段和以后年龄阶段不能穿着割破和撕坏的衣服，因为衣服在儿童身上，在一个人身上产生的影响将会同样地影响到他的精神、他的心灵。衣服、衣服的式样、颜色、形状本身不应当成为目的，否则，衣服会使孩子很早就注意自己的外表，使他变成一个空虚的、轻浮的人，变成一个布娃娃而不是孩子，变成一个木偶而不是一个真正的人。

因此，在家庭范围内，父母抚育子女的内容和目的就是唤醒、发展和激发孩子的全部力量和全部素质，培养人的四肢和一切器官的能力，满足他的素质和力量的要求。母亲出自自己的天性，在没有任何指导和要求，没有经过任何学习的情况下本能地、自发地做所有这一切。然而这样是不够的，她必须把孩子看作一种有意识的生物，对一种正在觉悟中的生物发生作用，有意识地引导孩子实现人的经常不断的发展，在自己同孩子之间在一定程度上建立起内心的、活生生的、自觉的联系。

"把小胳膊伸给我！""你的小手手在哪里？"——正在教育孩子的母亲力图让孩子知道并想象他的身体的多样性和他的四肢的差异性……这样，母亲的天性和爱把孩子狭小的外部世界由整体到局部、由近到远地逐渐展现在他面前。继之，母亲引导幼儿首先亲自感受自己的行动，然后再观察自己的行动。这位在自己全部行动中始终如一地把言语同行动结合起来对幼儿进行教育的母亲，当幼儿应当进食时会对他说："张开小嘴。"在给他洗脸时说："把小眼睛闭起来。"

包容一切的母爱试图激发幼儿与父亲和兄弟姐妹之间十分重要的共同感情，并让幼儿明白这种感情，她说："摸摸亲爱的爸爸！"或者她抚摸着孩子自己的手，把它拉到父亲的脸颊上，说道："噢，噢！亲爱的爸爸！"或者说："摸摸姐姐。"并说"噢，噢！亲爱的姐姐"等。

除了极其美好的东西由之发展起来的那种共同的感情本身外，无所不包的母性的爱还试图通过动作（这是极其重要的），通过有规律的、有节拍、有韵律的动作，通过对她手里抱着的幼儿的抚弄，即通过按有韵律、有节拍的声音发出的有韵律、有节拍的动作使孩子感觉到他自己身上生命的存在。

绘画

图画本来是介于言语和事物之间的，具有同言语和事物共同的特性。在这点上，它对于幼儿和少年，对于一般的人来说，作为教育和发展的手段是十分重要的。真正的图画与实物是一致的……然而绝不是实物本身，而仅仅是实物的映象。言语与图画在本质上又是截然对立的，因为图画是死的，而言语却是活的。图画是看得见的东西，而言语是听得见的东西。因此，言语和图画正如光和影子、白昼和黑夜、精神和肉体一样，是不可分割地联系在一起的。因此，绘画能力，正如语言能力一样，无论在成年人身上还是在儿童身上，都是天生的，与语言能力一样，也无条件地要求发展和训练。经验也清楚地告诉我们，儿童爱好绘画，甚至对绘画有一种迫切的欲望。

绘画，通过一张图画和在一张图画上表现事物，以及由绘画导致并要求达到的明确的见解,使儿童很快地达到对经常不断地重复联系的同等数量的同类事物的认识,例如两只眼睛和两只手臂、五个指头和五个脚趾、甲虫和苍蝇的六条腿。这样,物体的图画会引导儿童对数目的认识和注意,同一物体多次重复出现使儿童形成数的观念。同类物体按某种关系集合成一定的、各种不同的量便是这些物体的数目。这样,通过对数的注意和认识,通过发展和训练儿童的计数能力,他的认识范围、他的生活的世界又扩大了,他的内心生活的本质需要,他的精神的一定的向往得到了满足。

发展数概念

在幼年期儿童身上应当发展这样一种至少到 10 为止的明确和肯定的数列知识;但绝不应当把数词作为空洞的、毫无意义的声音说给孩子听,并让孩子机械地,即同样是毫无意义地、空洞地模仿着说;否则,在这种情况下,如果人的思想不能最终自发地、依靠自身的力量来排除各种反常观念的话,孩子可能会毫不在乎地说出 2、4、7 或 8、1、5、2 等这样顺序混乱的话来。

儿童绝不应当长时间地在对实际被计数和将被计数的对象物缺乏观念的情况下念数词,否则这些数对他来说便是空洞的、毫无意义的。

以上关于发展数的概念的介绍,同时给我们提供了关于儿童是怎样并按照什么样的规律由观察个别事物逐渐上升到一般乃至最普遍的概念这一过程的一个例证,当然,在观察中,这一过程往往是瞬息即逝的。

(选自福禄培尔著,孙祖复译:《人的教育》,人民教育出版社 2001 年版)

《幼儿园教育学》

福禄培尔

【导读】

《幼儿园教育学》(1861 年)亦为福禄培尔的教育代表作之一,由福禄培尔的忠实追随者搜集其生前在德国杂志上发表的十五篇文章汇编而成,故全书为十五章。在第一章中,福禄培尔指出,儿童与整个人类相联系,创造着、包含着并表明着人类新生命永不停息地再现;人从诞生之日起,就开始自我教育和自我发展,最终成为一个完美的社会个体。在该章中,他向人们发出了一种真正的生命呼唤:"来吧,让我们与儿童一起生活吧!"在第二章，福禄培尔指出，教育者和父母要理解儿童，并明确教育、训练必须与人的发展阶段一致，必须符合其个性需要。他还指出，设立和促进"创造性活动本能的机构"的目的，就是对父母及成人提供指导和培养，最重要的是提供适合儿童心理、精神和生命的手段。在某种意义上，这个机构就是福禄培尔幼儿园的雏形。在其他各章，他还详细讨论了恩物、游戏及幼儿读写教学的观点。本书总体发展、丰富、完善了福禄培尔的幼儿及幼儿园教育理论。此处摘编了第一、二章中的若干论述。

第一章　两种观点——新年的沉思

在辞旧迎新的时刻，特别是当看到新的一年即将来临的时候，人们几乎都会不自觉地回首他生命中飞逝的时光，回首如此匆匆过去的一年……随着他在自身中发现了新的活动和行动的萌芽，注视着新的一年的来临，他的心中充满了新的努力、新的希望和新的力量。他寻找着能够既保险又迅速地实现它们的途径。在全面地考虑了这个主题后，他最终将一个思想作为一切的核心，作为对正确或错误地理解和对待整个生命所给予的东西的基础。这个思想就是：给予或尚未给予人一种为了生命的教育；在这方面最重要的是早期教育、家庭教育、生命的教育。

只有作为整体中的一员，他才能达到更自由地、更从精神上与他作为一个人所努力追求的整体结合在一起。他几乎不可能孤立存在。因此，他的头脑中充满了统一体的思想，他的心灵中充满了统一体的感觉。希望许多事物——是的，万物或至少是那些离我最近的事物——能在我努力追求整体的过程中与我结合在一起，就像与每一个个体结合在一起一样。因此，特别是在今天回顾过去的一年和展望新的一年的时候，我的心中迸发出一个人人都能接受、人人都能理解的思想，一个人人都能接受、人人都能理解的感觉，他向所有和他一起思考和感受的人呼吁：

"来吧，让我们与儿童一起生活吧！"

整体的基础

每一个生物整个未来生命的发展和形成都包含在它最初的存在之中。每一个生物生命的顺利实现和不衰败能完全取决于对这个最初存在的理解和培养，以及对这个最初存在的认识和坚决实现。

当人还是儿童的时候，就像植物上的花朵、树上的花蕾。正如这些花朵与花蕾都与树联系在一起一样，儿童也与整个人类相联系——他是人类含苞待放的稚嫩花蕾，是人类崭新的花朵。这样，它就创造着、包含着并表明着人类新生命永不停息的再现。

但是，人作为一种被创造的存在，既是一个部分又是一个整体。那是因为：一方面作为一种创造物，他是宇宙的一部分；同时，另一方面他也是一个整体，因为——正因为他是一个创造物——他的造物主的本性（一种充满生气的、有活力的和创造的本性，它为生命作证，因此就它自身而言是独一无二的）存在于他之中。

人类自身作为一种生命存在，同时也能够给予生命的原始且根本的本性，在人的创造性生成的冲动中表现出来。甚至在儿童身上，它也会通过儿童观察、分析和联合的本能——也就是通过影响儿童性格形成和创造性的活动表现出来。确实，在儿童身上促进这种本能可以使人的生命丰富多样，同时也能全面满足生命的需求。

当人还是儿童的时候，他总会受到父亲和母亲的影响和支配。

父亲、母亲和孩子形成了一个三位一体的生命整体——一个家庭。

只有作为家庭中的一员，人才有可能成为均衡的、真正的和完整的人。

一切真正的人的教育和训练以及我们为此所付出的努力，都与在家庭中悄悄地促进这种活动本能联系在一起，与儿童为了满足这种本能的全面发展联系在一起，与使儿童能够积极地与这种本能和谐一致联系在一起。

我们付出努力的目的就在于，使人从诞生到地球上的那一刻起就能够作为一个完整的人、一个完整的个体，在与生命整体和谐一致的基础上，自由地和主动地发展自己与教育自己；使他自己能够了解世界和指导自己，能够认识到自己是一切生命之中的一个确定的成员，从而能够自由地和主动地展现自己——自由地和主动地生活。

如果将人看作一种被创造的存在，那么，还有一点是必不可少的，即将人从童年开始的整个一生都看作是一种创造性的存在，并这样来教育和训练人，从而使他能够在创造的时候，即使是在生命的最早期，也能发现和认识造物主、创造和被创造，从而随着他能力的发展，他在这三重的关系和联系中发现和认识自身。如此来训练他，才能使他理解并实现人作为一个现世存在物的使命和命运——也就是在创造和创造物中，通过人去认识上帝；在人类和他自身中认识自己；使他能够在此物中认识他物，在他物中认识此物——不仅能认识和表现它，而且能描述、理解和领悟它。

　　作为一个被创造的存在，人从他在地球上生活的第一个阶段就在他的所有关系中被看作是一个三重的儿童，并且如此加以培养。或者，被看作是一个处于三种分离关系中的孩子——自然的孩子、人类的孩子、上帝的孩子，而这三种关系又彼此结合在一起。

第二章　关于促进创造性活动本能的机构的计划

前言

　　因为一切生命都存在于一个统一体中，也因为一切存在的生命都从这个统一体中涌现出来，因此，一个希望仁慈地、卓有成效地、快乐地和不断地进行工作并通过逐步发展来增进完善的人，必须尽力在行动和生命中与自然和人的发展，与现阶段所达到的理解力水平和理智的的运用水平相一致，从而可以与自然和人类（也就是与整个宇宙）发展阶段完全一致，同时也与个体或整体的内部要求和发展阶段充分和谐。

　　要实现生命的最高目的，现时代对教育和教育者、父母和保育员提出了以下必不可少的要求：理解儿童的最早期活动、第一个动作，形成以及自发地进行身体活动的冲动，鼓励儿童最早在家里进行的活动和通过自我塑造、自我观察、自我检验进行自我学习和自我教育的冲动。

　　鉴于此，这个机构的目的是使儿童世界的需求与人类的发展阶段相符合，为那些发现自己在对托付给他们的孩子的养育中处在我们刚才所提到的那种境地的父母和成人提供合适的游戏和活动手段，从而给他们提供指导和培养——也就是提供教育，最重要的是要提供适合儿童的心理、精神和生命的手段。所以，同样必要的是对家庭提出自然的和人道的呼唤："来吧！让我们与儿童一起生活吧！"

　　这个机构的计划如下。

计划

　　一、提供能够同样地满足父母和儿童、年长者和年幼者、老师和学生的需要的游戏和活动手段，从而能够滋养、增强、发展和形成儿童的生命，同时也能提升父母和成人的生命，或者至少在与儿童一起游戏的时候给予他们精神和心智上的滋养。

因此，这些活动手段的精神和特征如下。

1. 它们源于统一体，并遵循着生命的规律从统一体中全面地发展出来。它们始于最简单的事物，在发展的每一个特定阶段又一次从相对最简单的事物开始；但是，后来在彼此之间的互惠关系中，它们遵循这些事物自身的本性，又从最简单的事物发展到最复杂的事物，从未充分发展的事物发展到完全成熟的事物，并且在与自然和精神发展的和谐一致中继续发展。

2. 每一种活动手段的目的，也就是教育的目的，纯粹是为了人的教育和培养。

3. 如同源于一个可在大自然中观察到的、被历史所证实的、纯粹人类的、单一的基本教养法则一样，全部游戏和活动手段形成了一个稳定的、紧密联系的整体，它的所有部分都互为解释、互利互益。因此，这个整体就像一颗枝繁叶茂的大树。

4. 这一整体中所包含的每一个事物，不管它是多么微小和简单，或者是多么庞大和复杂，都是一个独立的整体，就像一个花蕾或谷粒，从中可以萌发出许多新的发展，这些新发展又重新汇集到一个更高的统一体中。

5. 这些活动手段在展现的过程中将包含对全部官能的一般的和基本的训练。它们也将包含作为一个整体的未来的进一步训练打基础的工作，并且以作为一个存在着的、有生命的和有洞察力的人的本性为基础。

6. 它们必须能够使儿童仔细观察大自然和生命的所有组成部分和现象，引导儿童预知和认识并最终理解物质东西和生命现象的内在连贯性，理解物质世界和精神世界的统一性和它们各自所遵循的规律的愈来愈明显的相似性。

7. 这些游戏和活动手段在他们的工作和职业中是有用的和有益的，不管他从事的是一种致力于知识的内部工作，还是一种致力于制造的、结果可见的外部工作。

8. 每一个游戏、每一种活动的手段和每一个自我教育的手段都会伴随着充分的、各方面的指导。

二、在整个过程的逐渐完成中，将提供这种自我教育、自我指导的手段以满足人的发展阶段的需要，也足以使那些希望继续自己教养的成人实现目的。按照这种培养和指导的方式，本书将要呈现的是属于一个整体的所有部分和这些部分的相对更高的和最高的统一体的概要。这些概要的目的是：人——确切地说，如同所有的统一体从最深层意义上而言都是可感知而不可见的一样——可以被引导着从可见的、外在的走向不可见的、内在的，从外表走向真实的存在，从而将人引进自身，也引向上帝。这样，人将会在他的本性中，在他的发展中，在他与整体和统一体的关系中——也就是在与自然和上帝的关系中——被清晰地展示出来。因此，在生命的一切关系中，人将会获得统一而清晰的意识以及在教育、生活和见识方面的洞察力，并因而获得快乐、和平和自由。

（选自福禄培尔著，许建美译：《幼儿园教育学》，
长江少年儿童出版社2014年版）

《儿童世界》

乌申斯基

【导读】

乌申斯基（К. Д. Ушинский，1824—1871）是19世纪俄国教育家，俄国教育心理学的奠基人，还被尊为"俄罗斯儿童学之父"。他生于土拉，童年在庄园中度过，从小养成了热爱大自然的心理。1846年后，乌申斯基开始从事教育活动。时值俄国农奴制度发生深刻危机，他积极投身于社会民主运动，在各类学校任职期间，以民主和科学精神进行教育改革，尤其重视女子教育及女子学校的改革，并为俄国女子师范教育奠定了初步基础。

《儿童世界》（1861年）是乌申斯基为启蒙期及小学低年级儿童编写的包含生物、地理、天文、历史及诗歌、寓言和童话等各种知识或材料在内的儿童读物。这里所选的系乌申斯基为《儿童世界》所写的初版前言，阐述了该书编写的指导思想和教学法原理。乌申斯基强调：（1）小学低年级阅读课本应以发展学生的语言能力和思维能力为目的，向儿童提供比较系统的、能为他们理解的、有用的实际知识是实现这种教学目的的前提，因此，自然常识应是最主要的题材；（2）学习是一种充满思想的运动，阅读课本应成为严肃科学的入门，务使学生在教师指导下读完这一课本时就爱上严肃的智力劳动；（3）课本的内容应与实际生活密切联系，教师在教学中应注意向学生展示科学与生活之间的关系；（4）教学应具有直观性，使儿童不仅学习思考，而且学习观察，观察先于思考，直观教学先于智力和语言训练；（5）要引导学生学会分析、归纳、对比和判断。这些主张在苏联时期的教育论著中经常被引用，对学前教育也有一定的指导意义。

《儿童世界》初版前言①

《儿童世界》因我国学校低年级俄语初级教学的需要应运而生。我究竟在多大程度上预测到了这种需要，又能在多大程度上满足它——这不能由我来做判断；但是由于这本书的特殊使命，由于它的体系中有许多独特的东西，因此，我认为完全有必要在前言里对指导我撰写这部书的原则做一番说明。

儿童阅读的目的不仅是培养语言技巧，而且要发展思维能力②

一些人将阅读和叙述仅仅看作是语言练习，这种练习是和逐步进行的语法实践学习统为一体的；另一些人则认为，应把阅读和叙述作为智力体操的手段来运用；最后，第三种人的看法是，在达到前面提及的两种目的的同时，教师还应当在进行阅读和叙述的过程中努力向学生传授尽可能多的知识。

要是阅读和叙述所读内容的目的仅仅是为了培养语言技巧，那么理所当

---

① 该文刊登于第一至第四版《儿童世界》，后收入《乌申斯基全集》（俄文版）第五卷第17页。——译者注，有改动

② 本文中的此级小标题均为选编者添加。

然，任何文章，只要内容适合儿童并且文笔符合标准俄语，都适用于这样的阅读。然而，我认为，对阅读和叙述的这种观点不完全正确。

语言不是与思想脱离的东西，恰恰相反——它是思想的有机产物，它源自思想，由思想中得到源源不断的发展，因此，谁想要发展学生的语言能力，谁就首先应该发展学生的思维能力。脱离思想而单独发展语言是不可能的，甚至在发展思维之前主要发展语言的做法也是十分有害的。要是采用这种绝对形式主义的方针能够取得某些结果的话，那也只是不切实际的、甚至有害的结果。纯正、流利和文雅地胡言乱语，用巧妙的词句胡编乱造那些牛头不对马嘴的空话，这是人最坏的习惯之一。教育工作者应当彻底根除这种习惯，而不是助长它的发展。在这方面，家长对孩子爱说废话的习惯的过分迁就以及过早地学习外语（此时全部注意都集中在言语的语法正确性上，而不是它的逻辑上和实际上的思想内容），都会给最具天赋的儿童带来极大的危害。

此外，不难确信，形式上的语言学习与儿童的天性是相违背的。如果一个孩子尚未遭受错误教育的坑害，他不会对句子感兴趣，因为首先吸引他的是思想、内容、现象、事实本身，而不是表达思想的形式。没有比一味追求形式上的修饰更不适合儿童、更使儿童老年化的工作了。这是一种奢望，这种愿望只有在我们头脑中储存的内容已经相当丰富，新的东西已不再那么强烈地吸引我们的时候才会出现，而对孩子来说，整个世界都是崭新的、引人入胜的。

我甚至认为，只搞形式上的语言学习，就连它自己单方面的目的也不可能达到。只有人自己在创造思想的同时所创造出来的形式、只有从思想中有机地发展出来的表达思想的形式，才是好的；而从某一本书，哪怕是最优秀作家的作品中抽出来的思想表达的形式，也不一定得体。

如果说，在阅读和叙述中只进行语言实践练习是很不够的，那么，那些把阅读和叙述视作单纯的智力体操的人，也不可能完全达到教育的合理目的。可以从形式上发展理智，也可以从实际上发展理智。智力体操是从形式上发展智力；只有被智慧完全掌握了的、有用的、转变成思想的知识，才能从实际上发展智力。尽管从形式上发展理性当然比光从形式上发展语言能力要有用得多，但是，我认为在这方面的片面性也是有害的。要是单纯语言学习能够培养出头脑空空好说废话的人，那么，单方面的智力体操（操练什么，这无关紧要，只求智力得到操练）能教育出专做表面文章、好发长篇议论的人——这些人随时可以就任何事物，甚至他们一无所知的事物发表议论，因为他们头脑中始终存在大量现成的论理范畴，这些范畴今天可以用于这个内容，明天又可以用于另外的内容。智力体操无疑能发展智力，可是——要是可以这么说的话——却损害人的性格；它教会人不留痕迹地消磨思想，其目的不是事情本身，不是其结果，而正是那个智力体操。

当然，谁也不会去证明语言练习和智力体操本身有害无益，因为有害的仅仅是它们的片面性，有害的是它们缺乏实际内容。我只想说，智力体操也好，言语操练也好，都应当训练学生对于某种有用的实际知识的智力和言语能力；这些练习的主要目的应当在于全面地掌握知识本身，并明确地表达它，同时附带地训练智力和言语能力。我们并不认为这是一个新的观点，因为我们目前已经拥有这样一些俄语教师，他们将阅读和所读内容的叙述不仅用于语言实践训练，不仅用于智力体操，而且用于通过所谓的实质性分析向学生传授正面有益的、为学生所能接受的知识。

掌握知识不是课程的目的，
进而发展思想才是核心及目的

但是，我不同意这最后一类俄语教师的看法，他们把知识本身看成这种阅读和讲解的目的。并非知识本身，而是儿童头脑里通过掌握某一门知识而发展起来的思想——才应当是这些课程的核心、最重要部分、最终的目的。在这个核心的周围，应当有机地生长出逻辑的和智慧的外壳，使言语练习和逻辑练习不是仅仅正确组织空洞的或者虚伪的句子，也不是毫无内容的逻辑辩证法。在编写这本教科书时，我所注意的正是这一种教学，并且希望以这本教科书来便利那些对低年级的阅读和叙述的意义的这种观点持赞同态度的老师的工作，同时，强化他们的有益的工作的影响，通过这本书的体系使他们的大量讲解都能长久地保持在孩子们的记忆之中。

在阅读和叙述时，首先应当向学生讲授某些有用的、为他提供思想的知识，同时应使学生的思维能力和言语能力在思考和表述这个思想过程中得到训练，正是以上述思想为指导，我对自己提出了一个问题：这些知识和思想究竟应当是哪一种？在人类知识和人类思想的广阔领域里，应当选择什么才适合于初级阶段的思维练习和祖国语言练习呢？

怎样选择阅读材料

历史题材的故事肯定不适合这个目的：要使 10 岁孩童的水平提高到能够正确理解历史上的伟人和重大事件，这是不可能的；将历史人物和事件降低到儿童的理解水平——这等于歪曲历史，这样做肯定有害无益。历史上的笑话也达不到任何目的，因这些笑话本身只对在笑话中起作用的那些人物而言才具有意义。

游记片断对于初级阶段的阅读也是不适用的：旅行者眼前呈现的每一个地方的具体情况，对十岁读者来说包含着许多需要讲解的现象。这些现象在一些专门的科学领域里都毫不费力地分别得到系统的解释，但在阅读课上却不得不对交织在一起的种种现象同时做出解释，或者，干脆不做任何讲解。但是，我认为，不自觉的阅读和表面的、马马虎虎的讲解十分有害，因为初等学校的主要使命正是为了培养新入学的学生清楚地、透彻地理解事物的习惯。另外，有的人尽力要为小读者讲解每一个单词，阅读一篇短小的、有时十分简单的故事时，他硬要塞给学生一大套形形色色的词语解释，这种人的做法完全不符合教育学。只有在学习荷马的史诗时才可以做这样的讲解，而且对象也不是 10 岁儿童。

将刚刚开始阅读的读者引入社会关系领域，我认为也是毫无益处和十分困难的。首先，因为这个领域根本不可能充当朴实和真诚的榜样；其次，这个领域是无数历史原因和道德原因的产物，而对这些原因所做的讲解儿童往往无法理解，这种讲解甚至对他们是有害的。在这种情况下，教师不由自主地只得采用一些虚伪的说明，或者进行批评和否定。而对于处在一切都需要创造，没有什么可以破坏的年龄的人来说，进行否定最不符合他的本性。

这样逐一地思考分析了通常选作儿童阅读的种种对象之后，我决定选择博物学中的一些对象。有几个理由促使我这样做。第一，是对象的直观性。刚入学的儿童，不仅应当理解他所读的内容，而且必须正确和敏锐地观察眼前的事物，发现它的特征——总之，不仅得学习思考，而且得学习观察，甚至学习观察应当先于学习思考。直观教学当然必须先于智力练习，而且应该从最早的年龄开始，在孩子学会识字之前就应当开始。但是，因为在我国几乎还没有一所学校是这样做的，所以，进入县办学校、文科中学和其他中等学校学习的学生，根本没有受过以直观性练习进行书本学习的训练，因此，我认为在学校开初阶段阅读课上尽可能地填补这个不足是十分有益的。尽管我非常清楚，与直观教学同时进行的不应当是阅读，而必须是教师的口头提问和叙述（在这方面德国编有许多用作教育指南的书籍）。然而我认为，在缺少预备性的直观教学的情况下，将直观教学与初级阶段的阅读同时进行，这种方法还是可行的。做事总比不做事好，开始做总比永远不做好。阅读本身，因为不时穿插有观察对象、以对象为题的说明以及在课堂内当堂做的小实验，能够赢得课堂气氛的活跃和学生的兴趣。我为《儿童世界》主要选择了博物学中的对象的第二个理由，是因为我认为这些对象最适合于培养儿童思维的逻辑性，而这一点正是阅读和叙述的主要目的。我深信，自然界的逻辑是儿童最易接受和最有用的逻辑。

教学方法

但是，在决定选用博物史为对象之后，还必须解决一个问题：通过什么途径将这些对象介绍给儿童？是给这些对象穿上儿童的、半神话式的、引人入胜的外衣呢？还是直接将对象严肃的内容介绍给孩子？仔细查阅了祖国历史上大量的可笑而生动的故事（这些故事在德国每年都出现好几十个）以后，我坚信，所有这些故事或是提供的实际内容极少，或是要求教师做非常广泛的说明，它们最多也只适于收入儿童读物，但不宜选入课内阅读用的课本，因为这样的课本里占优势的应是实际内容，而不是漂亮的形式。诱人的形式应当是供课内阅读用的儿童课本的一个特点。当然，在这两个方面的走极端的现象都是有害的，但是，供课内阅读用的课本里，无论如何不能为保全趣味性而牺牲内容，因此，课内读本只能是尽可能地保持其趣味性。

另外，课内的时间极少，不应该将它花费在童话和趣味性的故事的阅读上，并且一般说来，我认为10岁孩童应当已经习惯于认真的劳动，当然这种认真的劳动应与他们的理解能力相适应。毫无疑问，从前经院式的教学方法对智力起的是坏作用；然而，造成这个结果的原因不在于上课的严肃性，而在于它缺乏思想。如果说，死记日课经和圣经集危害了智力发展，那么，戏谑的、逗乐孩子的教育学则将人的性格破坏于萌芽时期。学习是一种劳动，而且应当永远是一种劳动，一种充满思想的劳动，要使学习兴趣本身取决于严肃的思维，而不是取决于与事无关的夸张。我认为，用作初级阶段课内阅读的课本，应当成为严肃科学的入门，使学生在教师指导下读完这本书时就爱上严肃的科学学习。

要使严肃的叙述富有生气，关键在于教师，首先，讲课应具有直观性，为儿童展示对象本身，让他们在观察对象的同时，不仅能回想起书上读过的内容，而且还能以直接观察所得对它加以补充；其次，应使问题多样化和具有生动性，使每个学生能个别地、并且也使全班同学一起能完整地复述出所读到和所观察到的全部内容。一则小小的笑话，诙谐的故事，作为学生片刻的休息当然无碍于事；要是这些笑话和故事学生是从教师口中听到的，而不是从书中读到的，那它们对儿童的影响将更生动有效。小孩子很少被他在书中读到的内容逗乐，甚至在读最令人发笑的故事时也往往不笑一笑。

但是，从自然科学广泛领域里究竟选择什么呢？是选择最吸引人的对象，还是科学地解释那些学生已经直观地了解了的对象？在这个选材过程中我还是以原来的思想为指导，主要选择了孩子周围的、他们多少有所熟悉的事物和现象。我以为，学校里让儿童了解的不应该是科学中的稀事怪物，恰恰相反，应该使他养成在周围时时处处遇到的事物中找到有趣东西的习惯，从而在实际生活中向他展示科学和生活之间的联系。正是根据这一观点，我更乐意向儿童介绍针叶树林、家禽、最常见的金属，而不是电鳗、热带蜂鸟、鹟以及自然界的其他稀世珍物，因为关于这些知识儿童自己也乐意从任何一本儿童书籍中获得。

现在，就教科书中叙述的次序说几句话。杂乱无章地叙述自然界的某些事物和现象——等于毫无成效地折磨儿童的记忆。要是在没有向儿童介绍科学的个别现象之前就叙述自然科学的整个体系，这又意味着破坏正常教育学的基本原则。我尽力在这两个极端之间寻找居中的方法，即首先断断续续地叙述几种自然界的事物，然后将它们互相做比较，最后才将这些个别现象尽可能地归纳成一个体系。从这个目的出发，我在叙述了自然界每一个领域之后，在以《陈列馆》为名、分成几个章节的文章里安排了一个简单的、以学生已经熟悉的对象为基础的分类表。要是这些短小的分类表只用作阅读，它们当然使人感到枯燥和厌烦。但是，如果在阅读的同时向学生展示土壤和矿物的样品、贝壳、雕像，或者最起码能为学生提供表现这些文章所谈的那些对象的图画，并且要求学生对所有这一切进行整理归类，那么我深信，这些阅读起来使人感到乏味的文章会引起孩子们的兴趣。要是学生能够将所有这些样品和画面上的对象整理归类，同时说明他为什么将某一对象归入某一类，那么，这些专门用于说明体系的文章的目的就完全达到了。它们不仅可以用来很好地复习读过的内容，而且能授于学生关于种和类、对象的特征、本质的和非本质的特征、种和类的特征的直观形象的概念，使他直观地认识概念、定理、判断，以及其他一些语法学和任何其他科学中的逻辑原理。

应该预先培养儿童找寻、列举和有条有理地叙述放在他们眼前的对象的特征的习惯，然后使他们学会将已经熟悉的几个对象进行对比、找出它们之间的相同处和不同点，为此，《儿童世界》提供有几个范例，当然，教师可以不局限于这些范例。一旦学生具备了寻找和区分特征的习惯，就可以向他们讲授什么叫作特征；一旦他们具备了寻找对象之间的相同处和不同点，由此还形成了将对象按种和属进行分类的熟巧，就可以轻而易举地向他们阐明什么叫对比，什么叫判断，什么叫属、种等等。应当用同样的方式向学生讲解现象、原因、结果、目的、用途和规律。

至于编写《阅读课本》所使用的语言，那我是尽力用简单的语言来叙述我所选择的对象，尽量不用儿童不理解的语言。但是，我从未想过要模仿儿童的表达方式，因为我认为，任何对民间语言和儿童语言的模仿，无论对为成年人出版的书籍还是以儿童为对象的书籍，都是不适当的。儿童的语言使成年人感到有趣，对儿童则不然，并且，严肃的学习的目的之一，正是为了培养儿童习惯于严肃的科学语言。

阅读课本的原则及方法

至于阅读《儿童世界》的方法本身，在这方面当然不可能规定任何固定规则。但是，我可以提出我个人对这个问题的看法。

阅读和叙述中的循序渐进，这不仅在文章的挑选中，而且在阅读本身的方法中，都是应当遵守的。我认为，教师必须根据读者水平逐渐发展的情况，通过自己按照所读内容设计的问题来实现循序渐进的原则。起先应当确定两种阅读：一种阅读纯粹用于训练逻辑思维的发展，另一种则专门训练流畅优美的诵读。第一种阅读主要使用《儿童世界》中的文章，第二种阅读则使用《文选》中的文章。为了训练流畅的诵读，我想给教师提个建议：先由教师叙述所选文章的内容，然后由教师本人将这篇文章出声地诵读一遍，在这之后才要求学生将教师已经叙述和诵读过的文章出声地诵读几遍。至于讲解不理解的单词和表达文章的主要思想，这两项工作均应放在阅读之前进行，这样，学生在着手阅读时就只需注意单词发音的正确性、流畅性和言语的表情。此时已经不应该再用问题和讲解去打断学生。

当阅读的主要任务在于理解所读的内容以及可以说是在于将思想逻辑地分解成构成思想的要素的时候，应当遵守的则完全是另一条原则。这种课上教师必须连续地提出问题，促使读者仔细探究所读文章的含意，检验和唤起他的注意。起初，提出的问题应尽可能地易于回答，通过这些问题让小读者在不知不觉中理解句子的语法结构和逻辑结构。"这里所讲的是什么事或者所讲的是什么人？""所说的是什么事？""所谈对象有哪些特征？""所谈对象的故事发生在什么情况之下，发生在什么地方，怎样发生的，由于什么原因发生的？"等等。这样一来，学生了解了句子的结构，从而轻而易举地懂得了一些语法定义。自然，阅读课上不要老是使用如此详尽的问题，否则它们会使孩子们感到厌倦的。这样的问题只能偶尔使用，或者在需要时使用，例如在理解所读内容有一定困难的时候。随着儿童的不断发展，问题本身也应当不断地改变，使问题的答案越来越复杂：起先只需回答某几个问题，然后是回答几个短句子。回答时必须重复问题，并且也能够遵守渐进性原则。最初，学生对提出的问题作答时只需补充一两个单词，到最后，学生必须用整段连贯的话语来回答一个问题。问题不应该只对读课文的学生提，而应该向全体同学提出，而且，教师必须先提出问题，然后再叫出应该作答的学生的名字。这个极其简单的方式能高度集中全班学生的注意：全体学生都会注意听清问题，所有的人心中都在思考着问题的答案。

在时而请这位学生回答，时而请另一位学生回答这样个别的、局部的提问之后，就可以提出越来越扩展的问题，以便最后让一位学生将所读文章的全部内容、包括老师所做的讲解进行有条不紊的陈述。继这样的叙述之后，可以重新将所选的文章再诵读一遍，使它在读者的头脑里得到完全清晰的显现。这种方式的阅读能带来极大的好处，可以教孩子不太费力地、有条有理地学习功课。教会孩子学习——正是预备班的主要任务。

为了培养学生观察对象的能力，我主张采用下面的方法。

在阅读文章之前，教师将对象本身展示给学生，并提出自己的问题，要求学生按这些问题进行哪怕断断续续的，但应是详尽的关于对象的描述。必须让全班同学都参加回答问题，而问题本身应当根据孩子们的发展水平而做到循序渐进。例如，开始时，教师对头几个学生提出这样的问题：对象是什么颜色？它是由什么做成的？与其他对象相比它有多大？有几只脚、几翼翅膀？等等；到最后，教师可以提出这样的问题：请列举出对象的实质性的特征，请叙述对象可以给人带来的好处等等。经过这样观察对象之后，必须将文章诵读一遍，接着，教师要求学生将书中读到的、学生自己观察到的、或者教师叙述过的全部内容做系统的、有条不紊的讲述。

书面作业也应按照这样的顺序依次进行。

（选自郑文樾选编，张佩珍、冯天向、郑文樾译：《乌申斯基教育文选》，人民教育出版社2007年版）

思考与练习

1. 你怎样看待赫尔巴特关于儿童管理的主张？这些主张体现了传统教育的什么特点？与卢梭的自然教育思想有哪些联系与区别？

2. 试分析欧文性格形成学说的基本观点及与其学前教育理论的关系。

3. 欧文的幼儿学校理论包含哪些内容？试予评价。

4. 试评价福禄培尔关于幼儿期的人的主张。这些观点给你以何种启示？

5. 你怎样理解福禄培尔的"来吧！让我们与儿童一起生活吧！"这句话的含义？

6. 在初等教育中，关于教师应如何将知识传授给学生，你是否赞同乌申斯基的做法？为什么？

第五章

现代学前教育名著选读（上）

内容提要

本章选介 20 世纪欧美几位著名教育家的教育论著或作品。

随着 20 世纪的降临，人类社会发展进程加速，社会产生了一系列变革。20 世纪前后，欧洲教育界发生了新教育运动，美国教育界兴起了进步主义教育运动。这两场规模宏大的教育革新运动主要抨击旧教育的不切实际，主张一种与社会生活、与儿童生活紧密联系的新教育，大力提倡儿童中心论。

本章选介的爱伦·凯、杜威、蒙台梭利、罗素和尼尔等人都是推动 20 世纪儿童中心主义教育思潮发展的倡导者和积极参与者。他们都继承了卢梭及其追随者的以儿童为本位、教育心理化的思想，强调儿童的天性、本能、兴趣、自由、活动以及独立性的发展。儿童中心主义教育思潮的兴起对 20 世纪上半期乃至当代的学前教育都产生了深远的影响，推动了学前教育实践与理论的发展。

瑞典女教育家爱伦·凯在 20 世纪初出版的《儿童的世纪》一书中，振聋发聩地呼唤对儿童的解放和尊重。她尖锐地批判家庭和学校教育中对儿童的摧残，指责旧教育虽然使儿童获得一点知识，却使其失去了个性。爱伦·凯主张依据卢梭的自然教育原则改革旧教育，以造就身心健全、自由独立和富于创造精神的新人。她竭力倡导自由教育，主张建立以儿童为中心的理想学校。

美国教育家杜威是进步主义教育运动的领军人物。他结合哲学、心理学和教育学进行研究，形成了一套系统、完整的实用主义教育理论。

杜威从儿童中心论和社会中心论出发，认为教育的本质为"教育即生长""教育即经验的改造"和"教育即生活"。杜威主张教育应建立在儿童天性和本能的基础上，主张儿童的发展、儿童的本能和能力的生长是通过其经验不断改组、改造的活动得以完成和实现的，倡导儿童"从做中学"，通过活动获得经验和增加经验。他认为教育不应是生活的预备，而应是儿童当下生活的过程。学校中的课程不应着眼于文字科目，而应着眼于儿童当下的生活经验，注重培养儿童对现实社会的适应能力。在学前教育方面，杜威强调重视幼儿期的教育，指出幼儿期是人生打基础的时期，不但是接受中、高等教育的基础，更是其一生事业、习惯、爱好的基础。他认为婴幼儿自身蕴藏着学习和成长的能量和潜力，提出教育要尊重并利用儿童的个体差异，给儿童以自由，积极培养儿童的创造性。

意大利教育家蒙台梭利是20世纪儿童中心主义倡导者中一颗闪亮的明星，在学前教育理论和实践上做出了突出贡献。她在"儿童之家"实践的基础上形成的一套完整的蒙台梭利方法，成为20世纪乃至当代学前教育的重要方法。其儿童心理发展观认为，儿童不仅具有肌体，还具有一种内在的生命力。儿童发展具有独特的心理胚胎期、敏感期和阶段性，教育的根本任务是"使每个儿童的潜能在一个有准备的环境中都能得到自我发展的自由"。蒙台梭利提出，真正科学的教育学的基本原则是给学生以自由，即允许儿童按其本性个别地、自发地表现。她还认为，工作是人类的本能与人性的特征，幼儿期的各种感觉练习及日常生活技能练习等自发的活动都是工作。在其方法中，感官教育和实际生活练习占据重要地位。

英国哲学家罗素由于撰写了学前教育名著《论教育：特别是早期教育》，从而在现代教育史中留下了不可磨灭的痕迹。罗素提出"给学前教育以更多的注意"，主张"进行有目的的教育可以比以前想象的更早""品性教育必须始于诞生之日"。他明确提出个人本位的教育目的，认为教育的目的是通过教育培养理想的品性。理想的品性具有四个特征：活力、勇气、敏感和理智。罗素重视6岁前儿童的品性培养，重视1岁前儿童习惯的培养，要求成人尊重儿童、重视儿童诚实等品性的培养，反对空洞的道德说教。罗素反对体罚，主张对儿童夸奖和责备要慎重，倡导游戏和保育学校的教育。

英国教育家尼尔在教育实践的基础上，总结发展了自由教育思想。他指出学校应该是自由和快乐的场所。在教育活动中，尼尔强调儿童的兴趣。在萨默希尔学校，儿童自由地从事他们感兴趣的活动，过他们自己的生活。尼尔主张进行民主管理，每个人都有平等的权利，教师和学生是平等的伙伴关系。

在学前教育领域，意大利是一片神奇的土地。纵观20世纪，那里先后绽放了两朵蜚声世界的学前教育的奇葩：前有蒙台梭利幼儿教育法，后有具传承发展色彩的瑞吉欧幼儿教育法。本章最后收入瑞吉欧幼儿教育法的代表人物马拉古奇的几篇作品，足以代表现代学前教育发展的动向。

上述思想像一缕缕清新的晨风，吹拂着学前教育这块古老而新鲜的土地。经过新教育家、进步主义教育家们的共同努力，"尊重儿童本性，让其自由自主发展"的思想渐入人心，在世界教育史上熠熠生辉、影响深远。

《儿童的世纪》

爱伦·凯

【导读】

爱伦·凯（Ellen Key，1849—1926）是瑞典作家、妇女活动家，新教育的倡导者之一。她从小生活在信仰自由的家庭中，爱好音乐、文学、体育，尤爱读书，涉猎文学、哲学、进化论、优生学、心理学等诸多领域。爱伦·凯年轻时曾做过小学教师，后被斯德哥尔摩平民大学聘为瑞典文明史讲座教授，1889年后主要从事写作和社会宣传活动，关注妇女解放与儿童的权利和教育。

《儿童的世纪》（1900年）是爱伦·凯论述儿童教育的名著。全书共八章。作者在书中批判了教

育中强迫儿童屈从于成人意志的思想和做法,认为理想的教育应减少外来干涉与压制,使儿童的天性得到自然发展,理想的学校应该开展以儿童为中心的活动,儿童可按性格和兴趣的不同结为小组,自选图书进行自学。学校应设立手工工场,开展多种独立活动,发展学生能力。教师的任务在于为儿童创造一个适宜的环境,让儿童通过充分的自由活动获得经验,得到发展。她崇尚自由教育,主张按照卢梭的自然教育原则改革教育,培养有理想和富于创造精神的新人。作者称,《儿童的世纪》一书具有象征意义地完成于世纪更迭时辞旧迎新的钟声中。书名蕴涵着爱伦·凯对新世纪的期待——期待20世纪成为"儿童的世纪",在这个世纪里,教育将研究并顺应儿童的成长特点,使他们保持自然淳朴的天性。这里所选的是该书第三章的部分内容,反映了爱伦·凯有关儿童中心的教育思想。

第三章 教育

新教育法的定义及对传统教育的批判[①]

所谓新法,即允许自然静静地、渐渐地任其本然进行,只注意于那种足以补助自然的活动的周围状态而已。这便是教育。

他们依旧不相信小儿的自己本位是正当的。同样地,他们也不相信恶可以变为善的可能性。

教育必须把其基础放在所谓缺点既不能补偿,也不能拭去,但常常必定有其结果影响之确证上。同时,还有别的确证,即随着进化之进转,由于环境之缓缓的调和,此等缺点也许可以变形。只有当这个阶段到达的时候,教育始成为一种科学、一种艺术。

不把小儿置于和平中,是今日小儿教育法的最大弊害。教育是决心去创造一个小儿得在其中生长而外表与内部都美丽的世界。使小儿在这样的世界中去自由地活动,而以不犯他人权利的永久不变的境界为限,这将为今后教育的目的。只有那样,于是成人始能得到小儿精神的真正深入的洞察,这在现在差不多是难以达到的王国。因为使小儿妨碍教育家去看他最深的性质,乃为自己保护之自然的本能。有一种人为粗暴地发问,例如"小孩子想着什

---

① 本文中的此级小标题均为选编者添加。

么?"对于这个问题,差不多一定是以明明白白的虚伪来回答的。

教育家要求小儿之立刻完成与完全。他粗暴地强迫小儿恪守克己、义务、名誉感,以及在成人连一刻也不能守的那种习惯。无论在学校,无论在家庭,凡小儿过失之所在,虽细小的事情,我们也劳心很深,而在小儿方面,对于大人每月之无理要求,则不得不忍受。

自然的教育的妙技,在于把小儿的过失,十中之九都于不问中过去,在于避免直接的干涉——这实在常常是一种错误,在于提供全注意去管理小儿所生长着之周围,并监视那种一任自然去进行的教育。那些每日营营然要想改变小儿的周围以及小儿自身的教育家,依旧是少有效果的。大概的人,在教育之本钱与利息上过生活,这种教育或者会有一次使他们成为所谓模范小儿,但已剥夺他们那种教导自己的欲望。只有委身于自然的教育的坚实路径上者,委身在自己的时代之最良事物之坚实的感化下者,已经有一半足为小儿之伴侣了。

小儿带着自己民族前代诸人的遗传而产生于世;这个遗传,由于适合环境而起种种变化。但小儿也从其种族之型,突出个性的渐化,而且如果小儿自己的性质,当其周围适合时,而没有消失,则所有活力之个性的必然发展,无论如何,虽只为间接的影响,必须由教师来帮助,教师必须理解应该如何去结合以及如何去重视这个发展的过程。

无论由于强力,或者由于劝说,教育者的干涉,即使没有全然破坏那种发展,亦必使其软弱。

一家内之种种习惯,以及一家内的小儿种种习惯,凡是有一点价值者,必须确固地不变。爱弥儿真实地说,所谓习惯,是原理之化为本能,再化为血肉而取形态者。他继续说,要改变习惯,是打击人间生活之根本,因为生活,只是习惯所织成之布。

关于个性发展,虽说出种种好话,可是小儿依旧好像是他们的人格于其自己没有何种目的的样子,或者他们好像只是为着两亲之悦乐、自夸与慰藉那样地被处置。而当小儿成长起来的时候,人们常常开始企图使他们成为相当有用的社会之一员。这个好像便是最进步的方策了。

关于幼儿养育的讨论

但是凡要使小儿成为一个社会的人类的小儿教育,其唯一正当的出发点，在于激励其自然的素质而育成为一个个人那样地去处置他。

新时代的教育家，基于正当地处理的经验，将以小儿自身在伟大的实在之一般系统中的位置去教小儿，以小儿自身对于其周围的责任去教小儿。但在他方，小儿生命所表现的个性，凡是不伤害他自己或他人，则一点也不去阻止。即在斯宾塞①所谓"人间生活，是对于周围状态之适合"的定义与尼采②所谓"人间生活，是保证权利的意志"的定义中间，必须保持正当的平衡。

在适应中，所谓模仿确实扮演一大角色，但权力之个人的实行，也同样重要。由于适应而生得确固的形态；由于权力之实行而得新要素。

只在人生最初之仅仅的几年，有一种训练的必要，以作将来更高一层的陶冶的预备条件。在那时，小儿只为感觉所支配，即一点点肉体上的苦感或快感，常常为他们完全理解的唯一言语。因之对于某种小儿，为要强使某种习惯的实行，训练是不可缺的手段。对于别种小儿，虽在这样的婴儿时代，严格的训练法是不必要的，当小儿已能记忆被殴打时，他已年龄太大，不可能受这种殴打了。

小儿确实必须学习服从，而且，此种服从必须为绝对的。如果那种服从，从幼嫩时代已经成为习惯，则一眼、一语、一种音调，更能十分矫正儿童。教育小儿者之不满，要到此种不满好比暗影一般，落到在家庭平常嬉悦的气氛中时才发生效力。当小儿还幼小而其顽皮尚有趣时，若不设置服从的基础，则斯宾塞的方法，在小儿年龄较大而其刚愎任情已成为可厌之后，确实是不适当的。

对于很小的婴孩，不可用这样那样的论争，而当用断然迅速的处置。训练之努力，在其初时，依照卢梭与斯宾塞的忠告，须把经验纳入完全的一团印象中去。这样，有几种习惯将深印于小儿之血肉中。

婴儿不绝地号泣，如明了其不是因为疾病或他种苦痛，则必须矫正——号泣自然是小儿对于苦痛之唯一武器。在现在，号泣普通用殴打来矫正。但这个不是训练小儿的意志，只是使在小儿心中，发生所谓当婴儿号泣时，大

---

① 斯宾塞（1820—1903），英国哲学家、社会学家、教育家。——选编者注
② 尼采（1844—1900），德国哲学家。——选编者注

人要殴打婴儿的观念而已。这种观念不是论理的观念。但当号泣的小儿立即使之与他人相隔离，而且同时对他解释，即凡是使人烦恼者必不可与人共处；倘使此种孤独成为绝对的结果，成为不能避免的，则在小儿心上，已放置所谓当一个人使其自己变为可厌、不快时，便要成为孤独的那种经验之基础。殴打与隔离，在此二者，小儿都由于妨碍其自身的快意而静默。但在前者之形式，是以暴力活动于小儿的意志上；在后者之形式，是小儿渐渐产生意志的自己控制，由于适当的动机以完成之。前者之方式，惹起不纯的情绪，即恐怖心；后者则由于把意志结合于一个人生最重要的经验以矫正意志。前者之惩罚，保持小儿立于动物的位置；后者则使小儿感悟人类社会生活的一大原理，即当我们之愉快引起他人之不快时，则他人便妨碍我们愉快之继续，或不愿我们的刚愎任情而退避。

　　小小的孩儿，在食桌等处应该使他们习惯好的行仪，那是必要的。无论何时，凡有顽皮的动作屡次出现时，立即使小儿与他人隔离，则小儿便会知道凡是予人不快者，必定要离人而成为孤独。这样正当的应用是从正当的原理而成的。小孩儿也必须知道不可接触那种属于他人的东西。无论何时，如不得允许而接触一种东西，小儿便因某种方法而失去他们的自由，则小儿立即悟到自己自由行动之一条件是不能去妨碍他人。

　　一个年轻的母亲说，空无一物的日本房子是养育小儿之理想的场所。这话真是不错。我们现在堆满物件的房子，凡就小儿而言，是不适当的。在小儿之实际教育，由于触觉、味觉、啮、感情等而进行的时代，在每一瞬间，他都听到一种所谓"别去动它"之叱声。因为小儿之气质，正如小儿之力之发达，最好的东西是宽大而光明的育儿室，用美丽的石版画、木版画等来装饰，陈设几种简单的家具，他在这里可以享受充分的活动之自由。但是小儿如果与其父母共处而不服从，则即刻的谴责是最好的方法。教他去尊敬那个有他人之意志力所扩张着的伟大的世界，这个世界，小儿也可以占有他自己的地位，但也必须知道为他所占之每一地位都有其相当的界限。

　　如在一种危险的时候，而要使小儿真正恐怖，则我们必须让事物本身发出一种警告。当母亲因为小儿触弄灯光而殴打他，则其结果当母亲不在的时候他又会去弄灯光呢。但让他为灯光所灼伤，于是他才确实不再去弄它。在较大的时候，当小儿滥用小刀、玩具以及这一类东西的时候，暂时必须隐藏小刀等物事以作为责罚。在大多数小儿，与其失了他们所爱玩的东西，毋宁还是受体罚。但是只有此种物事的隐藏，使他经验到那种为眼所不能见之人生的诸法则之一种，才成立真正的教育。此种经验，无论怎样强烈地使他感铭，也决不会过强的。

关于情绪以及敏感之征候所应注意之原则，对于赠物与小儿也同样适用。宽宏的本能只能由于榜样来鼓舞。就中最要紧，小儿不可给以立即就舍弃的东西。给以小儿的东西，常常须有为对于工作或苦劳之报酬之意味。为要保证小儿给物与人之愉快，以及可以得到小小的愉快与享乐之机会……小儿必须在很早的时期，使其惯于忠实地去完成某种可以得一些小报酬之家族义务。但小小的暂时的工作，不论为自然的或为他人所要求的，决不可予以报酬。只有高兴去服务，不期报酬，才能扩充宽宏之悦乐。当小儿要弃去的东西，人们不可装出一种高兴接受的样子。这种样子在小儿心中要发生一种错误的观念，以为从无价值的东西也可以得到宽宏之愉快呢。在各种方面，小儿必须允许其遇到人生之真经验；在他的蔷薇上，不可把其刺拔去。这是对于现代之训练一点也没有理解。因为这样，所以我们知道正当的方法之常常缺乏。人们觉到自己以那种与人生之真实毫无关系之"可悲的"方法而强施教育。可悲的方法，其中我以为尤其是指那种虽为给予苦痛之方法而今日依旧称为教育之方法之"殴打"而言。

关于体罚之弊的讨论

今日有许多人为殴打辩护，而主张殴打要比行为之自然的报应更为柔和的惩罚手段。殴打于记忆上有最强的效果，这种效果由于观念之联合而永久不消。

但为怎样种类的观念联合？这不是伴着身体的苦痛与羞耻么？渐次，一步一步，此种陶冶与训练之方法，经过许多形式而代用着。在一直以前，废止拷问、禁锢体罚之运动，由于所谓此种东西作为训练方法是不可缺的之确信而归失败。但人们回答，小儿还是动物，他必须像动物那样地来养育。讲这种话的人，他对于小儿，对于动物，都没有一点知识。纵为动物，也可不用殴打来训练，不过他们要由于那种真正成为人间的人才被训练。

社会已渐渐不采用报应的惩罚了，因为人们看到报应的惩罚，既不能使人起有罪之感，也不能为罪恶阻止之活动。以暴易暴的惩罚法，反而使权利之观念变为残忍，使人之性质变为顽固，而且刺激被害者以其自身所受过之暴行去对付他人。但有别种理法应用于小儿之心理上。当小儿殴打其小妹时，其母亲便殴打小儿，以为小儿能够明白而且辨别他从母亲所受之殴打与他给予小妹之殴打，其中有如何的不同；即他会知道其一是正当的惩罚，其一为邪行。但是小儿是锐利的论理家，觉得这种行为是完全相同的，虽然母亲加以不同的名目。

体罚，夸美纽斯很好地解释过，他把用体罚之教育家，比诸那种不去磨炼自己的耳与手使之入调，却挥拳去打破乐器的音乐家。

此等残忍的殴打，在泼辣易感的感情上去活动，以伤害并混乱感情。这个在小儿之精神生活之微妙的一切径路上，在其模糊的结合上，是没有教育的力量的。

对于两三岁后之小儿，若要给以真的训练，第一须舍弃那种以为殴打在教育上有效果之思想。如果两亲当小儿一产生出来，即约定决不去殴打他，那是最好的事情，因为如果他们用过一次此种便利而容易的方法，即使违反他们的初衷——因为他们用了这种惩罚去增进小儿之知识是失败的——而仍会去用身体的惩罚。

我只是就那种亲尝苦劳，完成那种认为是对于小儿之义务之有良心有爱情之两亲与教师们而言。他们常常举出肉体训练之种种好结果而作为不能废止之证据。小儿一打了之后，不但能成为善良且能离去其恶性，而且在小儿自身明白地表示出这种敏捷而简单的惩罚法，其效力实出于言语、忍耐以及经验所课之缓慢的自然惩罚之上。举出种种例证，以为只有此种惩罚才能矫正顽强、治疗说谎以及类于此等之习惯。采用这一类惩罚法者，没有知道由于此种暂时有效的手段，只不过能防遏恶意之外面的表白而已。他们于意志本身之改变上没有成功。为着聪明的教育法之发现而去创造一种更高的才能，这个需要不断的用心、每日的自制。暂时防遏之过失，当小儿敢去显示的时候，无论何时，都会再发的。如果我们只以教育之真正发展为目的，即以渐渐加强小儿自制之能力为目的，则那些在体罚上找到一条脱离困难之捷径之教育家，是引导小儿一条很迂缓的路呢。

我不会听到三岁以上之小儿，受过体罚之胁迫，而不注意到这种奇怪的道义的方法，对于亲子双方给予同样的恶感化之事情。但是那种愚笨的温柔的处置，以外面的褒美去骗小儿等事情，也可以同样地来说。我会看到有些小儿被骗而入浴，有些则以威吓来强迫。但是无论哪一种情形，都不能增加小儿之勇气、自制或意志之力。只有当人们能使入浴这件事情变为有兴味，于是意志之力才增加，而得以战胜恐怖不快之感情，并产生一种真正伦理的印象，这一种德，便是其本身的报酬。无论何地，凡以体罚去防遏恶习惯或过失，则真正伦理的效果还没有到达。小儿只有觉到那种与事件本身无关，而且没有也可以过去的那种不愉快的结果之恐怖而已。此种恐怖之念，与所谓善胜于恶之信念相去极远。小儿立刻便为相信这种不快的附随物，不是行为之必然的结果，如更聪明一点，则此种责罚也许可以避免。如是，体罚渐渐增加欺瞒心而没有增加道义心。在人类之历史上，讲及地狱及地狱之恐怖以说明道德之样子，其结果，由于体罚而在小儿心上生出所谓体罚正是小儿时代之地狱呢。只有用极大困难，缓缓地，不知不觉地，才能在小儿心中建设所谓善之优越可尊之信仰。于是，了解善对于个人自己之幸福，以及对于其周围的人之幸福，都来得格外丰富。这样小儿才知爱慕善。由于告知小儿体罚是自作自受之结果，而小儿才知去排除惩罚之原因。

虽然人们夸称体罚在特种情形是如何地有效，但体罚常常诱起那种为执行者所未尝预想到而不可补救的损害，此种情形为数甚多。大多数成人会讲鞭笞是如何如何地损害他们，但当他们去训练自己的小儿时，他们却要靠此种惩罚之效果呢。

体罚不会振起那种沉于惨苦而热望报复谁的小儿，那种非常阿谀的小儿。体罚使怠惰的小儿更怠惰，顽固的小儿更顽固，硬性的更硬性。体罚使那两种差不多可称为世界一切罪恶之根源之情绪，即憎恶与恐怖更加强盛。凡在把殴打看作与教育同意义的时候，这个憎恶与恐怖之两种情绪，将永久支配着人类。

新家庭是人类教育的根基

人类教育之最有力的建设的要素，是确乎不动而有秩序之家庭，以及家庭之平和与义务。在家庭之天真烂漫，勤勉、进取之精神，能使小儿之德义及其对于工作之欲求与简易性都发达起来。例如家庭中之手工业、书籍，家庭中之平日及休息日之习惯生活，家庭之职业及其愉悦，此等对于小儿之情绪、想象，给以活跃与休养之时期，给以确然的轮廓与丰富的色彩。在纯洁、温暖、晴朗的家庭氛围中，父母儿子一同自由而信实地生活着；在这里，没有人须避去他人之利益而成为孤独，但每个人都有为其个人的利益之充分的自由；在这里没有人侵犯他人之权利；在这里个个人当必要的时候，都愿意去彼此帮助——在这样的氛围中，主我主义正与爱他主义一样，都能得到他们最丰富的发达，个性亦能发现其正当的自由。当人类精神之进化发展到那没有梦想到之美、广、深时，当时代之精神生活在其结合或其分离上成为格外多种多样时，一千人如有更多的时间去观察那种潜在于可见可触的感觉世界背后之生存之不可思议的深的奥秘，则小儿之每个新时代，愈能显出更精美更确实的精神生活来。在我们今日之家庭与学校训练上所行之粗劣的方法之苦痛下，要得到此种结果，是不可能的。由于那种我们现在还不能够俄然命名的无数方法，为着或感、或爱、或受苦之新精灵，我们务必须有新家庭、新学校、新结婚与新社交。如是小儿才会理解人生；他们会产生憧憬与希望；他们会相信；会祈祷。宗教、恋爱、艺术之概念，所有这些必须根本地改革，即在现在，人们只能推想将来当有如何的新形式被创造出而已呢。这一种转化，由于当代之教训，能够抛弃那种现在遮盖着生之芽的可能性之枯萎的簇叶，而可以得到帮助。

家庭必须更成为小儿之精神之住家，不单是身体之住家而已。因为像此种家庭之完成，虽然依次去形成小儿，但小儿必须使其复回于家庭。不要像今日所行一般，在家庭只是为学校所着手之准备研究，小儿生活之最好部分，学校只取其小部分，而家庭当占其大部分。家庭因为要使小儿之工作与小儿之游戏实际成为家庭之一部，而将具有无论在平日或在休息日去使用自由时间之责任。小儿将从学校、从街市、从工场叫回到家庭来。其母亲也将从户外之工作，从社会生活而回步到小儿之旁边来。这样，在卢梭、斯宾塞之精神之自然的训练将得实现；由于在家庭之生活，而实现为生活的训练。

因为这个是我之教育技术之最初而又最后，所以我现在再把在此书之最初所力说而且费去此书之前半者来重复一次。试把小儿放任于平和的空气中；竭力减少直接的干涉；勿给以一切粗野的不纯的铭感；但把你们的注意与努力去观察小儿之个人性，观察小儿之生命这样东西，观察简朴而赤裸裸的实在的，那便是小儿训练之真手段呢。

父母须摆脱成人中心观，尊重儿童的个性及好恶，方使教育踏上坦途

对于小儿之精力，对于小儿之自制力所做成之要求，都须适合于小儿发达之特别阶段，决不可做成比对于大人的还更大或仅少的要求。但须尊重小儿之欢悦，小儿之趣味、事业、时间，正如我们对于大人的一样。如是，教育要比今日所行的变为无限地简单、无限地坚实的技术。今日之教育，只是技巧的存在。道德也有两重的入口，一种是对于小儿，一种是对于成人，往往对于小儿的严酷，对于大人的放松，或对于小儿放松而对于大人严酷。我们在一切瞬间，以与处置大人相同之态度去处置小儿，则我们可使教育从现在使小儿变形着之残酷的专断，从过于放任的保护方法去解放出来。无论两亲好像小儿只为他们两亲之利益而存在那样地行动，或两亲把他们自己之全部生活都供小儿之牺牲，其结果都是同样可悲的。在一般，这两类父母是同样没有知道小儿之感情与要求。属于前一类者，只要小儿与他们自己相像便满足，他们最大的野心是在小儿结成他们自己之思想、意见、理想之完全的誊写。在实际，看到他们自己这样毫厘不差地被誊写，是应该使他们极苦痛的。生命所希望于小儿、要求于小儿的，正与两亲所想的相反——是一种更丰富的结合，是一种更善美的创造，是一种新的典型，而不是那种已经疲乏的典型之复制。属于后一类者，竭力使小儿模仿不是他们自己而为他们所抱之理想。他们由于那种为自己小儿起见，虽消灭他们自身之存在而亦愿意之事情，以表示他们的爱。这事情他们由于使小儿感到凡是关于自己之一切都放在第一位之事情而实行着。使小儿这样感到的事情是很应该的，但这个只需间接地感到呢。

关于生活之全计划之事情，家庭之处理，家庭之习惯、交际、目的，对于小儿要求之注意，以及小儿之健全的发达，是必须放在第一位之事情。但在现在有许多情形，虽幼年的小儿也与年长者一样，都成为家庭之混沌的状态之牺牲。他们虽学习自我意志，而没有享有真正之自由。

母亲对于她的小儿之圆广的眼睛中所描摹着之未知世界，应该觉到有与她们自己对于那个犹如白葩一般灿然辉映于青空之世界时所具有之同样的尊敬；父亲应该在小儿上认知有与必须尽全力去服侍之皇子一般的尊贵，于是小儿才能回复到他自己的领域；但这不是随心所欲以玩弄他人那样的权利，而为仿效现在营造着独自生活之父母之生活，去营他十分强健的独自之小儿

生活之权利，从此种独自生活之源泉与力量，小儿可以酌取那种对于其自我之发展上所需要之元素。两亲决不可希望自己所有之极高的理想成为小儿之理想。自由思想家往往为信神者之小儿，信神者又往往为自由思想家之小儿，这个差不多成为定则的样子。

但是两亲可以高尚地全然依照自己之理想而营生活，这件事情便可以使小儿成为理想主义者。这个常常可使小儿入于那种与其两亲所追求之思想完全不同的思想中去。

关于理想，年长者在这里与在别的地方一样，应该谦逊地提供他们的助言与他们的经验。是的，他们应该让年轻者去搜寻理想，犹如他们去搜寻那种隐藏在树叶之荫之果实一般。如果大人的助言被排斥，大人也不可显出惊愕或缺乏自制力的样子。

由于把所有此等事件全然照新的方法来实现，由于在进化之灵光下去看其全过程，20世纪，将成为儿童之世纪呢。这个现象将从两条路出来：最初成人先理解小儿之性格；于是，小儿性格之单纯性，将为成人所保护，如是，旧社会的秩序将会使其本身革新。

（选自爱伦·凯著，卫肇基译：《儿童的世纪》，上海晨光书局1935年版）

《我的教育信条》

杜 威

【导读】

杜威（J. Dewey，1859—1952）是20世纪影响最大的教育家。他出生于美国佛蒙特州的柏林顿，1884年获得哲学博士学位。之后，他逐步把哲学、心理学和教育学结合起来进行研究，形成了一套系统、完整的实用主义教育理论，成为引领新教育及进步主义教育运动的核心人物。

《我的教育信条》（1897年）是杜威的早期著作，是杜威思考教育的一个纲领性宣言。杜威在文中阐述了对教育过程、学校、课程、教法和教育的功能等问题的基本看法。杜威认为，教育是个人参与人类社会意识的过程，包含心理学和社会学两个方面：前者要求教育必须尊重儿童的天性，要求教育和教学的方法以儿童的心理发展为依据；后者指教育是一个社会化的过程，学校不应脱离社会生活，而应呈现真实而生气勃勃的生活，成为雏形的社会，以便让儿童在简化的社会生活中成长。学校的课程也不应以书本为中心，而应将代表社会生活的类型和基本形态的活动性作业，如烹调、手工、缝纫等置于重要地位。教师在学校中不是给儿童强加某种概念，而是作为集体成员来选择对儿童施加作用的影响，并帮助儿童对这些影响做出适当反应。学校科目的真正中心，不是各种科目本身，而是儿童的活动。在教学方法上，他认为方法的问题最后可以归结为儿童的能力和兴趣发展的顺序问题，特别强调儿童的主动性、兴趣和情绪等。这些观念在进步主义教育运动中全面体现，对学前教育也产生了重要影响。

第一条　什么是教育

我认为唯一的真正教育是通过对儿童能力的刺激而来的，这种刺激是儿童自己感觉到的社会情景的各种要求所引起的。这些要求刺激他，使他以集体的一个成员去行动，使他从自己行动和感情的原有的狭隘范围里显现出来；而且使他从自己所属的集体利益来设想自己。通过别人对他自己的各种活动所做的反应，他便知道这些活动用社会语言来说是什么意义。这些活动所具有的价值又反映到社会语言中去。例如，儿童由于别人对他的呀呀的声音的反应，便渐渐明白那呀呀的声音是什么意思，这种呀呀的声音又渐渐变化为音节清晰的语言，于是儿童就被引导到现在用语言总结起来的统一的丰富的观念和情绪中去。

我认为这个教育过程有两个方面：一个是心理学的，一个是社会学的。它们是平列并重的，哪一个也不能偏废；否则，不良的后果将随之而来。这两者，心理学方面是基础的。儿童自己的本能和能力为一切教育提供了素材，并指出了起点。除教育者的努力同儿童不依赖教育者而自己主动进行的一些活动联系以外，教育便变成外来的压力。这样的教育固然可能产生一些表面的效果，但实在不能称它为教育。因此，如果对于个人的心理结构和活动缺乏深入的观察，教育的过程将会变成偶然性的、独断的。如果它碰巧能与儿童的活动相一致，便可以起到作用；如果不是，那么它将会遇到阻力，不协调，或者束缚了儿童的天性。

我认为为了正确说明儿童的能力，我们必须具有关于社会状况和文明状况的知识。儿童具有自己的本能和倾向，在我们能够把这些本能和倾向转化为它们的社会对应物之前，我们不知道它们所指的是什么。我们必须能够把它们带到过去的社会中去，并且把它们看作是前代人类活动的遗传。我们还必须能把它们投射到将来，以视它们的结果会是什么。在前一个例子中，正是这样能够在儿童的呀呀的声音里，看出他将来的社会交往和会话的希望和能力，使人们能够正确地对待这种本能。

在现在情况下，我们能给予儿童的唯一适应，便是由于使他们充分发挥其能力而得到的适应。由于民主和现代工业的出现，我们不可能明确地预言20年后的文化是什么样子，因此也不能准备儿童去适合某种定型的状况。准备使儿童适应未来生活，那意思便是要使他能管理自己，要训练他能充分和随时运用他的全部能量；他的眼、耳和手都成为随时听命令的工具，他的判断力能理解它必须在其中起作用的周围情况，他的动作能力被训练能达到经济和有效地进行活动的程度。除非我们不断地注意到个人的能力、爱好和兴趣——也就是说，除非我们把教育不断地变成心理学的名词，否则这种适应是不可能达到的。

第二条 什么是学校

我认为学校主要是一种社会组织。教育既然是一种社会过程，学校便是社会生活的一种形式。在这种社会生活的形式里，凡是最有效地培养儿童分享人类所继承下来的财富以及为了社会的目的而运用自己的能力的一切手段，都被集中起来。

因此，我认为教育是生活的过程，而不是将来生活的预备。

我认为学校必须呈现现在的生活——即对于儿童来说是真实而生气勃勃的生活。像他在家庭里，在邻里间，在运动场上所经历的生活那样。

我认为不通过各种生活形式或不通过那些本身就值得生活的生活形式来实现的教育，对于真正的现实总是贫乏的代替物，结果便形成呆板，死气沉沉。

我认为学校作为一种制度应当简化现实的社会生活；不应当像过去那样把它缩小成一种社会雏形。现实生活是如此复杂，以致儿童不可能同它接触而不陷于迷乱；他不是被正在进行的那种活动的多样性所淹没，以致失去自己有条不紊的反应能力，便是被各种不同的活动所刺激，以致他的能力过早地被发动，致使他的教育不适当地偏于一面或者陷于解体。

我认为既然学校生活是如此简化的社会生活，那么它应当从家庭生活里逐渐发展出来；它应当开展并继续儿童在家庭里已经熟悉的活动。

我认为学校应当把这些活动呈现给儿童，并且以各种方式把它们再现出来，使儿童逐渐地了解它们的意义，并能在其中起着自己的作用。

我认为这是一种心理学的需要，因为这是使儿童获得继续生长的唯一方法，也是对学校所授的新观念赋予旧经验的背景的唯一方法。

我认为这也是一种社会的需要，因为家庭是社会生活的一种形式，儿童在其中获得教养和道德的训练。加深和扩展他的关于与家庭生活相联系的价值的观念，是学校的任务。

我认为现在教育上许多方面的失败，是由于它忽视了把学校作为社会生活的一种形式这个基本原则。现代教育把学校当作一个传授某些知识，学习某些课业或养成某些习惯的场所。这些东西的价值被认为多半要取决于遥远的将来；儿童所以必须做这些事情，是为了他将来要做某些别的事情；这些事情只是预备而已。结果是，它们并不成为儿童的生活经验的一部分，因而并不真正具有教育作用。

我认为儿童应当通过集体生活在他的活动中受到刺激和控制。

教师在学校中并不是要给儿童强加某种概念，或形成某种习惯，而是作为集体的一个成员来选择对于儿童起着作用的影响，并帮助儿童对这些影响做出适当的反应。

我认为学校中的训练应当把学校的生活作为一个整体来进行，而不是直接由教师来进行。

考试不过是用来测验儿童对社会生活的适应力，并表明他在哪种场合最能起作用和最能接受帮助。

第三条 教材

我认为儿童的社会生活是其一切训练或生长的集中或相互联系的基础。社会生活给予他一切努力和一切成就的无意识的统一性和背景。

我认为学校课程的内容应当注意到从社会生活的最初无意识的统一体中

逐渐分化出来。

我认为我们由于给儿童太突然地提供了许多与这种社会生活无关的专门科目，读、写和地理等，而违反了儿童的天性，并且使最好的伦理效果变得困难了。

因此，我认为学校科目相互联系的真正中心不是科学，不是文学，不是历史，不是地理，而是儿童本身的社会活动。

我认为教育不能在科学的研究或所谓自然研究中予以统一，因为离开了人类的活动，自然本身并不是一个统一体。自然本身是时间和空间里许多形形色色的东西，要自然本身使它自己作为工作的中心，那便是提供一个分散的原理，而不是集中的原理。

所以，我认为教育最根本的基础是在于儿童活动的能力，这种能力正沿着现代文明所由来的同一的、总的建设路线而活动着。

我认为使儿童认识到他的社会遗产的唯一方法是使他去实践，使他从事那些使文明成其为文明的主要的典型的活动。

第四条　方法的性质

我认为方法的问题最后可以归结为儿童的能力和兴趣发展的顺序问题。提供教材和处理教材的法则就是包含在儿童自己本性之中的法则。由于情况正是这样，我认为下面的论述对于决定教育所赖以进行的那种精神是极端重要的。

（1）我认为在儿童本性的发展上，自动的方面先于被动的方面；表达先于有意识的印象，肌肉的发育先于感官的发育，动作先于有意识的感觉；我相信意识在本质上是运动或冲动的，有意识的状态往往在行动中表现自己。

我认为对于这个原理的忽略便是学校工作中大部分的时间和精力浪费的原因。儿童被置身于被动的、接受的或吸收的状态中。情况是不允许儿童遵循自己本性的法则，结果造成阻力和浪费。

我认为观念（理智的和理性的过程）也是由动作引起的，并且为了更好地控制行动。我们所谓理性，主要就是有顺序的或有效的行动法则。要发展推理的能力、判断能力，而不参照行动方法的选择和安排，便是我们现在处理这个问题的方法中的一个重大错误。结果是我们把任意的符号提供给儿童。符号在心智发展中是必需的，不过它们的作用在于作为节省精力的工具；它们本身所表现出来的乃是从外部强加的大量毫无意义的和武断的观念。

（2）我认为表象是教学的重要工具。儿童从他所见的东西中所得到的不过是他依照这个东西在自己心中形成的表象而已。

我认为假如将现在用以使儿童学习某些事物的十分之九的精力用来注意儿童是否在形成适当的表象，那么教学工作将会容易得多。

我认为目前对课业的准备和传授给予许多时间和注意力，可以更加明智地、更有益地用来训练儿童形成表象的能力，使儿童将经验中所接触的各种东西不断地形成明确、生动和生长中的表象。

（3）我认为兴趣是生长中的能力的信号和象征。我相信，兴趣显示着最初出现的能力。因此，经常而细心地观察儿童的兴趣，对于教育者是最重要的。

我认为这些兴趣必须作为显示儿童已发展到什么状态的标志来加以观察。它们预示着儿童将进入那个阶段。

我认为成年人只有通过对儿童的兴趣不断地予以同情的观察，才能够进入儿童的生活里面，才能知道他要做什么，用什么教材才能使他工作得最起劲、最有效果。

我认为这些兴趣不应予以放任，也不应予以压抑。压抑兴趣等于以成年人代替儿童，这就减弱了心智的好奇性和灵敏性，压抑了创造性，并使兴趣僵化。放任兴趣等于以暂时的东西代替永久的东西。兴趣总是一些隐藏着的能力的信号，重要的事情是发现这种能力。放任兴趣就不能从表面深入下去，它的必然结果是以任性和好奇代替了真正的兴趣。

（4）我认为情绪是行动的反应。

我认为力图刺激或引起情绪而不顾与此情绪相应的活动，便等于导致一种不健全的和病态的心理状态。

我认为只要我们能参照真、善、美而获得行动和思想上的正确习惯，情绪大都是能够约束自己的。

我认为除了死板和呆滞、形式主义和千篇一律之外，威胁我们教育的最有害的东西莫过于感情主义。

我认为这种感情主义便是企图把感情和行动脱离开来的必然结果。

（选自吕达、刘立德、邹海燕主编：《杜威教育文集（第1卷）》，人民教育出版社2008年版）

《明日之学校》

杜威等

【导读】

《明日之学校》（1915年）系杜威和其女儿伊夫林合著。在本书中，杜威重申并发展了早期的教育观念。杜威倡导教育是自然生长的过程，认为儿童期的真正意义是生长和发展，反对为了成年生活的成就而不顾儿童期的能力和需要。他认为儿童发展的第一个特殊原则是保证身体健全发展，身心两方面的发展应相辅相成；主张学校真正学习的内容应是让儿童学会如何去学习，而不是知识本身；提出学校应该让儿童通过工作、游戏去探索周围的世界，允许儿童自由活动，在儿童自然生长的基础上，凭儿童的求知欲望引导他们学习读、写、算、地理等课程。杜威认为，在学校教育中，儿童品性的培养要在儿童活动中形成，"从做中学"是儿童自然生长的主要方式，让儿童在经验①基础上学习各门科目，将有助于调动儿童的积极性，有助于提高教学效果。这些观点是进步主义教育理念的充分体现。

第一章 教育即自然发展

如果我们要明白教育怎样才能最有效地进行，那么让我们求助于儿童的经验，在那里，学习是必需的事情，而不是求助于学校里的习惯做法，因为这种学习大部分是一种装饰品，一种多余的东西，甚至是一种不受欢迎的强迫接受。

但是，许多学校总是朝着与这个原则相反的方面进行。它们不去研究儿童在生长中所需要的究竟是什么，只是拿成人所积累的知识，也就是和生长的迫切需要毫不相关的东西强加给儿童。

我们不断地对我们成年人所知道的东西感到担心，深恐儿童永不会去学它，除非儿童在智力上或实际上运用到这些东西之前，就用训练的方法把它们灌进他的脑里。如果我们能够真正相信，注意当前生长的需要，就可以使

---

① 在杜威的术语中，"经验"（experience）指的是主客体的相互作用。——选编者注

儿童和教师都忙于工作，并且对将来需要的学习能够给予最好的可能的保证，那么，教育观念的革新也许能早日完成，而其他所期望的变革多半能满意地进行。

儿童时期的真正意义是生长和发展的时期。成熟要经过一定的时间；操之过急会导致伤害。儿童期的真正含义就是，它是生长和发展的时期。所以，为了成年生活上的成就而不顾儿童时期的能力和需要是自杀性的。尊重儿童时期就是尊重生长的需要和时机。我们可悲的一种错误，就是急于得到生长的结果，以致忽视了生长的过程。

身体的生长和智力的生长不是同一个东西，但两者在时间上是吻合的。而且一般说来，后者没有前者是不可能的。如果我们尊重儿童时期，那么我们第一个特殊的原则就是保证身体的健全发展。姑且不说健全发展的内在价值乃是有效的行动和快乐的源泉，心智的适当发展直接赖于肌肉和感觉的适当用途。为了把知识的材料联系起来，行动和接受的官能是必不可少的。儿童的首要任务是自我保存。这不是说只保存自己的生命，而是作为一个生长中和发展中的人的自我保存。因此，儿童的各种活动不像在成人看来是无目的的，而是一些方法，通过它们，他熟悉自己的世界，学习使用自己的能力以及自己能力的限度。儿童经常不停地活动在成人的心目中似乎是无意义的，只是因为成人已经熟悉了周围世界，因而不感到继续试验的需要。但是当他们由于儿童不停地活动而感到不耐烦时，就力图使他安静下来，他们不仅干扰了儿童的快乐和健康，而且把他寻求真正知识的主要途径切断了。

自然生长的方法所注重的是要真切和广泛地亲自熟悉少数典型性的情境，以求掌握处理经验中各种问题的方法，而不是积累知识。如卢梭指出的，儿童容易屈从我们那些错误的方法，是我们经常受骗的根源。我们懂得——或自以为懂得——一些词句是什么意义，因而当儿童使用适当的字句时，便认为他有同样的理解。让儿童学习明显容易的东西，是他们的不幸。我们没有看到，这样容易学会正好证明他们没有在学习。他们出色的、极好的头脑仅仅像镜子一样把我们提供的东西反映出来。

我们必须以较好的理想，彻底地研究少数典型的经验，代替这种无用的有害的目标，用这样一种方法来掌握学习的工具，并提供一些环境，使学生渴望获得更多的知识。照传统的教学方法，学生学习地图不是学习世界——是符号而不是事实。学生真正需要的并不是关于地形学的精密知识，而是自己怎样去寻求。

第二章　教育即自然发展的一个实验

约翰逊女士①的根本原则就是卢梭的主要思想，那就是，就在儿童时期经历着对于作为一个儿童有意义的事物来说，儿童是成年人生活的最好准备，而且儿童有享有他的儿童时期的权利。因为他是继续生长的动物，他必须发展得在成年后的世界里能成功地生活；不应当做任何事情干涉他的生长，所做的一切事情应当有助于他的身心圆满和自由的发展。身心两方面的发展相辅而行，两者是不可分离的过程，而且必须经常记住两者是同样重要的。

约翰逊女士说，只阐述这个原理而不提供它的实践的证明是不够的。凡营养良好和身体活泼的儿童都是渴望做些事和知道一些事的。学校中经常的体育运动必须符合活动的需要，无论工作和游戏都必须让儿童自己活动，自己去模仿，自己去发现。即使对于6岁儿童来说，围绕着他的各种事物的世界是一个尚未探索的领域，是随着他的活动，使他逐渐在调查研究中不断扩大小小的视野的一个世界，一个在他看来决不像在成人看来那样平淡无奇的世界。因此，当儿童的肌肉柔嫩和心理上易于感受时，就让儿童自己观察世界上的事物，无论自然的或人为的，因为这就是他的知识的源泉。

在学校里儿童一起做事，根据这个理由，约翰逊女士试图寻求一个给予个人发展最大限度自由的计划。因为幼年儿童肌肉柔嫩，各种感官还没有成熟，不宜于从事精细艰难的工作，所以他的学校生活不应当一开始就学习阅读和写字，也不应当学习使用很小的玩具和工具。他必须继续家庭里开始的自然进程，从一个有趣的事物跑到另一个有趣的事物，研究这些事物的意义，而且首先去探索不同事物之间的联系。所有这些在很大程度上都必须做到，使他学会各种明显的事物的名称和意义，如同它们本来呈现出来的那个样子。这样，那些模糊和难以辨认的事物，没有教师强迫儿童的注意，也都

---

①　约翰逊（1864—1938），美国进步主义教育家，曾于20世纪初在亚拉巴马州开展教育实验活动。——选编者注

——弄明白了。一个发现引起另一个发现，爱好研究的兴趣引起儿童自己主动地从事探索，这往往成为严格的理智训练。

循着这种自然生长的途径，凭着儿童自己求知的愿望，把他引导到读、写、算、地理，等等。约翰逊女士说，我们必须等待儿童的愿望，等待自觉的需要，然后我们必须迅速地提出满足儿童的愿望的方法。因此，在儿童对于事物广泛联系的经验和知识具有很好的基础之前，不让他学习阅读。约翰逊女士甚至反对儿童在过早的年龄阶段学习阅读。

应当给儿童提供各种课程题材，以适应一种需要，使他去研究事物中能获得更多的各种关系的知识。算术和用图形表示的抽象概念对于6岁儿童是无意义的，但是数学作为他每天玩的和使用的事物的一部分是富于意义的，他很快发现没有这种知识是不能过活的。

聪明和有智慧的儿童往往厌恶课堂和课堂里提出的东西，他们不仅永远得不到完满的生长，相反，这对他们是真正的不利，当他们长大时，往往阻止他们认真地学习大学课程，而且使他们怀疑不是实际上从他们自己的课堂以外推演出来的一切观念。也许他们成长得那样驯良，他们默认一切权威的陈述，而且丧失了他们对存在事物的判断力。我们告诉我们的儿童，书本是世界的宝库，它们包含着过去的传统，没有它们，我们将变成野蛮人；于是我们教导他们，以致他们厌恶书本知识，对教师告诉他们的东西保持怀疑的态度。不胜任一般不是因为人们当小孩的时候没有受到足够的教育，而是因为他们不能而且不再使用他们所学的东西。这是由于他早年不相信学校和与学校有联系的东西。

约翰逊女士认为，儿童在他们的早期既不是道德的也不是不道德的，他们对于正确和错误的辨别力还没有开始发展。因此，应当给予他们尽可能多的自由；禁止和命令不论对于他们自己或他们的同伴，他们都不能理解。因此，它的结果必然是无意义的，它们的倾向是使儿童不坦率和欺骗。要给予儿童充分的健康的活动。当他必须受训练的时候，不运用他还没有懂得的道理，但如有必要，给他显示一点痛苦，他的顽皮动作对他的同伴有什么影响。如果他想和他的家人及朋友一起做有趣的和使人高兴的事情，他必须举止规矩，这样他们才同他做朋友，这是幼年儿童能理解的目的，因为他知道什么时候他的朋友赞同他或不赞同他。在这种训练计划下，要比以道德上的理由为根据的那种训练，少一些迫使儿童逃避责任或隐瞒、说谎或过于意识到自己的行为。这种道德上的理由，对于儿童来说，似乎是强迫他去做只是成年人需要做的事情的一种纯粹的借口罢了。

第四章　课程的改组

儿童越是密切地或直接地从社会环境中学习，他所获得的知识就越是真实和有效。因为只有首先能处理好我们周围的事情，然后才有能力处理遥远的事情。

儿童必须得到发展，而且是自然的发展，但是社会变得如此复杂，它对儿童的要求如此重要而继续不断，以至于我们必须把大量的东西提供给他。在现代生活中，自然界是极广阔和细密的，它不仅包括儿童所处的复杂的物质环境，而且包括各种社会关系。如果儿童要掌握这些东西，他必须涉及很多的领域。怎样以最好的方式做到这一点呢？所用的方法和材料必须本身充满生气，对儿童来说足以代表构成他的世界的整个严密的自然界。儿童和课程是两种有效的力量，两者相互发展，相互作用。在参观学校的时候，对一般学校教师感兴趣的和有帮助作用的就是各种方法、课程、儿童度过时间的方式；那就是所形成的儿童和他的环境之间的调整的方式。

"从做中学"是一句口号，这句口号几乎可以用来作为对许多教师正在试图实施这种调节的方式的一个一般的描述。一个儿童要学习的最难的课程就是实践课，假如他学不好这门课程，再多的书本知识也补偿不了：这就是他同邻里和工作进行调整的真正的问题。实践的方法本身是作为解决这一问题的最便利、最适当的方式自然地提出的。由此可见，不同的学科本身——算术、几何、语言、植物学等等——就是各种各样的经验。它们是前人努力和成功的结果，代代相传而积累起来。普通学校的这些科目，不是仅仅作为一种积累，不是作为一种零碎经验的大杂烩，而是以一些有组织的方式提出来的。因此，儿童的日常经验，他的一天天的生活，以及学校课堂的教材，都是同一事物的各个部分；它们是人类生活的第一步和最后一步。把这两者相对立，就是把同一个正在生长的生命的婴儿时期与成年时期相对立，把同一种力的运动方向与其最终的结局相对立，也就是要使儿童的本性与其将来的命运彼此发生冲突。

各门科目代表了儿童简单的日常经验所可能达到的最高发展。学校的任务就是要获得这些原始的经验，把它们组织成科学、地理、算术，或者不论什么都按钟点上的课。既然儿童已经了解的东西就是教师正试图教给他的某一门课程的一部分，那么利用这种经验作为基石并在这上面来构建儿童的意识到的学科知识的方法，似乎就是正规的和进步的教学方法。如果我们采用与儿童获得最初经验尽可能相类似的方法来扩大儿童的经验，很显然，我们就可以大大提高我们的教学效果。

第五章 游戏

任何时代任何人，对于儿童的教育，尤其是对于年幼儿童的教育，无不在很大程度上依赖于游戏和娱乐。

现在全国的学校都在利用儿童的游戏本能，把有组织的竞赛、玩具制造或者其他以游戏动机为基础的制作活动列入通常功课的一个部分。这样做与利用儿童的校外环境，在一些高年级开展活跃课程气氛的活动是一致的。把儿童业余时间从事的活动引入学校，从而给学生开出最生动的课程，要做到这一点，唯一自然的方法，就是把游戏作为幼儿的主要作业。确实，幼儿生活中的最主要时间是消磨在游戏上的，不是从事他们从大一点的儿童那里学来的游戏活动，就是玩他们自己发明的游戏。这些发明的游戏通常也不外是对年长点的人的活动的模仿。所有幼儿都会想到玩盖房子、当医生或当战士的游戏，即使他们没有得到能暗示这些游戏的玩具。的确，做游戏的快乐，多半出于寻找和制造必要的东西的过程之中。这种游戏的教育价值是显而易见的。它能教给儿童他们生活于其中的世界。

虽然游戏对于教儿童如何生活具有真正的价值，但同样明显的是，它对于阻碍变革也具有强烈的影响。模仿性的游戏，由于习惯的训练转移了儿童的注意力和思想，往往使他的生活成为其家长生活的重演。

实验结果表明，当儿童的本能活动与社会利益及社会经验结合在一起的时候，取得的成效就最大。对于年幼儿童来说，这后者即社会利益和社会经验的中心，在于他们的家庭。与他们个人有关联的东西，对他们来说最为重要。

第六章 自由与个性

假定教育改革家们的设想是正确的，即认为教育的功能就是帮助一个不能自助的年轻生物成长，使之成为一个幸福的有道德和能干的人，那么一个前后一贯的教育计划就应当充分允许给予自由以促进那种生长。儿童的身体必须有场所可以活动、伸展和锻炼肌肉，疲倦时可以休息。人人都同意，用襁褓包裹婴孩并不好，限制和阻碍了身体的发育。那直背式的课桌，就等于婴儿的襁褓，还有头要朝前看，手要折起来，所有这些对于上学的儿童来说，正好比是束缚甚至是精神上的折磨。难怪每天必须这样坐上几小时的学生，一旦束缚解除，就会爆发出阵阵过分的喧哗和盲动。既然他们的体力没有正常的发泄渠道，它就只得在体内积蓄，一旦机会来临，它就会由于原先遭受到的精神刺激——这种刺激是由于压抑训练不周的躯体活动造成的——而更加猛烈地迸发出来。当儿童需要时，就该给他活动和伸展躯体的自由，并且从早到晚都能提供真正的练习机会。这样，当听其自然时，他就不会那么过于激动兴奋，以致急躁或无目的地喧哗吵闹。在做事方面得到了训练，他就能在无人强制监督的情况下坚持工作，关心别人。

只要千篇一律地对待儿童，就不可能建立一个真正科学的教育学。每个儿童都有很强的个性，同样任何科学都必须对本科学的所有材料做出判断。每个学生都必须有机会显露他的真实面目，这样教师就能发现学生在成为一个完全的人的过程中需要干些什么。教师只有熟悉她的每个学生，她才有指望理解儿童，而只有当她理解了儿童，她才有指望去发展任何一种教育方案，使之或者达到科学的标准，或者符合艺术的标准。

对儿童来说，自由就是提供机会，使他能尝试他对于周围的人和事的种种冲动及倾向，从中他感到自己充分地发现这些人和事的特点，以致他可以避免那些有害的东西，发展那些对他自己和别人有益的东西。教育，如果对儿童划一看待，好像他们的种种冲动不过是一个成人社会（而且这个社会的弱点和失败一直在被人们哀叹着）的一般冲动的反映，那么这种教育必定是在复制一个同样通常的社会，它甚至不愿意去发现是否有可能以及怎样可能来使这个社会变得更好。教育能发现儿童的真实情况是什么，就能根据这种知识使自己得到发展，从而能保持最好的东西，排除坏的东西。在这个过程中，仅仅从外部强行抑制，坏的东西也就同样地阻碍了好的东西的表现。

在依据事实塑造自身前，如果教育需要自由，那么它如何利用这种自由以符合儿童的利益呢？给儿童以自由，使他在力所能及的和别人所允许的范围内，去发现什么事他能做，什么事他不能做，这样他就不至于枉费时间去做那些不可能的事情，而把精力集中于可能的事情了。儿童的体力和好奇心能够引导到积极的道路上去。教师将会发现，学生的自发性、活泼和创造性，有助于教学，而不是像在强迫制度之下那样成为要被抑制的讨厌的东西。现在感到阻碍教学的那些东西，将会变成教师所要培养的积极的品质。除了要保存人生有用的品质，养成独立和勤勉的习惯外，允许儿童这种自由是必要的，假如学生真正地从做中学的话。但是如果这种"做"是向儿童指定的，是一步步向他提出要求的，那么大部分的做只会导致表面的肌肉锻炼。然而，当儿童自发的好奇心、喜欢活动的天性用于研究有益的问题上，用于自己去发现如何才能使环境适合他的需要时，教师就会看到，学生不仅功课做得和以前一样好，而且学会了如何去控制和创造性地利用那些能量，这些能量在普通的课堂里只起到消极的作用。

第七章　学校与社会的关系

通常的学校课程，忽视了今天的科学的民主的社会，忽视了这一社会的需要和理想，却培养儿童去为个人的生存而斗争，并通过一点智力的"修养"以满足个人的享受，使之变得柔和一些。

不管这样的文化素养对个人来说是多么的有趣和有启发作用，很显然，公立学校的第一任务是教儿童在他发现自己所在的这个世界里生活，理解他在这个世界上分担的责任，使他在适应社会方面有个良好的开端。只有当他把这些事情做得很成功时，他才有时间或兴趣去从事纯属智力活动方面的修养。

公立学校创始于自由民主精神的觉醒。越来越多的人意识到，科学是如此迅速地改变了所有的社会和工业状况，因此，如果极少数人完全垄断了科学材料，就不可能有人人平等的机会。

教师的作用必须从一个向导和指挥者变为一个观察者和帮手。由于教师注意到每个学生而着眼于允许每个人最大限度地发展思维和推理能力，并且利用读、写、算的课作为训练儿童判断力和活动能力的工具，因此儿童的作用也必然发生改变。它变成了主动的而不是被动的，儿童成为询问者和实验者。

社会为了自身的目的，是不可能采用在儿童入学前就使他的判断力的敏捷性和准确性变得迟钝的方式训练儿童的。假如它这样做，它就会使得将成为社会负担的缺乏能力的人越来越多。独断的方法培养的是驯良服从的人，这种方法在现代社会中不仅是无效的，而且实际上阻碍了社会的最大潜力的开发。

（选自杜威著，赵祥麟、任钟印、吴志宏译：《学校与社会·明日之学校》，
人民教育出版社 2005 年版）

《民主主义与教育》

杜　威

【导读】

《民主主义与教育》（1916 年）是杜威的教育代表作，是杜威实用主义教育思想最集中、最系统的表现。

在《民主主义与教育》中，杜威把教育问题放在一个广阔的社会背景下展开，深入地探讨了教育与政治民主化、经济工业化以及科学文化的发展等因素之间的内在联系。杜威以民主主义为尺度，对教育史上存在的形形色色的理论予以深刻的分析和批判。他对教育的本质进行了界定，提出教育就是"生长"、就是"生活"、就是"经验的不断改组和改造"，学校及教育环境应是一个经过改造的、简化、净化、起同化作用的雏形社会，教育的目的不在教育之外，而在生长和教育的过程之中。杜威以经验主义认识论为基础，将"从做中学"确立为教学理论的基本原则，在课程、教法和教学组织形式方面提出了一些与传统教育迥然不同的看法，要求教育培养儿童解决实际问题的能力，使儿童掌握科学探究的方法。

杜威重视幼儿期的教育，认为婴幼儿自身蕴藏着学习和成长的能量和潜力。他提出教育要尊重并利用儿童的个体差异，给予儿童以自由，积极培养儿童的创造性。在学前教育的方式方法上，杜威提出教育要遵循儿童的身心特点，将书写和阅读的能力严格地看作工具，儿童必须学会使用这些工具。他十分重视游戏和作业在学前教育中的作用，还提出游戏要符合儿童的本能、兴趣，并根据年龄特征等加以安排。上述观点对现代学前教育产生了重要影响。这里着重节选杜威关于儿童生长的观点。

第一章 教育是生活的需要

一、生活的更新通过传递

社会通过传递过程而生存，正和生物的生存一样。这种传递依靠年长者把工作、思考和情感的习惯传达给年轻人。没有这种理想、希望、期待、标准和意见的传达，从那些正在离开群体生活的社会成员给那些正在进入群体生活的成员，社会生活就不能幸存。如果组成社会的成员继续生存下去，他们就能教育新生的成员，但是这将是以个人兴趣为导向，而不是以社会需要为导向的任务。这是一件必须做的工作。

三、正规教育的地位

因此，我们可以在上面所考虑的广阔的教育过程之内区别出一种比较正规的教育，即直接的教导或学校教育。

没有这种正规的教育，不可能传递一个复杂社会的一切资源和成就。因为书籍和知识的符号已被掌握，正规教育为年轻人获得一种经验开辟道路，如果让年轻人在和别人的非正式的联系中获得训练，他们是得不到这种经验的。

但是，从间接的教育转到正规的教育，有着明显的危险。参与实际的事务，不管是直接地或者间接地在游戏中参与，至少是亲切的、有生气的。在某种程度上，这些优点可以补偿所得机会的狭隘性。与此相反，正规的教学容易变得冷漠和死板——用通常的贬义词来说，变得抽象和书生气。低级社会所积累的知识，至少是付诸实践的；这种知识被转化为品性；这种知识由于它包含在紧迫的日常事务之中而具有深刻的意义。但是，在文化发达的社会，很多必须学习的东西都储存在符号里。它远没有变为习见的动作和对象。这种材料是比较专门的和肤浅的。用通常的现实标准来衡量，这种材料是人为的。因为通常的尺度和实际事务有联系。这种材料存在于它自己的世界内，没有被通常的思想和表达习惯所溶化。

第二章 教育是社会的职能

三、社会环境的教育性

我们以上讨论的结果是，社会环境能通过个体的种种活动，塑造个人行为的智力的和情感的倾向。这些活动能唤起和强化某些冲动并具有某种目标和承担某种后果。一个生长在音乐家的家庭里的儿童，不可避免地使他在音乐方面所具有的任何能力得到激励，而且，相对地说，要比在另一环境中可能被唤醒的其他冲动受到更大的激励。除非这个儿童对音乐有兴趣并有一定的造诣，否则他就没有希望；他不能共享他所属的群体的生活。参与一些与个人有联系的那些人的生活是不可避免的；对他们来说，社会环境无意识地、不设任何目的地发挥着教育和塑造的影响。

虽然这种"环境的无意识的影响"难以捉摸而又无处不在，影响着性格和心理的每一根纤维，但指出它的效果最为显著的几个方面可能是有价值的。第一，语言习惯。基本的言语模式、大量词汇，是在日常生活交往中形成的，这种生活交往不是作为规定的教导手段，而是作为社会需要进行的。婴儿学会母语，这话说得好。虽然这样养成的言语习惯可能被改正，或者甚至被有意识的教学所取代，但是，在兴奋的时候，有意识地学会的言语模式常常消失，恢复他们真正的本族语。第二，仪表。榜样的力量比格言大得多。我们常说，好的仪表是良好的教养的结果，或者毋宁说就是良好的教养；而教养是通过对习惯的刺激做出反应的习惯的行为养成的，而不是通过传授知识。尽管有意识的改正和教导不停地起着作用，但是，周围的气氛和精神最终在形成仪表方面是主要力量。仪表只是次要的道德。在主要的道德方面，有意识的教导，也许仅仅在它符合构成儿童的社会环境的人们的一般言行标准时才有效验。第三，美感和美的欣赏。如果眼睛常常接触形式和色彩华美和谐的事物，审美的标准自然会发展起来。

四、学校是特殊的环境

一个明智的家庭和一个不明智的家庭的区别，主要在于家庭中盛行的生活和交往习惯是不是根据它们对儿童发展的关系的思想进行选择的，或者至少带有这种思想的色彩的。但是，学校当然总是明确根据影响其成员的智力的和道德的倾向而塑造的环境典型。

大体上说，当社会传统很复杂，相当部分的社会经验用文字记载下来，并且通过书面符号进行传递时，学校便产生了。书面符号甚至比口头符号更加属于人为的或传统的东西；它们不能在和别人偶然的交往中学会。此外，书面的形式往往选择和记录比较起来和日常生活不相干的事物。每一个世代积累起来的成就都贮藏在里面，虽然有些已经暂时无用。因而，一旦社会在相当程度上依靠在它自己领土以外和它自己直接的一代人以外的东西，它就必须依靠固定的学校机构保证其一切资源的适当传递。

这种联合的模式和日常的生活联合相比较，有三个足够特殊的功能应该注意。

第一，复杂的文明过分复杂，不能全部吸收。必须把它分成许多部分，逐步地、分层次地、一部分一部分地吸收。我们目前社会生活中的各种关系，数量很大，相互交织在一起，即使处于最有利地位的儿童，并不能很快地分享其中很多最重要的部分。由于儿童没有参与这些关系，它们的意义不被儿童理解，因而不会变成儿童心理倾向的一部分。我们称作学校的社会机构的首要职责就在于提供一个简化的环境。选择相当基本并能为青少年反应的种种特征。然后建立一个循序渐进的秩序，利用先学会的因素作为领会比较复杂的因素的手段。

第二，学校环境的职责，在于尽力排除现存环境中的丑陋现象，以免影响儿童的心理习惯。学校要建立一个净化的活动环境。选择的目的不仅是简化环境，而且要清除不良的东西。学校选择其中最优秀的东西，全部自己使用，努力强化它们的力量。随着社会变得更加开明，学校认识到它的责任不在把社会的全部成就传递下去，保存起来，而只是把有助于未来更美好的社会的部分传递和保存起来。学校就是社会完成这个目的的主要机构。

第三，学校环境的职责在于平衡社会环境中的各种成分，保证使每个人有机会避免他所在社会群体的限制，并和更广阔的环境建立充满生气的联系。

第三章　教育即指导

提要

儿童天然的或天赋的冲动和他们出生加入的群体的生活习惯是不一致的。所以，必须对他们进行指导或疏导。这种控制和身体上的强迫不同；它把在任何一个时间起作用的冲动集中到某一特殊的目的上，并使一连串的动作有前后一贯的顺序。别人的行动常常受引起他们行动的刺激的影响。但是，有时人们发出的刺激，如命令、禁止、赞许和谴责，具有影响行动的直接目的。因为在这些情况下，我们最有意识地控制别人的行动，我们很可能过分夸大这种控制的重要性，而牺牲比较永久的和有效的方法。基本的控制存在于儿童参与的情境的性质。在社会情境中，儿童必须把他的行动方法，参照别人正在做的事情，使他所用的方法适合。这样就能指导他们的行动，达到共同的结果，并使参与者有共同的理解。大家从事不同的行动，却意味着同一个东西。这种对行动的手段和目的的共同的理解，乃是社会控制的本质所在。这种社会控制是间接的，或是属于情感的和理智的；不是直接的或个人的。而且这种控制是内在于一个人的倾向的，不是外在的，也不是强迫的。教育的任务就在于通过兴趣和理解的认同达到这种内在的控制。虽然书籍和对话作用很大，但是通常过分地依赖了这些方法。学校为了充分发挥它们的效率，要有更多联合活动的机会，使受教育者参与这些活动，使他们对于自己的力量和所使用的材料和工具，都得到社会的意义。

第四章 教育即生长
一、生长的条件

社会在指导青少年活动的过程中决定青少年的未来，也因而决定社会自己的未来。由于特定时代的青少年在今后某一时间将组成那个时代的社会，所以，那个时代社会的性质，基本上将取决于前一时代给予儿童活动的指导。这个朝着后来结果的行动的累积运动，就是生长的涵义。

生长的首要条件是未成熟状态。我们说一个人只能在他未发展的某一点上发展，这似乎是自明之理。但是，未成熟状态这词的前缀"未"却有某种积极的意义，不仅仅是一无所有或缺乏的意思。值得注意的是"能量"（capacity）和"潜力"（potentiality），这两个名词都有双重意义，一个意义是消极的，另一个是积极的。能量可以仅指接纳性，如一夸脱的容量。我们可以把潜力仅仅理解为蛰伏或休眠的状态——在外部影响下变成某种不同的东西的能力。但是，我们也可以把能量理解为一种能力，把潜力理解为势力。我们说未成熟状态就是有生长的可能性。这句话的意思，并不是指现在没有能力，到了后来才会有；我们表示现在就有一种确实存在的势力——即发展的能力。

我们往往把未成熟状态只是当作缺乏，把生长当作填补未成熟的人和成熟的人之间的空缺的东西，这种倾向是由于用比较的观点看待儿童期，而不是用内在的观点看待儿童期。我们所以仅仅把儿童期当作匮乏，是因为我们用成年期作为一个固定的标准来衡量儿童期。这样就把注意力集中在儿童现在所没有的、他成人以前所不会有的东西上。这种比较的观点，要是为了某种目的也是够合法的，但是，如果我们把这种观点看作不可变更的道理，那就产生一个问题，就是我们是否傲慢武断。如果儿童能清晰地和忠实地表达自己的意见，他们所说的话将与此不同。我们有非常可靠的成人凭据，使我们相信，在某种道德的和理智的方面，成人必须变成幼小儿童才对。

当我们考虑到提出一个静止的目的作为理想和标准时，这个关于未成熟状态的可能性的消极性质的假设，其严重性是明显的。他们把不断地成长理解为已完成的生长，就是说停止生长（ungrowth），即不再继续成长。这个假设毫无价值，从这样的事实可以明白，每一个成人，如果有人诋毁他没有进一步生长的可能性，他就要怨恨；只要他发现自己没有进一步生长的可能性，他就要悲痛，把这件事视为丧失的证据，而不把已往的成就作为力量的适当表现。为什么对儿童和成人采用不平等的标准呢？

我们如果不用比较的观点，而用绝对的观点来看，未成熟状态就是指一种积极的势力或能力——向前生长的力量。我们不必像有些教育学说那样，从儿童那里抽出或引出种种积极的活动。哪里有生活，哪里就已经有热切的和激动的活动。生长并不是从外面加到活动的东西，而是活动自己做的东西。未成熟状态的可能性的积极的和建设的方面，是理解未成熟状态的两个主要特征即依赖和可塑性的关键。（1）把依赖说成某种积极的东西，听来未免可笑，把依赖说成一种力量，更加荒谬。但是，如果依赖完全是无依无靠的性质，那么发展永远不会发生。一个仅仅是软弱无能的人，永远要别人提携。依赖伴随着能力的成长，而不是越来越陷入寄生状态，这个事实表明依赖已是某种建设性的东西。仅仅寄人篱下不会促进生长。（2）因为寄人篱下不过是筑墙于软弱无能的周围。对物质世界来说，儿童是无依无靠的。在他诞生的时候和以后长时间内，缺乏行走和维持自己生命的能力。如果他必须自己谋生，那就连一小时都难以生存。在这方面，儿童几乎是全盘无依无靠。幼兽也要比他强得多。他的身体是虚弱的，不能运用他所有的体力去应付物质的环境。

1. 但是，这种彻底的无依无靠性质，暗示着具有某种补偿的力量。幼兽早期就有相对的能力，能够很好地适应物质环境。这种事实表明，这种动物的生活和它们周围的兽类的生活并不密切地结合在一起。可以这么说，因为它们缺乏社会的能力，所以不得不具有相当的体力。另一方面，人类婴儿身体上软弱无能，所以还能生活下去，正是因为他们有社会的能力。我们有时谈起儿童，想到儿童，似乎他们只是从身体方面讲偶然处于社会环境之中；似乎社会力量完全存在于抚养他们的成人之中，儿童乃是受抚养的人。如果说儿童自己本来具有非常的力量，引起别人的合作注意，便有人想，这不过是转弯抹角地说成人非常注意儿童的需要罢了。但是，观察表明，儿童赋有头等社交能力。儿童具有灵活的和敏感的能力，对他们周围的人的态度和行为，都同情地产生感应，很少成年人能把这种能力保持下来。儿童对自然界事物的不注意（由于无力控制它们）相应地强化了他们对成人行为的兴趣和注意，这两方面是相伴随的。儿童生来的机制和冲动都有助于敏捷的社会反应。有人说，儿童在进入青年期以前是利己主义的和自我中心的，这句话即使是正确的，也和我们上面所说的话没有矛盾。这不过表明儿童的社会反应能力是用来增加他们自己的利益，并不是表明儿童没有这种社会反应能力。但是，这句话事实上并不正确。有些事实被引用来辩护所谓儿童的纯利己主义，其实是表明儿童趋向他们标的的强烈性和直接性。如果构成标的的许多目的对成人来说似乎是狭隘的和自私的，这不过是因为成人通过幼年时类似的独占行为，已经达到了这些目的，因而不再使他们感兴趣。所谓儿童天生的利己主义的剩余部分，大部分都不过是违反成人的利己主义的利己主义。成人过分专心于他自己的事务而对儿童的事务没有兴趣。在他看起来，儿童无疑似乎过分专心于他们自己的事务。

  从社会的观点看，依赖性指一种力量而不是软弱；它包含相互依赖的意思。常常有一种危险，个人独立性的增加将降低他的社会能力。让一个人更加依靠自己，也许因此使他更加自以为是，脱离群众，冷漠无情，在和别人的关系方面麻木不仁，以致生出一种真能独善其身的幻想——这是一种无名的癫狂，世界上大部分本可挽救的苦难，都是由于这种癫狂所致。

  2. 未成熟的人为生长而有的特殊适应能力，构成他的可塑性。这种可塑性完全不同于油灰或蜡的可塑性。它并不是因受外来压力就改变形式的一种能力。这种可塑性和柔韧的弹性相近，有些人通过弹性作用于他们周围的环境并保持他们自己的倾向。但是，可塑性比弹性更加深刻，它主要地是从经验中学习的能力；从经验中保持可以用来对付以后情境中的困难的力量。

这就是说，可塑性乃是以从前经验的结果为基础，改变自己行为的力量，就是发展各种倾向的力量。没有这种力量，获得习惯是不可能的。

高等动物的崽仔，特别是人类的幼儿，必须学会利用它们的本能反应，这是大家熟悉的事实。人类生来比其他动物具有更多的本能倾向。但是，低等动物的本能在生后不久就自行完善，以应适当的活动。至于人类婴儿的本能，按它们原来的状态，大部分没有什么用处。有一种生来的特别适应能力，立刻发生效率，但是，好像一张火车票只能用在一条路线上。一个婴儿要运用他的眼、耳、手和腿，必须试验做各种不同的反应的结合，学会灵活多样的控制能力。例如，一只小鸡孵出后几小时，就能准确地啄食。这就是说，眼睛看东西的活动和身体与头部的啄食活动的准确的协调，经过几次试验就完善了。一个婴儿生后六个月，能够接近准确地把伸手抓物的动作和他的视觉活动协调起来；就是说，能够说出他是否能伸手抓到所看见的物件和怎样伸手去抓。结果，小鸡反受原来本能相对完善的限制。婴儿则具有大量尝试性的本能反应以及跟着这些反应所得到的许多经验的有利条件，即使他因为这些反应互相阻碍以致暂时处于不利地位，但这不过是暂时的事情。我们学习一种动作，不是按现成动作去做，必须学会变化动作的因素，根据不同情况做出种种因素的联合。人类学习一种动作，能够发展许多方法，应用到其他情境，从而开辟继续前进的可能性。更重要的是，人类养成学习的习惯，他学会怎样学习。

依赖和可变的控制能力这两件事在人类生活中很重要。这个原理早有人总结在延长婴儿期的重要意义的学说之中。婴儿期的延长无论从群体中成人的观点和青少年的观点来看都是重要的。依赖他人和从事学习的小孩就是一个刺激，要成人负责教养和抚爱。儿童需要成人经常继续不断的养护，也许就是把暂时的同居变为永久婚姻的一个主要原因。儿童有这种需要，肯定是养成慈爱的和同情的照顾别人的习惯的主要影响；这种对别人幸福的建设性的兴趣，是联合生活所必需的。这种道德方面的发展，在理智方面就是能够引进许多引起注意的新事物，激发对未来的远见和为未来计划。所以，有一种相互的影响。社会生活日益复杂，需要一个较长的婴幼期，以便获得所需要的力量；这种依赖的延长就是可塑性的延长，或者就是要获得可变的和新奇的控制模式的力量。因此，这种延长能进一步地促进社会进步。

二、习惯是生长的表现

我们在上面已说过,可塑性是保持和提取过去经验中能改变后来活动的种种因素的能力。这就是说,可塑性乃是获得习惯或发展一定倾向的能力。我们现在要研究习惯的主要特征。首先,习惯乃是一种执行的技能,或工作的效率。习惯就是利用自然环境以达到自己目的的能力。习惯通过控制动作器官而主动地控制环境。我们也许易于强调控制身体,而忽略对环境的控制。我们想起步行、谈话、弹钢琴、雕刻工的专门技能、外科医生、建筑桥梁的工人等等的技能,好像他们的技能不过是有机体的行动流畅、灵巧和精确。当然,他们的动作的确流畅、灵巧和精确,但是,衡量这些特性的价值的标准,在于它们对环境的经济而有效的控制。我们能够走路,就是能支配自然界的某些特性,所有其他习惯也是如此。

人们常常把教育解释为获得能使个人适应环境的种种习惯。这个定义表明生长的一个重要方面。但是,这个定义中的所谓适应,必须从控制达到目的的手段的主动的意义上来理解。如果我们把习惯仅仅看作机体内部引起的变化,而忽视这种变化在于造成环境中以后许多变化的能力,就会把"适应"看作与环境一致,正如一块蜡依照印章一样。环境被看作某种固定的东西,这种固定性为有机体内部发生的变化提供目的和标准;所谓适应不过是使我们自己切合外部环境的这种固定性。如果把习惯看作"习以为常",确实是比较被动的东西。我们习惯于周围环境——习惯于我们的衣服、我们的鞋子和手套,习惯于相当稳定的气候,习惯于我们的日常朋友等等,这些都含有被动的性质。和环境保持一致,在有机体内引起变化,而不问改变周围环境的能力,就是这种习以为常的显著特点。我们不能把这种适应(不妨称之为迁就,以别于主动的适应)的特点转到主动利用周围环境的习惯,除此以外,"习以为常"有两个主要特征值得注意。第一个特征是,我们首先通过使用事物而习惯于这些事物。

试想一下,我们怎样习惯于一个陌生的城市。初进城时,我们碰到过多的刺激,引起过多的和不易适应的反应。逐渐地我们选择一些有关系的刺激,把其他刺激降级,我们可以说我们不再对这些刺激做出反应,或者更加正确地说,我们已经对这些刺激做出持久的反应,或称为适应平衡。这种持久的适应,给我们提供一种背景,待有机会时做出各种特殊的适应。这就是

"习以为常"的第二个特征。我们从来不想改变整个环境；有很多事情，我们认为理所当然，安之若素，接受现状。在这种背景上，我们的活动集中在环境中的某些方面，努力进行必要的改革。所以，"习以为常"就是我们对当时我们还不准备改变的环境的适应，这种环境对我们的主动习惯还具有积极的影响。

总而言之，所谓适应，既是我们的活动对环境的适应，也是环境对我们自己活动的适应。

三、发展概念的教育意义

当我们说教育就是发展时，全看对发展一词怎样理解。我们的最后结论是，生活就是发展；不断发展，不断生长，就是生活。用教育的术语来说，就是：①教育的过程，在它自身以外没有目的；它就是它自己的目的；②教育的过程是一个不断改组、不断改造和不断转化的过程。

（1）当我们用比较的术语，即从儿童和成人生活的特征来解释发展时，所谓发展，就是将能力引导到特别的渠道，如养成各种习惯，这些习惯含有执行的技能、明确的兴趣以及特定的观察和思维的对象。但是，比较的观点并不是最终的。儿童具有特别的能力；忽视这个事实，便是阻碍生长所依靠的器官的发育或使它们畸形发展。换言之，常态的儿童和常态的成人都在不断生长。他们之间的区别不是生长和不生长的区别，而是各有适合于不同情况的不同的生长方式。关于专门应付特殊的科学和经济问题的能力的发展，我们可以说，儿童应该向成人方面发展。关于同情的好奇心，不偏不倚的敏感性和坦率的胸怀，我们可以说，成人应该像儿童一样生长。这两句话都是同样正确的。

（2）既然实际上除了更多的生长，没有别的东西是和生长有关的，所以除了更多的教育，没有别的东西是教育所从属的。有一句平常话说，一个人离开学校之后，教育不应停止。这句话的意思是，学校教育的目的在于通过组织保证生长的各种力量，以保证教育得以继续进行。使人们乐于从生活本身学习，并乐于把生活条件造成一种境界，使人人在生活过程中学习，这就是学校教育的最好的产物。

认识到生活就是生长，这就使我们能避免所谓把儿童期理想化，这种事情实际上无非是懒惰成性。不要把生活和一切表面的行动和兴趣混为一谈，对家长和教师来说，重要的事情是注意儿童哪些冲动在向前发展，而不是注意他们已往的冲动。尊重未成熟状态的正确原则，没有比埃默森①下面的一段话讲得再好的了。他说："尊重儿童。不要过分摆起家长的架子。不要侵犯儿童的孤单生活。但是对于这个建议，我却听到有人叫嚷：你真要放弃公私训练的缰绳吗？人要让儿童去过他自己激情和奇想的狂妄生涯，把这种无政府状态称为尊重儿童的天性吗？我回答说，尊重儿童，尊重他到底，但是也要尊重你自己。……关于儿童训练，有两点要注意：保存儿童的天性，除了儿童的天性以外，别的都要通过锻炼搞掉；保存儿童的天性，但是阻止他扰乱、干蠢事和胡闹；保存儿童的天性，并且正是按照它所指出的方向，用知识把儿童天性武装起来。"埃默森接着指出，这种对儿童期和青年期的尊重，并不为教师开辟一条容易而悠闲的道路，"却立刻对教师的时间、思想和生活提出巨大的要求。这个方法需要时间，需要经常运用，需要远见卓识，需要事实的教育，还需要上帝的一切教训与帮助；只要想到要运用这个方法，就意味着高尚的品格和渊博的学识了"。

第十五章 课程中的游戏和工作

一、主动的作业在教育上的地位

过去一个世代学校课程经过了很大的改革。这种改革的由来，一部分是由于教育改革家的努力，一部分是由于研究儿童心理的兴趣的提高，一部分是由于学校教学的经验。从这三方面得来的一个教训，即教学应从学生的经验和能力出发，使学校在游戏和工作中采用与儿童、青年在校外所从事的活动类似的活动形式。近代心理学已经用复杂的本能的和冲动的倾向，代替旧理论关于普通的和现成的官能的主张。经验表明，当儿童有机会从事各种调动他们的自然冲动的身体活动时，上学便是一件乐事，儿童管理不再是一种负担，而学习也比较容易了。

有的时候，人们采取游戏、竞技和建造作业，只是为了以上这些原因，强调解除"正规的"学校功课的沉闷和劳累。但是，没有理由只是采用游戏和建造作业作为愉快的消遣。心理生活的研究表明，探索、操作工具和材料、建造、表现欢乐情绪等先天的倾向，具有基本的价值。如果这些本能所

---

① 埃默森（1797—1881），美国教育家。——译者注，有改动

激起的种种练习是正规的学校课程的一部分，学生便能专心致志地学习，校内生活和校外生活之间的人为的隔阂因之减少，能供给种种动机，使学生注意有显著教育作用的各种材料和过程，并能使学生通力合作，了解知识材料的社会背景。总之，学校所以采用游戏和主动的作业，并在课程中占一明确的位置，是理智方面和社会方面的原因，并非临时的权宜之计和片刻的愉快惬意。没有一些游戏和工作，就不可能有正常的有效的学习；所谓有效的学习，就是知识的获得是从事有目的的活动的结果，而不是应付学校功课的结果。讲得更具体些，游戏和工作完全和认识的第一阶段特征相应。我们在前章讲过，这一阶段认知的特征是学习怎样做事和熟悉所做的事情和过程。

学校的任务就是设置一个环境，在这种环境里，游戏和工作的进行，应能促进青年智力和道德的成长。如果仅仅在学校采用游戏和竞技、手工和劳作，这还不够。一切还看我们怎样运用它们。

三、工作与游戏

但是，从儿童早期开始，就没有全部游戏活动时期和全部工作活动时期的区别，而只有着重点的不同。即使很幼小的儿童，他们也期望一定的结果，而且尝试要达到这个结果。他们对参与成人的作业有浓厚的兴趣，单就这一点来说，就能达到这个目的。儿童要"帮助"别人；他们渴望从事能产生外部变化的成人的各种事务，例如在桌上摆设餐具准备开饭，洗涤杯盘，帮助看护动物等等。在他们的游戏中，他们喜欢制作自己的玩具和工具。随着儿童逐渐成长，对于没有实际可见的成就结果的活动，就失却兴趣。于是游戏变成开玩笑，如果习惯性地沉迷于这种游戏，就成为道德败坏的事情。要使人们感到他们自己有多大的力量，必须有可以观察到的结果。当假装被公认是假装时，仅仅幻想虚拟的事物不能激起热烈的行动。我们只要观察真正在做游戏的儿童的面部表情，就可以注意到，他们的态度是认真的聚精会神的态度；当事物不再能提供适当的刺激时，这种态度就不能维持。

（选自杜威著，王承绪译：《民主主义与教育》，人民教育出版社2001年版）

《蒙台梭利方法》

蒙台梭利

【导读】

蒙台梭利（M. Montessori，1870—1952）是意大利学前教育家。她是意大利历史上第一位学医的女性，并于1896年成为罗马大学和意大利的第一个女医学博士。毕业后，她担任罗马大学附属精神病诊所的助理医生，开始注意智力缺陷儿童的心理和教育研究。1900年，蒙台梭利应聘担任意大利国立特殊儿童学校校长，取得不俗成果。后来，她开始致力于正常儿童教育，寻求把智力缺陷儿童的教育方法应用于正常儿童的可能性。1907年，蒙台梭利在罗马的圣罗伦佐贫民区创办了一所幼儿实验学校——"儿童之家"。

《蒙台梭利方法》（1912年）脱胎于《运用于"儿童之家"的幼儿教育的科学教育方法》（1909年）。它是蒙台梭利对"儿童之家"学前教育实验和研究的总结，具体论述了面向3～7岁儿童的教育方法。

蒙台梭利主张让儿童自然发展，批判传统学校教育的灌输式教学，倡导家庭教育与学校教育一致，家长与学校积极配合进行教育。蒙台梭利非常强调儿童纪律性的培养，认为纪律必须通过自由获得，反对传统的强制性纪律教育。她还突出强调儿童独立性的培养，并指出要使儿童自由，首先要使他们独立。

"儿童之家"的教育方法具体包括四个方面：肌肉训练、感觉教育、实际生活练习和初步知识教育。肌肉训练的方法也可称为"体操"，在训练中，要设计一些符合儿童身心特点的器械。感觉教育是"儿童之家"最重要的教育方法，目的是通过系统的和多方面的感觉教育，使儿童发展对不同刺激的敏锐的感觉能力。这是儿童智力发展的坚实可靠的基础。感觉教育包括触觉、味觉、视觉、听觉的训练。实际生活练习要求与儿童的实际生活紧密联系，教会儿童掌握一些常用的生活技能。初步知识教育是指教师教儿童学习阅读、书写和计算。蒙台梭利认为3～7岁的儿童已具备这种能力，而且儿童的感觉教育也有助于初步知识教育。

第一章 新教育学与现代科学的关系的批判性思考

拯救人的灵魂远比拯救人的肉体更紧迫。

那么，面对儿童的教育问题，我们应该说些什么呢？

我们十分理解教师的困境。在普通的教室里，教师必须把支离破碎的、干瘪的知识硬塞到儿童的脑袋里。为了顺利完成这种枯燥乏味的任务，他发现必须约束学生，让他们坐着不动，强迫他们集中注意力，于是，奖励和惩罚便成为教师现有的得力帮手，帮助他迫使那些被宣判为他的听众的身心处于某种规定的状态。

诚然，今天已经确认，禁止合法的鞭笞和惯常的打人是适宜的，但这正是因为授奖已变得普遍而不那么郑重其事的缘故。这种局部改良是科学提供的另一根支柱，用来支撑衰败的学校。这种奖励和惩罚，请允许我如此措词，简直是灵魂的"板凳"，是奴役精神的工具；它们不是用来减少畸形，而是用来制造畸形。用奖励和惩罚所激起的努力是被迫的而不是自然的，可以肯定地说，这决不会给孩子带来自然发展。正如赛马场的骑师跳上马鞍前塞给马一块糖，或马车夫用鞭子抽马以及用缰绳的张弛使马做出他所需要的反应；然而，这决不会使它们像在草原上自由奔驰的马那样自然壮观。

那么，在教育中应该给人套上枷锁吗？

今天，我们的学校正以损害肉体和精神的工具——课桌、物质奖励和惩罚来控制学生。我们这样做的目的在于迫使他们遵守保持安静和保持不动的纪律。这将把学生引向何处呢？结果，实在难以预料。

对儿童的教育常常是向他们灌输教学大纲所规定的知识内容，而这些教学大纲总是官方教育部门制订的，而且还通过法律把它强加给教师和学生。

唉，面对这种愚蠢而顽固地漠视成长中的儿童生命的现象，难道我们不应垂首反思，不应用双手掩住我们感到内疚的面容吗！

第二章 关于方法的历史回顾

科学教育学的基本原则应该是学生自由的原则——这一原则允许个性发展，允许儿童天性的自发表现。如果新的科学教育学产生于个性研究，那么这种研究就必须从事于对自由儿童的观察。如果我们等待在当今的教育学、人类学和实验心理学的指导下通过对学生的系统考试来进行教育方法的实际改革，那是会落空的。

第五章 纪律

纪律必须通过自由而获得。当然，在我们的教育体系中的纪律概念与一般所说的纪律截然不同。如果纪律是建立在自由的基础上，那么纪律就必须是积极主动的。我们并不认为当一个人像哑巴一样默不作声，或像瘫痪病人那样不能活动时才是守纪律的。他只不过是一个失去了个性的人，而不是一个守纪律的人。

如果一个教师要使孩子终身沿着正确道路前进，不断提高他们的自制能力，那么她就需要具有引导孩子沿着这条纪律之路前进的特殊技能。因为孩子现在在学习活动，而不是学习静坐；不是为上学做准备，而是为生活做准备，是为了通过养成习惯和实践获得在社会或集体生活中轻松地、正确地完成一些简单动作的能力。这里，孩子们所习惯的纪律，不仅仅限于学校环境，而且也扩展到社会。

孩子们的自由，就其限度而言，应在维护集体利益范围之内；就其行为方式而言，应具有我们一般所认为的良好教养。因此，只要孩子冒犯或干扰他人，有不礼貌或粗野行为，就应加以制止。至于其余的一切——即有益于儿童身心的各种表现——不管是什么行为，以什么形式表现出来，教师不仅允许，而且还必须进行观察。这是关键所在。

要维持持久的纪律，关键在于要有正确的方法。这对教师来说，开头一段时间是最为困难的。为了建立积极的纪律，孩子们首先应具备的思想是分清好坏；教师的任务在于使孩子不要混淆好和不动，也不要混淆坏与活动，然而旧的纪律常常把它们混淆。所有这些要求都是因为我们的目的是要建立积极的纪律、工作的纪律、良好的纪律，而不是建立静止不动的纪律、被动的纪律、屈从的纪律。

孩子们的处于有秩序的状态的行动，随着时间的推移，变得越来越协调完美。事实上，他们在学习思考自己的行动。观察孩子们从最初没有秩序的行动过渡到自发的、有秩序的行动，这种观察可以说是一本教师手册，是一本鼓舞教师行动的书，是一本想成为一个真正教育者的人必须仔细阅读和深入研究的书。

在一定程度上，孩子是通过练习来选择自我趋向的，最初的这些趋向是混乱的和无意识的活动。如果我们按这种方法让孩子自觉地、自由地显露他的趋向，就会发现他们的个性有明显的区别。

我们关于儿童自由的概念，并不是他们在观察植物、昆虫等这些东西时所用的那种简单的自由概念。

由于儿童生下来时是软弱无能的，又由于儿童是属于社会的个体，他的活动必然受到约束。

因此，我们必须采用以自由为基础的教育方法去帮助儿童赢得自由。换句话说，对儿童的训练应帮助儿童把限制他的活动的社会束缚尽可能地减到最少。

随着孩子在这种环境中成长，他们的自发表现就会慢慢变得日益明显，真实地表现他的本性。因此，教育介入的首要形式，必须以引导孩子向独立自主的方向发展为目标。

独立性

谁若不能独立，谁就谈不上自由。因此，必须引导儿童个体自由的最初的积极表现，使儿童可能通过这种活动走向独立。婴儿从断奶的那一天起，就开始了努力走上独立的道路。

任何教育活动，如果对幼儿教育有效，那么就必须帮助儿童在独立的道路上前进。我们必须帮助他们无须搀扶而学会走路、上下楼梯、拾起落下的物品、穿脱衣服、自己洗澡、口齿清楚地说话和明确地表达自己的需要等等。我们必须给予孩子的帮助是使他们能够达到自己的目的，满足自己的愿望。这些都是培养独立性的教育的一部分。

我们习惯于服侍小孩，这对他们不仅是一种奴化，而且也是危险的，因为这很容易窒息他们自发的活动和独立自主意识，扼杀他们十分有益的主动性和创造性。我们对他们的责任在任何情况下都是帮助他们去完成自己应该完成的有益活动。

谁不知道，教孩子自己吃、自己洗、自己穿衣，比喂孩子吃、替孩子洗、替孩子穿衣更是乏味，更加困难，更需要有耐心！前者是一位教育者的工作，而后者只是一个仆人的简单的呆板的工作。这样做对妈妈比较容易，然而对孩子很危险，因为这会堵塞孩子的生命发展的道路，在这条道路上设置障碍。

我们必须把我们的后代造就成为强有力的人，也就是我们所说的独立和自由的人。

废除奖励和外在惩罚

我们一旦接受和建立了上述原则，奖励和外在惩罚也就随之而废除。因享有自由和守纪律的人，他所追求的不是使他受到轻蔑而感到沮丧的奖励，而是从他的内在生命中产生的人类的力量、自由的源泉和更大的积极性。

至于惩罚，我们曾多次遇到干扰别人，又根本不注意纠正错误的孩子。这样的孩子立即由医生进行检查。如果检查证明是正常的孩子，我们就在教室角落里摆一张小桌子，让他坐在那里，以此来孤立他。让他坐在舒适的小扶手椅上，让他能看到在工作的伙伴们；给他最能吸引他的玩具玩。这种孤立总是有效地使孩子安静下来。从他的位置上可以看到全体伙伴进行工作的情况和方法。这是较老师说什么都更有效的直观教学课。渐渐地他会明白，成为在他面前忙碌的伙伴中的一员的优越性，他会真的希望回去像其他孩子一样工作。我们用这种方法引导那些原来不守纪律的孩子，使他们也能很好地遵守纪律。被孤立的孩子总是受到特别的关照，好像他生病似的。我自己就是这样，一走进教室，首先是走向这样的孩子，关心他，好像他是最小的孩子。然后再把注意力转向其他孩子，关心他们的工作，问他们问题，似乎把他们当小大人看待。我不知道，在我们必须进行纪律教育的孩子心灵上发生了什么变化，但可以肯定的是，这些孩子都转变得非常好，而且持久稳定。他们对于学会怎样工作和怎样表现自己感到自豪，对教师和我也总是表现出亲切之情。

第六章　怎样授课

通过自由的制度，学生在学校里可以表现他们的自然倾向；我们从这一观点出发，准备了环境和材料（孩子用来工作的物品）；因此，教师不仅要观察，而且还必须进行实验。

在"儿童之家"开始的一段时间里，孩子们不懂得集体秩序的意义，这需要通过纪律练习，使孩子们学会分辨好与坏。在这种情况下，显然，教师是无法上课的，因为孩子们随意离开自己的座位，不安静地听教师讲课，不注意教师在做什么；因此，很少上集体课。事实上，集体课并不重要，我们几乎把它取消了。

个别授课的特点：简洁、明白、客观

授课是以个别方式进行的。简洁是个别授课的主要特征之一。但丁①给教师提出过一个很好的建议，他说："让你说的每句话都算数。"我们越少说废话，课就上得越完善。教师在备课时应特别注意，要考虑和衡量每句话的价值。

"儿童之家"授课的另一特点是明白。教师一定要删除一切不正确的内容，一定不要讲含糊不清的话。这也包括在简洁这一特点之中。因此，第二特点与第一个特点密切相关，要求仔细选择尽可能明白易懂的字句，正确地表达思想。

第三个特点是客观。授课必须以不表现出教师个性的方式进行，仅仅突出教师想要孩子注意的客观对象。教师必须认识到，简单明白的课应该是对客观对象的解释以及让儿童怎样使用的说明。

这种授课的基本指导方法必须是观察法，其中包括懂得儿童的自由。因此，教师应该观察孩子是否对对象感兴趣，怎样感兴趣，兴趣持续时间的长短，等等，甚至应该注意孩子的面部表情。教师必须特别谨慎地避免违反自由原则。因为如果她勉强孩子做出努力，她就不再懂得什么是儿童的自发积极性了。因此，如果教师是严格按照简洁、明白、准确的要求备课，而上课后孩子却不懂，不能接受关于对象的解释，那么有两点必须引起教师的注意：第一不要再上这样的课，第二不要让孩子感觉他自己犯了错误，或他自己不懂，因为这样做会使他故意努力去理解，这就会改变教师进行心理观察所要利用的自然状态。

在不断前进的道路上，给孩子们以阳光，这就是我们的职责。

关于这些启蒙课的作用，我可以做个比喻。这好像一个人独自在森林中漫步，宁静、愉快、沉思，任凭自己内心世界自由地徐徐展开。突然，远处传来的和谐悠扬的钟声把他唤醒，使他比以前更加强烈地感受到这里的平静和美丽，而以前他对此又有一些朦胧的感觉。

---

① 但丁（1265—1321），意大利诗人，代表作为长诗《神曲》。——选编者注

激发生命，让生命自由发展，这是教育者的首要任务。在完成这一细微的工作时，需要有高度艺术，要把握时机和恰到好处，不致造成紊乱和偏差；只能是帮助，而不可强制或代替，坚定不移地依靠儿童自身力量，即正在进入充分发展的内在生命。这种艺术必须以科学方法为指导。

如果教师用这种方法触摸到了每个学生的心灵，那她就像一个看不见的神灵，能唤醒和鼓舞他们的生命，她的一个手势、一句话，就足以支配每个学生的心灵，满足每个学生的愿望。因为每一个学生都以生动活泼的方式感觉到她，熟悉她，服从她。将有那么一天，教师会吃惊地看到所有孩子都高兴地、温顺地，不仅迅速，而且坚决地服从她。他们盼望她，崇敬她，因为是她使他们充满生机与活力，他们更渴望继续从她那里获得新的生命力。

于是我们发现，最守纪律的社会成员都是经过最好训练的人们，他们已使自己达到完美的程度。但是训练和完美都是通过和他人接触而获得的。集体的完善不可能只来自机械的组织所具有的庸俗的和粗暴的团结。

在幼儿心理学方面，我们的偏见多于实际知识。时至今日，我们一直是想通过强迫，通过外部法规的力量来支配儿童，而不是从内心去征服儿童，以便像指引人的灵魂那样去指引他。所以，儿童一直就生活在我们之外，不为我们所了解。但是如果我们取消限制他们的这些人为手段，取消我们曾愚蠢地强迫他们遵守纪律的暴力，那么他们就会向我们展示自己全部的儿童天性。

他们的温顺是如此地绝对，如此地可亲，使我们从中认识到人的幼年仍然受到各种形式的枷锁和不公正待遇的压抑。儿童对知识的爱是如此强烈，超过了对其他事物的爱，使我们不禁想到这样一个真理，人类有一种推动理智进行思考以达到征服的欲望，使得奴役的枷锁一个世纪一个世纪地有所松弛。

第九章 肌肉训练——体操

我们必须把体操和一般肌肉训练作为有助于生理运动（如走路、呼吸、说话等）的正常发育以及保护这种发育的一系列训练。如果孩子表现出发育迟缓或异常时，就应鼓励他们做有助于完成最基本的生活动作（如穿衣、脱衣、扣衣扣、系鞋带、拿物品如皮球、积木等）的有关运动。如果存在必须用体操锻炼来保护儿童的年龄阶段，那么这一年龄阶段无疑是3～6岁。这个生命阶段特别需要的体操就是保健体操，其主要形式是练习走步。

从身体上看，如果把儿童当成小大人，那就错了。他们的身体有其年龄的特殊比例和特点。小孩常有向后伸腰和向前踢脚的倾向，这表明他们有因身体比例的生理需要。幼儿喜欢像四足动物一样爬行，只是因为他的四肢还太短。我们往往用愚蠢的方式强使孩子改变他的这种自然表现，不让他下地，不让他伸腿等等，强迫他跟大人一起走路，要求他跟上大人的步速，还借口说不能让他任性，不能让他想干什么就干什么，这实在是大错特错。这样通常就会造成罗圈腿。因此，最好是开导妈妈们特别注意这些方面的幼儿保健。这就是说，我们能够而且应该用体操来帮助孩子发育，让他们所做的运动是他们需要的运动，并保证他们的下肢不致疲劳。

第十章　自然教育——农业劳动：动植物培育

一个显而易见的原则是：在教育中对自然特权的牺牲只限于为获得文明提供的最大满足所需的程度，不能做无谓牺牲。

既然儿童的肉体生命需要大自然的力量，那么他的精神生命也需要使心灵与天地万物接触，以便直接从生动的大自然的造化能力中吸取养分。达到这一目的的方法是让儿童从事农业劳动，引导他们培育动植物，并从中思考自然，理解自然。

第十二章　感觉训练

对使用于幼儿的教具，他们还必须继续进行试验，必须选择使他们产生兴趣的教具。

在"儿童之家"的第一年里，我采用大量的多种刺激进行了这样的试验，其中有许多是我在缺陷儿童学校已经试验过的。

但是，应用于缺陷儿童的教具，一般说来在正常儿童训练中都未再直接使用，但却采用了许多经过改造的材料。然而，我认为，这已经达到选择材料的目的，满足了实际进行感觉训练的基本需要（在这里我不想把材料说成心理学名词"刺激"）。

这些材料构成我使用的教具体系，全部由米兰慈善家协会的"劳动之家"制造。

这些材料将在以后阐明教育内容时一并逐一说明。这里只提出几点一般考虑。

第一，缺陷儿童和正常儿童对按刺激等级构成的教具表现出的反应不同。这种不同可以从这样的事实中明显地看出，就是同一个教具用于缺陷儿童可能起到训练作用，而用于正常儿童则产生自动训练的效应。

这是在我整个经历中所碰到的最有意思的事实之一。它鼓舞和促使我认识到，自由和观察的方法是可行的。

假定用我们的第一种材料——一套立体几何形状的模型。一块木板上的一排圆孔中插着相应尺寸的10根圆木柱。柱径逐个递减约2毫米。这样进行游戏：先把圆柱全部从孔中拔出，放在桌上打乱，然后让儿童挑选适合于圆孔的木柱再逐个插回原位。目的是训练眼睛对面积大小的不同感觉。

对于缺陷儿童，需要从具有更鲜明对比的练习开始，只有事先进行许多预备练习后，才能进行上述练习。

对于正常儿童，则可以不经预备练习即开始，作为一种自动活动的首次练习。2岁半到3岁的孩子，在所有教具中，最喜欢这种游戏。一次，我们让一个缺陷儿童做这项练习，总需要不断提醒他注意，要他瞧着木板，把不同大小的圆柱给他看。如果他把圆柱都插回了原位，他就停止不动了，游戏就结束了。不论什么时候出了错，都需要替他纠正，或促使他纠正。即使当他能够自己纠正错误的时候，通常表情也很冷淡。

然而正常儿童对这个游戏却自发地表现出浓厚的兴趣，把妨碍和帮助他的人推开，愿意独立解决问题。

我们早已注意到，两三岁的孩子以摆弄小物体为最大乐趣。"儿童之家"的这个实验再次证明了心理学家的这一论断的正确性。

有一点很重要，就是正常儿童注意观察木板上的孔和需要插入孔中的圆柱之间的尺寸关系，从他的小脸上表现出的专注的神情可以看出，他对这个游戏很感兴趣。

如果他弄错了，用一根圆柱去插比它小的孔，他就会拿开这根圆柱，进行多次尝试，寻找合适的孔。如果他把一根圆柱错插到了稍大的孔中，然后把其余圆柱依次插进稍大一点的孔里，最后他会发现手里剩下一根最大的圆柱，而板上却空着一个最小的孔。这套教具能检查出每一个错误。孩子们能以各种方法自己改正错误。他经常靠触摸或靠摇晃圆柱来识别哪一根是最大的。有时一眼就能看出错在哪儿，从不该插的孔中拔出，再插到应该插的孔中。然后，把其他的一一插好。正常的孩子是越来越有兴趣地反复做这项练习。

实际上这套教具的教育意义正是在于错误的发现与纠正。当孩子确有把握把每个圆柱都插入正确的位置时，表明他的能力已超过这个练习，这套教具对他就没有意义了。

这种自我改正引导孩子把注意力集中在大小的区别和把不同圆柱加以比较。心理感觉练习也正是在于这种比较。

所以，不存在通过这套教具教给孩子大小尺寸的知识问题，目的也不是要让孩子知道如何不出错地使用这套教材圆满地完成这个练习。

否则，就使我们的教具与其他许多教具，例如福禄培尔教具那样，建立在相同基础上了。如果应用福禄培尔的教材，为了让孩子学会使用这些材料，还将要求教师去忙碌一番，首先忙于充实自己的知识，然后忙于纠正孩子的每个错误。

恰好相反，我们是让孩子自己工作，自动纠正错误，自我进行教育。没有一个教师能够教给孩子只有通过体操锻炼才能获得的那种敏捷。学生需要通过自己的努力完善自己，感觉训练也是一样。

也可以说，每种训练形式都是这样，一个人之所以这样而不是那样，不是由于教师而是由于他自己。

从旧学校来的教师要实际应用这种方法的困难之一，是当教师看到孩子在错误面前一时迷惑不解皱紧眉头，紧闭双唇，反复设法纠正自己的错误时，他很难不干预。他们一见这种情况，就为怜悯之心所动，几乎以一种不可阻挡的力量要去帮孩子的忙。当我们阻止这种干预时，他们会说出一大堆怜悯孩子的话。可是很快孩子微笑的脸上便浮现出克服困难后的喜悦心情。

正常孩子多次重复这种练习，但重复次数各有不同。有的孩子完成五六次就厌烦了，有的则饶有兴趣地玩上至少 20 次。有一次，我注视着一个 4 岁的小女孩重复完成了 16 次以后，就让别的孩子唱歌以分散她的注意力，可是她毫无所动，继续拔出那些小圆柱，打乱后，又插到原位。

一个聪明的教师应该能够进行非常有趣的个人心理观察，并能够大致估计各种刺激能保持注意力的时间长短。

事实上，当孩子做练习，而且教具本身会使孩子检查出并纠正错误的时候，教师除观察外，什么也不必做。因此，她更多的是一个心理学家而不是教师，这就说明了对教师进行科学培训的重要性。

用我的方法，的确是教师教得少，观察得多。此外，她的作用是指导孩子的心理活动和生理发展，因此，我把教师这个名称改为指导员（directress）。

开始这个名称引起许多人讥笑，因为人人都问：她既无助手，又必须让学生自由，这位教师能指导谁呢？但是她的指导的意义比一般理解的要深远和重要得多，因为这位教师指导的是生命和灵魂。

第二，感觉训练的目的在于通过反复练习改善对不同刺激的感觉能力。

存在一种感觉培养，它一般不为人们重视，但它是感觉测量的一个因素。

例如，我们的感觉训练教具中也有一组 10 个立方块。第一个底面见方 10 厘米，其余依次小 1 厘米，最小的一个是 1 立方厘米。练习的做法是把这些粉红色的立方块撒在绿色地毯上，然后把它们垒成一座小塔，最大的立方块做塔底，然后按大小依次搭上去，用最小的一块做塔顶。

小家伙每次都得从撒在地毯上的立方块中挑出最大的一块。这个游戏最使 2 岁半的孩子高兴，他们一搭好塔，就用手推倒它，欣赏撒在地毯上的粉红方块。然后又开始搭。搭好又推，推了又搭，反复多次。

如果让"儿童之家"的一个 3 岁或 4 岁的孩子与一个小学一年级学生（6 岁或 7 岁）一起进行上述测验，毫无疑问，我的学生反应时间会短一些，而且不出差错。关于颜色感觉等训练也可以如此说。

所以，这种训练方法应该能引起实验心理学者和教师的兴趣。

最后让我简单地概括一下。我们的教具使进行自我教育成为可能，允许进行系统的感觉训练。这种教育不是依靠教师的能力，而是依靠教具的系统性。第一，教具提供能吸引孩子自发注意力的实物；第二，实物包含合理的刺激等级。

我们一定不能把感觉训练与通过感觉从周围环境可能获取的具体概念相混淆。在我们思想上既不能把感觉训练与表达相应具体概念的语言名称相等同，也不能把感觉训练与获取练习的抽象概念相等同。

让我们考虑一下，一个音乐教师在教弹钢琴时做些什么。他教学生身体保持正确姿势，教学生乐谱概念，给学生示范乐谱和弹奏指法的关系，然后才让学生自己练习。如果要把这个孩子培养成一个钢琴家，那么教师教给概念之后，还必须有一个长期耐心的应用练习过程，使指关节和肌腱灵巧，使特殊的肌肉运动协调自如，使手的肌肉具有足够力量。

所以，钢琴家必须自觉行动，促使他坚持练习的自然倾向越强烈，他的成就就越大。然而，若没有教师的指导，单是练习还不足以使一个学习者发展成一个真正的钢琴家。

"儿童之家"的指导员在自己的工作中对两个因素必须有明确概念：指导孩子和孩子的个人练习。

只有这种概念深植于她的思想之中，她才可能应用这种方法去指导孩子自发训练和给孩子以必要的启示。

掌握干预时机和方式，是教育者的个人艺术。

在这方面，我已经找到了非常适用于正常儿童的按塞贡①原则配置的三个阶段。

第一阶段：把感觉和名称联系起来。例如，向孩子出示红、蓝两种颜色。出示红色时，就简单地说："这是红的。"出示蓝色时说："这是蓝的。"然后就把这些有色线轴放在孩子面前的桌子上，好让他们看见。

第二阶段：认识相应名称的物品。对孩子说："给我红的。"然后说："给我蓝的。"

第三阶段：记忆相应的物品的名称。我们给孩子看一件物品，问他："这是什么颜色？"他应该回答说"红色""蓝色"。

塞贡坚决地坚持这三个阶段，并坚持要一次一次地把颜色放在孩子面前。他还建议，绝不要一次只出示一种颜色，而要出示两种颜色，因为对比有助于颜色记忆。我也确实检验过，再没有比这更好的教缺陷儿童识别颜色的方法了。用这种方法，他们能比一般学校中偶尔进行感觉训练的正常儿童学得好。然而，对于正常儿童在塞贡三阶段之前还有一个阶段——实际感觉训练期，这只是通过自我训练就能获得感觉差别的准确性的时期。

这是一个说明正常儿童具有很大优越性的例子。这也说明，用这种教育方法训练智力发展正常的儿童，比训练缺陷儿童会取得更大效果。

---

① 塞贡（1812—1880），法国特殊教育家。——选编者注

把刺激与名称联系起来的练习使正常儿童感到非常快乐。记得有一天，我教一个小女孩三种颜色的名称，她还不到3岁，语言能力发展较慢。我让孩子们把一张桌子摆在窗户旁边，我坐在一把小椅子上，叫小女孩坐在我的右边。

我把六个有色线轴成对地放在桌上，两个红的，两个蓝的，两个黄的。在第一阶段，在她面前放一个线轴，让她找出另一个相同的线轴。对三种颜色的线轴，都这样做；同时还做给她看，怎样仔细地成对地放在一起。然后接着进行完塞贡的三个阶段。小女孩学会了认识三种颜色，还能正确说出每种颜色的名称。

她高兴地看着我好一阵子，然后开始蹦呀，跳呀。我看她这么高兴，就笑着问她："你认识颜色了吗？"她还跳着蹦着，回答说："是的！是的！"她高兴得没个完，在我身边跳着，高兴地等着我再问她同样的问题，她好同样回答："是的！是的！"

感觉训练的另一个重要技术特点是感觉隔离，任何时候都可能做到这一点。例如，训练听觉应在不仅安静，而且黑暗的环境中进行，这能取得更好效果。

对一般感觉训练，如触觉、温觉、压觉和立体感觉的训练，都把孩子的眼睛蒙起来进行。心理学已为这种特殊技术提供了充分依据。这里只需指出，在这种情况下，会大大提高正常儿童的兴趣，不致使练习陷入嬉闹玩笑之中，也不致把儿童的注意集中到蒙眼上，而是集中到我们想进行的感觉刺激上。

例如，为了测验孩子们听觉的灵敏性（教师应知道的重要情况），我使用了医生做体格检查时普遍使用的经验方法。测验通过把声音变成耳语形式进行。孩子的眼睛被蒙住，教师站在其身后，在不同距离小声叫他的名字。教室很肃静，拉上遮光的窗帘，让孩子低着头，用手在前面支撑着。然后我轻声地、一个一个地叫孩子们的名字；离得近的，小声些；离得远的，叫得清楚些。每个孩子都在黑暗中等着听到叫他们的微弱声音，注意听着，高兴地随时准备着听到那神秘的非常向往的呼唤。

正常儿童可以蒙住眼睛做游戏，例如，识别各种重物。这可以帮助他把注意力集中在所测重物的刺激上。蒙住眼睛还可以增添乐趣，因为孩子会为自己能猜中而感到骄傲。

这些游戏对缺陷儿童的效果就大不一样。他们一进暗室，往往就会睡觉，或者做不守规则的动作；当蒙上眼睛时，他们的注意力就集中在蒙眼布上，把练习变成了游戏，达不到做练习的目的。

诚然，在训练中我们也用到游戏这个词，但必须明确，我们把这个词理解为一种自由活动，有秩序地达到一定目的，而不是分散注意力的无秩序的喧闹声。

最后，是刺激分配中的技术问题。这将在介绍教材系统和感觉训练时更详细地说明。这里只需指出，应该从少数对比强烈的刺激开始，逐渐发展到更多的差别细微的刺激。例如，我们首先只一起出示红色与蓝色、最短和最长的棍、最薄和最厚的物品等等，然后再过渡到细微的不同色度、不同长度和不同大小的区别。

第十四章　关于感觉训练的一般评论

一般说，我们的教育具有双重目的：一是生物学的目的，二是社会学方面的目的。从生物学上讲，我们希望教育能帮助个体自然地发展；从社会学上看，我们教育的目的是培养个人适应环境。就后一目的而论，技术教育就应有其相对应的地位，因为它能教育个体利用环境。从这两个观点来看，感觉训练都很重要，感觉器官比高级智力活动发展得早，3岁至7岁的孩子正处在形成期。

那么，在此期间我们能够帮助感觉器官的发展。我们要划分刺激的等级并与之相适应。比如说，在语言还未充分发展之前，给以适当的逐步的刺激是帮助形成语言能力所必需的。

儿童的一切教育都必须遵循一个原则：即帮助孩子的身心自然发展。

应该在急速发展时期过后更多地注意教育的另一个目的（即使人能适应环境）。

教育的这两个阶段总是交叉重叠的，但根据孩子年龄也应各有所侧重。在3岁至7岁这段生命时期包括了身体的加速发展时期，是与智力相关的感觉器官活动的形成期。儿童在这个年龄阶段发展其感觉能力。儿童的注意力以被动的好奇形式，更进一步被周围环境所吸引。

并非是事物的原因，而是刺激吸引儿童的注意力。所以，在这个时期，我们应该系统地给予直接的感觉刺激，仅刺激产生的感觉能帮助感官合理发展。这种感觉训练将为以后的智力发展打下坚实可靠的基础。

此外，感觉训练还能够发现并纠正学校里现在尚未发现的缺陷。当明显的无法补救的缺陷自己表现出来时，利用儿童自己的生命力去补救已经晚了，如耳聋、眼睛近视等缺陷。所以这种训练有生理学意义，它直接为智力教育做准备，完善感觉器官的神经发射和联络通道。

但是，教育的另一方面，即培养个人适应环境，还是间接涉及的。我们用我们的方法把婴儿培养成当代人类。现代文明的人是环境的杰出观察家，因为他们必须最大限度地利用他们的环境的所有财富。

感觉训练是把人培养成为一个观察者，不仅为了能够适应现代文明时代而完成一般工作，而且也是直接为实际生活做准备。直到现在，我认为我们还没有一个关于生命实际生活需要的完整概念。我们一直总是从概念出发，再由此而进入运动器官的活动。

心理感觉的训练和心理运动训练应具有同样重要的意义。

如果不是这样，我们就把人和环境隔绝了。事实上，如果我们相信只用智力培养就可以完成教育，那么我们所培养的便只能是超凡脱俗的空想家，而非从事实际工作的人。另一方面，如果我们想通过教育为实际生活做准备，然而只局限在心理活动的训练阶段，那么我们就失去了教育应该让人与外界直通信息的主要目的。

第十五章　智力教育

感觉练习是一种自我教育，如果反复进行练习，就会完善孩子的心理感觉过程。指导教师必须引导孩子从感觉走向概念——从具体到抽象，到概念之间的联系。为此，她应该用一种方法来隔离孩子的内部注意力，把它固定在某一知觉上，就像最初上课时一样，孩子的客观注意力通过隔离而固定在某一刺激上。

换句话说，教师上课时，必须设法限制孩子的意识域，使其集中到课的内容上。例如，在感觉训练中，她就隔离出要孩子练习的那一感觉。

为此，需要有关特殊技术的知识，教育者必须"尽可能地限制自己的介入，同时也不让孩子在自我训练中过于劳累"。

在这里，各个教师的知识水平和敏感程度明显有别。换句话说，介入的质量决定每个教师的教学技术。

教师明确的工作之一就是教授准确的名称术语。

在绝大多数情况下，她应该只说出事物的名称和形容词，不再增加更多的说明。对这些词，她要说得口齿清楚，声音洪亮，以便孩子能听清组成每个词的各个音节。

（选自蒙台梭利著，任代文主译校：《蒙台梭利幼儿教育科学方法》，
人民教育出版社2001年版）

《童年的秘密》

蒙台梭利

【导读】

《童年的秘密》（1936年）是蒙台梭利的另一部力作。她认为："儿童并不是一个只可以从外表观察的陌生人，更确切地说，童年构成了人一生中最重要的一部分，因为一个人是在他的早期就形成的。"她还强调指出："为儿童的利益所做的孜孜不倦和真诚的努力，将使我们能够发现人类的秘密，正如科学的调查研究能使我们洞察众多的自然秘密一样。"因此，她认为，对童年即儿童早期经历、遭遇乃至身心发展特征进行研究，破解童年秘密，是促进儿童乃至人类健全发展的重要途径。

在《童年的秘密》中，蒙台梭利从发展的观点出发，指出儿童时期是人的一生发展中最重要的时期。在不断生长和发展变化的过程中，儿童的发展包括生理和心理两个方面。刚诞生的儿童处于一种孤弱的状态，表现出一副令人怜悯的样子。但是，儿童是处在一个不断生长和发展变化的过程之中，内部潜伏的生命力是逐渐呈现的。具体地说，儿童具有两种本能：一是主导本能，二是工作本能。儿童的心理发展既有一定的进程，也有隐藏的特点。随着儿童心理的发展，深藏在儿童心灵中的秘密逐渐展现出来。蒙台梭利指出，儿童是一个精神的胚胎，每个儿童的精神都不相同，各有自己的创造性精神。儿童通过自己的努力形成了个性，从某种意义上说，他是自己的创造者。在儿童心理发展的过程中会有各种敏感期，这种敏感期是跟儿童的生长密切相关的，并在不同的年龄阶段表现出一种特殊的敏感性。人的智力发展也正是建立在儿童敏感期所奠定的基础之上的。

导论

童年：一个社会问题

经过几十年的研究之后，我们终于认识到儿童的生命被扭曲了；这是由于赋予他们生命和提供营养品的父母以及他们周围的成人社会所造成的。但儿童是什么呢？对于那些更关心自己富有吸引力的工作的成人来讲，儿童永远是一种惹麻烦的根源。在现代大城市狭窄的地段，众多的家庭挤作一团，在家庭里儿童是没有真正地位的。在挤满汽车的大街上，或在人群匆匆赶路的人行道上，肯定也没有儿童活动的余地。成人都忙于自己的刻不容缓的工作，没有时间来照管儿童。通常父母都必须工作；如果没有工作，他们和他们的子女将会遭受更大的痛苦。即使儿童生活在比较幸运的环境中，他们也被限制在他们自己的房间里，由陌生人照管。他们不可以进入父母的房间。没有一个地方可使他们感到他们被理解了，可使他们进行他们自己的活动。他们必须保持安静，不碰东西，因为没有一样东西是他们自己的。每样东西都是神圣不可侵犯的，全都是成人的财产，结果对儿童来讲都是禁物。那么儿童拥有什么呢？一无所有。在不久以前，幼儿甚至还没有他们自己使用的小椅子。

当儿童坐在地板上或长辈的家具上时，他就会遭到责备。有些人会把他拎起来，把他抱在膝上。这就是仍生活在成人环境中的儿童的情况，他像一个乞丐期待一些东西，但并不能得到它。当他进入一个房间时，他立刻被驱逐出去。他的地位就像一个被剥夺了家庭和公民权的人的地位一样。他被放逐到了社会的边缘，受到责备和蔑视，遭到任何成人的惩罚，似乎这就是成人的天赋权利。

由于某种心理的怪癖，成人并不关心为他们的孩子准备一个适宜的环境。甚至可以这样说，社会有愧于儿童。虽然成人为他们自己制定一些法律，但没有为他们的儿女制定法律，结果使他们的儿女被排除在法律之外。儿童成为父母暴虐本能的牺牲品。然而，儿童被赋予新的活力进入这个世界，这种活力能纠正前辈的错误，并给世界以一丝新的气息。

我们所面临的任务，并不是进一步组织已经发动起来的社会运动，或者协调各种各样代表儿童利益的私人团体，因为这样做，我们只能作为联合起来的成人来帮助儿童做些事情，但是这并没有触及问题的实质。

相反，童年的社会问题深深地渗透进我们的精神生活，唤起我们的意识，激发我们的行动。儿童并不是一个只可以从外表观察的陌生人。更确切地说，童年构成了人一生中最重要的一部分，因为一个人是在他的早期就形成的。

成人的幸福是与他在儿童时期所过的那种生活紧密相连的。我们的错误会落到儿童身上，给他们留下一个不可磨灭的痕迹。我们会死去，但我们的儿童将承受因我们的错误而酿成的后果。对儿童的任何影响都会影响到人类，因为一个人的教育就是在他的心灵的敏感和秘密时期完成的。

为儿童的利益所做的孜孜不倦和真诚的努力，将使我们能够发现人类的秘密，正如科学的调查研究能使我们洞察众多的自然秘密一样。

第一部分

1. 儿童时期

儿童不仅作为一种物体的存在，更作为一种精神的存在，它能给人类的改善提供一个强有力的刺激。正是儿童的精神可以决定人类进步的进程，也许它甚至还能引导人类进入更高形式的一种文明。

但是，没有一个人能预言，儿童自身隐藏着一种生气勃勃的秘密，它能揭开遮住人的心灵的面纱；儿童自身具有某种东西，一旦被发现，它就能帮助成人解决他们自己的个人和社会问题。正是这个东西，能为新的儿童研究科学奠定基础，从而能极大地影响整个社会。

童年的秘密

心理分析[①]最惊人的一个发现是，精神病可能起源于婴儿期。从潜意识中所唤起的一些被遗忘的事情表明，儿童是尚未被认识到的痛苦遭遇的牺牲品。这个发现既给人深刻的印象，又使人心绪不宁，因为它与人们所普遍相信的东西是完全不同的。儿童的纯洁的心理状态所遭受的这些创伤是缓慢而持续的，人们从来没有认识到它们是成人精神病的潜在原因。对儿童纯洁心理状态的创伤是由一个处于支配地位的成人压抑儿童的自发活动造成的；通常跟对儿童影响最大的成人，即儿童的母亲有关。

我们对心理分析的探究应该具体地区分两种层次。其中之一是比较肤浅

---

① 指弗洛伊德的精神分析学说。——选编者注

的，它来自个人的天赋本能和他必须适应的环境条件之间的冲突，因为这些环境条件常常与他的基本欲望相冲突。这样的冲突是能够解决的，因为把这些心灵不安宁的潜在原因上升到意识的层次并不困难。但还有另一种必须不时探索的更深的层次，也就是童年记忆的层次，在这一层次上并不是成人跟他所处的社会环境发生冲突，而是一个儿童跟他的母亲，或者更普遍地说，是一个儿童跟一个成人的冲突。

在跟儿童打交道时，更需要的是观察而不是探究。但这种观察必须从一种心理的角度来进行，目的在于发现儿童在跟成人和他的全部社会环境相处时所遭受的冲突。很明显，这种方法导致我们背离心理分析的理论和技术，而进入了一个对儿童和他的社会环境进行观察的新领域。

2. 关于儿童还存在大量未知的东西①

儿童心灵中某些部分总是未知的，但又是必须了解的。我们必须以牺牲精神和怀着一种激情去探究，就像那些人远涉外国，翻山越岭去寻找隐藏的黄金一样。这就是那些企图寻找隐藏在儿童心灵深处的未知因素的成人必须做的事情。这就是所有的人，不管是什么国家、民族和社会地位的人必须共同做的事情，因为这意味着产生了对人类道德进步所必不可少的要素。

成人不理解儿童和青少年，结果他们就处于跟自己不断的冲突之中。消除冲突的方法并不要求成人获得某种新的知识或达到更高的文化水准。但他们必须找到一个不同的出发点。成人必须在他自身发现仍阻碍他真正理解儿童的那种无意的错误。如果不做这种准备，如果没有采取与这种准备相应的态度，他就不可能进一步探究儿童。

只要认识到我们把太多的东西归属于我们自己了，只要相信我们能够做实际上是我们力所不及的事情，那么，我们就会渴望并能够认识到儿童的心灵具有跟我们自己的心灵截然不同的特性。在跟儿童打交道中，成人会变得不是自私自利就是以自我为中心。他们从自己的角度出发看待跟儿童心灵有关的一切，结果误解日积月累。由于这种以自我为中心的观点，成人把儿童看作心灵里什么也没有的某种东西，有待于他们尽力去填塞；把儿童看作孤弱的和无活力的某种东西，为此成人必须为他们做所有的事情；把儿童看作

---

① 此标题为选编者所拟，原标题为"被告"。

缺乏精神指导的某种东西，需要不断地给予指导。总之，我们可以说，成人把自己看作儿童的创造者，并从他们自己跟儿童的关系的角度来判断儿童好坏与否。成人使自己成为儿童善良和邪恶的试金石。他是一贯正确的模式，儿童必须根据它来塑造。儿童在任何方面偏离了成人的方式就被当作一种罪恶，成人要迅速加以纠正。

一个成人如此行动，即使可以确信他是充满着激情、爱和对儿童的牺牲精神，他也会无意识地压抑儿童个性的发展。

6. 精神的胚胎

人能变成任何类型，儿童时期明显的孤弱状态就是他那富有特色的个性的苗床。现在含糊的声音某一天终将成为言语，虽然用什么语言还不知道。他将尽最大的能力注意他周围的人，模仿他所听到的声音，最初是音节，然后是词，由此学会说话。在跟环境的接触中，他运用自己的意志，发展自己的各种功能，因此，在某种意义上，他成为自己的创造者。

哲学家们一直对儿童出生后的孤弱状态感兴趣，但直到现在，教师和医生始终极少感兴趣。像许多其他潜藏在潜意识中的东西一样，儿童的这种状态只不过被认为是没有任何特殊意义的一个事实。

然而，实际上，这种态度会危害儿童的精神生命。它已经使得人们相信，不仅儿童的肌肉是不活动的，而且儿童本身也是软弱、迟钝的，没有他自己的精神生活。结果，成人错误地认为是通过他们的照料和帮助，儿童才被奇妙地激发起来。他们把这种帮助视为一种个人的职责，把自己想象成儿童的塑造者和他的精神生活的建立者。他们设想通过对儿童的指导和建议发展他的感情、智力和意志，由此，他们从外部完成了这项创造性的工作。

如果发展儿童个性的关键在于他自身，如果他有一种发展的进程和必须服从的规律，那肯定存在着一种微妙的力量，成人不合时宜的干预会阻挠这种力量的秘密发挥。从远古时代的人开始，由于他们干预这些自然规律，阻碍了儿童的天赐进程的实现，结果也妨碍了上帝对人自己的计划。

人们所面临的最大问题之一，就是他们并没有认识到这个事实，即儿童拥有一种积极的精神生活，虽然当时儿童并不能把它表现出来，而且儿童必须经过一个漫长的时期才能秘密地完善这种精神生活。

因此，正如胚胎变成儿童、儿童变成成人一样，人的个性也是这样通过自己的努力而形成的。

事实上，母亲和父亲对他们子女的生命有何贡献呢？父亲提供了一个看不见的细胞。母亲除了提供另一个细胞外，还为这个受精的卵细胞提供了一个生活环境，以便使它能最终成长为一个充分发展的小孩。说母亲和父亲创造了他们的孩子，那是不对的。相反的，我们应该说"儿童是成人之父"。

7. 心理的发展

儿童是在他的敏感期里学会自我调节和掌握某些东西的。这就像一束光是从内部射出来的，或者就像电池一样能提供能量。正是这种敏感性，使儿童以一种特有的强烈程度接触外部世界。在这时期，他们容易地学会每样事情，对一切都充满了活力和激情。每一个成就都表明他们的力量的增强。只有当这个目标达到时，疲劳和麻木才会随之而来。

当一种精神的激情耗竭之后，另一种激情又被激起。在一种稳定的节律中，儿童从一种征服到另一种征服，由此构成了他的欢乐和幸福。正是在这种心灵纯洁的火焰中，火焰燃烧着并没有浪费，人的精神世界的创造性工作达到了完美。另一方面，当这个敏感期消失之后，经过思维的过程、主观的努力和不倦的研究，智力的成果表现出来了。对工作的厌倦产生了麻木迟钝。这就是儿童心理和成人心理之间的基本区别。儿童有一种特殊的内在活力，它能使儿童以惊人的方式自然地征服对象；但如果儿童在他的敏感期里遇到障碍而不能工作，他的心理就会紊乱，甚至变得乖戾。人们对儿童心理上的创伤仍然知之甚少，但是他的伤痕大多数是由成人无意识地烙上去的。

儿童敏感期的脾气是他们的需要未得到满足的外部表现，表现了对某种危险的警觉，或感觉到某些事情处置不当。只要有可能满足需要或消除危险，这种外部表现也就消失了。人们时常可以看到，儿童在经历了一种似乎是病态的激动不安的状态之后突然平静下来了。因此，我们必须寻找儿童每种任性背后的原因，这完全是因为这些原因就是我们尚未知道的东西。一旦找到这些原因，就能使我们深入到儿童心灵的神秘幽深处，并为我们理解儿童以及跟儿童和谐相处提供了基础。

不了解儿童的心理发展的状况再也不能继续下去了。我们必须从最初的时刻就开始帮助儿童。这种帮助并不在于塑造儿童，因为这个任务属于自然本身，而在于灵敏地尊重儿童心理发展的外部表现，在于为儿童的生长提供那些必要的手段，因为这种生长单靠儿童自己的努力是不可能得到的。

9. 智力

儿童向我们表明，智力并不像机械心理学家所主张的那样缓慢地从外部发展起来。

我们的经验肯定不会让我们忽视儿童的环境对他智力发展的重要性。众所周知，我们的教育体系很尊重儿童的环境，使它成为教学的中心。比之其他的教育体系，我们也更高地和更合理地尊重儿童的感知，但是在我们的思想和那种认为儿童仅仅是一个被动的人的旧观点之间存在着明显的差异。我们强调儿童内在的敏感性。儿童有一个敏感期，这个敏感期几乎持续到5岁，并使他能以真正惊人的方式从环境中吸收印象。儿童是一个积极的观察者，通过感官吸收印象，但这并不意味着他像镜子一样容纳它们。一个真正的观察者是根据一种内在的冲动、一种感觉或特殊的兴趣而行动的，结果他有选择地挑选印象。

当成人粗暴地打断儿童的思维或企图分他的心时，就可能阻碍这种内部的艰苦工作。他们拉起儿童的小手，或吻他，或试图让他睡着，而不考虑他特有的心理发展。由于这种无知，成人就可能压抑儿童的基本欲望。

另一方面，儿童保留他所得到的清晰印象是绝对必要的，因为只有当这些印象清晰并且对它们进行了区分之后，他才能形成自己的智力。

第二部分

18. 儿童的教育

要帮助一个儿童，我们就必须给他提供一个使他能自由发展的环境。儿童正处于自我实现的阶段，完全应该为他敞开大门。事实上，他正在创造自我，也就是正处于从不存在到存在、从潜在能力到实际行动的过程中，处于这个阶段，他不可能是复杂的。由于儿童具有日益增强的能量，他在展现自我时就不会有很大的困难。

在一个不受约束的环境中，即在一个适宜于他年龄的环境中，儿童的精神生命会自然地得到发展并揭示它的内在秘密。只有坚持这条原则，否则，所有未来的教育尝试只会导致一个人更深地陷入到无止境的混乱之中。

新教育的基本目的就是发现和解放儿童。与之有关的首要问题就是儿童的存在；其次是，当他日趋成熟时，给他提供必不可少的帮助。这意味着必须有适合于儿童成长的环境。障碍物必须减少到最少，环境必须为那些发展儿童能量的活动的开展提供必要媒介。由于成人也是儿童环境的一部分，他们也应该使自己适应于儿童的需要。他们不应该是儿童独立活动的障碍物，他们也不应该代儿童去进行那些使儿童达到成熟的活动。

　　我们的教育体系的最根本的特征是对环境的强调。

　　我们学校教师的作用一直是一个值得注意和讨论的对象。教师被动地为儿童搬掉了由于他自己的活动和权威所造成的障碍物。这样，儿童就可以使他们自己变得主动起来。当教师看到儿童自我活动并取得进步时，便感到满意。所有这一切，没有一样东西可以被认为是教师自己的发明，他可能是受了施洗礼者圣约翰①思想的激励："他必须增加，而我必须减少。"

　　我们的教育体系中的又一个特征是对儿童人格的尊重，这种尊重达到了以往从来没有过的程度。

　　这三条原则在最初以"儿童之家"而闻名的机构中得到了充分的展现；"儿童之家"这个名称带有家庭的含义。

　　这个新的教育体系被广泛地讨论，特别是涉及儿童和成人角色的颠倒——教师没有桌子，没有权威，几乎没有教学，而儿童是活动的中心，可以自由随意地到处走动，选择他自己的作业。有些人把这看作是一种乌托邦，而其他的人把它完全看作是一种夸大。

　　另一方面，其他一些革新措施得到赞同并被接受：一些跟儿童的身体相适应的物体、明亮的教室、装饰着花朵的低矮的窗户、仿制现代家庭的家具的微型家具、小桌子、小扶手椅、漂亮的窗帘、儿童可以方便地打开的小橱以及橱内存放儿童可以随意使用的各种物品。所有这些东西可以看作实际的改进，并有助于儿童的发展。我相信，有更多的儿童之家会千百万计地保护这种令人欣喜和感到方便的外部特征，把它作为儿童之家的一个主要特征。

---

　　① 据《圣经》记载，圣约翰是耶稣的表兄，他曾在约旦河中为人施洗礼，劝人悔改，是基督教的先行者；他还宣传犹太教需要改革，并预言上帝将派要比自己重要千百倍的重要人物降生，为耶稣宣讲教义打下了基础。——选编者注

第三部分
26. 工作本能

　　生长和发展有赖于不断地使儿童和他的环境之间的关系变得密切起来。其理由是，儿童人格的发展或被称作他的"自由"的东西，除非他日益不受成人支配，否则是不能产生的。这种生长受到适宜环境的影响，在这种环境中儿童可以找到发展他自己真正功能所必不可少的工具。在儿童断奶时，可以找到跟这相类似的现象。为他们准备的谷类食物将成为他们母乳的替代物。换句话说，他们不再从他们的母亲那里汲取营养，而是从他们的环境的产物中摄取。

　　谈论儿童日益获得自由，而没有同时为他提供那种使他能变得独立的环境，这是错误的。然而，准备这种环境就像正确地喂养儿童一样，要求予以仔细地研究。不过，能正确地照料儿童心理需要的新教育体系的基本轮廓已由儿童自己绘制出来了。这个轮廓清晰得足以使人遵循并付诸实践。

　　儿童通过工作恢复到正常状态，这是最重要的发现。对全世界各民族的儿童所做的无数实验表明，这是我们在心理学和教育领域所拥有的最确切的资料。儿童工作的愿望代表了一种生气勃勃的本能，因为没有工作他就不可能形成自己的人格；人是通过工作构造自己的。不存在工作的替代物，不管是慈爱还是身体健康都不能代替它。另一方面，如果这种工作的本能走了歧途，也没有治疗的办法，不管用他人的榜样还是用惩罚。一个人是通过手的劳动构造自身的，在手的劳动中，他把手作为他人格的工具，用来表达他的智慧和意志，这一切有助于他去支配他的环境。儿童的工作本能证实了，对人来说工作是本能性的，是这一物种的特征。

27. 两种不同的工作

成人的工作

　　儿童是生活在成人之中的自然人。他发现自己处于一个不相容的环境中。他跟成人的社会活动毫不相关。他自己的活动也跟对社会有用东西的生产毫不相关。我们必须坚信这个事实，即儿童完全不可能参与成人的社会活动。

　　儿童跟成人的这个有组织的社会是完全不相干的。他的"王国"肯定不是"这个世界"。对成人的那个建筑在自然之上的人为世界来说，他是一个陌生人。儿童是作为一个不合群的人进入这个世界的，因为他不能使自己适应于社会，既不能对它的生产率做出贡献，也不能对它的结构产生影响。更确切地说，他是这个公认的秩序的打扰者。儿童是不合群的，因为任何地方只要有成人，即使在他自己家中，他都是一个骚乱的根源。

成人倾向于压抑儿童的活动。由于他们不希望被打扰或被烦恼，他们就试图使儿童驯服。儿童被囿于托儿所乃至学校之中。成人罚他到那些流放地去，直到他达到能生活在成人世界的年龄，并不再会引起他人的烦恼。只有到了那时，儿童才被接纳进社会。在这之前，他必须像一个被剥夺了公民权的人那样服从成人。儿童把成人当作他的主人和君主，必须永远服从他的命令，对这种命令不存在上诉。

儿童必须从一无所有开始，开辟他自己的进入成人群体之路。跟儿童相比，成人像上帝一样伟大和强有力，儿童必须从他那里获得生活的必需品。成人是儿童的创造者、统治者、监护人和恩人。从来也没有任何人像儿童依赖成人那样完全依靠另一个人。

儿童的工作

儿童也是一个工作者和生产者。虽然他不能分担成人的工作，但是，他有自己的困难，要完成重要的任务，即造就人的任务。新生儿孤弱，不能到处走动，但是这个幼小的儿童最终长成了一个成人。如果后者的智慧通过精神的征服而变得丰富起来，并闪烁着精神的光芒，那是由于他曾经是一个儿童。

只有从儿童才能形成成人，一个成人不可能参加这种工作。与儿童被排除在成人的超自然的社会世界之外相比，成人更明确地被排除在儿童世界之外。儿童的工作截然不同于成人的工作，甚至我们可以说是对立的。这是在发展的过程中由心理能量所产生的一种无意识的工作。这是一种创造性的工作，它使人想起《圣经》对正被创造出来的人的描述。但人是怎样创造出来的呢？人来自一无所有，他是如何通过所有的创造获得智慧和力量的呢？我们可以在每个儿童身上看到和承认这种惊人的事件的所有细节。我们的眼睛每天都注视着这一奇迹般的景象。

人一旦获得生命，在人最初创造时所发生的事情在所有人的身上都会再现出来。因此，我们可以不断地重复说"儿童是成人之父"。成人所有的力量都来自那委托儿童完成秘密使命的潜能。使儿童成为一个真正工作者的是这个事实，即他不会由于仅仅靠休息和思辨而发展成一个成人，相反，他在从事积极的工作。他通过不断地工作在进行创造。我们还必须记住，他是运用成人使用和改造过的同一个外界环境在进行这种工作的。儿童通过练习得以生长。他那建设性的努力构成了一种发生在外界环境中的真正的工作。

成人可以帮助儿童去适应环境，但是，是儿童自己在完善他自己的生活。他就像一个不停地奔跑的人，总能达到他的目的。因此，一个成人的完美依靠他在儿童时所做出的努力。

我们成人依赖儿童。就儿童的活动领域而言，我们是他的儿子和扈从，正如在我们的特殊工作领域他是我们的儿子和扈从一样。在一个领域成人是主人，但在另一个领域儿童是主人。无论儿童和成人都是国王，但他们是不同王国的统治者。

两种工作的比较

每个成人都是儿童创造性活动的产物，这个事实证明儿童有一个明确的、可见的和最终的目的。然而，尽管我们可以从每一个角度去研究儿童，了解有关他的从身体细胞到他无数工作的最细枝末节的各个方面，我们仍然不能觉察他的最终目的，即他将变成的成人。

对我们来说，了解儿童工作的性质是重要的。当儿童工作时，他并不是为了获得某些进一步的目的而如此做的。他工作的目的就是工作本身，当他重复一项练习，使自己的活动达到一个目的时，这个目的是不受外界因素支配的。就儿童个人的反应而言，他停止工作跟劳累没有联系，因为使他的工作完全更新，充满精力是儿童的特征。

这表明在儿童和成人工作的自然规律之间有一种基本差异。儿童并不遵循效益规律，而是正好相反。他并没有未来的目的，却把大量的精力消耗在工作中，并在完成每个细节时运用了他所有的潜能。这个外部的目的和行为在所有的情况下都只具有偶然的重要性。而在环境和儿童内心生活的完善之间存在着一种引人注目的关系。一个已经升华的人并不会被外界东西所迷住。他仅仅在适当的时间为了他自己内心生活的完善而利用它们。跟这种人相对立的是，过着一种平凡生活的成人会被某些外在的目标所迷住，以至不惜任何代价去追求它们，有时达到损害健康乃至丧失生命的地步。

成人的工作和儿童的工作之间另一个明显的差异是，儿童并不寻求获利或帮助。儿童必须靠自己进行工作,他必须完成工作。没有人能挑起儿童的担子,代替他成长。儿童也不可能加快他的发展速度。一个生长中的生物特有的性质之一就是,它必须遵循一种进程表,既不允许推迟也不允许加快。自然是严厉的,它会对由于功能歧变,即反常或称作"迟滞"的病患所引起的点滴不服从的行为给予惩罚。

儿童拥有一种驱动力,它不同于成人的驱动力。成人总是为了某些外在的目的而行动,这种目的要求他奋发努力和艰苦牺牲。但如果一个人要完成这个使命,他必须从他曾经做过的儿童那里获得力量和勇气。

另一方面,儿童对劳累的工作并不感到疲倦。他通过工作得以生长、结果,他的工作增加了他的能量。儿童从不要求减轻他的负担,而完全由他一个人完成他的使命。他的生命完全在于促进生长的工作,因为他必须工作,不然就会死亡。

如果成人不理解这个秘密,他们对儿童的工作的理解就永远不可能比过去理解得更多一些。他们在儿童工作的范围设置障碍,认为休息将是他适宜的生长的最大帮助。成人为儿童做每件事,而不让儿童按他所应该的那样活动。成人感兴趣于花费最少的精力和节省时间。由于成人更有经验和更敏捷,他们就试图给小孩洗手、穿衣,用手抱或用小推车带着他们到处转,重新整理儿童的房间而不让儿童插手。

一旦给儿童留些余地时,儿童立即叫起来:"我要干这个!"但在我们的学校中,有一种适应儿童需要的环境,儿童会说:"让我自己做,这是对我的帮助。"这些话揭示了他们内在的需要。

在这种矛盾的背后隐藏着一个多么深刻的真理啊!成人必须用这样的方式帮助儿童,即他能够在世上活动并从事他自己的工作。这不仅揭示了儿童的需要,而且揭示了他应该被一种生气勃勃的环境所围绕。这种环境并不是让儿童去征服或取乐的环境,而是能使他完善他的各种活动的一种媒介。很明显,这种环境必须由一个了解儿童内在需要的成人来准备。因而,我们的儿童教育思想不仅不同于为儿童做所有事的人,而且也不同于那些认为可以让儿童处于一种完全缺乏活力的环境中的人的思想。

因此,仅仅准备一些在体积上跟儿童相适应和符合他们需要的东西是不够的:成人还必须受到训练以帮助他们。

30. 儿童的权利

儿童并不仅仅在家庭内部才遭受痛苦。在19世纪的最后十年，当时医生们正在研究工人的疾病，并为社会卫生学打下了基础；他们发现，除了缺乏卫生所导致的传染性疾病之外，儿童还遭到其他病害的折磨。

儿童必须在学校里承受社会所强加给他们的痛苦。在学习读和写的时候，长时间曲俯在桌子上导致了脊椎的收缩和胸腔的变窄，使得这些儿童易患结核病。长时间努力阅读而没有足够的光线导致了近视，由于长时间被限制在狭窄的拥挤的地方，他们的身体普遍变得衰弱。

但是，儿童的痛苦并不仅仅是肉体上的，而且还是精神上的。强制的学习导致了恐惧、厌倦和精力的耗竭。他们变得毫无信心，忧郁代替了自然的欢乐。

通常，家庭丝毫不考虑所有这一切。儿童的父母唯一感兴趣的是，看到儿童通过考试，尽可能学得快些，这样就不需要更多的教育花费。他们不大关心学习或文化的获得。他们仅注意于奢华的社会职责。他们感兴趣的只是儿童应该在尽可能短的时间里获得一张社会通行证。

当今绝对需要的是，社会应该意识到儿童，并真诚地努力把儿童从他所在的巨大的危险深渊中拖出来。儿童的社会权利必须得到承认，这样才能为他们建设一个适宜于他们需要的世界。社会所犯的最大罪恶就是浪费了应该花在儿童身上的钱，这毁灭了儿童，也毁灭了社会本身。

社会就像是一个任意挥霍他的祖传财富的儿童监护人。成人把钱花费在自己身上，并建造他们所需要的东西，然而很明显，他们财富的很大一部分是本该分配给他们的子女的。

成人必须组织起来，不是为他们自己，而是为他们的孩子。他们必须大声要求一种权利，习惯性的盲目已经阻碍他们看到这种权利，但是，如果一旦得以证实，这种权利再也不会受到怀疑。如果社会一直是儿童的不可靠的监护人，那它现在必须正确地处理事情，把儿童的遗产还给他们。

父母的使命

儿童的父母不是他的创造者，而只是他的监护人。他们必须像谨慎地承担某种职责的人一样地保护儿童，并深切地关心他。为了他们的崇高使命，儿童的父母应该净化自然已移植在他们心中的爱，他们应该努力去理解，爱是未被自私或懒散所污染的深沉情感的有意识的表达。父母应该关心这个当今重大的社会问题，关心世界上为承认儿童权利而进行的斗争。

儿童生产人类自身，因而他的权利更需要得到承认。很明显，社会应该对儿童慷慨地给予最大的关怀，这样，反过来它又可以从儿童那里获得新的能量和潜力。

他们忽视和遗忘了儿童的权利，他们没有认识到儿童的价值以及他的力量和他的真正本性，这一事实应该深深打动人的良心。

父母有一个很重要的使命。他们是能够通过联合一致地工作以改善社会，进而拯救他们孩子的唯一的人。他们必须意识到自然托付给他们的使命。就父母赋予自己孩子的生命而言，他们对社会有一个基本的职责，并掌握着人类的未来。如果他们不按他们所应该的那样行动，他们将跟比拉多①一样。

比拉多是应该能够拯救耶稣基督的，但是，他并没有这样做。受古代偏见所支配的一群暴徒要救世主的命，而比拉多却没有有效地反对他们。

当今父母的行为跟比拉多一样。他们把自己的孩子扔给社会习俗摆布，似乎这些习俗是无法避免的。不存在保护他们的呼声。然而，如果有保护他们的呼声，它应该是爱的呼声、爱的力量和他们父母的人权。

（选自蒙台梭利著，马荣根译：《童年的秘密》，人民教育出版社2005年版）

《论教育：特别是早期教育》

罗　素

【导读】

罗素（B. Russell，1872—1970）是英国哲学家、数学家、逻辑学家、社会活动家、诺贝尔文学奖获得者。

1921年后，罗素相继有了两个孩子。由于在知天命之年得子，他对孩子钟爱有加，并特别关注其教育问题。他结合自己的研究心得和教育子女的实践经验，以及对自己早年对与教育有关的人生经验的反思和对现实中各种

---

① 比拉多（？—约36）是罗马帝国驻犹太总督。基督教《新约》说他曾审判过耶稣基督，并判其死刑。——选编者注

教育成败得失的认识，写出了《论教育：特别是早期教育》（1926年）一书。该书在美国出版时改名为《教育与美好生活》。本书共分上、中、下三编，上编（第一至第二章）论述现代教育理论的基本原理及教育目的，中编（第三至第十三章）论述品性教育，下编（第十四至第十九章）论述智力教育。

罗素在书中预言重视早期教育是现代教育发展的重要趋势之一，还指出教育的目的是培养理想的品性，理想的品性应该具有活力、勇敢、敏感、理智四种特征。罗素学前教育思想的重点是品性教育。他强调幼儿1岁前的习惯培养，指出在婴儿期习惯培养的方法上应考虑到健康和品性两个方面。在儿童品性的教育上，罗素主张重视儿童诚实、爱和同情心等品性的培养。对于恐惧心理的重视和克服也是其论述重点。罗素还特别强调儿童的性教育，提出一些实施建议。在教育方法上，罗素反对体罚，认为对儿童进行夸奖和责备也要慎重。他积极倡导游戏，肯定了游戏的教育价值。他从民主观点出发，重视面向平民子女的保育学校的教育。在智力教育方面，罗素强调教育的动力应是儿童的求知欲，而不是教师的威严。

《论教育：特别是早期教育》出版后受到热烈欢迎，成为世界教育理论宝库中的瑰宝，作者也因此跻身于20世纪最杰出的教育家行列。这里节选了该书中有关幼儿品行教育的片段，读者从中不难领略到作者非同凡响的独特见解。

中编　品性教育
第三章　第一年

人生的第一年过去通常被认为摒除在教育的范围之外。至少在婴儿学会说话之前——如果不是更长的话——他被委之于母亲或保姆之手，接受毫不经意的养育。因为人们认为她们本能地懂得什么东西令孩子有益。然而事实上，她们并不知道。大量儿童在头一年夭折，剩下的也有许多在健康上已受损害。不当的护理也为后来恶劣的心理习惯奠定了基础。所有这些只是在最近才被人们认识。科学侵入育儿所往往遭人唾骂，因为它会骚扰母亲和孩子依依相偎的动人图景。但是感伤与爱毕竟不能并存。热爱儿女的父母必定希望自己的孩子好好活着，为达此目的，即使应用智慧，也是必要的。

当我们讨论婴儿期的习惯养成问题时，有两点是需要考虑的。其一，且为最主要的一点，是健康；其二，是品性。我们希望孩子将来成为人人喜欢并善于成功地处理生活事务的那一类人。值得庆幸的是，健康与品性皆指向同一目标，对一方有利的，于另一方也不无裨益。在本书中，特别予以关注的是品性，然而健康也需要同样的训练。因此，我们不会面对要么是强健的恶棍，要么是病弱的圣贤这种两难的选择。

现在每个受过教育的母亲都知道诸如喂哺婴儿须定时，而不是孩子一哭闹就喂他这类简单的道理。之所以采用这种喂食法，是因为更有利于孩子的消化，这是一个令人信服的理由。然而从道德教育的角度出发，这一方法也是颇为可取的。幼儿的机灵（并非美国人对此词的解释）① 远远超过成年人的想象，如果他们发现哭啼能产生满足的后果，他们就会哭啼不休。当抱怨的习惯在后来的生活中使他们惹人厌恶而不是引起娇宠时，他们会感到惊讶和怨愤，这时，在他们眼里，世界是冷漠无情的。然而，如果女孩长成媚人的女子，当她们撒娇时，仍会博得他人的欢心，于是儿时养成的恶习还会继续得到增强。这种情形在富人身上也常常见到。倘若人们在婴儿期未曾采取正确的方法，那么孩子长大后必将视其掌权的程度或成为怨天尤人者，或成为贪得无厌者。必要的道德教育开始的正确时刻是婴儿呱呱坠地时，因为在那时开始可以避免沮丧的期望。而在以后的任何时候，道德教育都必须与相反的习惯作战，因此自然会激起极大的怨恨。

因此，在对待婴儿时，需要在忽视与溺爱之间求得巧妙的平衡。凡健康所需之一切事情都必须去做。当婴儿遭受风寒时，必须加意看护，还必须保持干燥与暖和。但是，如果缺乏合适的生理上的原因，孩子哭叫，就任其哭叫好了。不然的话，他就会很快变成一个暴君。当对孩子表示关心时，不应过分小题大做，即凡必须的事情固然一定要做，但不必表示过分的同情。从一开始起，任何时候都不能将孩子看作比家里豢养的小狗更有趣的宠物。从最早的时候起就应将孩子当作潜在的成人。在成人身上不能令人容忍的习惯

---

① 此处译为"机灵"的词在原文中为"cunning"，亦有狡猾、狡诈之意，但在美式英语中，仅指小孩或小动物的天真可爱。——译者注

或许在孩子身上却显得颇为有趣。诚然，孩子不可能真正地具有成人的习惯，但是我们应当避免去做一切有碍儿童养成这些习惯之事。最重要的是，我们不应使孩子产生自视甚高的感觉，因为这种感觉会被以后的经验所抑制，并且决不会与事实相吻合。

教育婴儿的困难主要在于父母须求得一种巧妙的平衡。他们须随时留意并承受许多辛苦，以避免对婴儿健康的伤害。除非具有强烈的亲子之爱，这些品质很难达到所必需的程度。但具有这种爱心的人却极易缺乏理智。对于热爱儿女的父母，孩子真像是无价之宝。如对孩子稍不留意，孩子便会察觉到，他对自己的重要性的判断与父母的感觉完全一样。然而在以后的生活中，他的社会环境却不会像父母那样对他宠爱有加，他所养成的假定自己是由周边人群构成的宇宙中心的习惯，会使他失望。因此，人生的第一年，父母对待孩子可能罹患的小病小痛应当采取安详泰然的态度，宁可当作小事一桩。不仅在人生的头一年应是如此，以后也是一样。过去，婴儿一方面受束缚，同时又被溺爱。他们的四肢得不到自由，衣服穿得过暖。他们的本能活动很受限制，但他们也颇受宠爱，或听人唱歌，或被放在摇篮里晃动，或被抱在大人怀里左右摇摆。这种做法是非常错误的，因为这会把孩子变成无能的娇惯成性的寄生物。正确的法则在理论上是：鼓励自发的活动，阻止他们向别人发号施令。不要让孩子看出你为他做了多少事，或遭了多少罪。在任何可能的情况下，都要让孩子品尝通过自己的切实努力——而不是通过对成人颐指气使——而获得成功的喜悦。我们在现代教育上的目标是将外部的约束减至最低程度。然而这就需要有内在的自制力，而这种自制力在人生的头一年较之在其他任何时候都更易获得。例如，当你想让孩子入睡时，切勿将孩子放在车里推来推去，或抱在怀里，甚至也勿放在他能看见你的地方。如果你这样做了一次，孩子就会要求你在下次也要这样做。这样，在极短的时间内，让孩子入睡就会变成一件困难重重的工作。那么该怎样做呢？你要让孩子保持温暖、干燥、舒服，毅然地将孩子放下，并在轻声说上几句话后，就任他独自呆着。孩子也许会哭闹几分钟，但除非有病痛，他很快就会停止。那时你再回去看，你就会发现，他已迅速进入梦乡。与爱抚和迁就比较起来，这种方法能使孩子睡得更为香甜。

婴儿最初三个月的生活，除了享受食物的时刻外，总的说来还是显得有点沉闷。当他们舒适时就睡觉；当他们不睡时，往往有些不适。人类的幸福取决于精神的能力，但对于一个不到三个月的婴儿来说，由于他缺乏经验和肌肉控制力，这种能力几乎找不到发泄的出口。幼小动物享受生活要早得多，因为它们更多地依靠本能，而较少依靠经验；但是婴儿依靠本能所做的事情太少，只不过能提供最低程度的快乐和兴趣。总而言之，人生的头三个月是相当乏味的。但若要保证充足的睡眠，这种乏味倒也必要。如果做许多事去逗孩子玩，那么孩子的睡眠就不够了。

大约在两三个月的时候，儿童学会微笑，并对人产生有别于对待物品的感情。在此年龄段，母子之间的社会关系开始成为可能。孩子一见母亲就会表示高兴，并确实会喜形于色，不仅仅属于动物的反应这时也得到发展。很快，一种企望得到他人称许与赞同的欲望发展起来。例如，在我儿子身上，这种欲望曾准确无误地首次在他五个月大的时候开始有所表现。有一次，当他经过多次尝试，终于成功地从桌上举起一个有些重量的铃铛并用力摇动时，他环视周围每一个人，面带自豪的微笑。从此时此刻起，教育家就有了一个新的武器，即表扬与责备。这一武器在整个儿童时代都是非常有效的，但使用时须极为谨慎。在第一年中，一点儿斥责都不应有，以后也应非常有节制地使用。赞许的危害要少一些，但不宜过分轻易地使用，以免失去其价值，也不应使用到过分激励儿童的程度。当孩子第一次会走路或第一次会说一句大人可理解的话时，没有一位有耐心的父母会沉住气而不对孩子表示赞许。一般来说，当孩子经过持续的努力战胜一个困难时，赞许乃是适当的奖励。此外，让孩子感到你赞成他的学习愿望，亦为明智之举。

然而总的说来，婴儿的求知欲是如此之强烈，父母只需为他们提供机会即可。为孩子提供一个发展的机会，这样，孩子自己就会努力就会完成其余的工作。至于教孩子怎样爬、怎样走，或学习控制肌肉的任何其他要素，都是不必要的。固然，我们是通过与孩子谈话的方式而教孩子说话的，但我怀疑煞费苦心地教说话能达到何种目的。孩子学习自有其自己的步调，如欲对其进行强制，实为不智之举。在人的整个一生中，努力奋斗的巨大刺激是战胜最初困难的成功经验。困难不可大到令人沮丧，但也不可小到以致不能激发努力。从出生到死亡，这是一条基本原则。凡事我们都须亲自去干，那样我们才能学会。大人所能做的应是实施孩子所愿做的某些简单行为，如摇响拨浪鼓，然后要孩子自己学会如何去做。他人所能做的只是激起他的进取心，在其本身决不是一种教育。

常规及惯例在幼儿期是至关重要的，尤其是在生命的第一年。至于睡眠、饮食和排泄，应从开始就养成守时的习惯。此外，熟悉环境在精神上也是非常重要的。它能教孩子辨认，防止过度紧张，并能产生安全感。我有时想，对于据称是科学假设之一的自然统一的信念，乃完全来自于对安全的渴望。我们能够应付预期之中的事情，但如果自然法则突然变更，我们就会灭亡了。婴儿因其弱小而有获得保障的必要。如果所发生的一切似乎均依照一成不变的法则，乃至可以预言，孩子将更感到幸福。在童年的后期，对冒险的渴望将会发展，但是在生命的第一年，一切非寻常的事情都会引起恐慌。不要让孩子恐惧不安。如果孩子病了，你也颇感焦虑时，则应极为小心地掩盖你的焦虑情绪，以免通过暗示将这种情绪传染给孩子。你要避免一切可以引起兴奋的事情。当孩子不能按惯例睡眠、进食或排泄时，你切勿让孩子看出你对此十分在意，以免助长其夜郎自大的心理。这种做法不仅适用于生活的第一年，而且更适用于以后的年月。决不可让孩子产生这种念头，即诸如进餐（这本是一件乐事）之类必需的、正常的行动，是你所喜欢的事情；而且你要他做，只是为了博得你的欢心。倘若你让他们得出这一结论，那么孩子很快就会明白他们又得到了一个新的权力之源，于是对那些本该自动去做的事情，如今也指望被人用甜言蜜语诱哄着去做了。切勿以为孩子缺乏领悟这种行为的智力。他们的权力是微小的，他们的知识也是有限的，但在这些局限性不及之处，他的智力决不在大人之下。孩子在头12个月所学的东西，要比他们以后在同样长的时间里所学的东西还要多。如果他们没有极活跃的智力，这将是不可能的。

综上所述，可概括如下：即使是对待最小的婴儿，也要像对待将在世上占有一席之地的一个人那样予以尊重。切勿因为图你眼前的便利或养育孩子的乐趣而牺牲其未来，二者同样有害。这里，也和别处相同，若要沿着正确之途前进，就必须将爱心与知识结合起来。

第四章　恐惧

儿童生活的第二年应是异常幸福的。行走和说话是令儿童感到自由与力量的新成就。在这两个方面,儿童每天都会取得进步。① 孩子独立游戏成为可能,并会产生一种比成人环球旅行能得到的更生动的"见世面"的感觉。禽鸟与鲜花,长河与大海,汽车、火车与轮船都会引起愉悦及浓厚的兴趣。孩子的好奇心是无边无际的:"我要看"是这个年纪最常说的话之一。受过童床和童车的束缚之后,在花园、田野或海滩上自由奔跑能产生一种解放的狂欢。消化能力通常比第一年强,食物种类增加,咀嚼也成为一种新的乐趣。由于上述原因,如果孩子抚育得法且健康的话,生活就会成为快乐的冒险了。

但是随着独立行走和奔跑的进一步增强之后,也容易产生新的胆怯。新生儿极易受到惊吓。

在第二年和第三年还会发生新的恐惧。其原委几分是由于联想,几分是出自本能,这是一个尚待探讨的问题。

为了得到说明这一问题的新的启示,我曾对我自己的孩子做过认真观察。在他快满2岁时,改由一个新保姆养护。此人对一切都怕,尤其怕黑。孩子很快就染上了她的恐惧感(开始我们对此一无所知):看见狗和猫就逃走;在一只黑色的碗柜前,出于极度的恐怖而惊慌失措;天黑以后,屋内各处都要灯火通明;甚至第一次见到他的妹妹时都感到害怕,显然是由于他将妹妹视为一个种类不明的奇怪动物之故。② 所有这些恐惧感想必都是从那个胆怯的保姆身上传染来的。事实上,在那个保姆离开后,孩子的恐惧就逐渐消失了。然而,还有一些恐惧不能以同样方式去说明,因为它们产生于保姆到来之前,并且所恐惧的对象都是成人并不感到惧怕的。这些惧怕之中,主要的是对于各种突然移动的事物的惧怕,其中尤以影子和机械玩具为甚。

使他惊恐的影子是一种模糊的迅速移动的影子,这种影子是由街上经过的看不见的物体——如公共汽车之类——所投进屋内的。我用手指在墙壁及地板上投下影子,并教他如法炮制,以此方法治愈他的恐惧症。不久之后,他就理解了影子的道理,并开始以欣赏影子为乐。这个原则也适用于机械玩

---

① 这种说法也许并非完全准确。多数孩子都有表面停滞的阶段,致使缺乏经验的父母感到不安。但在这整个阶段,进步或许始终在采取各种不易察觉的方式。——作者原注

② 我认为这种恐惧与害怕机械玩具是一回事。他第一次看见妹妹睡觉时,以为她是一个玩具娃娃,她一动弹就将他吓了一跳。——作者原注

具,当他看见机械装置时,他就不再害怕了。但当机械装置不可目睹时,这个减少惊恐的过程就较为缓慢了。例如,有人送他一个坐垫,若坐在上面或用手按压,坐垫则会发出一声长而如泣如诉的哀鸣。这玩意儿使他颇受惊吓,并保持了很长时间。但不管怎样,我们并未将这件可怕的东西完全拿走,只是将它放到较远的只能产生些许恐惧的地方。我们还使孩子对此物品逐渐熟悉起来,并一直坚持到孩子的恐惧感彻底消失为止。一般来说,最初引起恐惧的类似的神秘性会随着恐惧的被征服而产生快感。我认为,对于不合理的恐惧不应简单地放任自流,而应通过熟悉其晦涩形式而逐渐克服。

在教育上,使用武力理应极为稀少,但为战胜恐惧起见,我认为,武力有时还是有益的。当恐惧不合理且甚为强烈时,如对儿童完全放任,则其永远不会获得实际证明并无恐惧依据的经验。当某种情境反复经历而并无伤害时,熟悉、亲近便能将恐惧消灭殆尽,仅为儿童提供一次可怖的经验可能是毫无用处的。这种经验必须经常提供,以至儿童全然不感到惊奇的程度。如果必要的经验无需武力便可获得,自然再好不过,但若不是这样,那么使用武力也许要比将一种不易战胜的恐惧持续下去为好。

还有一个要求需要指出。无论就我儿子来说,或对其他孩子而言,战胜恐惧的经验是令人心醉神迷的体会。它易于唤起孩子的自豪感;当他因勇气而博得赞许时,将终日喜形于色。当孩子渐长,胆怯的男孩会在其他男孩蔑视的眼光中苦恼不已,那时他要养成新的习惯势必困难得多。因此我认为,在恐惧一事上极早获得自制力及教授身体的技能是异常重要的,足以容许采取稍许严厉的措施。

至关重要的是,如果你想消除你的孩子的恐惧,你自己先要无所畏惧。如果你害怕雷声轰鸣,孩子第一次在你面前听见雷声时,便会感染上你的恐惧。如果你表示害怕社会革命,孩子便会更加感到害怕不已,因为他不清楚你在谈论些什么。如果你为疾病担心,那么你的孩子也会忧心忡忡。人生充满了危险,智者对于那些不可避免的事情不加理会,但对于那些可以避免的事情,则会不动声色地小心处理。你不可能避免死亡,但你却能避免未留遗嘱而死。因此,请你留下遗嘱吧,同时忘记你是要死的。理智地防备不测与恐惧决不可同日而语,前者属于智慧的一部分,而后者则是奴性的表现。如果你不能避免恐惧,那就尽量不让你的孩子发现。而至关重要的是,要让儿童具有宽阔的视野及广泛强烈的兴趣,这样就可防止孩子在日后生活中对自己时乖命舛的可能性浮想联翩。只有这样,你才能使孩子成为宇宙间的自由公民。

第五章 游戏与幻想

热爱游戏是幼小动物——不论是人类还是其他动物——最显著的、易于识别的特征。对于儿童来说,这种爱好是与通过装扮而带来的无穷的乐趣形影相随的。游戏与装扮在儿童时期乃是生命攸关的需要,若要孩子幸福、健康,就必须为他提供玩耍和装扮的机会,至于这些活动的更进一步的用途此处姑且不论。就此而言,有两个与教育相关的问题:第一,在提供机会方面,家长和学校应当做些什么?第二,在增加游戏的教育作用方面,他们还应做些什么?

关于此事,有两个各不相关的问题:第一个问题涉及产生游戏的冲动;第二个问题涉及游戏的生物作用。后一个问题是比较容易解答的。似乎没有理由怀疑这样一个已取得共识的理论,即在游戏中,任何种类的幼小动物都是在练习及实践那种在将来它们必须全心全意地去从事的活动。除了不是真咬以外,小狗的游戏与大狗的打斗完全相同。小猫的游戏颇为类似大猫对老鼠的行为。儿童喜欢模仿他们所见过的工作,如建筑或挖掘。这种工作在他们看来越是重要,他们就越喜欢通过游戏加以模仿。凡是能使他们增强新的肌肉能力的活动,如跳跃、攀登,或是沿着狭窄的木板向上行走——切记这种作业永远不可太难——他们都会喜欢去做。虽然这能大体上说明游戏冲动的作用,但决不意味着已将其所有表现形式包罗无遗。因此,目前也决不意味着已对游戏的冲动给予了心理学的分析。

有些精神分析学家企图在儿童的游戏中看出性的象征。我确信,这是彻头彻尾的空想。儿童期的本能冲动主要不是与性有关的,而是成为大人的欲望,或者更确切地说,是获得权力的意志。与成人相比,儿童深感自己软弱无力,因此希望能成为与之匹敌的人。我还记得当我的儿子得知有一天他会成为大人,而且我也曾是小孩时,他是如何欣喜若狂。人们不难看出,通过成功乃是可能的体认,就能激发努力。正如模仿的行为所表明的那样,从很小开始,孩子就希望做大人所做的事情。一个孩子有兄姊对他是大有裨益的,因为他们的目的能够被理解,他们的能力也不像成人的那样难以达到。自卑感在儿童身上是非常强烈的。如果儿童一切正常，并且受到正确的教育，自卑感便能激发努力，但如果他们受到压制，则自卑感就可能成为烦恼之源。

然而，若认为追求权力的意志乃是儿童游戏的唯一源泉，则未免过于简单化。他们还喜欢假装害怕，也许是因为知道就是这种假装反而会增加他们的安全感。有时我装扮成鳄鱼去吃我的儿子。他的尖吓惊吓声是那样真切，我停下来，以为他真的吓坏了。但我刚一停下，他就说："爸爸还装鳄鱼。"装扮的乐趣中的相当部分纯属戏剧性的欢乐，和成人喜欢小说、戏剧是一回事，我认为所有这些活动都含有好奇的成分：通过装扮熊，孩子会觉得他似乎会真的了解熊。儿童生命中各种强烈的冲动都会在游戏中有所反映，权力在游戏中所占的支配地位不过是与它在欲望中所占的支配地位相等而已。

说到游戏的教育价值，对属于可增加新的才能的那种，人人都予以称道；但对属于装扮的那种，许多所谓现代人则投以怀疑的目光。

第七章　私心与财产

我现在要来讨论一个与恐惧类似的冲动问题，这是与部分属于本能的，且基本不可取的强有力的冲动有关的问题。在所有这种场合，我们必须谨慎从事，不可违反儿童的本性。无视儿童的本性，或希望儿童本性是别种东西，均属徒劳。我们必须接受儿童本性所提供的原料，并且不要试图以仅适用于某些其他材料的方式去对待它。

私心不是一种终极的伦理概念，对此越加分析，概念就变得越加模糊。但作为托儿所里的一种现象，它却是非常明确的，且提供了颇有解决必要的问题。倘若对孩子听之任之，年长儿童就会夺走年幼儿童的玩具，要求成人给予其更多的注意，并会全然不顾年幼儿童的失望，一味追求自己的欲望。人的自我就像气体，若无外界压力的约束，就会不断地膨胀。在这方面，教育的目标是要让外界的压力在儿童的心灵上采用习惯、观念和同情等形式，而不是采取虐待、殴打及惩罚等形式。儿童所需要的观念是公正，而不是自我牺牲。每个人在世界上都拥有一定的权利，维护自己应得的利益不应被视为罪恶。当人们在进行自我牺牲的告诫时，其用意似乎并不指望它能完全实行，还认为它的实际效果大约总是好的。但是事实上，人们或是将这一告诫置诸脑后,或是在要求起码的公正时反而觉得罪孽深重,或是去实行荒谬绝伦的自我牺牲。在最后一种情形中,他们还会对他们所为之做出牺牲的人暗自怨恨,并且由于要求他人感谢,私心也许又会悄悄地复萌。无论如何,自我牺牲不能成为真正的信条,因为它不可能普及。至于灌输谬误以作为求得道德的手段则是最不可取的,因为谬误一旦被察觉,道德随即化为乌有。与此相反,公正却是可以普及的。因此,公正才是我们应当努力灌输到孩子思想及习惯中去的观念。

向个别的儿童传授公正的观念是相当困难的一件事,如果不是不可能的话。成人的权利及欲望和儿童相比是如此地截然不同,以至成人难以体会儿童的想象。成人和儿童为了追求完全相同的乐趣而彼此展开直接的竞争几乎是闻所未闻之事。此外,由于成人处于能够强迫孩子服从其要求的地位,所以在与己有关的事件上,他们不得不充当法官的角色,并且不会对儿童做出不偏不倚的裁决。当然,成人能够制定明确的戒律,并反复向儿童灌输这种或那种适宜的行为举止形式,例如,当母亲计算须洗濯的衣物时不要打扰,当父亲忙碌时不要喧哗,当有客人来访时不要乱插嘴等。但这些都是孩子所不能理解的规定。诚然,如果善待孩子,他也甘愿服从,但这不会使之产生合理的感觉。要求孩子遵守这类规定固然不错,因为决不能允许他们做个暴君,又因为必须使之明白:别人的事务对于他们自己的追求而言也是重要的,不管那些追求可能是何等地离奇。但是依照这类办法能奏效的不过是造成表面良好的举止,真正的公正教育只有在有其他儿童聚集之处方能施行。这是任何一个孩子都不应长期独居的原因之一。不幸只有一个孩子的父母应当尽其所能,为孩子寻求伴侣。如果没有其他办法可想,即使以经常离家外出为代价亦无妨。一个形单影只的孩子必定是死气沉沉的,或是自私的,也许两者依次展现。循规蹈矩的独生子女叫人看了伤心,不守规矩的则令人讨厌。在小家庭盛行的今天,这种情况就成为较之过去时代更为严重的问题。这是大力倡导开办保育学校的原因之一,后面我还将对此问题详细讨论。但是眼下,我假定一个家庭至少有两个孩子,而且孩子的年龄相差不很远,以便他们的兴趣爱好大体相同。

在人们为寻欢作乐而较劲的场合,如果某种乐趣一次只能为一个孩子享受,例如乘坐独轮车,人们便会发现,孩子很容易理解公正。诚然,孩子的冲动是要求独自享乐而排斥他人，但若成人做出儿童轮流享用的规定，儿童战胜这种本能的速度之快的确令人吃惊。我不相信公正感是天生的，但它被儿童创造出来的速度之快使我折服。当然，那必须是真正的公正，而不应存有丝毫的偏见。如果你对某个孩子的喜爱超过了对其他孩子，你必须防止你的情感影响你的一视同仁。当然，所谓"玩具应当人人有份"是众所公认的原则。

试图通过任何种类的道德训练来对付公正的需要，恐怕是极难奏效的。不要塞给孩子多于公正的东西，但也不要期望孩子接受少于公正的东西。

与公正密切相关的是财产意识。这是一个棘手的问题，必须由灵活的机智而不是严格的规则去对付。首先，财产意识在孩子身上是异常强烈的，他们刚刚能够抓住他们所能看见（手眼配合）的东西，这种意识就开始发展。凡是他们所能抓到的物品，他们就认为是自己的；如果有人拿走，他们就会愤怒。我们现在仍称财产为"所有物"（holding），又把"保持"（maintenance）解释为"握在手中"（holding in the hand）。这些字眼表明了财产与攫取之间的原始关系，"贪婪的"一词也是如此①。缺乏玩具的小孩会拾起树枝、破砖或其他所能觅得的针头线脑，并将它们作为自己的私产珍藏起来。对财产的欲望是如此根深蒂固，以至不可能对这种欲望加以打压而不发生危险。另外，财产欲还能培养小心谨慎的心理，并约束破坏的冲动。孩子对自己亲手制作物品的财产意识特别有益，倘若这种意识被禁止，其建设冲动也就被抑制了。

以上包括的大致原则是：第一，不要因占有不足而在儿童心目中产生沮丧之感，此乃造就一个悭吝者之途；第二，当私有财产可激起需要的活动时，尤其是当它能教孩子仔细操作时，可以允许孩子拥有它。但在上述限制条件下，要尽你的可能将儿童的注意力转向不涉及私产的乐趣上去。不过即使是涉及私人的物品，当别的孩子希望能获准利用其玩具游戏时，切不可让其吝啬或爱财如命。然而在此问题上，目标是诱导儿童心甘情愿地将自己的物品借出；如果需要外界的权威来胁迫，那么所企图达到的目标就要落空

---

① "贪婪的"一词英文为"grasping"，原意为"想抓住的""攫取的"意思。——译者注

了。对于一个快乐的儿童，激发豪爽慷慨的性向并不困难；但是对于一个终日被愁云惨雾笼罩的孩子，他自然会固守所能得到的物品不放。儿童不是通过痛苦的经历，而是通过幸福和健康的体验去掌握美德的。

第八章 诚实

　　培养诚实的习惯应成为道德教育的主要目的之一。我所谓的诚实不仅是语言上的，而且是思想上的。老实说，两者之中后者在我看来更为重要。我认为，说谎被视为合理的场合毕竟是罕见的，比从品德高尚者的实践中所推断的还要少。几乎所有能证实说谎为合理的场合都是在有人滥施淫威，或是人们在从事诸如战争之类有害活动的时候。因此，在一个秩序井然的社会制度里，这种场合会比现在少得多。

　　事实上，不诚实几乎都是恐惧的结果。从小未遭恐吓长大的孩子必定诚实，这不是由于道德约束之故，而是因为他根本就不会想到有别的做法。一个受到贤明和善对待的儿童，其眼里总是充满坦然的神色，即使遇到陌生人也不会缩手缩脚；而一个常遭训斥及苛求的儿童，则无时不战栗在遭受责骂的恐惧之中，然而，一旦按照本性行动，他的胆大妄为又会令人们惊骇不已。说谎这样的事开始决不可能发生在幼儿身上。说谎的可能乃是一种发现，源于对受到恐惧刺激的成人的观察。孩子发现大人对其说谎，以及对成人说实话蕴藏着危险，在此情况下，孩子就开始说谎了。若能避免这些刺激，孩子就不会想到说谎。

　　但是在判断孩子是否诚实时，以持有一定的谨慎态度为宜。儿童的记忆很不准确，并且他们往往不知道问题的答案，而成人却以为他们知道。他们的时间观念相当模糊，4岁以下的孩子很难分清昨天与一星期前，或昨天与六小时前的区别。当他们不知道某个问题的答案时，他们就根据你问话的语气来决定回答是或不是。另外，他们还常以某种假想的戏剧人物的身份说话。当孩子一本正经地告诉你后花园有一头狮子时，这显然是假想，但在很多场合，他们往往极易误将游戏当作真事。由于上述原因，一个幼儿的陈述在客观上常常有误，但他丝毫没有欺骗的用意。

　　当孩子说谎时，父母与孩子比较起来更应当引咎自责。父母应当通过消除说谎的原因，通过和蔼而合理地讲清为什么最好不要说谎的方式来处理这一问题。他们不应以惩罚的方式来解决，因为这种惩罚方式只会增加孩子的恐惧，从而增强说谎的动机。

若要孩子不学会说谎，成人对孩子绝对诚实则自然必不可少。教训孩子说撒谎有罪的父母亲们，自己却说谎，并被其子女所察觉，这无疑会使其道德上的威信丧失殆尽。

对孩子说真话是一个全新的观念，在现在这一代人之前，几乎没有人做到这一点。过去做父母的往往以不食人间烟火的奥林匹亚神①自居，冷漠淡然，永远按照纯粹的理性行事。当他们责备孩子时，遗憾多于愤怒；无论他们如何斥责，他们都不是在"夹磨"（cross）儿童，而是在对儿童说，这正是为了他们好才这样做的。做父母的并不知道孩子的目光往往惊人地锐利，他们虽然不理解各种用来骗人的政治理由，但他们会直截了当地不屑一顾。你所觉察不到的猜疑和嫉妒，你的孩子却能看得清清楚楚，因此他们对你有关这些情欲对象罪恶的冠冕堂皇的道德说教，听后不免要大打折扣。永远不要装作一贯完美无瑕和超乎常人；孩子不会相信你，即使相信，也不会更多地喜欢你。我现在还清楚地记得，在我很小的时候，我就看透了我周围的维多利亚式的欺诈和伪善②，并发誓如果我有孩子，我决不会重复人们曾施加于我的错误。我现在一直在尽最大能力实现这一誓言。

还有一种形式的谎言对于孩子影响极坏，即你对孩子以惩罚相威胁，实际上则无意实行。

除非有令人信服的理由，你不可坚持己见；然而一旦开始坚持，那么无论你如何后悔，也不要中途流产。如果你以惩罚相威胁，那么这种惩罚应是那种你已做好实施准备的，切勿存在侥幸心理，以为你的威胁只是说说就算了。若要使未曾受过教育者理解这一原则，其困难程度实在会令人出乎意料。当以可怕的事物对他们进行威胁，如被警察关起来，或被妖怪捉走之类，这种方法尤其值得非难。其结果最初会引起危险的精神恐惧，后来则会使孩子完全不相信成人的一切声明和威胁。倘若你总是说到做到，孩子很快就会认识到，在这种场合，反抗是徒劳无益的，于是就会对你言听计从，而

---

① 奥林匹亚是古代希腊的宗教中心。奥林匹亚神为数众多，主神是全能之神宙斯。据说他能洞察世间任何事物，主宰神灵和人的命运。——选编者注

② 19世纪下半期的英国处于维多利亚女王统治时期，被史学家称作"维多利亚时代"。这个时期英国国力不断增强，但腐败之风亦甚嚣尘上。——选编者注

不再枉添麻烦。但是要使这一方法成功,至关重要之点是:你不可一味坚持某个主张,除非有这样做的充分理由。

　　欺骗的另一种不可取的形式是将无生物当作生物去处置。当孩子撞在椅子或桌子上,感到痛楚时,保姆有时会教孩子去打这些"冒犯"孩子的物品,并且口里还念念有词:"淘气的椅子"或"淘气的桌子"。这种做法会使孩子失去自然训练上一种最有益处的源泉。若听其自然,孩子很快就会明白,无生物只能通过技术来摆布,而不是通过愤怒或诱骗去处置。这是获得技能的一种刺激,并帮助儿童认识到个人的能力乃是有限的。

　　未曾受到大人压制的儿童会提出无穷无尽的问题,有些是理智的,有些则相反。这些问题往往令人不胜厌烦,有时也是不便答复的。但你必须尽你的最大努力,实事求是地予以回答。如果孩子问及有关宗教的问题,准确地说出你的想法吧,即使你的回答与具有不同思维方式的其他成人的观点相冲突,也在所不顾。如果他问及死亡之事,要回答他。如果他所问的问题旨在表明你是有罪或愚蠢的,要回答他。如果他问及战争或死刑,你也要回答他。不要用"你现在还不懂"之类的话去搪塞推诿,只有困难的科学问题——如电灯是怎样制造的——可以除外。即使在这种情况下,也要使他明白,有关问题的答案业已为他准备好了,一旦他的知识比现在有所长进,再来回答定会使他欣喜不已。告诉孩子的东西要多于他所能理解的,而不是相反。那些他一时还无法理解的部分将会激起他的好奇心及求知欲。

　　如果对儿童始终以诚相待,获得的回报是儿童增强对你的信赖。孩子具有相信成人说话的自然倾向,除非这些话违背了孩子的强烈愿望才另当别论。即使在此类事例上,只要儿童能稍稍体验到你说话的真实性,就可以使你轻易地得到他的信赖。但如果你习惯于用不会发生的后果去恐吓,那么你只好愈来愈固执已见,暴跳如雷,到最后将陷入精神紊乱的状态。

第九章　惩罚

　　在过去的岁月中,直至最近为止,对幼儿及男孩、女孩的惩罚,一直被视为是理所当然之事,并被普遍认为在教育上是不可或缺的。

　　就我而言,我相信惩罚在教育中只占有某种极小的地位,但对惩罚是否总是需要那么严厉呢,本人颇存疑虑。我将尖酸刻薄或呵斥的言辞都纳入惩罚之列。任何时候都必需的最严厉的惩罚是愤怒的自然、自发的表现。有几次，当我儿子对他的妹妹动粗时，他的母亲以冲动的叫喊表示愤怒，其效果真是十分明显。他突然呜咽起来，直到他母亲多方爱抚之后，他才感到安慰。孩子所得到的印象非常深刻，以至人人可以看出，打那以后，他对妹妹的态度好多了。

  直到如今，我们从未感到有使用更严厉惩罚的必要。如果我们根据旧式实施纪律者的书籍判断，用旧方法教育的儿童要远比现代的儿童更为顽皮。如果我儿子的行为举止哪怕像《费尔柴尔德的家庭》里的孩子一半那样没规没矩，我一定会感到震惊。但是我认为，这种情况应更多地归咎于父母，而不是归咎于孩子。我相信有理智的父母能够产生有理智的子女。必须让孩子感受到父母亲情，不是感受到他们所尽的义务和责任，因为孩子不会为此感激他们，而是感受到他们对孩子的炽热的爱，持有这种爱心的父母会对其子女的表现及行为方式表示由衷的喜悦。至于向孩子颁布的禁令，应当仔细认真、实事求是地予以说明。除非无法解释时，才另当别论。小小的意外，如磕磕碰碰及小伤小口，有时宁让它们发生，而不必有所忧虑而干涉莽撞的游戏。孩子积累了一点这方面的经验，能使孩子更心甘情愿地相信禁令乃是明智之举。若从一开始就保持这种情形，我相信孩子很少会做出应受重罚的事情来。

  当一个孩子坚持干扰其他儿童，或破坏他们的娱乐时，成效显著的惩罚是"驱逐"。这时，绝对有必要采取某种措施，因为让别的孩子受苦遭罪是极不公平的。但是让倔强的孩子仅感到有过错，作用不大；如果让他体会到他失去的是其他孩子所正在享受的乐趣，则大大有利于达到使之改恶从善的目的。

  用轻微的惩罚去对待轻微的过失，尤其是诸如礼仪方面的过失，自能发挥其效用。夸奖和责备对于幼儿是重要的赏罚形式。它们若是出自受尊重的成人，对于较大的男孩及女孩也是重要的赏罚。如果缺少夸奖与责备，我不相信指导教育竟是可能的，但在这两方面都需要一定程度的谨慎。

  第一，无论是对夸奖还是责备，都不应采取比较的方式。不宜对一个孩子说他比某某孩子做得好，或某某孩子从不淘气，前者产生鄙视，后者则产生怨恨。

  第二，责备的应用应远比夸奖为少。它应是一种明确的惩罚，运用于脱离良好行为的意外过失,而且在它生效后不应继续使用。

第三,对于理所当然之事不应夸奖。我只对以下行为才予以嘉奖,包括勇气或技能方面的新的进步,以及在私人拥有物方面所做出的无私行为,如果这种行为是经过了道德的努力才得以完成的话。

在整个教育中,对于任何异常优良的工作都应给予夸奖。由于战胜困难、取得成绩而受到夸奖,不失为青少年时期最令人愉快的经验之一。对于这种愉快的向往,完全有理由成为次要的动机,但不宜成为主要的动机。主要的动机应当永远是对于事物本身的兴趣,不管那件事物会变成什么样子。

诸如残忍之类的品性上的重大缺点,很少能通过惩罚来克服。或者说,在处理此类问题时,惩罚只应占很小的比重。对男孩而言,残忍地对待动物多少属于天性,若要防止,须进行特殊的教育。一个极不明智的计划是,平时按兵不动,直到发现你的孩子折磨动物时,再去虐待你的孩子。采用这一方法只会使孩子希望不被你当场逮住。你应当关注的是以后可能发展为残忍的萌芽。要教育孩子尊重生命,不要让孩子看见你杀死动物,即使是黄蜂与蛇之类。如果你无法避免,就要在特例中认真讲明这样做的理由。只要孩子对比自己小的孩子稍不友善,你就立刻回报以同样颜色。当孩子抗议时,你可向他解释:如果他不希望别人这样对他,他也决不可对别人有同样的举止。通过这种方式,别人也具有与自己一样情感的事实就会生动地印入孩子的脑海中。

至关重要的是,这种方法的应用应从幼小时开始,并应用于轻微形式的不友善上。唯有对他人的轻微的伤害,你才能照样地回报。当你采纳这一计划时,不要摆出惩罚的架势,而宁可做出开导的样子:"看,这就是你对你妹妹所干的事。"如果孩子抗议,你就说:"好吧,如果这么干让你不高兴,你就不能这样对待妹妹。"只要事情并不复杂,孩子立刻就会理解,并懂得他人的情感也应受重视。在这种情况下,严重的残忍决不会发展起来。

我认为体罚决不可能是妥当的。轻微的体罚虽然几乎无害,但也无益处可言,而严厉的体罚则一定会产生暴力及酷行。诚然,孩子对于施行体罚者往往并无怨恨,在体罚成为家常便饭时,孩子便会自行适应,并将其视为自然进程的一部分。但这会使孩子习惯于这样一种思想,即基于维持权威的目的而施加肉体的痛苦,可能是正当、适宜的。这对于那些将来有可能掌权的人,可以说是上了极其危险的一课。此外,它还会破坏亲子之间及师生之间应有的坦诚、信任的关系。现代的父母希望其子女无论他们在场与否都不感到拘束;希望子女看到他们来时感到高兴,不希望当他们注视的时候,子女就装得像过安息日似地平静,而只要他们一转身,就立刻闹得沸反盈天。赢得孩子的真心爱戴是一大乐事,足以与生活所可提供的任何乐趣相媲美。我们的祖先不知道有这种喜悦,所以也不知道他们错过了这种时机。他们教育孩子:爱父母是他们的"义务";但又使得这种义务几乎无法实行。令人欣慰的是,近百年来,人们对于亲子间关系的一种较开明的观念已逐渐深入人心,因此惩罚的全部理论也已随之改变。我希望这些在教育上开始占有优势的开明观念,也能逐渐扩展到其他的人类关系中去,因为这种观念在那里需要的程度并不亚于我们处理亲子关系的重要性。

第十一章 爱与同情

迄今为止,我一直对爱避而不议,许多读者也许会感到不可理解,因为在某种意义上,爱乃是良好品性的精髓。我认为,爱和知识是正确行为的两种主要因素,然而在讨论道德教育时,我却一直对爱只字未提。我这样做的理由是:正确的爱应是恰当对待正在成长的孩子的自然结果,而不是贯穿在各个阶段所刻意追求的东西。爱不可能作为一种义务存在:对一个孩子讲"应当"爱他们的父母和兄弟姐妹,完全是徒劳之举,如果不是更糟的话。希望得到子女爱戴的父母必须注意自己的行为举止,以便让这些行动去唤起爱心。此外,还须努力将那些能产生博爱的身心特性传授给他们的子女。

不但不可命令孩子爱其父母,而且不得做出以此为目的的任何事情。亲子之爱就其最好的一面来说,在这点上是和性爱有别的。性爱的实质是求得反应,这是自然的现象,因为缺乏反应,便不能实现其生物学的功能。然而,寻求反应并不是亲子之爱的本质。父母的本能是自然而纯真的,它对自己孩子的感觉有如对他们自己身体外露部分的感觉。如果你的大脚趾出了毛病,你会为了自身利益而护理它,并且不会期望它充满感激之情。我想,即使是蛮妇悍女也会对自己的孩子怀有极为相似的感觉。她希望自己的孩子幸福,就像希望自己幸福一样,当孩子尚处于婴幼儿阶段时尤其如此。与对自己的关心相比,她在照顾孩子时决不会产生更多的自我牺牲的感觉,也正因如此,她并不期待感谢。只要孩子尚不能自理,孩子对她的需要便是一种充分的报答。后来，随着孩子不断长大，她的爱心开始减弱，而她的要求却可能增加。在动物当中，一旦幼仔长大，亲子之爱便告终结，父方或母方并不会对小动物提出任何要求。但在人类，即使在极为原始的部落中，情况也不会如此。

关于爱还要再说上几句。爱与同情有别，因为它在本质上必然是有选择性的。我已阐述过亲子之爱，现在我希望进而讨论同等人之间的爱。

爱不能创造，只能被解放。有一种爱部分植根于恐惧；孩子对父母的爱就有这种成分，因为父母能提供保护。在儿童时期，这种爱是自然的，但是以后就不可取了，并且即使在儿童时期，对其他孩子的爱也不属于这一种。我的小女儿很爱她的兄长，虽然在她的世界中他是唯一曾粗暴对待过她的人。

对一个同辈人的爱乃是爱中之极品，它几乎总是从那些幸福愉快、无忧无虑的人之中产生出来。至于恐惧，无论自觉与否，都极易引发仇恨，因为在这种人眼里，其他人都被认定会对自己造成伤害。

我们一直在讨论的品性教育旨在产生幸福和勇气，因此，我认为，我们应当尽量让爱的源泉汹涌奔流，舍此之外的任何事情我们都不能去做。如果你告诉孩子，他们必须富有爱心，你就是在冒制造骗子、小人的危险；但若你使他们幸福自由，如果你对他们和蔼可亲，你就会发现，他们是会自然地善待他人的，而他人也同样会投桃报李。一颗真诚的爱心能证明其自身的合理性，因为它会产生无法抗拒的魅力，并引起所期待的反应。这是从正确的品性教育中可望获得的最重要成果之一。

（选自罗素著，杨汉麟译：《罗素论教育》，人民教育出版社2009年版）

《萨默希尔学校》

尼　尔

【导读】

尼尔（A. S. Neill，1883—1973）是英国教育家、儿童心理学家。1921年，尼尔创办萨默希尔学校，以新教育理念及弗洛伊德精神分析理论为指导,从事自由教育实验活动。在萨默希尔学校教育实践的基础上,尼尔先后撰写了《问题儿童》(1926年)、《问题父母》(1932年)、《谈谈萨默希尔学校》(1967年)等著作。

《萨默希尔学校》(1960年)中译本或译为《夏山学校》,该书的全称是《萨默希尔——激进的儿童教育方法》,是尼尔的代表作,是他反传统的自由教育思想的集中反映,也是他一生自由教育实践经验的全面总结。全书共七章,第一章介绍萨默希尔学校的办学情况,第二至第六章论述儿童教育、性、宗教与道德、儿童问题和家长问题,第七章以问答的形式阐述了作者的教育观。

尼尔指出,学校应该是自由和快乐的场所。他声称,萨默希尔学校是一所随心所欲的学校。在这所学校里,学生上课是自愿的,儿童可以来上课,也可以不来上课,学校没有考试。尼尔指出,一所好学校应该是"使学校适合儿童——而不是使儿童适合学校"。其儿童中心主义的思想极其明显。在教育活动中,尼尔突出强调儿童的兴趣。在萨默希尔学校,儿童自由地从事他们感兴趣的活动,过他们自己的生活,"而不是按照自以为最内行的教育者的目的去生活"。尼尔主张实现民主管理。在萨默希尔学校,每个人都有平等的权利。教师和学生是平等的、伙伴式的关系。孩子们经常得到教师的赞许,教师为儿童提供自由、快乐的成长环境,使孩子们在轻松愉快中成长。尼尔强调,没有恐惧不啻为孩子之福音。

本书出版后产生了重要的影响。但也应该看到,书中有些主张在反传统教育的弊端方面有其合理的成分,有些主张则显得过于激进。此处选文选自该书第一章。

萨默希尔学校概况[①]

这是一所近代学校——萨默希尔学校的故事。

萨默希尔学校创办于1921年。学校位于英格兰萨福克郡雷斯顿村,离

[①] 本文中的此级小标题均为选编者添加。

伦敦约一百英里。

先谈一下萨默希尔的学生。有些儿童5岁就来萨默希尔，有些迟至15岁才来。儿童一般在学校读到16岁。我们通常有25个男生，20个女生。

儿童分成三个年龄组：低年组5~7岁，中年组8~10岁，高年组11~15岁。

通常我们有相当数量的外国儿童。目前（1960年）我们有斯堪的纳维亚儿童5人，荷兰儿童1人，德国儿童1人，美国儿童1人。

儿童按年龄组住宿，每一年龄组设宿舍主任1人。中年组住在一间石筑房屋里，高年组住在茅屋里。只有一两个年长学生自己有房间。男孩每室2人、3人或4人，女孩也一样。学生宿舍并不要受检查，也没有人去唠叨他们，他们是听任自由的。没有人告诉他们应该穿什么衣服；任何时候他们要穿什么就穿什么。

报纸称这所学校是一所随心所欲的学校，意思是说这是一个不懂法律、没有礼貌的野蛮的原始人的集合体。

所以，我似乎必须尽可能忠实地来写萨默希尔的故事。在我写的时候带有偏见那是自然的；但是，我将设法既讲萨默希尔的优点，也讲它的缺点。萨默希尔的优点将是健康而自由的孩子的优点，他们的生活没有被恐惧和仇恨所损坏。

显然，一所使活跃的儿童坐在课桌上学习几乎全部无用的功课的学校是一所坏学校。这样的学校，只有对那些相信这样的学校的人来说，对那些要求适合以金钱为成功标准的文明的、听话的、没有创造性的儿童、没有创造性的公民来说，才是一所好学校。

萨默希尔开始是一所实验学校。现在它不再是一所实验学校了；现在它是一所示范学校，因为它表示自由是行得通的。

办学宗旨

当我第一个妻子和我创办这所学校时，我们有一个主要思想：使学校适合儿童——而不是使儿童适合学校。

我曾在普通学校任教多年。我很懂得那一套办法。我认为那是完全错误的。之所以是错误的，是因为它是建立在成年人关于儿童应该是怎样的人和儿童应该如何学习的看法上的。那一套办法在心理学还是一门无名的科学的日子里就存在了。

好吧，我们开始创办一所学校，在这所学校里我们应该给儿童自由。为了要做到这一点，我们必须放弃一切纪律，一切指导，一切暗示，一切道德训练，一切宗教教学。人们曾说我们勇敢，但是，这并不需要勇气。一切所需要的就是我们具有的信念——把孩子看作一个好人而不是一个恶人的彻底的信念。近四十年来，这种关于孩子善良的信念从来没有动摇过；它已成为一个终极的信条。

我的观点是孩子生来就是明智的和现实主义的。如果听任他自己而没有一点成人的暗示，他将尽其所能地发展起来。按逻辑来说，在萨默希尔这个地方，凡是具有天生的才能并希望成为学者的人将成为学者；那些只适合于打扫街道的将打扫街道。但是，我们到现在还不曾出过一名街道清洁工。我这样说也并不是势利，因为我认为学校与其培养一个有神经病的学者，毋宁培养一个愉快的街道清洁工。

萨默希尔是个什么样的学校？好，有一点是，上课是自愿的。儿童可以上课，也可以不上课，如果他们愿意，几年都可以。学校有一个上课时间表——但只是为教师用的。

儿童一般按年龄分班，但是有时按兴趣分班。我们并没有新的教学法，因为我们并不认为教学本身怎么重要。学校是否有一个特殊的方法来教多位数除法，并不重要。因为多位数除法除了对那些要学它的人以外并不重要。而要学多位数除法的孩子，不管怎么教法都将学它。

萨默希尔学生的表现及评价

从上幼儿班起就来萨默希尔的孩子，一开始入学就上课；但是，从其他学校来的孩子，他们发誓任何时候不再上那令人讨厌的课。他们玩耍，骑自行车，妨碍人家，但是他们不上课。这种情况有时持续几个月之久。恢复的时间和前一所学校给他们的仇恨成比例。我们时间最长的一个例子是一个从修道院来的女孩子。她游荡了三年。对厌恶上课的平均恢复期是三个月。

对这种自由观念不熟悉的人们将会惊奇：这种只要儿童愿意，就可以成天玩耍的地方是个什么样的疯人院。很多成年人说："要是我被送进那样的学校，我将一事无成。"另一些人说："当这些儿童不得不跟那些规定要学习的儿童竞争时，他们将感到自己处于极其不利的地位。"

我想起杰克，他在 17 岁时离开我们到一个机械厂工作。有一天，厂经理找他去。

"你是萨默希尔来的青年人，"他说，"我极想知道，现在你和从旧学校来的青年人混在一块，你对你在萨默希尔所受的那种教育觉得怎么样？假如你必须再做选择，你要进伊顿①，还是进萨默希尔？"

"噢，进萨默希尔，当然。"杰克回答。

"但是别的学校不给而萨默希尔给的究竟是什么？"

杰克搔搔他的头。"我不知道，"他慢吞吞地说，"我想它给你一种完全自信的感觉。"

"是的，"经理干巴巴地说，"当你走进房间时我就注意到了。"

"天啊，"杰克笑着说，"要是我给了你那样的印象，很是抱歉。"

"我喜欢这样，"经理说，"很多人，当我叫他们来到办公室时，坐立不安，看上去不舒服。你走进屋子来就像同我地位相等的人。顺便问一下，你说过你想调到哪个部门去？"

这个故事表明，学习本身并不像人格和品德那么重要。杰克没有通过大学入学考试，因为他恨书本学习。但是缺乏关于《拉姆文选》或法语知识在他生活上并无妨碍。他现在是一个成功的工程师。

然而，在萨默希尔可以学到很多东西。我们一组 12 岁的孩子，也许不能和同年龄的一个班比赛写字、拼法或分数计算。但是，在一次要求独创性的考试中，我们的孩子将把他们彻底击败。

我们学校没有考试，但是，有时我为了好玩布置一次考试。以下是一次考试的题目：

马德里，塞斯迪岛，昨天，爱，民主，恨，我的小螺丝刀。它们在什么地方？（可惜，对最后那一点没有一个对我有帮助的答案）解释以下单词：（单词后的数字表明要求解释几种含义）Hand（3）……只有两人答对第三种含义——测量马的高度的单位。Brass（4）……金属，厚颜无耻，高级军官，管弦乐队的一部。将哈姆雷特的"生存还是毁灭，这是一个问题"一段话译成萨默希尔的语言。

---

① 英国一所贵族式公学的名字。——译者注

这些题目显然本来就不是一本正经的，而孩子们却非常喜欢它们。总的来说，新生达不到习惯于学校的老生的答案标准。并不是新生的脑力差一些，而是因为他们习惯于严肃的老一套作业，以致任何一点轻松的做法都使他们茫然了。

这是我们教学的游戏性方面。在所有的班级，作业做得很多。如果由于某种原因一个教师不能在约定的日子去上课，对学生往往是很大的失望。

戴维，9岁，因患百日咳不得不隔离。他哭得很悲伤，他抗议说："我要上不到罗杰的地理课了。"戴维几乎一生下来就在萨默希尔，他对于给他安排的功课是否必要有他明确的、最终的意见。他现在是伦敦大学的数学讲师。

若干年以前，有人在学校全体大会（学校的一切规则都在全体大会上表决，每个学生和教师各投一票）上建议对某一犯过者应罚一周不上课。其他孩子反对，理由是这种惩罚太严厉了。

我们的教师和我从心底里恨一切考试。在我们看来，大学考试是令人讨厌的事。但是，我们不能拒绝教授孩子们大学考试所指定的科目。显然，只要考试存在，它们就是我们的主人。所以，萨默希尔的教师都配得上教到规定的标准。

并不是很多孩子要参加这些考试；只有那些要进大学的人参加考试。而这些孩子对这些考试似乎并不感到特别困难。他们通常在14岁开始严肃地准备这种考试，大约以三年时间做考试准备。当然，他们并不总是第一次考试就及格。更重要的事实是他们还要再做尝试。

萨默希尔可能是世界上最快乐的学校。我们没有人逃学，难得有人想家。我们很少有人打架——当然，只是吵嘴，但是，我很难见到像我们童年时经常搞的拳斗。我难得听到孩子哭，因为孩子自由了，他们没有像那些受压迫的孩子那样有很多愤恨要发泄。恨生恨、爱生爱，爱就是赞成儿童，而这在任何学校是重要的。如果你惩罚儿童，向他们发怒，你就不可能站在他们一边。萨默希尔是这样的一个学校，孩子知道他是被赞许的。

请注意，我们并不是没有缺点的。有一个春天，我花了几星期时间种了些马铃薯，6月间，当我发现有8棵马铃薯苗被拔起时，小题大做，闹了一场。但是，我的吵闹和权力主义者的吵闹有所不同。我的吵闹就是关于马铃薯的事，而权力主义者的吵闹就会扯到德性——对和错——问题上去了。我并不说偷我的马铃薯是错误的；我并不把偷我的马铃薯作为一个善或恶的问题——我把它作为关于我的马铃薯的问题。它们是我的马铃薯，应该让它们长在那里，我希望我把区别讲清楚了。

师生关系

让我换一个方式来讲。对孩子们来说，我不是使他们恐惧的权力。我是同他们地位相等的人，我所引起的关于马铃薯的一番吵闹，对他们来说，并不比一个男孩子可能引起关于他的自行车轮胎被刺破的吵闹更为重要些，当你们是地位相等者时，和一个孩子争吵是十分安全的。

现在有些人会说："那全是空话，不可能有平等。尼尔是校长，他更高大些，更聪明些。"那当然是对的。我是校长，如果房子着火，孩子会跑到我身边来。他们知道我比他们高大，知识比他们丰富，但是，当我在他们自己场地上，比如说，在马铃薯地里遇到他们时，那就算不得什么了。

当5岁的比利由于我没有被邀请而叫我不要参加他的生日庆祝会时，我毫不犹豫立刻走开了——正如当我不要比利和我在一起时，他就离开我的房间一样。这种师生间的关系是不容易描写的，但是，当我们说这种关系是理想的，每一个到萨默希尔的来访者，都懂得我的意思是什么。人们从对教师的一般态度上可以看到。化学教师拉德，大家称呼他德里克。教师中另外一些人被称呼为哈里、厄拉和帕姆。我被称呼为尼尔，厨工被称呼为埃丝特。

在萨默希尔，每个人有平等的权利。谁都不准在我的大钢琴上走，我也不准许不经许可而借用学生的自行车。在学校全体大会上，一个6岁孩子的投票和我的投票有同等价值。

精明的人会说，但是，实际上当然成年人的意见算数。6岁的孩子不是在他举手以后等着看你怎样投票吗？我希望他有些时候这样，因为我的建议被否决的实在太多了。自由的儿童是不容易受影响的；这种现象的出现是因为没有恐惧。真的，没有恐惧是对孩子最好的事情了。

我们的孩子并不怕教师。我们学校里有一条规则：晚上10时以后在楼上走廊里要安静。有一个晚上，大约11时光景，枕头战在进行，我离开我正在写文章的桌子，抗议这种吵闹。当我走到楼上时，听到急促的脚步声，走廊里已经没有人，安静了。突然我听到一个失望的声音叫着："哼！不过是尼尔。"吵闹重新开始了。当我解释说我正想在楼下写书时，他们表现出关心，立刻同意不作声了。他们的急促走开是由于怀疑他们的寝室值班人（和他们同年龄）在追他们。

我强调这种不惧怕成年人的重要性。一个9岁的孩子会来告诉我用球打破了一块窗玻璃。他告诉我，是因为他不怕引起激怒或道德义愤。他可能要赔偿，但是他不必害怕受训斥或受惩罚。

几年前有一次，学校自治政府辞职了，没有人愿意竞选。我抓住这个机会出了一个布告："因为没有学校自治政府，我宣布自己是独裁者。尼尔万岁！"立刻有人咕哝了。下午，6岁的维维恩来到我这里，说："尼尔，我打破了健身房的一块窗玻璃。"

我挥手叫他走开。我说："不要用那样的琐事来麻烦我。"他走了。

稍后，他又来了，说他打破了两块玻璃。这时我奇怪起来了，问他是打什么好主意。

他说："我不喜欢独裁者。我不愿意不带着我的食物离开。"（我后来发现，反对独裁的人企图在厨工身上泄愤，厨工立即关上厨房，回家去了。）

"好，你准备怎么办？"我问道。

"再打碎几块玻璃。"他顽强地说。

"去打吧！"我说，他继续去打了。

当他回来时，声称已打碎了17块玻璃。"但是注意，"他认真地说，"我将赔钱。"

"怎么赔法？"

"从我的零用钱里扣。需要多少时间？"

我很快地算了出来。"大约10年。"我说。

他一下子很不高兴；然后我看到他脸上容光焕发。他叫了起来："啊，我根本就用不着赔钱。"

"但是，私有财产的法规怎么办？"我问，"窗子是我的私有财产。"

"我懂，但是私有财产的法规现在不存在了。现在没有政府，政府是制定法规的。"

也许是我的表情使他又说："尽管如此，我还是要赔的。"

但是他并不需要赔。不久以后我在伦敦做报告，讲了这个故事；报告完了，一个年轻人走来，交给我一张一英镑钞票："代小鬼赔玻璃。"两年以后，维维恩还在告诉人家他打破窗子的事和那个代他赔钱的人。"他一定是一个大傻瓜，因为他甚至从来没有见到过我。"

当孩子们不懂得什么是恐惧时，他们比较容易和生人接触。英国人的缄默持重，归根结底实在是恐惧。这就是为什么态度最缄默持重的人是最有钱的人。萨默希尔的孩子对来客和生人特别友好，这个事实对我和我的同事来说是一种自豪之感的源泉。

但是，我们必须承认，我们很多来访者都是孩子们感兴趣的。最不受欢迎的来访者是教师，特别是认认真真的教师，他们要看他们的图画和书面作业。最受欢迎的来访者是有好的故事可讲的人——冒险故事和旅行故事，或者最好是航空故事。一个拳击家或优秀网球运动员立刻被围住了；但是，滔滔不绝地讲道理的来访者最没有人去看他们。

来访者最常讲的是他们分辨不出谁是教师谁是学生。的确，当孩子们被赞成的时候，团结一致之感就那么强烈。这里没有对教师作为一位教师的恭顺。教师和学生吃同样的饭，必须服从同样的共同惯例。孩子们会对给予教师的任何特权感到不满。

当我经常给教师每周做一次心理学的讲话时，有人咕咕哝哝说这个不公平。我改变了计划，讲话对 12 岁以上的孩子一律公开。每星期二晚上，我的房间里坐满了热心的年轻人，他们不仅听，而且自由地发表意见。孩子们要我讲的有以下这些题目：自卑感，偷窃心理，歹徒心理，幽默心理，为什么人变成道德家，手淫，群众心理。显然，这样的孩子进入生活，对他们自己和别人都有相当清楚的认识。

萨默希尔的来访者最常问的一个问题是："孩子不会回过头来责备学校没有安排他们学习算术或音乐吗？"回答是年轻的弗雷迪·贝多芬和年轻的托米·爱因斯坦将拒绝不让他们接近各自有关的活动领域。

儿童的职责是过他自己的生活——不是过他的担心的家长想他应该过的生活，也不是按照自以为最内行的教育者的目的去生活。所有成年人的这种干预和指导，只能培养出一代机器。

你不能使儿童学习音乐或者其他什么东西，而不在某种程度上把他们变成没有意志的成年人。你把他们形成接受现状的人——这对需要坐在沉闷的办公桌上只知道服从的人，商店里消极站柜台的售货员，机械地赶早上 8 点半钟郊区火车的人的社会是一件好事,总之,对被胆战心惊的小人物——害怕得要死的唯命是从的人——的衣衫褴褛的肩膀所背负的社会,是一件好事。

萨默希尔和普通教育的对比

在我们通常的教育中真正有价值的东西到底有多少?有哪些能让孩子们真正表现他们自己?

在家里,孩子总是处于一种被动的地位。每个家庭中总会有一个未长大的成人会主动地去教汤姆怎样玩弄电动火车。当婴儿想看挂在墙上的东西时,总会有人将他抱起来。有没有人觉得,当我们教汤姆怎样去玩他的玩具时,我们同时也就剥夺了他发现的快乐和征服困难的快乐呢?而这恰好是人生中最重要的快乐。在帮助他们的时候,我们传递给他们的信息是:你们不行,得靠大人帮助。

父母们总是不明白,在学校里书本一点也不重要。和我们一样,孩子们也只学得会他们喜欢学习的东西。一切奖品、分数和考试都会影响孩子们性格的正常发展。只有那些书呆子才相信唯一的教育只能来自书本。

学校中最无关紧要的就是书本,学生们只要拥有最基本的读物就足够了,其他应该拥有的是各种各样的工具、泥土、运动、戏剧、绘画和自由。对大多数儿童来说,学校教给他们的知识其实是在浪费时间、精力和耐心,它们剥夺了孩子们玩耍的天性。这样的教育当然只会制造出一批批的小老头来。

当我在师范学院和大学里讲课时,我常常惊讶于学生们的幼稚。他们有着满腹无用的知识,辩论时对答如流,古文也能出口成章。但在对待人生的看法上却如婴儿般幼稚。他们只学到怎样去"了解",而不知道该怎样去"感觉"。他们友善、和气、热心,但却缺少情感的因素,以及使思想屈从于情感的能力。在教科书中,很少提到人性、爱、自由或者自由意志。如果这样的教育制度继续下去的话,就会造成知识与情感分离地发展。

是向仅仅是为了传授知识的教育制度挑战的时候了,虽然学生应该学习数学、历史、地理、科学、艺术和文学早已成为定论。但不容置疑,一般的孩子对它们都没有多大兴趣。

从萨默希尔每一个学生那里我都得到了这种证明。当他们得知萨默希尔是一所自由的学校时，他们都会兴高采烈地说："哈哈！你再不会逼我去做那些无聊的算术和其他功课了吧？"

当然，这并不是说我反对读书。但读书应该是在游戏之后。学校也不应该利用游戏的方式来使读书变得诱人。

那些有创造才能的人，因为要为他们的才能和天分去寻找一种适当表现的媒介才去学习。我不知道，该有多少具有创造才能的人，牺牲在了读死书的教育制度下。

那些不想读书的学生们在严格的训练下读完大学后，接着便会成为没有想象力的老师、平庸的医生、无能的律师。而他们原本可以成为一个出色的技工、上等的泥水匠或者是第一流的警察。

萨默希尔的孩子们有些到了 15 岁就会专心念书，这些孩子一般都是对机械有兴趣而且以后也会成为一个好的工程师或者是电机匠。我不会去劝那些不愿读书的女孩子上课，特别是学习数学和物理，因为她们更喜欢将时间用在做女红上，有些人后来便成为了设计工作者和裁缝师。让一个将来的裁缝师去学习不等方程式或玻尔理论①，实在是一种荒唐的事情。

那些所谓的教育家认为，不管教给小孩的是什么，只要小孩在接受教育就行了。今天的大多数学校与那些大批量生产的工厂并没有多大的区别，除了教学并相信教学本身便是最重要的而外，教师还能做些什么呢？

有一次，我对着一群教师演讲。我对他们说，我将不讨论课程和教学方法。在一小时长的时间里，大家都听得很认真，讲完后我开始回答他们的提问，但最少有四分之三的问题仍然是有关课程和教学方法的。

在此，我并不是在做自我炫耀，我只是非常痛心地指出，教室的墙壁就如同监狱一样限制着教师的视野，而且他们看不清教育的真义究竟何在。他们只知道教育孩子的大脑，而忘记了更为重要的情感。

(前四个小标题下的内容选自王承绪、赵祥麟编译：《西方现代教育论著选》，人民教育出版社 2001 年版。最后一个小标题下的内容选自尼尔著，周德译：《夏山学校：养育子女的最佳方法》，京华出版社 2002 年版)

---

① 丹麦物理学家玻尔于 1913 年提出的关于原子结构的初步理论。——选编者注

《孩子的一百种语言》

马拉古奇

【导读】

罗利斯·马拉古奇（L. Malaguzzi, 1920—1994）是20世纪下半叶意大利学前教育家、瑞吉欧幼儿教育法的著名代表。在他及其他志同道合者的努力下，20世纪60—70年代形成了这一著名教育法。瑞吉欧教育法承袭了以杜威为代表的进步主义教育、皮亚杰及维果茨基的建构主义心理学、加德纳的多元智能理论，以及蒙台梭利教育观和意大利幼教传统，在此基础上形成了具有自身特色的理论。该理论在儿童观上，认为儿童是拥有独特权利和巨大潜能的个体，是积极主动的

学习者，有能力担任自我成长过程中的主角，儿童天生都是艺术家；在知识观上，认为知识通过社会建构形成，具有多种表现形式；在教育观上，主张教育以儿童为中心，反对传统的单向灌输，教育的目标是充分发展儿童的创造力，形成完美的人格，在教与学两者之间，更应尊重后者；在课程上，提倡生成课程及"一百种语言"。

在《孩子的一百种语言》（1987年）一书中，"一百种语言"是一种隐喻，是指儿童有自己特殊的、各种各样的表达自我、表达个人与他人关系以及与环境建立关系、认识世界的方式。这些所谓的"语言"包括表达语言、沟通语言、符号语言、认知语言等。通过这些方式，儿童"说出"自己的感受、想法、观点、计划、预见，与他人进行讨论、争论、协商、对话等。它所暗含的是成人对儿童特点、权利、自由、精神世界的承认，是儿童对自身、环境、他人的独特理解与认识。

马拉古齐的诗《其实有一百》充分表达了这一思想。在这首诗中，我们可以体会到他视儿童为一个自己能认识、思考、发现、发明、幻想和表达世界的活泼生动的孩子，一个在自我成长中扮演主角的孩子，一个富有巨大潜能的孩子。面对这样的孩子，成人应如何应对？首先，最重要的是要承认"其实有一百"；其次，要以孩子的思维、儿童的立场来看待一切；再次，千

万不要压制孩子,应让孩子充分表现其潜能。从《鸟的乐园》这一具体的方案,可以看出儿童具有丰富的想象力与创造力,在方案实施过程中,涉及调查、建构和戏剧三大活动。儿童运用自己喜欢的语言来表达,运用不同的方式来表达。瑞吉欧的教育成就应该归功于这种"走进儿童心灵"的儿童观及教育观。

其实有一百

孩子
是由一百组成的,
孩子有
  一百种语言,
  一百只手,
  一百个念头,
  一百种思考方式、
    游戏方式及说话方式;
还有一百种
  聆听的方式,
  惊讶和爱慕的方式;
  一百种欢乐,
  去歌唱去理解。
  一百个世界,
  去探索去发现。
  一百个世界,
  去发明。
  一百个世界,
  去梦想。
孩子有
  一百种语言,
  (一百一百再一百)

但被偷去九十九种。
　学校与文明，
　　使他的身心分离。
他们告诉孩子：
　　不需用手思考，
　　不需用头脑行事，
　　只需听不必说，
　　不必带着快乐来理解。
　　爱和惊喜，
　　只属于复活节和圣诞节。
他们催促孩子
　　去发现已存在的世界，
在孩子一百个世界中，
　　他们偷去了九十九个，
他们告诉孩子：
　　游戏与工作、
　　现实与幻想、
　　科学与想象、
　　天空与大地、
　　理智与梦想、
　　这些事
　　都是水火不容的。
总之，他们告诉孩子：
　　没有一百存在，
然而，孩子则说：
　　不，其实真的有一百！

鸟的乐园
鸟的乐园之构想

每个构想都是在讨论"做什么"的班会上成形的。
它的效果如何，只有在几经曲折，只有在孩子决定之后才能见分晓。

有时候某个想法无法令人满意或得不到共鸣,那也没什么大不了,等到第二天的班会再继续讨论。

每个孩子都能提出他自己的构想,并观察同伴们如何接纳这些想法。

因此,所有的构想都在飞翔、跳跃、积累、重新站起、慢慢地解体或分散,直到其中一个构想取得决定性的支持,飞得高高的,胜利地征服所有会议中的成员。

总之,不管被采纳的构想结果如何,凡是被采纳的构想再反过来让孩子和老师有所发挥。

这个方案最初的构想是在校园里设置一池清水,给栖息的小鸟解渴。

如果小鸟会口渴,也一定会肚子饿。如果它们又饥又渴,或许也会疲惫不堪,于是各种假设随着第一个想法纷至沓来。

有人建议在树上搭建鸟巢,还有小小鸟玩的秋千,老鸟搭乘的电梯;有人建议安排音乐旋转木马;还有人建议给小鸟准备滑水用的小木片,让它们滑水。这个想法逗乐了全班。

更有人提议做喷泉,要又大又真实,把水喷得高高的那一种喷泉。

计划已大致成形,还缺少什么?也许缺少一个更清晰、更鼓舞人心的定义?好,就用这个:"让我们来为小鸟建造一个乐园!"一个母构想衍生出许多子构想!这次会议解散后,还会有其他几次会议使构想进一步成形和具体化。接着便是漫长的实验过程,孩子们运用双手创造发明,使鸟的乐园能够真正出现在校园里,发挥它的功能。

(选自马拉古奇等著,张军红、陈素月、叶秀香译:《孩子的一百种语言——意大利瑞吉欧方案教学报告书》,光佑文化事业股份有限公司1998年版)

思考与练习

1. 你怎样看待爱伦·凯的"20世纪是儿童的世纪"这一论断?
2. 杜威在《我的教育信条》中提出了哪些新观念?
3. 杜威关于教材和课程的观点对当前学前教育有何启示?
4. 杜威的儿童游戏观有哪些特点?试对其做出评价。
5. 结合学前教育实际,谈谈如何理解杜威"教育即生活""教育即生长""教育即经验的改造"的观点。

6. 试分析、评价蒙台梭利的感官教育思想。

7. 蒙台梭利关于自由和纪律的主张有哪些？在实际中是否可行？

8. 蒙台梭利所谓的"童年的秘密"是什么？

9. 罗素关于早期教育的观点中，哪些给了你比较深刻的印象？

10. 试对罗素关于如何培养儿童诚实的品行的观点进行评价。

11. 你怎样看待尼尔的"使学校适合儿童，而不是使儿童适合学校"的论断？

12. 孩子有所谓"一百种语言"的隐喻是什么？试予以评价。

第六章

现代学前教育名著选读（中）

> **内容提要**
>
> 本章主要选介苏联①教育家的学前教育和家庭教育著作。
>
> 苏联是现代学前教育发展较快的国家。在沙俄时代，俄国的学前教育极为落后。1917年十月革命胜利后，苏维埃政权宣告建立。列宁十分关心学前教育。他在《伟大的创举》一文中把托儿所和幼儿园称为"共产主义幼芽"，认为它们对妇女的实际解放和对儿童进行共产主义教育具有重大的意义。十月革命后不久，苏俄教育人民委员部设立了学前教育司，从那时起学前教育就被视为苏联教育体系中的第一个环节。此后学前教育网在苏联逐步建立，教学质量不断提高。在苏联政党和政府以及社会各界的支持下，经过苏联学前教育工作者的艰苦努力，到20世纪30年代，总体上具有社会主义特色的学前教育体制大体确立起来。在此过程中，苏联教育家积累了许多在社会主义条件下发展学前教育的经验，并逐步发展为具有社会主义特色的学前教育理论。
>
> 本章选文出自20世纪苏联四位教育家的有关著作。这四位教育家分别是克鲁普斯卡雅、马卡连柯、苏霍姆林斯基以及维果茨基。他们对苏联学前教育的发展均做出了不可磨灭的贡献。
>
> 克鲁普斯卡雅早在十月革命前就十分关注学前教育问题，多有论述。十月革命胜利后，她出任苏联学前教育机关的领导人，几乎参与了

---

① 苏联，全称为"苏维埃社会主义共和国联盟"，于1922年成立，1991年解体。苏联成立前一般被称为"苏俄"。——选编者注

所有与学前教育有关的官方重要文件、方针的制定，极大地推动了苏联学前教育网的建立，提高了苏联学前教育的质量。

马卡连柯运用马克思列宁主义的观点对社会主义条件下的家庭教育问题做了系统研究，在中外教育史上当属首次。他在《儿童教育讲座》中对儿童的游戏、劳动教育、集体主义教育等问题进行了深入分析，其中许多独到的见解在今天仍具有重要意义。

苏霍姆林斯基在任帕夫雷什中（小）学校长期间，主动承担起一个班的儿童的教育工作。为了更好地了解和教育这些学生，苏霍姆林斯基特地让他们提前一年入学。这个学前班后来被家长称为"快乐学校"。苏霍姆林斯基"快乐学校"的经验为学前教育史增添了亮色。

维果茨基应用马克思主义观点研究心理学及儿童教学与发展等问题，提出了一些极富创意的理论或见解，虽英年早逝，但影响深远。

总体上看，苏联在社会主义条件下，根据无产阶级需要所建立起来的学前教育制度及学前教育理论具有自身的鲜明特色，与同时期的西方学前教育制度及学前教育理论（尤其是后者）有重要差别。这些特色及差别在上述四位苏联教育家的著作中得到了充分体现。

《克鲁普斯卡雅教育文选》

克鲁普斯卡雅

【导读】

克鲁普斯卡雅（Н. К. Крупская，1869—1939）是苏联教育家、社会活动家、列宁的夫人。十月革命胜利后，她在教育人民委员部先后任副委员、委员职务。克鲁普斯卡雅十分关注学前教育工作，将其视为国家的事业，视作国民教育体系中一个不可缺少的环节，并亲力亲为，领导苏联教育部门进行了苏俄历史上从未有过的、大规模扩展学前教育机关网的工作，主持制定了《幼儿园规程》《幼儿园教养员工作指南》等文件。

这里从《克鲁普斯卡雅教育文选》收录的有关学前教育的论著中，选取了能体现克鲁普斯卡雅学前教育思想主干，包括体育、智育、游戏和玩具以及具有一定现实意义（如男女平等方面）的部分论述。写于1909年的《是否应教男孩做"女人家的事"》针对当时社会重男轻女、不教男孩子做家务事的风气，提倡自儿童时代起就教男孩做与女孩一样的事，以改变对女孩的轻视，树立男女平等的观念。十月革命后发表的《论儿童的学前教育》主要涉及学前儿童体育保健及如何进行智育的内容。克鲁普斯卡雅尤其强调为儿童提供各类富于营养、合乎卫生要求的食品的重要性，并指出智育的主要任务是扩大儿童的眼界，丰富儿童的经验。《论学前儿童的玩具》是一篇专门讨论儿童玩具的论文。文章系统分析了什么年龄段的孩子应该发展何种能力，适合什么样的玩具。在《要更加重视学前教育工作》中，克鲁普斯卡雅说明了学前教育的重要性、家庭教育与社会教育相联系的必要性以及学前教育工作者所应具备的素质。

是否应教男孩做"女人家的事"

凡是对儿童做过观察的人都知道，男孩在儿童时代与女孩一样喜欢帮助母亲做饭、洗餐具、做各种家务，他对这一切都很感兴趣。但是，在家里往往从很小的时候起就对男孩和女孩采取不同的态度。家里的人往往把洗杯子、摆饭桌等工作让女孩做，而对男孩说："你干吗老在厨房里挤来挤去，这难道是男子汉干的活？"送给女孩的礼物是布娃娃、餐具；送给男孩的礼物是火车头、小兵。到了学龄时期，男孩已经养成了轻视"小丫头"和女孩的活计的心理了。当然，这种现象表现得还不很严重，只要学校采取另外的办法，这种对"女人家的事"的轻视态度很快就会转变的。为了达到这一目的，也应该像教女孩一样去教男孩学习缝纫、编织、补衣——教他们学会做一切生活中所必须学会的事情，使他们不要成为一个依赖别人的无用的人。如果我们把这一教育工作做得很好，那么就完全有理由认为，男孩一定会很愿从事这些工作，就像我们在彼得堡学校中所看到的先例一样。

……其次，我们应该让儿童自己轮流做学校里的早饭、洗餐具、收拾房间、保持环境卫生等等（男孩和女孩做的工作都一样），使之具有成为一个有用的人的愿望，很好地完成委托给他的工作的愿望以及对工作的兴趣，这一切都会使儿童很快改正对"女人家的事"的轻视态度。

当然,指望教男孩做"女人家的事"而能取得巨大的成果,这是可笑的;但这是树立学校里的集体精神而值得注意的小事情之一。

论儿童的学前教育

(1931年7月5日在全苏学前机关工作人员第一次代表会议上的演说)

我们要努力造就身体健康的一代,要让下一代从小健康强壮。这是自不待言的,因为我国学前教育工作人员很注意儿童的生活条件,让每个儿童有一张小床,让他们经常洗手,保持清洁,逐渐养成良好的习惯。这是一项很大的成就,不要估计低了。

学前工作人员都是一些热心肠的人。现在他们很多人员主张让儿童参加完成工业财务计划的斗争,要他们参加综合技术教育化的工作等等。这都是些好主意,我下面还要谈到这个问题,但是否因为这样就可以削弱、忽略保护儿童健康这项极其重要的任务呢?我认为一点也不能,这项任务过去和现在都很重要。在个人健康上,童年的早期对一个人以后的生活有着深远的影响,因此努力保护儿童健康是一项极重要的任务。为此,要建立各种儿童活动场所,采取各种措施使儿童夏天能有很多时间在露天度过,冬天也能呼吸新鲜空气。所有这些都极其重要。儿童的饮食问题也是一个最重要的问题。

既然我们要把儿童培养成集体主义者,那我们就要把他们培养成智力发达的人。我认为,我们学前处的工作路子是对头的。每当我读到这样的材料,说我们的学前教育工作者张罗着带孩子们外出参观游览、庆祝节日活动等等时,我总是非常高兴的。这种做法可以大大开阔儿童的视野。

我以前在农村住过一段时期。常常可以遇到这种情况:一个十四五岁的姑娘,往往从未到过邻村,她的思想甚至未曾逾越过本村的范围。

因此,学前教育工作者要努力扩大儿童的视野,尽量让农村的儿童了解城市的生活,参观企业,让他们看看拖拉机和轮船是什么样。要从童年起就扩大儿童的视野,使他们不再像以前那样闭塞。尤其是妇女,她们的闭塞简直令人惊讶。现在我们对这种情况已经开始忘记了。

要推广儿童的经验。我曾经看到一个5岁的孩子用木铲去敲打石头台阶,于是保姆就说:"瞧,铲子会把台阶弄坏的。"可这个小孩(他上过幼儿园)一本正经地瞧着她说:"你怎么这样说呢,难道木头还能打坏石头?"我认为这是一个很大的成绩。认识物质,熟悉物质——这非常重要。特别重要的是幼儿园要让儿童多获得一些生活经验,让他们了解动植物的生长情况。哪怕让他们多少了解一些,那他们也就会变得比以前的儿童聪明一些。

我们的儿童常说:我们是活泼的儿童。这是对我们学前机关最大的称赞。我曾经参观过瑞士和法国的幼儿园,看到他们努力把孩子们从小就培养成听话的人。有一次我问一位主妇:在所谓母性学校里究竟教孩子们学些什么?她回答说,教他们学习模仿:教师举起一只手,那么他们就得举手。资产阶级的学前机构绝不培养儿童的思维能力和独立自主精神。它们只会千方百计摧残儿童。而我们却要大力发扬儿童的独立自主精神,让他们更多地具备这种精神,使他们善于观察周围的生活,更加成熟地对待生活。

我们的儿童游戏往往毫无特点。例如,4岁的儿童总是玩红军打白匪。可是他们根本不懂得红军和白匪到底是什么,只是做游戏玩玩。于是他们彼此就厮打不休:一部分人当白匪,另一部分人当红军。他们什么也不懂,只知道要狠狠地打。这种游戏只能起反作用。

有许多游戏可以锻炼身体,发展劳动技巧,提高视觉的精确程度,使人机智灵巧。我国学前机构应该大力开展那种可以培养人的机智灵巧、加强人的体力、培养达到目的的毅力的游戏,以及各种在劳动中具有极重大意义的游戏,这一点特别重要。

论学前儿童的玩具

我们谈论儿童玩具这一问题时,不能从成人喜欢什么玩具的观点出发,而应该从儿童喜欢什么玩具和需要什么玩具的观点出发来对待这个问题。

重要之点在于确定什么年龄的儿童需要什么样的玩具。

最需要玩具的是学前期的儿童。他们需要大量价廉物美的玩具。

年幼的学前儿童还不熟悉周围的环境。他们往往通过观察、模仿和不断地重复同一动作、词语、游戏的方法来认识周围的环境。我们要注意儿童的主动性表现在哪些方面,然后就给他们一些能够发挥其主动性并把这种主动性引向一定轨道的玩具。

儿童还不会很好地分辨各种颜色。因此应该给儿童一些能使他们学会分辨各种颜色的玩具(在这方面,最好的东西是儿童们可以用来给自己的洋娃娃做衣服的各种布头，以及各色圆圈和盒子等等）。

儿童还不会区别大小，因此应该给他们一些能使他们学会区别大小的玩具。

在这方面，最好的玩具是：各种可以装东西的盒子，儿童所熟悉的大小不同的木制野兽或人像。儿童很可能按高矮大小把这些人像排列起来：2个成年人，2个小女孩，2个小男孩；2个成年人，3个小女孩，5个小男孩；等等。人像应该很简单，其式样和颜色不应分散儿童的主要注意力。

儿童还不知道距离的远近，因此应该给他们一块石板和一支石笔，好让儿童从不同的方向画一些长短不同的线条。这种石板可以擦了再画。

还需用一些软球，这种软球能够上下抛掷、滚转而不会损坏任何东西，也不会打伤什么人。

儿童触觉还在发展，应该让他们什么东西都摸摸。给他们的东西要有硬的、软的、光滑的、粗糙的；要教他们用手摸的方法来区别物体，辨明其形状，从口袋里拿出某样东西。

最好能给学前儿童各种音响器具，如小铃、鼓（当然，这不是室内玩具）。

还有一点很重要的，就是让儿童有一个普通的、打不破的、非畸形的洋娃娃，要他能给这个洋娃娃洗澡、洗脸、穿衣、脱衣，然后在这个过程中学习系带子、钉扣子。洋娃娃应该是最普通的，最便宜的，但是要非常好看，而且不容易弄坏、变形。

另外有一点也是很重要的，就是要给儿童一个碗，好让他们装沙子、谷粒等等。不一定要把大象、老虎、狗熊这种玩具给年幼的学前儿童玩，因为他们还没有见过活的大象、老虎、狗熊。如果他们喜欢熊这个玩具，那只是因为它很软和，它的脚掌能动。最好是给儿童玩一些软和的猫、狗、马，因为他们可以看到活的猫、狗、马，可以对这些动物进行观察。

要给儿童一些积木（大而轻便的）以及其他一些木质材料，好让他们用这些东西堆成各种建筑物。

夏天要给儿童一些木铲子、手推车、小包和可以装各种东西的小筐。冬天应该给他们雪橇。

年龄比较大的学前儿童喜欢哪些玩具呢？

如果说年龄小的学前儿童比较喜欢单独玩，那么年龄较大的学前儿童就喜欢大家一起玩。

如果说年龄小的学前儿童喜欢单个的猫、狗、牛、马、小女孩、小男孩、单个的叔叔和婶婶这些玩具，那么年龄较大的儿童就喜欢所有这些东西都是活动的，都处于一定的环境中。因而在这里图片和图片性质的玩具就特别重要了。

年龄较大的学前儿童对周围的人已经开始注意起来。见到母亲，就要看看她在做什么事情；见到父亲，就要看看父亲在做什么事情，还要看看哥哥在做什么事情等等。使他感兴趣的，首先是他最接近、最了解的东西——他感兴趣的不是外国情调，不是他视野以外的东西，而是他亲眼见到的那种生活、那些人。

在这里，准备一些这种类型的分开的图片是很重要的。从前，常常在硬纸板上画着一个土耳其人坐着抽烟。画着一个老头坐在树桩上。在他旁边的硬纸板上留出一点地方，可以把别的图片放到那里去。"瞧，来了一个小姑娘"——一张画有穿着玫瑰色衣服的小姑娘的图片被移到旁边来了。现在，图片的内容当然应该有所改动，但是这种玩具的形式还是可以保留的。如果我们所选择的材料是儿童所熟悉并且理解的，那么这种游戏就会很有意思。

如果你看一看四五岁的儿童所画的图画，那么你就会发现，他们所画的东西和人总是处在一定的环境中。他们还未注意到事物的细节。这个时期是儿童开始学习图画的时期。应该给儿童一些纸和有色的软铅笔。

为年龄大的学前儿童提供玩具是一个最难的事，因为这个年龄时期儿童的生活环境是极其多样的。而这种年龄的儿童对任何事情都想具体地了解。

所以这个年龄时期的玩具应该有助于儿童了解周围的现实，对于这个年龄时期的儿童来说最好常常带他们到儿童剧院去。比如说，学前儿童非常喜欢傀儡戏，不过傀儡戏的内容应该具体，尽量减少一些臆想成分。有时成年人往往都不明白儿童笑什么怕什么。成年人应该仔细地研究儿童的年龄特征。玩具制造者也应该研究儿童的年龄特征，否则玩具就不能为儿童所喜爱，无助于儿童的成长和发展。

这篇文章只是谈到了几点对学前儿童玩具的意见。不要在玩具的装潢上煞费苦心，重要的是朴素大方、价廉物美。现在，由于托儿所和幼儿园的广泛发展，儿童的玩具问题已经提到议事日程上来了。对这个问题应该好好加以研究。

要更加重视学前教育工作

（1937年2月15日与国立莫斯科师范学院学前教育系学生的谈话）

儿童最初获得的印象会使他终生不忘，所以，如果我们要认真地、而不只是在口头上培养出能逐年把生活提到更高阶段上的一代人的话，那就应该在儿童生活刚开始的头几年就要非常慎重地对他们进行教育。这一点是非常重要的。为了做到这一点，就应该特别重视儿童，重视学前期。

现在，家庭问题已经提到议事日程上来了。

我们一开始就提出了社会教育是具有重大意义的问题。我记得也曾经发生过偏差，就是认为只应该进行社会教育。我曾经写文章反对沙布苏维奇，因为他曾经设计怎样建立农业城，而且在这种农业城里，工人住宅里不包括儿童住的地方，所有的儿童都住在一个特别的小城里。对这种主张要认真加以反驳，因为要是这样做我们就剥夺了父母和儿童接触的机会了。于是学前教育处提出了另一种计划：要在父母居住的公寓里给孩子拨出一间最好的、光线充足而且朝阳的房间，同时要安排得能使母亲有机会到托儿所、幼儿园去，帮助料理一下对孩子的工作，不要破坏了同儿童的联系，要把学前社会教育和家庭教育联系起来。

在学前教育方面我们还有一个偏差，就是认为我们的儿童什么都能做，什么都知道。我记得，有些幼儿园里贴满了各种各样的标语，这些标语都是儿童完全不明白的。即使是目前，我们的学前教育工作往往在这方面还发生了一些偏差。

我常常想起科特-穆尔雷克的一个童话故事以及猫和小孩之间的对话。猫对小孩说："站在我的位置上，钻到我的肺腑里来。"教师也应该像这样来理解儿童，学前教育工作者也应该能够"站在儿童的位置上"并且"钻到他的肺腑里去"。否则就会产生这样的情形：儿童突然在不适当的地方笑了起来，母亲或者学前教育工作者却不知道是怎么回事，于是就开始责骂他。而他之所以笑，是因为不理解问题的本质，他觉得使成人为之激动的事未免可笑。

就拿儿童如何讨论战争来说吧。他们说："打起仗来我要做什么……做什么……"当别人把具体事实讲给他听时，他会说："知道吗，妈妈，我将来可能当一个炊事员。"儿童的思想就是转变得这么快。

当然，常常有些印象特别强烈，这种印象能使人终身难忘。我记得，当我10岁的时候，一个革命者到我父亲这里来。这时他们打发我到别的地方去，以免我听到他们谈话的内容。我记得，后来我们在尼古拉大街附近的涅瓦河大道上走着。苏洛夫也夫百货商店就在那里。我记得，当时街灯闪闪发光，父亲和母亲边走边谈。我在前面走着，听见母亲对父亲说："公妻制，真是愚蠢。"显然，这个革命者说了些什么。当我长大成人之后，我读到《共产党宣言》，其中谈到有些空想家是如何理解家庭的，这时我立即想起了这件事。我眼前立即出现了涅瓦河大道、百货商店、街道以及母亲所说的话。可是当时我一点也不懂，而且多年来一直没有想起这件事。可见童年时代的印象在人的脑子里是多么深刻。

但这并不是说，我们应该把一些儿童不理解的词句和概念硬塞给他们。我认为我们应该善于对待儿童，而对于学前教育工作者来说，首要的任务，就是要"钻到儿童肺腑里去"。

我最近看到这样一个两岁半的小女孩。人们给她讲了一个有关山羊的故事，这只山羊跑过一道小桥，贪婪地去吃树叶。可是，它刚才已吃饱喝足了啊！这个小女孩以一种接受教训的口吻对我说："山羊原来是一个骗子。因为老太婆喂过它，可它却骗人，装出没有吃过东西的样子。于是老头大骂老太婆，怪她为什么不喂。老头自己去喂，可是小山羊还是跑过桥去吃树叶。这时老头也亲眼看见了小山羊是在骗人。"听了这个故事之后，小女孩便坐在椅子上，自己在想什么是骗子。她开始感到很沉重，并且说："我有多么累啊！"接着她又笑着说："我也是一个骗子！"

值得注意的是，她把这个故事翻译成生活中的语言了。她也把自己看成是一个骗子。

我们要善于选择一些故事，让儿童读后懂得——比如说——什么才是骗子，而不要跟他们讲一些带有神秘幻想色彩的故事。我们要能够"钻到儿童肺腑里去"，要站到他们的位置上去。

需要更加广泛地进行宣传，因为一部分居民完全不了解儿童在幼儿园里干些什么。事实上也果真是这样，有些幼儿园的很多做法很不妥当。例如，有一个幼儿园花了不少钱,被认为是一个办得好的幼儿园,这个幼儿园的主任认为,如果一个小孩说话说得不对,或者是顽皮捣乱,就把他放在床上躺一整天。怎么会这样?你们大家都在我们这个高等学校学习,知道应该怎样对待儿童。我曾经到一个幼儿园去参观,那里的情况使我很不满意:一会儿读这首诗,一会儿又读另一首诗。显而易见,儿童对此感到非常枯燥无味。我们要使儿童对幼儿园感到亲切,使他们愿意到幼儿园来,使儿童在幼儿园里能过一种幸福的生活。但这并不是说要给他们买一些售价昂贵的玩具或者是一些构造很复杂的玩具(他们不会玩这种玩具)。儿童有时想数一数马有几条腿。当列宁还是一个小孩的时候,有一次,别人曾经送给他三匹玩具马。他把这些玩具带到一个角落里去,数呀数,怎么也数不清所有的马一共有几条腿。于是他就把这些马都拿来拆坏了,并排放在一起。父母亲走过来了,而他还坐在那里数。

　　小孩毕竟是小孩。我们要站在他们的位置上,"钻到他们的肺腑里去",而不要把他整天放在床上。我曾经见过一个乡村的幼儿园。那个幼儿园的主任对孩子很好,给孩子洗衣服,关心他们,可是要对孩子进行些什么工作却不知道,她们也不知道应该怎样干,注意什么问题,怎样组织儿童。我们是知道的,应该怎样对待儿童,怎样把他们组织起来,让他们起初是两三个人一起玩,然后集体在一起玩,要使儿童起初学会在一个小组里友好地生活。大家都知道,儿童对他们第一次听到的每一句话,总要翻来覆去重复几遍。我曾经见到一个6岁的小女孩,她头一次听到"立即"这个词,后来在20分钟的时间内,她在谈话中把这个词在一切可以用得进去的句子里重复了好多遍。

　　如果我们观察一下儿童,那么就会发现,他们往往要把一个词重复10遍。他还把这个词告诉和他一起玩的别的孩子,也告诉成人。

　　我们还需要给儿童一些发展自己主动性的机会。另一方面,要培养集体精神,要使他们学会大家一起友好地生活,要给他们一些共同的、能够理解的体验,而不要无休止地带他们去看电影。我认为不能带学前儿童去看电影,他们不明白电影的内容。看电影很容易使儿童的神经系统紊乱。儿童在电影院里背着银幕,回家时大喊大叫,开始变得顽皮起来。我们要给儿童一些使他振奋的东西,而不要给他一些使他涣散的东西。成人不应该用自己的口味来评判儿童的需要。

现在小学正带着儿童去看《青鸟》①。成人对此很感兴趣,可是儿童认为枯燥无味,他们不懂剧情,这种戏太复杂了。我现在很少看戏,不过前些时看了一次木偶戏。

虽然这是木偶戏,但是对学前儿童来说还是复杂了一些。他们不明白有过哪些沙皇,有过哪些贵族,为什么这些人带那种帽子;他们不明白什么是贫农、中农和集体农庄庄员。同时,剧里反映了许多非常复杂的东西。当然熊演得很好,兔子的耳朵也能动,表演技术也很精彩。成年人对这一切都很感兴趣,而且从艺术的观点来看也是非常出色的,但是我发现儿童坐在那里简直无动于衷。他们没有见过梭鱼,也不明白它能做什么,不能做什么。此外,一个小孩突然放声大哭起来。也许,他们明白女皇涅斯米扬娜发了脾气,不想吃东西。这是他们能看懂的,可是其余的就看不懂了。这种戏甚至对小学儿童来说都很复杂。在这里,应该先看看一个小组的情况,了解一下他们接受了多少。

有些故事很容易懂,有些却很令人害怕——全是些妖魔鬼怪,等等。有一次我到一所学校去参加一项庆祝活动,儿童们立刻都来照顾我。有一个女孩给我领来一个参加过这种庆祝活动的小女孩,并且用手把她举到我跟前。那里的儿童自己设想了一种鬼出现的场面。他们把它的尾巴、角都拿掉,原来是一个普普通通的人。儿童们感到很可笑,但是当舞台上出现了鬼的时候,我感到坐在我身上的那个小女孩的脚掌有些发冷……这个鬼给小女孩留下了很深的印象。

你们要好好想一想,你们将怎样在没有经验的人中间进行学前教育宣传。我们知道,现在要在社会教育和家庭教育之间建立起一种联系。这方面现在将要进行很多很多工作,你们要认真地对家长进行工作。

必须把理论和实践联系起来,这样,当一个教师懂得什么是火车头时,如果布置学生一个有关火车头的习题,他就不会说这是设计教学法了。他将会懂得生产,了解日常生活而布置一些接近儿童理解力的习题。物理教师将会发现主要应该注意什么。这就是理论联系实际。这就是列宁所一再热情地

---

① 莫斯科高尔基模范艺术剧院根据梅杰尔林克剧本演出的剧目。——译者注

谈到的问题。他说，旧时学校最坏的毛病就是理论脱离实践。对于你们学前教育工作者来说，也许理论联系实际的问题还不太尖锐，不过你们要了解儿童的生活环境，应该与居民保持更加密切的关系。必须专门对家长进行一些教育幼儿的工作，因为可能在幼儿园里一切都很美好愉快，可是当儿童回家之后，却要挨打，不能按时吃饭。必须在社会教育和家庭教育之间建立起一种联系。这种联系是培养我们理想的一代人的保证。

必须避免偏差，仔细观察生活，学会了解儿童，研究儿童，不过不要官僚主义地研究，要考虑到全部经验，集体进行这一工作。不必购置一些奢侈的玩具。我记得，一个女工曾经说，我们幼儿园里在培养一些地地道道的阔少爷。我们不要在那里培养阔少爷，而要培养完全新型的人，没有阶级的社会的人。此外还要提高自己，以便很好地了解由此可以产生什么结果。其次必须扩大这一工作，尽可能多包括各阶层的居民，还要教育家长，以便把学前教育战线变为提高群众文化水平这一工作的最重要的战线。一个母亲，如果她会给儿童洗脸洗手，经常开小气窗，按时给儿童吃饭等等，她就能使儿童一生都养成卫生习惯。

当你们去实习的时候，你们不要只到城市里的幼儿园去，还要到农村去，看看那里幼儿园的情况。可是我们的学前教育工作者往往不了解农村的情形。必须注意地方报纸的报导，以便了解农村的情况。当你们到各个地方去的时候，不应该关起门来，只关心幼儿园的利益，不要觉得好像世界上只有幼儿园一样，而要尽可能与学校、图书馆密切地联系起来。要敦促图书馆管理员，使图书馆能购置一些有关学前教育工作的小册子，并且使居民能阅读这些小册子。要与农村文化室、俱乐部保持联系，把集体组织在幼儿园周围，问问女教师，她的女孩子们是否开始旷课了，如果有这种情形发生，就要利用这一点来开展学前教育宣传。告诉他们："现在妇女有受教育的权利。可是您不让自己的孩子上学。把您的孩子送到幼儿园去吧。我们将在这方面帮助您。"这可能对做母亲的人很有影响。

(选自克鲁普斯卡雅著，卫道治译：《克鲁普斯卡雅教育文选》(上、下卷)，人民教育出版社2006年版)

《儿童教育讲座》

马卡连柯

【导读】

马卡连柯（A. C. Макаренко，1888—1939）是苏联早期教育革新家、教育理论家、教育实践家和作家，是一个崭新教育思想体系——集体主义教育理论的创建者。十月革命胜利后，马卡连柯主要从事流浪儿和青少年违法者的教育改造工作。他在亲自主持的高尔基工学团和捷尔仁斯基公社的教育实践中，把3000多名误入歧途的青少年改造成为具有共产主义觉悟和一定知识技能的社会主义新人，引起了国内外的广泛注意。1935年以后，他主要进行教育理论的总结、研究与宣传工作。

《儿童教育讲座》（1940年）是马卡连柯关于早期家庭教育的名著，是他应全苏广播电台编辑部关于《家长教育宣传》栏目的约稿撰写的，出版后深受广大教育工作者以及家长的欢迎。《儿童教育讲座》包含着马卡连柯在学前教育方面独到的宝贵的教育思想。第一讲论述了早期家庭教育的意义、独生子女的教育以及父母的职责问题。马卡连柯认为教育必须及早开始，否则会给以后的教育工作带来极大的麻烦，独生子女家庭往往采取不正确的教育方法，将孩子培养成利己主义者，父母应以身作则，检点自己的行为，为孩子树立良好的榜样。第二讲讨论家长们如何在孩子面前树立威信，并列举了种种虚假的威信，指出什么才叫真正的威信。第三讲讨论儿童游戏。马卡连柯将儿童游戏的发展分为若干阶段，说明每个阶段应如何指导儿童玩耍，给他们什么样的玩具。第五讲和第六讲分别阐述集体主义教育和劳动教育问题。

第一讲 家庭教育的一般条件

首先请你们注意我下面要说的这一点：正确地、规范地教育孩子比对孩子进行再教育要容易得多。从童年早期就开始正确地进行教育——这根本不像许多人以为的那样困难。就其难度而言，这是每个人，每个父亲和每个母亲都力所能及的事情。每个人都能够容易地教育好自己的孩子，只要他确实愿意这样做的话，更何况这是一件愉快的、喜悦的、幸福的事情。而再教育则完全是另一回事。如果您的孩子没有得到正确的教育，如果您有点疏忽了，对他关心不够，其实常常是偷懒，对孩子不顾不问，那时候就必须对许多东西进行改造和矫正。而这种矫正工作，再教育工作，就不是那么容易的事情了。再教育工作需要花费更多的精力，需要有更多的知识，更大的耐心，并非每个家长都能做到这一切。常常有这样的情况，即家庭已再也没有能力去应付再教育工作中遇到的困难，不得不把儿子或女儿打发到工学团去。然而工学团往往也无能为力，他们将成为品行不十分端正的人进入社会。即使有改造工作奏效的情况，这个人走进了生活，参加了工作，所有的人都看着他，所有的人都很满意，家长也是这样。但是任何人都不愿意计算一下，已造成的损失究竟有多大。如果这个人从一开始就受到正确的教育，他从生活中获取的东西就会更多，他就能成为更有力量、更有教养的人进入社会，而这就意味着他将成为更幸福的人。不仅如此，再教育和改造——这项工作非但更困难，而且是痛苦的。这样的工作即使取得了圆满的成功，也经常地使家长忧伤，损伤他们的神经，往往会扭曲家长的性格。

  关于这一点，忠告家长们永远牢记在心，希望家长们要始终做好教育工作，力争将来不必再做任何改造工作，力争从一开始就把一切都做对。

  我们知道，并非所有的人都能同样顺利地进行这项工作。这是由许多原因造成的，首先是由于采用了正确的教育方法。但是很重要的一个原因是家庭自身的组织和结构。这一结构在一定程度上处于我们自己的控制之中。例如，可以肯定地说，教育独生子或独生女要比教育几个孩子困难得多。即使家庭在物质生活上有一定的困难，在这种情况下也不应该仅仅只生一个孩子。独生子女很快成为家庭的中心。集中到这一个孩子身上的父亲和母亲的关怀，往往会超出有益的范围。在这种情况下父母的爱在一定的程度上带有神经质。这个孩子病了或死了，会给这个家庭带来极大的痛苦，对这种不幸的恐惧总是压在做父母的心头，剥夺了他们应有的平静。独生子女很容易习惯自己的特殊地位，变成家中真正的暴君。做父母的往往很难遏制自己对孩子的爱和关怀，不管他们愿意不愿意，他们正在培养利己主义者。

只有在有几个孩子的家庭中，父母的关心才可能正常。父母的关怀平均地分配给这些孩子。在大家庭中儿童从幼年起就习惯于集体生活，获得相互联系的经验。如果在家中有大孩子和小孩子，在他们之间就会形成各种形式的爱和友谊的经验。这样的家庭生活为孩子提供了处理各种类型的人际关系的机会。这些孩子所经历的生活中的任务是独生子女所经历不到的：爱哥哥和爱弟弟（这是两种很不相同的情感）；养成与兄弟姐妹交流的技能，养成同情他们的习惯。且不说在大家庭中的孩子的一举一动，甚至在游戏中，都在养成集体生活的习惯。所有这一切对苏维埃教育正是非常重要的。这个问题在资产阶级家庭中不具有这种意义，因为在那里，整个社会是建立在利己主义原则之上的。

同时，您也应该永远记住，您生养儿女并且教育他们，不只是为了得到当父母的快乐。在您的家中，在您的指导下，未来的公民、未来的活动家、未来的战士正在成长。如果您搞错了，你将培养出一个不好的人，由此而产生的痛苦不仅是您个人的，这还将给许多人，给整个国家带来痛苦。请不要回避这个问题，不要认为这是讨厌的长篇议论。在你们的工厂里，在你们的机关里，难道你们不为生产出废品而不是好产品而感到羞耻吗？对你们来说，交给社会的人是不好的或有害的，这应该是更令人感到羞耻的事。

这个问题具有很重要的意义。只要您认真思考一下，许多关于教育的谈话就变成多余的，您自己也会发现您应该做些什么。而恰恰是许多家长没有考虑这个问题。他们爱自己的孩子；让孩子尽情地享受与自己的伙伴的交往，他们甚至吹嘘自己的孩子，打扮他们，完全忘记了他们所肩负的对未来公民成长的道德责任。

一个父亲本人就不是好公民，他根本不关心国家的命运、国家的斗争、国家的成就，对敌人的袭击无动于衷，这样的父亲能考虑这个问题吗？当然不能。但是，关于这样的人不值得谈论，因为这样的人在我们国家是很少的。

但是有另外一种人。他们在工作时，在与其他人相处时感觉到自己是个公民，但在处理家务事时却没有这种感觉；他们在家里或者沉默寡言，或者相反，行为完全不像苏维埃公民。在您开始教育自己的孩子之前，请先检查一下自己的行为。

不可以把家务事与社会工作截然分开。您对社会或对工作的积极性应该在家庭中得到反映，您的家庭应该看到您的政治面目和公民面目，不应把它与父母的面目割裂开来。国家发生的所有事情应该通过您的心灵、您的思想传达给孩子们。您的工厂中发生的事情，不论是让您高兴还是让您忧愁的事情，都应让您的孩子们也产生兴趣。他们应该知道，您是一位社会活动家，他们应该为您，为您取得的成绩，为您对社会做出的功绩而感到骄傲。如果孩子们懂得了骄傲的社会本质，如果他们不只是为您的漂亮的西服、汽车和猎枪而感到骄傲，只有在这种情况下这种骄傲才能成为健康的骄傲。

您自己的行为，是最具有决定性意义的东西。不要认为，只有当您与孩子谈话，或教导他，或命令他的时候您才在教育孩子。在您生活中的每一时刻，即使您不在家的时候，您都在教育着孩子。您怎样穿衣服，您怎样与别人交谈和怎样谈论别人，您怎样高兴和忧愁，您怎样对待朋友和敌人，您怎样笑，怎样读报——所有这一切对孩子都具有重要意义。孩子能发现并感觉到语调中的细微的变化；您思想上的所有转变，都会通过无形的途径传达给孩子，而您却没有察觉。如果您在家里很粗暴，或者爱吹牛，或者酗酒，甚至更坏，您侮辱母亲，那么您就不必再考虑教育问题了：您已经在教育您的孩子们了，而且在教坏他们，任何最好的忠告和方法对您都是无济于事的。

父母对自己的要求，父母对自己家庭的尊重，父母对自己的一举一动的检点——这就是首要的和最主要的教育方法！

第二讲 家长的威信

在上一讲中，我们谈到了苏维埃家庭与资产阶级家庭的许多不同。区别首先表现为家长的权力在性质上的不同。我们的父亲和我们的母亲受社会的全权委托培养我们祖国未来的公民，他们要对社会负责。他们的家长的权力和他们在孩子心目中的威信就是建立在这一基础之上的。

遗憾的是有些家长把这种威信建立在错误的基础上。他们竭尽全力去让孩子听他们的话，这就是他们的目的。而实际上这是个错误。威信和听话不可以作为目的，目的只有一个，那就是正确的教育。只应该去追求这个唯一的目的。让孩子听话可能仅仅是达到这个目的的途径之一。那些家长恰恰不考虑教育的真正目的，而是为了达到听话的目的去得到让孩子听话的结果。如果孩子听话，家长生活得就安宁一些。而这安宁本身就是他们的真正目的。事实上无论是安宁还是听话，都不能保持长久。建立在错误基础上的威信只能在很短的时间内起作用，很快一切就土崩瓦解，既没有威信，也没有听话。常常也有这样的家长，他们取得了让孩子听话的结果，而因此忽视了教育的其他所有目的：确实培养出了听话的孩子，然而是一个懦弱的孩子。

这种虚假的威信有许许多多样式。我们在这里或详或略地分析其中的十来种。希望经过这种分析之后将较容易地搞清楚，真正的威信应该是怎样的。现在让我们开始吧。

以高压获得的威信 这是一种最可怕的威信，虽然不是最有害的。有这种缺点的更多的是父亲们。如果父亲在家里总是吼叫，总是发脾气，为了任何一件小事而大发雷霆，不管在合适还是不合适的场合下举起棍棒或皮鞭，粗鲁地回答每一个问题，惩罚孩子的每一个过错，这就是高压下的威信。父亲制造的这种恐怖使整个家庭处于恐慌之中：不仅孩子，而且母亲，都惶惶不安。这种威信的危害，不仅是因为它使孩子感到恐怖，而且使母亲的存在化为乌有，使她只能当一个女仆。无需证明这种威信是多么地有害。这种威信不能起任何教育作用，它只能使孩子养成离可怕的爸爸更远一些的习惯，它引起儿童的虚伪和人性的懦弱，同时它在儿童的心中孕育残忍性。这样的被打怕了的和没有自由的孩子，将来或者长大成为令人讨厌的、毫无用处的人，或者成为任性胡闹的人，在自己的整个一生中报复儿童时期所受到的压迫。这种最野蛮的威信通常只在没有文化的家长中才有，幸运的是近来它正在消亡。

以爱获得的威信 这是在我们中间最普遍的一种虚假的威信。许多家长确信：要让孩子听话就必须让他们爱父母；而要得到这种爱，就必须随时随地向孩子表明自己做父母的爱。温柔的言辞、没完没了的亲吻、抚爱和表扬，过量地倾撒到孩子身上。如果孩子不听话，就会立即问他："这就是说你不爱爸爸了？"家长嫉妒地盯着孩子的眼神，希望得到柔情和爱。母亲经常当着孩子的面对熟人们说："他非常爱爸爸，也非常爱我，他是那么温柔的孩子……"

在苏维埃家庭中，真正的家长的威信应该是怎样的呢？

家长威信的主要基础只可能是家长的生活和工作、他们的公民面貌、他们的行为。家庭是一项巨大的、责任重大的事业，家长领导着这项事业，并为它对社会、对自己的幸福和对孩子们的生活负责。如果家长诚实地、理智地从事这项事业，如果在家长的面前有着有意义的、美好的目的，如果家长自己能经常全面地、充分地认识自己的行动和行为，这就表明他们具有了家长的威信，不必再去寻找任何其他的根据，尤其不必去臆想出任何人为的根据。

您不单纯是公民，您还是父亲，您应该尽可能好地完成您的家长的工作，而您的威信的根源就在于此。首先您应该知道，您的孩子的生活的乐趣是什么，对什么感兴趣，喜欢什么，不喜欢什么，想要什么，不想要什么。您应该知道，他的朋友是谁，与谁一起玩和玩些什么，读什么书，对读过的东西理解得如何。当他上学后，您应该知道他怎样对待学校和老师，他有什么困难，他在班级中的表现如何。所有这一切都是您从您的孩子幼年起就始终应该知道的。您不应该突然知道各种各样不愉快的事和冲突，您应该预料到这些事并采取预防措施。

所有这些都必须知道，但这并不意味着，您可以不断地用令人讨厌的盘问、庸俗的和纠缠不休的间谍一样的行为让您的孩子不愉快。从一开始您就应该把工作做好，让孩子自己告诉您他们的事情，让他们希望与您交谈，对您的学识感兴趣。有时候您应该邀请孩子的同伴到家里来，甚至可以拿点什么东西招待他们，有时候您应该亲自去拜访您孩子同伴的家庭，只要有可能您应该熟悉这个家庭。

做这些事不需要花费很多时间，只要关心孩子并关心他们的生活就行了。

如果您将这样地了解孩子，这样地关心孩子，您的孩子是不会对此无动于衷的。儿童喜欢家长这样地了解自己并因此而尊重家长。

以了解获得的威信必然导致以帮助获得的威信。在每个孩子的生活中都常常会遇到他们不知道该怎么做、需要忠告和帮助的情况。他可能不来请求您的帮助，因为他还不会这样做，您就应该主动去帮助他。

这种帮助常常可以是直接的忠告，有时候可以以开玩笑的形式，有时候以吩咐的形式，有时候甚至可以以命令的形式出现。如果您了解您的孩子的生活，您自己就会发现怎样做最好。常常有必须用特殊的方式给予帮助的情况。常常是或者必须与孩子一起玩，或者必须去熟悉孩子的同伴，或者必须去学校与老师谈谈。如果您家里有几个孩子，这是最幸运的，就可以吸引哥哥、姐姐参与这种帮助工作。

家长的帮助不应该是缠磨人的、令人讨厌的、令人疲劳的。在有些场合下完全有必要让孩子自己去摆脱困境，必须让他养成克服障碍和解决更复杂的问题的习惯。但是必须始终注意孩子是怎样完成这些工作的，不可以让孩子不知所措，从而悲观失望。有时候必须让孩子发现您的关心、注意和对他的力量的信任。

以帮助获得的威信，以谨慎的、关切的指导获得的威信，幸运地得到以了解获得的威信的补充。孩子将会感觉到您就在他的身边，感觉到您的理智的关怀，有一种安全感，但同时他也会知道，您对他有要求，您并不打算为他做所有的事，也不打算解除他的责任。

责任正是家长的威信的另一个重要方面。在任何情况下孩子都不应该认为，您是家庭的领导，而他们自己则是您个人的满足或快乐。他应该知道，您不仅为自己，也为他向苏维埃社会负责。不应该害怕坦率地、坚定地告诉儿子或女儿，他们在受教育，他们还必须学习很多东西，他们应该成长为好的公民和好人；告诉他们家长对达到这一目的负有责任，但家长并不害怕承担这一责任。进行帮助，提出要求，其基础就是责任性。在某些情况下应该以最严厉的、不容许反对的形式提出这种要求。顺便说一句，只有在儿童的意识中已经建立了以责任心获得的威信，这样的要求才可能有益。甚至在孩子幼年时，他就应该感觉到他和他的父母并不是一起生活在荒无人烟的孤岛上。

第三讲 游戏

儿童的游戏要经过几个发展阶段，在每个阶段都需要特殊的指导方法。第一阶段——这是室内游戏阶段，是玩玩具的阶段。在五六岁时这一阶段开始向第二阶段过渡。

第一阶段的特点是儿童喜欢一个人玩，很少让一两个伙伴参加进自己的游戏。这个年龄的儿童喜欢玩自己的玩具，不喜欢玩别人的玩具。这一阶段恰好是儿童个人能力发展的阶段。不必担心孩子一个人玩会成长为利己主义者，必须为他提供一个人玩的机会，但必须注意不可将这个第一阶段拖得太长，这一阶段应及时地转入第二阶段。在第一阶段儿童不能在群体中玩，他常常与小伙伴们吵架，不善于与他们一起找到共同的兴趣。必须给他进行个人游戏的自由，不必强制他与小伙伴们在一起，因为这样的强制只能破坏游戏的情绪，养成急躁和爱吵架的习惯。可以坦率地肯定：孩子在幼年时一个人玩得越好，将来就越能成为好的伙伴。这个年龄的儿童的特点是具有很强的攻击性，在一定的意义上他是个"私有者"。最好的方法是不要让儿童有机会去练习这种攻击性和发展"私有者"的动机。如果儿童一个人玩，他是在发展自己的能力，即发展想象力、设计技能、安排材料的技能，这是有益的。如果您违反他的意志，硬让他在群体中玩，用这种办法无助于他摆脱攻击性和自私心。

儿童开始从喜欢一个人玩转到对伙伴、对群体游戏感兴趣的年龄，有的早一些，有的晚一些。应该最有益地帮助儿童完成这一相当困难的过渡。必须在最良好的环境下扩大同伴的圈子。通常这一过渡是以提高儿童对户外的活动性游戏和院子里的游戏的兴趣的形式进行的。我们认为，在院子里的儿童群体中有一个年龄较大的、有威信的孩子，由他充当年龄较小的孩子的组织者，这种情况是最有益的。

在第一阶段游戏的物质中心是玩具。玩具通常有以下几种类型。

（1）机械的或简易的成品玩具：这就是各种各样的汽车、轮船、马、娃娃、老鼠和不倒翁，等等。

（2）需要儿童进行一定加工的半成品玩具：各种各样的带有问题的画片、可以裁切的画片、积木、设计箱①、可拆卸的模型。

（3）玩具材料：黏土、沙子、硬纸板、云母、树枝、纸张、植物、铁丝、铁钉。

其中每种类型的玩具都有自己的优点和缺点。成品玩具的优点是它能使儿童了解复杂的思想和事物，把儿童引向技术问题和复杂的人类经济问题。所以这样的玩具能激发更丰富的想象活动。男孩手中的火车头能引起他想象一定的运输方式，马引发出关于动物生活的一些认识，使他关心动物的饲养和使用。家长应注意使这类玩具的好的方面真正被孩子注意到，使他不只是迷恋于玩具的一个方面，迷恋于玩具的机械性和灵巧性。爸爸或妈妈给孩子

---

① 指一种装在一个玩具箱中的可供搭配、组合的成套的玩具材料。——选编者注

买了很精巧的玩具，而且不只买了一个，而是买了好多，其他孩子却没有这样好的玩具，这时特别重要的是不能让孩子因此而感到骄傲。一般说来，这些机械玩具只有当孩子真的玩它们而不是珍藏起来以便向邻居家的孩子夸耀的时候才是有益的，而且在玩的时候不是简单地观察玩具的运动，而是在某种复杂的事情中组织这种运动。汽车应该搬运些什么，不倒翁应迁居到某个地方或做点什么事，娃娃应该或睡觉或不睡，或穿衣或脱衣，去做客和完成玩具王国中的某项有益的工作。在这些玩具身上，为孩子的想象提供了广阔的天地，利用这样的玩具开展的想象越广泛、越认真就越好。如果玩具狗熊只是被从一个地方扔到另一个地方，如果只是拽它，把它开膛，这就非常糟糕。但是，如果玩具狗熊生活在一定的地方，有专门为它准备的生活用品，如果让它来吓唬某个人或与某个人友好，这都是很好的。

第二种玩具的优点是它能向儿童提出某种任务，这种任务要求儿童做出一定的努力才能完成，而且儿童自己永远也不会提出这样的任务。在解决这些任务时已明显地需要思维训练，需要逻辑推理，要有关于各部分之间的合理关系的概念，而不是简单的自由想象。这类玩具的缺点是它们提出的任务始终是相同的、一成不变的，这种老一套的任务让孩子生厌。

第三类玩具是各种材料，它们是最便宜的，也是最有效果的游戏材料。这些玩具最接近人类的正常活动：人用材料创造价值和文化。如果孩子会玩这样的玩具，这就说明他已有了很高的游戏修养并正在孕育很高的活动修养。在玩具材料中有很多很好的现实主义的东西，同时还有广阔的想象天地，而且不是简单的想象，而是有意义的创造性工作的想象。如果有几块玻璃或云母，用它们可以做成窗子，要制造窗子就必须考虑窗框，从而就提出了房屋建筑问题。如果有黏土和植物茎干，就会产生关于花园的问题。

哪类玩具最好？我们认为，最好的办法是结合使用所有这三类玩具，但在任何情况下数量都不能过多。如果一个男孩或女孩有一两件机械玩具，就不必再买更多的了。在这些玩具之外再添加某种可拆卸的玩具，并且再更多地添加一些各种各样的材料，这样就组成了一个玩具王国。在这个玩具王国中不必什么都有，不应该让孩子眼花缭乱，不应让他处于过多的玩具中不知所措。给孩子的玩具不要多，但要努力做到让他能用这些不多的玩具组织游戏。然后观察孩子，悄悄地听他的游戏，尽量让他独立地感觉到某种不足并想法予以弥补。如果您给孩子买了一只小马，他迷恋于搬运的任务，自然他将会感觉到还缺一辆马车。不要急忙去给他买马车。尽量让他自己用一些小盒子、线轴或硬纸板制成马车。如果他制作这样的马车，那就棒极了——目的达到了。如果他需要许多马车，自制的马车已不够了，那么不必一定让他自己再做第二辆马车，第二辆马车可以买。

在儿童的游戏中主要要达到以下目的。

（1）让孩子真正地游戏，进行想象，制作东西，把各种东西组合起来。

（2）不要让孩子第一项任务还没完成就从一项任务转到另一项任务，要让孩子把自己的工作做完。

（3）要让孩子在每个玩具中发现一定的、对将来有用的价值，保存好玩具，爱惜玩具。在玩具王国中应该始终是有秩序的，应该打扫卫生。不应破坏玩具，玩具坏了应该进行修理；如果他自己修理有困难，那么家长可以帮助他。

第五讲 家庭经济

集体主义最简单的定义就是人与社会的团结一致。集体主义的对立面是个人主义。在有些家庭中由于家长很不注意这个问题，于是培养出一些个人主义者。如果儿童成长到青年时还不知道家庭的财产来自哪里，如果他只习惯于满足自己的需求，而发现不了家庭其他成员的需求，如果他不把自己的家庭与整个苏维埃社会联系起来，如果他成长为贪婪的消费者——这就是在培养个人主义者，这个个人主义者将来可能给整个社会，也给他自己带来许多危害。

有些母亲和父亲正在不知不觉地培养着这样的个人主义者。

这样的父母常常只关心让自己的孩子什么都有，让孩子吃得好，穿得好，供给他玩具，满足他的享受。他们做所有这一切完全是出于自己的无限的善良和爱，放弃了自己的许多，甚至是最必须的需要，而孩子对此却一无所知，并慢慢地习惯于认为他比所有的人都好，他的愿望对父母来说就是法律。在这样的家庭里孩子对父亲或母亲的工作往往什么也不知道，他们不知道父母的工作有多么困难，这种工作对社会是多么重要和有益。关于其他人的工作他们就更一无所知。他们只知道自己的愿望和满足自己的愿望。

这是非常不正确的和有害的教育方法，而这种错误的受害者多半是家长。在我国只有集体主义者的教育才是正确的，家长应该系统地进行这样的教育。关于这种教育我们提出以下建议。

（1）孩子应尽可能早地知道父亲和母亲在哪里工作，做什么工作，这种工作有多么困难，他们做出了多大的努力，取得了什么样的成就。他应该知道他的父亲和母亲在生产些什么，这种生产对全社会具有什么样的意义。一有机会家长就应向孩子介绍自己的一些同事和工作中的合作者，向他讲述他们工作的意义。即使父亲或母亲对某个人有反感，也不必用对此人的不赞许的评语让小小年龄的孩子生厌。

一般来说孩子应尽可能地很好地懂得，家长带回家的那些钱，不但构成可以消耗掉的舒适的东西，而且是在从事重大的、有益的社会劳动的基础上得到的工资。家长总应该找到时间和用简明的语言告诉孩子所有这一切。当孩子长大一点时，必须用同样简明的语言更多地告诉他全苏联其他类似企业的情况，讲述这些企业的工作和成就。如果有机会的话，还应该带孩子参观工厂，向他们讲解生产过程。

如果母亲不在机关、工厂工作，而在家里做家务工作，孩子也应该知道这种工作，尊重这种工作并懂得这种工作也需要付出努力和辛劳。

（2）要让孩子尽可能早地了解家庭预算。他应该知道父亲或母亲的工资。不应该向孩子隐瞒家庭的财务计划，相反，应该逐步吸引他参加讨论家庭的财务计划。他应该知道父亲或母亲需要些什么，这种需要有多大和多迫切，还应学会为了更好地满足家庭其他成员的需求而放弃满足自己的某些需求。尤其应该吸引他参加讨论涉及家庭共同需求的那些问题：购买餐具、家具、收音机、书籍、报纸，等等。

（3）如果家庭的物质条件很好，决不可以让孩子因此而在其他家庭面前炫耀自豪，不可让他习惯于夸耀自己的服装、自己的住宅。孩子应该懂得，没有任何理由为家庭的富裕而自高自大。在一些有点富余的钱财的家庭中，完全不应该满足孩子的额外需求，而最好应把钱花在满足家庭的共同需求上，最好用来买书，而不是买衣服。

但是如果家庭由于各种原因很难满足自己的需求，就必须使孩子不要去羡慕其他家庭，不要产生离开自己的家庭转到其他家庭中去的念头。孩子应该知道，为改善生活而不懈奋斗，比有多余的钱更值得自豪。正是在这样的家庭中需要培养孩子有忍耐精神，培养他去追求可以在我国实现的美好未来，让他学会相互谦让并乐意与同学分享。家长在孩子面前任何时候都不可以沮丧和抱怨，应该尽可能地精神抖擞和乐观，永远向往更美好的生活，通过改善家庭经济和提高自己的工资去追求更美好的生活。在这样的家庭中出现的每一点真正的改善，都必须被注意到并予以强调。

第六讲 劳动教育

关于这一点家长们也应该永远记住。家长在自己的家中培养的不应是埋头苦干的劳动力，而应该培养斯达汉诺夫工作者——从事社会主义劳动和获得社会主义成就的人。

劳动教育中最重要的是下面的方法。向孩子提出他运用某种劳动手段能够完成的一定的任务，这个任务不一定要在短时间内完成，完成它可以需要一两天的时间。这个任务可以具有长期性，甚至可以延续几个月、几年。重要的是给孩子一定的选择手段的自由，并且孩子对工作的完成及工作完成的质量承担一定的责任。如果对孩子说下面的话是没什么好处的。

"给你扫帚，把房间打扫一下，这样做，……"

较好的做法是，如果您让孩子长期保持某个房间的清洁，而怎样保持清洁，让孩子自己去解决并对此负责。在第一种情况下您只向孩子提出了运动肌肉方面的任务，在第二种情况下您向孩子提出了组织方面的任务，后者比前者的水平高得多，有益得多。所以劳动任务越复杂，越有自主性，它在教育方面就越有益。许多家长没有考虑到这一点。他们让孩子做这样那样的事情，但分散在过于细小的劳动任务中。他们让男孩或女孩去商店买某种东西，如果让孩子经常有一些需要他关心的事，譬如说，经常关心家里有无肥皂或牙粉，这样做将会好得多。

孩子应该很小就参加家庭生活中的劳动。应该在游戏中开始劳动。应该向孩子指出，他要对所有的玩具，对放玩具和他游戏的地方的清洁和秩序负责。必须概括地向孩子布置这样的工作：应该保持整洁。东西不应到处乱扔，玩具上不应有灰尘。当然可以向孩子演示某些收拾、整理房间的方式，但一般来说，如果孩子自己领悟到，要去掉灰尘就需要有一块清洁的抹布，如果他自己向妈妈要这样的抹布，如果他对这块抹布提出了一定的卫生要求，如果他要求得到一块更好的抹布，等等，这样就最好。也应该同样地允许他在他力所能及的范围内去修理损坏了的玩具，当然要为他提供一些供他支配的材料。

随着年龄的增长，劳动任务应日趋复杂并与游戏分开。我们列举几种儿童的工作，希望每个家庭根据自己的生活条件和孩子的年龄修正和补充这份劳动项目清单。

（1）为一个房间或整个单元内所有房间里的花浇水。
（2）擦掉窗台上的尘土。
（3）吃饭前铺好餐桌。
（4）关心盐瓶、芥末罐。
（5）关心父亲的书桌。
（6）负责书架或书柜，保持它们的整洁。
（7）取报并把报纸放在一定的地方，把新报纸与已读过的报纸分开。
（8）喂小猫或小狗。
（9）保持洗脸盆的清洁，买肥皂、牙粉和父亲的刮脸刀。
（10）全面负责一个房间或房间内的一定部分的整洁。
（11）缝自己衣服上掉下来的扣子，缝纫用的东西始终要放整齐。
（12）负责餐具柜的整洁。
（13）洗自己的、弟弟的、父亲或母亲的衣服。
（14）用相片、画片和图片装饰房间。
（15）如果家里有菜园或花坛，负责管理其中的一定部分，包括播种、照料和收集果实。
（16）要关心使家里有花，为此有时要到城外去（这项工作适合年龄较大的孩子）。
（17）如果家里有电话，铃声一响应第一个去接电话，并制作家庭电话本。
（18）对家庭成员最常去的地方，制作电车路线指南。
（19）年龄较大的孩子要独立计划和照顾家里人去看戏和看电影，了解节目单，去买票并把票保存好，等等。

（20）保持家庭药箱的整洁，负责药品的及时补充。

（21）注意使房间里不出现寄生虫：臭虫、跳蚤，等等，采取有效措施消灭它们。

（22）帮助母亲或姐姐做一些家务。

每个家庭都有许多类似的、孩子多多少少感兴趣的和力所能及的工作。当然不应该让孩子承担过多的工作，但在任何情况下家长的劳动负担和孩子的劳动负担都不应该有明显的区别。如果父亲或母亲干家务很吃力，孩子应该主动去帮助他们。常常有另外一种情况：家里有保姆，孩子养成了习惯让保姆去代他干本应他自己干的事情。家长应该很好地检查这种情况，要尽可能地做到使保姆不再去做孩子能够并且应该自己去做的那些工作。

同时应该永远记住，孩子在学校学习时，学校让孩子负担了相当多的家庭作业。当然应该把学校的工作看作是最主要的和第一位的。孩子应该很好地懂得，他们完成学校的工作不仅是在履行个人的职责，也是在履行社会的职责，他们不仅对家长，还要对国家为自己在学校中工作的成绩负责。另一方面，如果只重视学校的工作，而把所有其他的劳动任务都弃之一边，这是不对的。把学校工作如此特殊化是很危险的，因为这会使孩子蔑视自己家庭成员的生活和工作。在家庭中应该永远感觉到集体主义的气氛，家庭的一些成员应该尽可能多地去帮助另一些成员。

我们坚决不主张在劳动方面采取任何的奖励和惩罚。劳动任务及劳动任务的完成，本身就应该带来能让他体验到快乐的满足。承认孩子的工作做得很好，就是对他的劳动的最好的奖励。您对他的发明创造，对他的机智、他的工作能力的赞许，就是这样的奖励。但是，即使这样的口头赞许也不可以滥用，尤其在您的熟人和朋友在场的情况下，不应因孩子所做的工作夸奖他，更不应因为孩子工作做得不好或没做完工作而惩罚他。在这种情况下，最重要的是设法使工作得以完成。

（选自马卡连柯著，诸惠芳译：《儿童教育讲座》，河北人民出版社1997年版）

《我把心给了孩子们》

苏霍姆林斯基

【导读】

苏霍姆林斯基（В. А. Сухомлинский，1918—1970）是享有世界声誉的苏联教育家。他出生于乌克兰一个农民家庭，从17岁开始投身教育工作，曾任俄罗斯联邦教育科学院通讯院士。从1947年起至逝世，苏霍姆林斯基一直担任他家乡所在地的一所十年制农村完全中小学——帕夫雷什学校的校长。苏霍姆林斯基在从事学校实际工作的同时，进行了一系列教育理论问题的研究，写有《给教师的一百条建议》《帕夫雷什中学》《公民的诞生》等作品。

《我把心给了孩子们》（1969年）是苏霍姆林斯基关于学龄前儿童教育的代表作。按惯例，儿童入学应该是从一年级开始，苏霍姆林斯基为了深入了解每个孩子在知觉、思维等方面的特点，并且能够在孩子们开始正式读写之前先发展他们的知觉、感受、观察、思考能力和身体素质，决定让孩子们提前一年来到学校。这个学前班后来被家长们称为"快乐学校"（苏霍姆林斯基自己称之为"蓝天下的学校"）。《我把心给了孩子们》正是他与这些孩子在"快乐学校"共同生活的记录，以及在此基础上的经验总结。在选文中，作者分析了校长及教师的职责、学校的任务、童年期的重要性及特点，如何通过童话、幻想与游戏对儿童善加引导，培养儿童同情心、人道及爱的情感的重要性，如何教儿童认识学习的意义及培养脑力劳动的习惯，如何为儿童评分等，其中不乏真知灼见。

1. "快乐学校"

校长

我十分坚信，确实有那么一些精神品质，一个人缺少了它们就不可能成为真正的教育者，而其中首要的便是深入儿童精神世界的本领。只有那些始终不忘记自己也曾是一个孩子的人，才能成为真正的教师。许多教师（孩子们把他们称为"面包干")的不幸就在于他们忘记了：学生——首先是正在进入进行认识、进行创造和处理人与人之间相互关系的世界的一个朝气蓬勃的人。

现代学校领导的实质在于，要在教育这项最困难的工作中使那种体现先进教育思想的好经验得以在教师心目中创立、成熟和扎根。而这种经验的创造者，他的劳动可作为其他老师的榜样的人，就应当是学校校长。今天的学校没有这样一位作为最优秀教育者的校长，那是不可想象的。教育——这首先就是人学。不了解孩子——不了解他的智力发展，他的思维、兴趣、爱好、才能、禀赋、倾向——就谈不上教育。如同一个主治医师没有自己的患者就不可能是一个真正的医生一样，一个校长如果没有自己的学生也就不可能领导老师。所谓自己的，意思是指：他要从孩子进校之初起到取得中学毕业证书止，一直跟他一起随级而上，直接关注着学生的智力、道德、审美能力、情感和身体的发展，同他有着共同的精神情趣，并向他传授自己的精神财富。

学校的中心人物是谁？校长应当在教育过程的哪个领域里做其他老师的榜样？学校的主要人物是儿童基层集体，即班集体的老师。他既是给学生传授知识的教师，又是孩子的朋友，又是他们多方面的精神生活的指导者。教学，这只不过是广义概念的教育这朵花上的一片花瓣而已。教育中没有主要次要之分，犹如在构成美丽花朵的许多花瓣之中没有主要花瓣一样。教育中一切都是主要的——不论是课堂上的课，还是课外对儿童多方面兴趣的发展，以及集体中学生之间的相互关系，都是主要的。

我当了六年校长之后成为班集体的老师。我要解释一下：这并不是校长和学生直接进行精神接触的唯一途径。但是在当时的具体条件下，这是一条对我最适宜的途径。我把直接担任儿童集体的教育者的工作看成是在自然条件下进行的长期实验。

在转而讲述若干年来做了些什么和如何做的之前，我还要讲讲在相当程度上决定实际工作内容和方针的另一条重要原则。童年岁月，学龄前和学龄初期年龄在人的个性形成中起着极其重要的作用。伟大的作家和教育家列夫·托尔斯泰十分正确地断定，孩子在从出生到5岁这段年龄期内，他的理智、情感、意志和性格从周围世界中所摄取的，要比他从5岁到一生终了所摄取的多许多倍。苏维埃教育家马卡连柯也阐述过同样的意思，他说，人在5岁之前是个什么样的人，将来也就是那样一个人。

教师跟孩子没有精神上的经常沟通，彼此在思想、情感和感受上不相互渗透，就不能想象会有情感素养这个教育素养的血肉了。培养教师情感的最主要的源泉是：教师不仅作为一个老师，而且也作为一个朋友和同志，在一个团结友爱的集体里同孩子们结下的多方面的情感联系。如果教师只是在课堂上跟学生见面，学生也只是在班里才感受到老师的影响的话，就不能想象有情感联系。

当然，不能把"压缩在教室黑板上的世界"同"浮动在玻璃窗外的世界"对立起来。甚至不能在思想上认为，义务教育是对人的心灵的强制，教室的黑板是对儿童自由的压制，而窗外世界则是真正的自由。

到帕夫雷什学校任职前的年月中，我多次深切地认识到低年级老师在孩子生活中所起的巨大作用。他对孩子来说应当是一个与生母一般亲昵可爱的人。学生对老师的信赖，师生之间的相互信任，孩子在老师身上所看到的人道的典范，这些都是基本的，同时也是最复杂、最明智的教育规则，教师掌握了它们就能成为真正的精神导师。教育者最可贵的品质之一就是人性、对孩子们深沉的爱，兼有父母的亲昵温存和睿智的严厉与严格要求相结合的那种爱。

童年是人生最重要的时期，这不是对未来生活的准备时期，而是真正的、灿烂的、独特的、不可重现的一种生活。所以，今天的幼儿将成为什么样的人，起决定性作用的是如何度过童年，童年时代由谁携手领路，周围世界中哪些东西进入了他的头脑和心灵。人的性格、思维、语言是学龄前和学龄初期形成的。很可能，孩子从书本、从教科书、从课堂上所吸收的一切之所以被吸收，恰恰是由于除书本而外周围还存在着一个世界。小儿从出生直到他能自己打开书本阅读时为止，就是在这个世界里相当艰难地向前迈步的。

童年时代就开始了对那些成为共产主义道德基础的可贵品德——对祖国的无限热爱，为祖国的幸福、伟大、强盛而献身的精神，对祖国敌人不共戴天的仇恨——的漫长认识过程，这种认识过程既是思想上的，也是心灵上的。

确信学龄前期和学龄初期阶段在很大程度上预先决定一个人的未来，丝毫也不否定在较大的年岁中进行再教育的可能性。苏维埃教育家马卡连柯以他的实践出色地证明了再教育的威力。但他认为极其重要的恰恰就是幼年。正确的教育道路并不在于去纠正在童年早期阶段造成的错误，而在于不犯这些错误，预先防止进行再教育的必要性。

在我任校长期间，我痛心地看到，有时由于教师把教育看成是尽量多地往孩子头脑里灌输知识，孩子正常的生活就被打乱。

看到孩子的正常生活不仅在上课时而且也在长日班里遭到破坏，不能不令人感到极大的内心痛苦。遗憾的是，有这样的学校，孩子们上过5～6节课之后还要留在学校4～5小时，留校不是让他们做游戏、休息和在大自然中活动，而是又坐下来念书。孩子在校的时间变为漫无止境的、令人生厌的上课。决不能再这样下去了！长日班和长日制学校就其用意而言，是很有价值的一种教育形式。正是在这里才能为老师同孩子进行精神上的经常接触创造有利条件，没有这种接触就无法想象培养高尚情操。问题在于美好的想法往往被曲解：在长日班里逗留的时间常常仍然用于上课，仍然让孩子在课桌旁从上课铃坐到下课铃，搞得孩子们精疲力尽。

我在帕夫雷什学校任职之初就对早期学龄儿童、特别是一年级学生发生了兴趣。孩子们在学习的最初日子里怀着多么激动的心情跨进学校门槛，怀着多么深切的信任注视着老师的眼睛！为什么往往在几个月之后，甚至在几周之后，他们眼神中的光彩便会消逝，为什么学习对某些孩子会变为苦恼？要知道，所有的教师都真诚地希望保持住孩子的天真，保持住他们对世界的欢快感受和发现，希望学习对孩子能成为有鼓舞作用的、饶有兴味的劳动。

如做不到这一点，这首先是因为孩子入学之前教师对他们每个人的精神世界很少了解，而被学习所限制、被铃声所规定的学校生活又似乎在磨灭孩子们的差异，迫使他们向同一个标准看齐，不让那丰富多彩的个人世界展现出来。那种必须在师生相互关系中显示其实质的重要教育思想，只有当它像一座建造在校内的、结构匀称的大楼一样矗立在全体教师面前时，才能变得显而易见。正因为如此，我才着手打算要做十年的一个班集体的教育工作。

第一年——考察孩子

1951年秋，开学之前3周，在招收一年级学生的同时学校还登记了一批6岁的男女孩子，也就是说，一批将在一年之后开始上学的孩子。我将对这些孩子做十年工作。

我之所以需要这上课桌学习之前的一年时间，是为了好好了解每个孩子，深入考察每个人的知觉、思维和智力劳动的个人特点。在传授知识之前，先要教会思考、感知和观察。还应当清楚地了解每个学生健康上的个人特点，否则就无法正常进行教学。

智力教育与获取知识远不是一回事。尽管不进行教学就不可能有智力教育，如同没有阳光就没有绿叶一样，但同样也不能把教育同教学混为一谈，如同不能把绿叶同太阳等同看待一样。教师是跟思维物质打交道的，而这种物质在童年时期感知和认识周围世界的性能则在很大程度上有赖于儿童的健康状况。这种依赖关系非常细微，难以捉摸。考察孩子的内在精神世界，特别是他的思维，是教师最重要的任务之一。

我这些学生的家长

要想很好地了解孩子，就应当很好地了解家庭——父母、兄弟、姐妹及祖父母等。我们学校这个小区域当时共有31名6岁的孩子，16名男孩，15名女孩。所有的家长都同意送儿女进"快乐学校"——这是在一段时间之后父母们这样称呼我们这个学龄前班的。

我在"快乐学校"开学前几周就已了解了每个家庭。个别家庭中父母与子女之间、父亲与母亲之间缺乏友爱气氛，缺乏相互间的尊重，而少了这些，孩子就不可能生活得幸福。这使我甚感不安。

我对自己未来的学生了解得越深入，就越认识到我所面临的重要任务之一，就是要为那些在家庭中未曾享有过天伦之乐的孩子恢复童年。

我在学校工作了三年，便认识了几十名这样的孩子。生活肯定了一个信念，这就是：如果未能使小孩子恢复对善意和公正的信任，那就任何时候都不可能使他产生自己作为一个人的感觉和体验个人尊严。这样的学生到少年时期就会变得易怒易恨，对于他，生活中就不会有什么神圣和高尚的东西，教师的话语也深入不了他的心灵。

矫正这种人的心灵是教育者最困难的课题之一；在这种最细致微妙的劳动中实际上是在进行人学方面的主要检验。作为一个人学家，意味着不仅能看到、感受到孩子是怎样认识善与恶的，而且还能保护那娇嫩的童心免遭邪恶的伤害。

学校和家长的任务是让每个孩子都幸福。幸福是多方面的：它既在于人的才能得到发挥，能热衷于劳动并在其中成为创造者；也在于能欣赏周围世界的美，并为他人创造美；又在于爱别人并被别人敬爱，并且把儿女培育成真正的人。老师只有和家长共同努力，才能给予孩子巨大的人的幸福。

蓝天下的学校

我们这个学校的活动是由激励我的这样一种思想开展的：儿童就其天性来讲，是富有探求精神的探索者，是世界的发现者。那么就让那个绝妙的世界在鲜明的色彩中、在嘹亮颤动的音响中、在童话和游戏中、在自己的创作中、在激动他的美景中、在为人们做好事的意愿中展现吧。通过童话、幻想和游戏，通过儿童独特的创作——这才是通向孩子心灵的正确道路。我要那样去引导孩子们进入周围世界：使他们每天都能从中发现一点什么新东西，使我们所走的每一步都成为走向思维和语言的源泉，即走向大自然绝妙美景的旅程。我要关注的是，让我所培育的每一个孩子都成长为会思考、会探索的有智慧的人，让认识过程的每一步都使心灵变得更高尚，使意志锻炼得更坚强。

老师能同孩子们同欢乐共忧虑地进行讲述，这是儿童智力充分发展、精神生活得以充实的必不可少的一个条件。这些讲述的教育作用在于孩子们是在能产生童话景象的环境下聆听它们的：在满天闪烁着繁星的寂静夜晚，在森林里，在篝火旁，在舒适的小屋里，炉里的煤火隐隐发出光亮，窗外秋雨潇潇，寒风呼啸。故事应当富有色彩，形象鲜明，短小精悍。不能堆砌过多的事实，给孩子们过多的印象，否则会使他们对讲述的感受性变得迟钝，这样便再用什么也引不起他们的兴趣了。

我建议老师们：要逐渐影响孩子的情感、想象和幻想，逐渐打开通向无边世界的窗口，不要一下就完全敞开，不要把它变成一个宽敞的大门，致使那些被你叙述内容的思想所吸引的孩子们不顾您的希望而像圆珠一般冲撒出去……起初，他们会面对那浩如烟海的事物而不知所措，尔后，这些实际上尚未被认识的东西又会令人腻烦，变得空空洞洞。

蓝天下的学校教给了我怎样为孩子们打开通向周围世界的窗口，而我则努力使所有的教师都学到这门生活和认识的科学。我向他们建议：不要让知识成堆地向孩子压来,不要企图在课堂上把您关于学习对象所知道的一切都讲出来,成堆的知识有可能把求知欲和好学精神全部埋葬。要善于从周围世界中只向孩子揭示某一种东西,但要做得使生活中的这一部分能在孩子面前显示出它的全部绚丽色彩。您总要留有未尽之意,使孩子总想一而再、再而三地回顾他已知道了的东西。

我的孩子,你生活在人们中间

少先队员们在校园的一个僻静角落栽培了菊花。秋天开出白色、蓝色、粉红色的花。在一个风和日丽的日子,我带着我那些小鬼到了这里。孩子们看见这样多的花欢喜得不得了。然而痛苦的经历告诉我,美所唤起孩子的欢喜往往是利己的。孩子可能去摘花,而且并不以为这有什么可值得责怪。这一次就发生了这种事情,转眼间我便看见一朵朵花已拿在孩子们手里。当花朵剩下不到一半时,卡佳叫道:

"难道可以掐菊花吗?"

她的话里既不带惊讶也没有激愤。她只是在问。我没做任何回答。让这一天成为对孩子们的一次教训吧。他们又摘下了几朵,角落里的美消逝了,那块地方顿时显得一片荒凉。孩子们的心里燃起的对美景的满腔喜悦也熄灭了。小孩们拿着花不知干什么好。

"怎么样,孩子们,这地方美吗?"我问道,"你们掐掉了花,剩下这些光杆儿好看吗?"

孩子们都不做声,接着有几个人同时开口说道:

"不,不好看……"

"这一下我们又到哪里去看花呀?"

"这些花是少先队员们栽的,"我对孩子们讲,"他们再来这里欣赏花的时候,看见的是什么呢? 不要忘记,你们是在人们中间生活的。谁都爱欣赏美。咱们学校里花虽多,可是如果每个同学都摘一朵,结果会怎么样? 那就什么都剩不下了。大家都没有可欣赏的了。应该创造美,而不是破坏、不是毁坏它。到秋天,天气凉了,我们把这些菊花移到暖房里去。将来在那里欣赏它们的美。为了能摘一朵,要培养出10朵才行。"

几天之后我们又到另一块地方去,那里的菊花更多。孩子们已经不再摘花了。他们在观赏花的美。

孩子的心对于为人们创造美和快乐的号召是敏感的，重要的只是发出号召之后，接着要有劳动跟随才行。如果孩子能意识到他身边有别人，意识到他的行动能给他们带来愉快，那么他从幼年起就能学着使自己的愿望符合人们的利益。而这对培养善良和人道，是非常重要的。个人欲望无止境的人永远不会成为好公民。利己主义者，只图私利的人，对别人的忧伤和不幸漠不关心的人，恰恰就是由那些只管个人喜好而不顾集体利益的孩子发展而成的。会驾驭欲望——这个看来似乎很简单而实际上十分复杂的人的习惯——就是人道、同情心、热情、内在自制力的源泉。没有这些品质，就没有天良，没有真正的人。

这里还要强调一下幼年期在培养人道中的作用。道德观念、观点和习惯都跟情感紧密相联。情感，形象地讲，这是高尚行为的肥沃土壤。哪里不注意细心关切地去感知周围世界，哪里就会产生漠然无情的人。心灵的易感性和同情心都在童年形成。如果童年蹉跎，那么所荒废的就永远无法弥补。

把孩子引进错综复杂的人类关系境界中去，这是极其重要的一项教育课题。儿童的生活不能没有欢乐。我们的社会在尽力做到使孩子们能幸福地生活。但是欢乐并不等于无所用心。如果幼儿从成人精心栽培的树上摘下使他欢乐的果实时不考虑给别人留下什么的话，他便丢失了人最重要的品质——天良。当孩子还没有意识到他是社会主义社会的未来公民之前，就应当学会以德报德，学会用自己的双手为他人创造幸福和欢乐。

在"快乐学校"建立之前，几年来一直使我感到焦虑不安的是，许多父母出自对子女本能的溺爱而头昏目眩，只看到孩子好的一面，看不到坏的一面。记得有过这样一件事：一个4岁男孩没有去厕所而是当着母亲和邻人解手。母亲非但没有生气，而且还颇为爱怜地说："您瞧我们这儿子，什么都不避讳。"从这个4岁郎当儿的调皮眼神、傲慢嘴脸和轻蔑冷笑中已经能预料到他将是一个令人生厌的人了。如果不予矫正，不迫使他用别人的眼光看看自己的话，就可能变成一个下流坯。

对悲欢的敏感与同情只能在童年时代培养。在这个年龄，心灵对人的苦难和不幸、烦恼和孤单特别敏感。孩子犹如在设身处地进行亲身的再体验。记得有一次我们从林地往回走时，经过一座孤零零的屋子，屋子四周十分荒凉。我告诉孩子们，这里住的是一个在伟大卫国战争中身遭残废的人，他还在生病，没办法自己栽果树，或种葡萄。孩子们的眼睛里涌出了泪水，每个人都为这个患病的孤独人难过。我们为他栽了两棵苹果树、两株葡萄树，作为赠给他的礼物；而获得的则是最宝贵的——这就是为他人创造幸福而感受的快乐。

培养对他人灾难与不幸的同情心——是苏联学校的一项重要任务。一个人只有能忧他人之忧，才能成为他人的朋友、同志和兄弟。要让孩子们的心中有他人——可以这样来表述我为自己提出的重要的教育任务。

如果孩子对他的同学、朋友、母亲、父亲以及他所遇到的任何一个同胞的心境怎样都毫不关心，如果孩子不善于从别人的眼神中观察出他的心情怎样，那么，他永远也不会成为一个真正的人。我竭力要把我的学生的心灵磨炼得那样敏锐，致使他们从人们的眼神中就能察觉人们的情绪、烦恼与悲欢，不论这些人是朝暮共处还是"邂逅相遇"。

教人体察情绪——这是教育中最难的事情。友情、同志关系、兄弟情谊——都能培养热忱、同情、关怀和体贴等品质。当孩子在为他人的幸福、快乐和精神安宁有所作为的时候，他才能体察到别人最细致的情绪。幼儿对父亲、母亲、爷爷、奶奶的爱，若不饱含为善的崇高情谊，就会变为利己性情感：孩子所以爱妈妈，是因为妈妈是他的喜悦之源，喜悦所需。然而，应当在孩子心灵中培养的，则是真正的人道的爱，即能急他人之所急，忧他人之所忧，同他人休戚与共。只有在那种能够体察和关注别人命运的心灵里才会产生真正的爱。让孩子有一个需要人关心的朋友，这是多么重要。养蜂员安德烈老爷爷就是我这些学生的这样一位朋友。我看到，孩子越会关心别人，他的心就越能体贴同学，体贴父母。

第一学年前夕的一些想法

人们千百次地讲到：学习是劳动，不能把它变成游戏。但是不能用一道万里长城把劳动和游戏隔离开。我们注意观察一下，游戏在儿童生活中，特别是在学龄前时期占有什么地位。对于孩子来讲，游戏是最严肃的事情。世界在游戏中向儿童展现，儿童的创造性才能也是在游戏中显示的。没有游戏，就没有、也不可能有完满的智力发展。游戏犹如打开的一扇巨大而明亮的窗子，源源不断地有关周围世界的观念和概念的湍流通过这窗子注入孩子的心田。游戏犹如火花，它点燃探索和求知的火焰。那么，如果孩子在游戏中学写字,在他智力发展的某一个阶段把游戏同劳动结合在一起,又有什么可大惊小怪的呢?这样,教师也就无须对孩子们老说:"好了,玩了一会儿了,现在该干正事了!"

游戏——是个含义广泛多面的概念。孩子们并非只是在奔跑、在比赛谁快谁敏捷的时候在游戏;在创造才能和想象力的紧张活动中也可能包含游戏。不做智力游戏,没有创造性想象,就不能想象有完满的教学,在学龄前时期尤其如此。广义的游戏始于有美的地方。但由于幼儿的劳动不可能没有审美因素,所以,幼年时期的劳动活动同游戏紧密相联。学校园地收割季节的开始,是一个隆重的日子——孩子们都要穿上节日盛装来学校。割下的第一把谷穗要插在花瓶里,摆在铺着桌布的桌子上。这里的游戏充满了深刻的含义。然而,当游戏被人为地强加在劳动之中、而且在美里面没表达出人对周围世界和对他自己所做的情感评价的时候,游戏便失去了教育价值。

有一个问题还没有解决:什么时候开始进行识字教学最合适,是当孩子当了一年级学生坐在课桌旁的时候,还是更早一些,在学龄前时期。经验向我们全体教师证明,学校不应当给孩子的生活带来急剧的变化。要让孩子当了学生之后,今天还继续做他昨天做的事。让新东西在他生活中逐渐出现,不要让大量印象一拥而上,致使他应接不暇,不知所措。

我认为,识字教学同绘画、同游戏紧密相联,恰好也就可以成为连接学前教育与学校教学的一座桥梁。在我这批小孩子的字母画里揭示了露水珠里的太阳火花、高大的百年老橡树、池边的垂柳、晴空的雁群以及7月天熬过白天的溽暑之后而沉睡的草场等景物美。尽管孩子们还不会很好地描画字母,这是无关紧要的;重要的是他们能感受每幅画里生机勃勃的生活。另外,还使我感到快慰的是,孩子们已开始能领会词语的细微色彩和音乐性,他们的意识中已奠定了鲜明的、形象的、具有诗意思维的牢固基础。绘画已进入孩子们的精神生活。他们总是要竭力在画里表达自己的思想、情感和感受。听音乐已成为这些孩子的精神需求。

使我快慰而又激动的又一点是,孩子们在品德发展上已迈出了第一步:他们已进入人的品行美的境界,他们心灵中已唤起对他人喜忧的共鸣,已经领略了为人创造美和欢乐的幸福。依我看,从孩子迈进学校大门直到成为一个成熟的、全面发展的人这个许多年的教育过程,首先培养的是人的情感。

我们所培养的人应能深切体察到生活在他身旁的那些人也会有同他自己一样的悲伤、痛苦、忧患和不幸。我努力做到使我培养的这些孩子的好行为在童年就能首先建立在人的情感的基础上。我高兴的是，小家伙们已能产生情感的共鸣，已能敏锐地体察激动着他的亲人或成年朋友、父母或其他成年人的那些情感。最使我欣慰的是，孩子们能把他们在生活中接触到的每个人首先看作一个人。

2. 儿童时代

学习——精神生活的一部分

极其重要的一点是不要把孩子入学前生活于其中的大自然、游戏、美、音乐、幻想和创作的令人神往的世界关在教室门外。在学校生活的头几个月和头几年里，学习不应成为唯一的活动形式。只有当教师大量给予他们入学前的那种欢乐时，他们才会爱上学校。同时，又不能使学习迁就孩子们的兴趣，仅仅为了不使孩子感到枯燥而有意地减轻学习。应当逐步地培养孩子习惯于从事整个人类生活中最主要的工作——严肃认真、坚毅顽强和埋头苦干的劳动，进行这种劳动必须紧张地思索。

我把逐步培养儿童进行紧张和创造性的脑力劳动的习惯当作重要的教育任务。在把全副智力用于达到教师或自己提出的目标时，孩子应当善于不受周围的干扰。我力求使孩子们习惯于这样专心致志。只有这样，脑力劳动才可能成为心爱的工作。

如果孩子在学习中觉得什么都很容易，他就会逐渐滋长思想上的惰性，这种惰性会腐蚀人，促使他对生活持轻率的态度。说来也怪，有才能的孩子如果在学习过程中没有相当的困难需要他去克服，那他们往往就会滋长思想上的惰性。而且思想上的惰性最常见于低年级，因为低年级时，有才能的孩子很容易就掌握了别的孩子需要进行一定的紧张智力活动后才能掌握的东西，实际上，他就游手好闲了。不让学生游手好闲——这也是一项特殊的教育任务。

让孩子体验脑力劳动的快乐和取得学习成绩的快乐

孩子总是抱着坦率的胸怀和好好学习的真诚愿望进学校的。孩子甚至不敢想别人会把他看成懒汉或倒霉鬼。好好学习的愿望，这是人类美好的愿望。依我看，这是照亮儿童生活的全部意义和儿童欢乐世界的明亮火花。这一火花是微弱的和无所防卫的，孩子以无限信赖的心情把它交给您这位教师，而要是您没有觉察儿童的愿望，那就是说您还没有意识到为自己学生的今天和明天所担负的令人激动的责任。粗心大意地接触儿童的心灵——令人感到委屈的生硬的话语或漠不关心的态度——足以使这一火花就此熄灭。只有孩子在学习中获得成绩，只有自豪地意识并感受到，我在沿着陡峭的认识小径迈步前进、向上攀登，才是渴求知识的微弱火花所需要的合宜的空气。

　　徒劳无功、毫无结果的劳动，即使成人也会感到厌烦、迷惘和兴味索然，何况我们是在同孩子打交道。如果孩子看不到自己劳动的成绩，渴求知识的火花就会熄灭，儿童心中会结起冰块，在火花没有重新点燃起来之前（而再一次点燃它是多么困难呀！）用任何办法也难以融化这冰块；孩子失去了对自己力量的信心后，形象地说，他就扣上全身的钮子，戒心十足，一触即发，对老师的建议和批评就会采取粗暴的态度。或者更糟：他丧失自尊心后，觉得自己干什么都不行。当您看到这么一个漫不经心、毫不在意地准备耐心听老师整小时的训斥，毫不在乎地任凭小朋友说他：你是落后生，你会留级……的孩子时，您的心就会充满愤懑。还有什么能比扼杀一个人的自尊心更为不道德的事呢！

　　学生在童年和少年时代如何对待自己，他在劳动世界中把自己看成一个什么样的人，在很大程度上决定他的道德面貌。乌申斯基写道，孩子生来不懒惰，他爱独立做事，愿意什么都自己来干。应当教会孩子劳动，教会他思考、观察、理解什么是脑力劳动，怎么才算好好劳动——而只有在这之后，才能给他的成绩打分。一个从来不知道学习、劳动快乐的孩子，一个从来没体验过克服困难后的自豪感的孩子——这是一个不幸的人。不幸的人是我们社会的大灾祸，而不幸的孩子，则是大一百倍的大灾祸。我绝不姑息童年时代；我不安的是早在童年时代，人往往已成为懒汉，他厌恶劳动，甚至轻视要竭尽全力劳动的思想。但为什么孩子会成为懒汉的呢？亲爱的老师同志们，这是因为他不知道劳动的幸福。请赋予他这种幸福，教会他珍惜这种幸福，那时他就会珍惜自己的人格，就会爱劳动了。

　　给儿童以劳动的快乐、取得学习成绩的快乐，在他们的心中激发自豪感、自尊心——这是教育工作的头一条金科玉律。在我们的学校里，不应当有不幸的儿童——那种被什么也干不了的思想折磨着心灵的孩子。学习取得成绩乃是孩子产生克服困难的动力和学习愿望的内在力量的唯一源泉。

如果孩子没有了学习的愿望，那么我们的全部计划、探索和理论就都化为灰烬，化为死气沉沉的木乃伊。儿童学习的愿望只能同学习成绩一起产生。似乎得出了这么一种似是而非的议论：为了孩子取得成绩，就要他不在成绩上落后。然而这并非似是而非的议论，而是脑力劳动进程的辩证统一。只有当在掌握知识过程中取得成绩而产生欢欣鼓舞的心情的时候，才能出现学习的兴趣；没有欢欣鼓舞的心情，学习就成为孩子的沉重负担。我倒很想把埋头苦干称作欢欣鼓舞乘以孩子认为他一定能取得成绩的信心。

乍看起来，给学生评分是如此简单的事，然而这却是教师能够正确对待每一个孩子的能力，是保护孩子心灵中渴求知识的火花的能力。在小学四年的教学过程中，我从未给学生打过一个不及格的分数——不管是书面作业，还是口头回答。孩子们学习读、写和解题。一个孩子在自己的脑力劳动中取得了良好的成绩，另一个暂时还没有。一个孩子已经学会了教师正想教给他的东西，另一个还不会，但这并不意味着后者不愿意学习。我只在孩子脑力劳动取得良好成绩的情况下打分。如果学生还没有取得他在脑力劳动过程中力求达到的成绩，我就什么分都不给他打。他应当专心致志地想一想，把自己的作业重新再做一遍。

一年级时，我是在学年开始后过了四个月才打了第一批分数。这儿重要的首先是让孩子们懂得刻苦、勤勉的劳动是什么。孩子的作业完成得不好并不是由于他不愿意，而是由于他还没有什么是好、什么是坏的概念——那么凭什么给他打分数呢？我极力让孩子把同一作业做上好几遍，使他以亲身的体验深信，他可以做得比一开始的时候好得多。这有着很大的教育意义：学生好似发现了自己的创造力；他看到自己的进步感到高兴，就会努力做得比这更好。孩子把自己做得较好的作业与差一些的作业进行比较，就会体验到欢欣鼓舞的心情。

"童话室"

童话、游戏和幻想——这是儿童思维活动、高尚情操和志向的生机勃勃的源泉。长年的经验令人信服地说明，因受童话形象影响而在孩子心灵中产生的美感、道德感和理智感使思绪活跃，从而推动大脑积极工作，并使活动的思维区之间产生活跃的联系。通过童话形象，语言连同其最细微的含义就进入儿童的意识；它成为孩子精神生活的一个领域和表达思想和情感的手段——也就是思维的生动体现。在童话形象所激起的感情的影响下，孩子学习用语言思索。没有童话——生动、鲜明而又触动幼儿意识和情感的童话——就不可能想象有儿童思维和作为人的思维和语言的一定阶段的儿童语言。

儿童深感满意的是他们的思想能翱翔于童话世界之中。孩子能够5次、10次地重述同一个童话，而每一次都能发现一些新东西。童话形象——这是从鲜明、生动和具体的事物到抽象事物的第一步。如果童话在我的学生的精神生活中不占据整整一个阶段的话，那他们就不会掌握抽象思维的能力。孩子清楚地知道，人世间并不存在妖婆、青蛙公主和长生不老的卡谢依，但是他在这些形象中体现着善与恶，每当他重复讲述同一个童话时，总是表达他个人对好与坏的态度。

童话与美是分不开的，并有助于美感的培育，没有美感，就不能想象有高尚的心灵和对他人的不幸、悲伤和痛苦的真诚的同情心。借助于童话，孩子不仅用智力，而且也用心灵认识世界。同时，不仅认识，而且对周围世界的事件和现象做出反响并表达自己对善与恶的态度。关于正义和非正义的最初观念是从童话中汲取的。最初的思想教育也是借助童话进行的。只有当思想体现在鲜明的形象中时，儿童才能理解它。

童话是爱国主义教育的丰富而不可替代的源泉。童话内容中深深蕴藏着爱国主义思想，人民塑造的、千百年流传着的童话形象把劳动人民强有力的创造精神以及他们对生活、理想和向往的看法传至孩子的头脑和心灵。童话之所以能培育对祖国故土的热爱，就因为它是人民的创作。当我们欣赏基辅圣索菲亚教堂令人惊叹的壁画时，我们领悟到这些壁画是人民生活的一部分，是人民巨大天才的产物，因而在我们的心灵中激起了对人民的创造精神、匠心和技艺的自豪感。民间童话对孩子的心灵也起着同样的作用。似乎童话只是以纯粹的"日常"生活为题材的：爷爷和奶奶种了个萝卜……爷爷决定骗骗狼，于是用草扎了一只小公牛……但是这些童话的每一句话就像不朽的壁画上最精细的一根线条，在每一句话和每一个童话人物身上都呈现出富有人民精神的创造力。童话——是人民文化的精神财富，孩子了解童话，也就了解了自己的人民。

在生活理想的源头

童年，那个被我们认为充满无忧无虑的欢乐、嬉戏和童话的年龄，是生活理想的源头。他们的公民精神的基础正是在这个时候奠定。我们的学生将成为怎样的公民，这要看在童年时代周围环境给孩子展现的是什么，是什么使他欣赏和神往，是什么使他愤懑并使他哭泣（不是因个人委屈而是因同情别人的遭遇而哭泣）。展现在孩子们面前的周围世界是充满矛盾的、纷繁复杂的，他们在这里所看到的有美也有丑，有幸福也有苦难。孩子把周围世界所发生的一切，把人们过去和现在生活中的一切都划分为善和恶。为了在童年就打下人道主义和正义感的基础，应该教会孩子正确识别善与恶。

我说这些话的意思是：孩子们了解到的周围世界的一切事物、一切现象、人们过去和现在的行为都应该在幼小的心灵里激起深刻的道德情感。能正确地分辨善和恶，这意味着孩子对他所认识的事物是十分关注的。善将引起他欢乐的激情、赞叹，引起他效法美德的愿望；恶则激起愤恨、不可调和性和为真理、正义而斗争的精神力量的高涨。孩子的心不应是真理的冷库。我竭力要防止的最大恶习就是冷漠、缺乏热情。儿时内心冷若冰霜，来日必成为凡夫俗子。童年的时候，就应该在每个人的心里燃起公民激情的火花，点燃起对邪恶和对纵容邪恶的毫不妥协精神的火花。

在孩子们的意识中，不难确立人压迫人是最大的恶这一真理。有时，孩子们会正确地回答老师关于什么是恶的问题。但是，如果孩子们未曾被人奴役人的鲜明景象震惊过，未曾体验过对造成这一恶果的人的仇恨，他就不会成为一个真正的公民，成为一个真正具有崇高理想的人。

（选自蔡汀、王义高、祖晶主编：《苏霍姆林斯基选集（五卷本）第3卷》，教育科学出版社2001年版）

《维果茨基教育论著选》

维果茨基

【导读】

维果茨基（Л. С. Выготский，1896—1934）是苏联心理学家、教育家。

从20世纪20年代开始，他牵头和学界同人鲁利亚、列昂节夫一道研究人的高级心理机能的社会历史发生问题，形成了社会文化历史学派（又称"维列鲁学派"），为当代俄国最大的、产生了广泛国际影响的一个心理学派别。

维果茨基在心理的种系发展和个体发展上都做了研究，特别是他关于人类心理的社会起源的学说，关于儿童心理发展对教育、教学的依赖关系的学说，做了较深入的探讨。

维果茨基所提出的文化历史发展理论认为：人的高级心理机能亦即随意的心理过程，并不是人自身所固有的，而是在与周围人的交往过程中产生与发展起来的，是受人类的文化历史所制约的。为此，维果茨基特别强调社会文化历史在人的发展过程中的作用，尤其是强调活动和社会交往在人的高级心理机能发展中的突出作用。

维果茨基在说明教学与发展的关系时，提出了最近发展区的理论。他认为教学必须要考虑儿童已达到的水平并要走在儿童发展的前面。为此，就要确定儿童的发展水平。儿童发展有两种水平：一是现有的发展水平；二是在有指导的情况下借助成人的帮助可以达到的解决问题的水平，或是借助于他人的启发帮助可以达到的较高水平。这两者之间的差距，即儿童现有水平与经过他人帮助可以达到的较高水平之间的差距，就是最近发展区。最近发展区的提出，对正确理解教育（教学）与发展之间的关系具有重要意义，对当代学前与学校教育产生了重要影响。

维果茨基的思想体系是当今建构主义发展的重要基石。

此处节选了维果茨基写于20世纪30年代前后的反映他关于教学与发展观点的两篇文章。

学前教学与发展

我报告的任务是阐明学前儿童的某些最重要的特征。我想与你们就制定幼儿园教学大纲问题谈谈我和我的同事们的一些想法。这些想法是我们多年来在研究、探讨这一年龄期儿童的工作中形成的。

各个年龄的特点是，它们的教育、教学工作的性质与儿童智力发展间的关系各不相同。

学前与学校教学工作的特点比较①

为了对有关学前教育与教学工作特点的问题做出简明的回答，我认为可以采用比较的办法。学前教学机关的教学大纲是什么，而学校教学大纲又是什么，我以为可以将二者加以比较。

我觉得教学的性质在儿童的发展中存在若干极限点。第一个这样的极限点就是3岁前儿童的教学。3岁前儿童教学的特点是：这一年龄阶段儿童是按照他们自己的大纲进行学习的。看看儿童学习语言的例子，便一清二楚了。儿童所经历的各个阶段的次序，其所延续时间的长短，不是由母亲的教学大纲所决定的，而是基本上由儿童从其周围的环境中吸取的东西所决定的。诚然，儿童言语的发展是依据其周围人们的言语的丰富或者贫乏而变化的。但是，言语教学大纲是儿童自己决定的。这种类型的教学通常称为自发型。在这种情况下，儿童学习语言与学龄儿童在学校学习算术是两码事。

另一种类型的教学是儿童在学校跟随教师学习。这里儿童自己的大纲的比重较之学校施行的大纲是微不足道的，正像母亲的大纲比重较之童年早期儿童自己的大纲是无关紧要的。如果我们将这一类型教学定为反应型，那么我们可以说，学前儿童的教学则处于第一种和第二种之间的过渡位置。这可称为自发—反应型。

教学进程和学前期发生的变化，其特点是儿童从自发型向反应型转化。请设想一下，儿童在发展过程中是由一个极点向另一个极点运动的。由此，这种运动的全部进程能分为两个阶段。儿童在自己运动的前半段是比较接近于第一极，而不是第二极。因此，自发与反应运动的比重是明显地在变化的。

如果说童年早期儿童在学习过程中能做的只是与他的兴趣相符合的事情，而学龄儿童能做教师要他做的事情，那么学前儿童的态度就是这样确定的：他做他要做的事，但他要做的事情，恰恰也是他的领导希望他做的。

这是什么意思？这指的就是下面两个原理，我请大家把它们看作基本原理。

---

① 本文中的此级小标题均为选编者添加。

第一个原理是：3岁左右的儿童都会发生转折，即可能对儿童开始施行新的教学类型。

德国的研究者克罗在谈到3岁儿童时说，他可以被列为学龄儿童。克罗说，这一年龄的儿童已经具备接受学校教学的能力。因此，从这一年龄开始，对儿童来说，已有可能采用某种教学和教育的大纲。但这还不是学校教学大纲，它在某种程度上仍然应当是儿童自己的大纲。

如上所述，童年早期儿童是按照自己的大纲学习的，学龄儿童按照教师的大纲学习，而学前儿童的学习则是按照教师的大纲变成儿童自己的大纲的程度而定的。这是根本的，也是众所周知的困难。这也给教育家出了一道棘手的难题，近半个世纪以来，教育家经常碰到这个难题。

学习的最佳期限问题

我还想触及一个普遍性的问题，即所谓学习的最佳期限问题。任何广义地理解的教学，包括言语教学在内，是与年龄相关联的。这一点是我们大家所清楚的。但一般大家谈论学习期限时，常常只是指其下限。就是说，大家知道，不能教6个月的婴儿读书识字，也不能教3岁儿童读书识字。换句话说，大家都知道，儿童在自己的发展中应当达到一定的成熟度。他应当在发展的过程中取得一定的先决条件，以便可能学习某门学科。但我要提醒你们注意一个对学校教学十分重要的事实，即对教学尚存在一个最佳的上限期。

德·弗黎兹从事动物（特别是低等无脊椎动物）的个体发育研究。他根据自己的实验与观察，把发展的敏感期或者敏感年龄的概念引入科学。所谓发展的敏感期或者敏感年龄，德·弗黎兹是指个体发育中的某个时期。在这一时期，发展中的动物对某种类型的环境影响特别敏感。当这一年龄结束后或者尚未来到前，对这一年龄期的发展的方向及进程起重大作用的那些影响可能会失去作用，或者甚至会起相反的作用。德·弗黎兹用实验证实了同样一些外部影响，由于他们施于机体的发展时期不同，从而对发展进程可能产生中立的、正面的或者反面的作用。

如果一般地提起这一思想，它当然不会引起任何新的联想，而且会使人感到，这是老生常谈、众所周知的事情。

但是，德·弗黎兹的思想具有更丰富的内容，对问题的理解也更深刻。在对一系列动物进行研究之后，他确定了，问题不仅仅在于兽仔在生命初期的饮食应适合动物发育所处阶段的特点。德·弗黎兹的思想是：对动物的发育方向有决定意义的独特的环境影响，只有在一定的发育时刻才能产生积极的效应，早于或者迟于这一时刻，这些影响将都是盲目和徒劳的。人们经常引用的德·弗黎兹的一个例子是：如果在个体发育期间用蜂王浆喂养蜜蜂，那么，这只蜜蜂将会成为蜂王，但这常常只是在其发育的一定阶段开始和继续喂养方能奏效，如果贻误这一发育期，则同样的喂养并不会产生相应的效果，而且在其他时期，这样的喂养会产生相反的效果。由于兽仔受到这种或那种影响的发育点不同，它的发育也不同。

在发展中存在着对某些外界影响特别敏感的时期。蒙台梭利将这一观点作为研究学前教学与发展的基础。问题是，学前年龄对什么影响敏感呢？应该说，因为这个问题与教学问题相关联，从学前教学理论方面来说，它与确定最佳学习期限的概念与思想密切相关联。

我们大家都知道，教学是与年龄相关联的，因为学习自身决定了受教育者必须达到一定程度的成熟性，并要求具备一定的先决条件，比如记忆、注意等等。但是又如何用这个观点来解释下面的事实呢：如果一个儿童由于某些原因，3岁前未能学会说话，从3岁才开始学说话，事实上，3岁儿童比一岁半儿童学说话要困难得多，学习的时间也长得多，而且不能达到后者的效果，但最主要的还在于，这种为时已晚的教学在儿童的发展中不能起到它在最佳期间所能起到的作用。可是3岁的儿童似乎应当比一岁半的儿童更易于学习，因为他的注意、记忆、思维等均较为成熟。因此，任何教学都存在最佳的，也就是最有利的时期，这是基本原理之一。

对这个时期任何向上或向下的偏离，即过早或过迟实施教学的时期，从发展观点看，总是有害的，对儿童的智力发展会产生不良影响。存在最佳教学期这一事实，使我们面临下列需要进一步分析的关键问题。我们说，为了开始某一种教学，儿童的某些特点、品质、特性必须达到某种程度的成熟性。但是发展难道仅仅取决于儿童已经成熟的个性特点吗？那些正处于成熟期中但尚未成熟的儿童特性，对我们是否也是重要的呢？研究表明，对于一切教学、教育过程最富有实质意义的，还是那些正处于成熟期，而在施行教学时刻尚未完全成熟的过程。这就说明了这样一种现象，过迟的、逾越成熟期的教学丧失了影响，这些尚未成熟过程的可能性，丧失了组织它们、用一定的方法纠正它们的可能性。

学前儿童意识的特点

如果不从整体开始，只从个别部分着手，如果只是试图孤立地说明儿童的注意、记忆、思维的性质，那么为说明学前儿童的意识特点所做的任何努力都将是白费劲的。研究表明，经验也教导我们，儿童及其意识发展中最本质的，不仅是儿童意识的个别机能随着年龄的递增在发展与成长，最本质的是儿童个性的发展与成长，是儿童总的意识的发展与成长。

学前儿童的意识发展与别的年龄的儿童不同，其最重要的特点是，儿童在自己的发展过程中形成了自己全新的机能系统。为简单起见，这个系统的特征可首先概括为记忆成了儿童意识的中心。如研究所表明，学前儿童的记忆已起主导作用了。

记忆在学前儿童身上占有中心位置，由此直接产生了三个重要问题。

第一个非常困难的问题是：我们成年人讲我们自己是用概念思维的。儿童是没有成熟概念的。那么是什么代替儿童的概念呢？思维是学前儿童常有的特性。任何概念，任何词的意义都意味概括。任何概念都归属于某一类事物。不同年龄的儿童形成这些概念的方式也不同。随着儿童与成年人交往的发展，其概括也在扩大。反之亦然。这一状况是儿童思维发展中最为明显的事。

记忆占支配地位这一事实的第二个后果与特点，是儿童的需求与兴趣的性质完全变了。我这里一般地谈谈有哪些改变。正像实验研究与观察所表明的那样，儿童的兴趣开始由情境对儿童显示的意义来决定。而且不单是情境本身表示的意义，儿童自己赋予情境的意义也影响儿童的兴趣。产生了第一个有效的概括，产生了兴趣的更迭与转变。

第三个后果是，这一年龄期的儿童正在过渡到全新的活动类型。考虑到如下的事实，我不得不将这一活动类型认为是向创造性活动的过渡：在学前儿童的一切活动中产生了完全独特的思想对行为的关系，也就是说，出现了儿童实践自己意图的可能性，由思想到情境，而不是由情境到思想的可能性。无论是游戏、画画或者劳动——处处都会碰到儿童的行为与思想之间发生了全新的关系。

我想指出一点来结束我概括的描述。学前年龄是一个完全摆脱了记忆缺失的年龄。众所周知，我们中谁也不记得自己的婴儿时期。但是确实也会找到个别的像托尔斯泰那样的人，他们声称，他们保存了属于生命初期几个月的回忆。记忆缺失是婴儿时期的基本规律，同时，记忆缺失也多少是3岁以下儿童的发育规律。3岁前我们是不记事的。第一个摆脱记忆缺失的年龄是学前年龄。

我们都忘却了自己的婴孩时代，也不记得自己的童年早期。因为在这一年龄，我们的意识结构与成年期的意识结构截然不同，我们当然不会保留3岁前有关我们自己、我们周围的现实的任何回忆。人是从学前期开始记忆事件顺序的，这一事实也就是老心理学家称谓的"我"的等同与统一。

正如研究所表明的那样，在学龄前首次产生了儿童内部的道德规范，形成道德准则。

最后，儿童形成了可以称为第一世界观的轮廓雏形。儿童开始建立对世界、对自然界、对社会以及对自己的一般概念。这一事实也说明了为什么我们在学前期才第一次认为婴儿时期的记忆缺失消失了。换句话说，学前儿童具有某些继承联系成分，这些成分是架设一座桥梁，通向已经结束了自己发展的童年时期的人的成熟世界观。

关于学前儿童教学的几点结论

请允许我就此结束我的这一不完善的叙述，并转而谈谈最后一个问题。那就是关于我在制定学前儿童教学大纲方面陈述的思想所产生的某些结论。

这个结论就是：学前儿童按其特性，有能力开始在此之前无力胜任的、新的一轮教学。他有能力根据某种大纲接受教学，但同时根据他的特性、兴趣和思维水平，对这一大纲他只能掌握到大纲成为他自己的大纲的程度。

如果提出问题，为使幼儿园的教学大纲适应学前儿童的特点，大纲应满足哪些要求，那么，答案应当是这样的：这个大纲应具有两个难于结合的性质。首先，这个大纲应该按照能引导儿童达到一定目的的体系来编制，而且每年要在沿着向目的迈进的道路跨出一定的步伐。这个大纲应该是统一的、系统的普通教育工作的大纲。在这个意义上，这个大纲与学校大纲是相同的。同时，这个大纲应该也是儿童自己的大纲，就是说，大纲实施的次序应符合儿童感情丰富的兴趣，符合他的与一般概念相联系的思维特点。

如果我们试图从学前大纲必须适应学校大纲体系的立场出发来编制大

纲，那是不能完成任务的。显然，学前大纲应有别于学校大纲。应该避免英国人嘲笑的事情。英国的幼儿园称为幼儿学校，他们说，幼儿学校最严重的威胁是将它们变成小小学。

如果我们给自己规定了任务，让儿童在学前期便完成学校大纲，就是说，授予儿童每门学科的按其逻辑编排的系统的知识，那么很明显，我们永远也不会完成这个任务——即将传授知识与使这个大纲变成儿童自己的大纲结合起来。但是只要我们正确处理，好好解决，采取什么体系才能使这个似乎不可能解决的问题成为可能解决的问题，这个任务便不难完成。

学校对学前教育的要求是什么？如果将各位作者所谈的内容归纳起来，那么学校要求学前教育做三件事：（1）学校要求儿童做好接受学校教学的准备；（2）学校要求儿童做好接受分科教学的准备；（3）我觉得，学校也要求儿童初步学会看书、识字，虽然这一点并非大家都同意。

学前儿童应该做好接受学科教学的准备是什么意思呢？意思就是：儿童来上学，开始学习社会科学、算术、自然等学科。为了使儿童能学习这些学科，难道不需要他掌握某些一般的数、量的概念，一般的自然概念和社会概念吗？没有这种最一般的自然概念和科学概念是不可能在学校开始学科教学的。培养这种有关自然、社会的一般概念，是学校给学前教学规定的直接任务。

我想提个普通的思想。旧大纲的诸多缺点之一是，其中只是罗列了一系列个别具体的事实。而学前儿童，正如研究所表明的那样，自己会创立理论，创立完整的关于世界和物体起源的理论。他自己试图解释一系列事物的依从性和相互关系。这一年龄的儿童处于以形象性和具体性为特征的思维阶段。他创立自己的关于动物起源、婴儿降生和往事的种种理论。这就是说，学前儿童不仅有理解个别事实的倾向，而且常常喜欢做些概括。儿童发展中的这种倾向性应当在教学过程中予以利用，并确定编制从第一年到最后一年的一定体系的学前教学大纲和它的基本路子。

第二个基本结论是：学前年龄的第二阶段比第一阶段在教学上有显著区别。这是儿童在自发—反应弧线上越来越接近学校教学的年龄。在过渡到完全的学校教学体系之前，儿童在这一年龄得到一些单个的不同的概念。我刚才提到的学校的那些要求，直接成了第二阶段的任务。这就是为儿童可能按大纲进行反应式教学做准备——教读书写字。

家庭教育的经验告诉我们，置身于书本包围中的儿童不加任何训练，常常便能掌握阅读。幼儿园实验也表明，学前机关是教读书识字的地方。对确定大纲的联系最为重要的时机之一，就是可以称之为胚胎教学或者犹如某些作者所称谓的教学前教学。我这里所指的是蒙台梭利体系中正确提出的一个原则，虽然这个体系是建立在完全对立的原则上的——建立在分析，将整体分为生物和生理成分的原则上的。这个原则就是任何教学必须有个胚胎发育期、学前期、学习准备期。蒙台梭利并不是从儿童能拿起铅笔或钢笔的时候才教他写字的，而要早得多。学前期的任何复杂的教学活动都必定需要这样的胚胎发育准备期。

学龄期儿童的教学和智力发展问题

关于儿童发展与教学关系的三类见解①

我们可以将有关儿童发展与教学的关系问题的一切现有的解答大致地归结为三类，并对其中的每一类在它的充分和明白的展现中分别地加以考察。

第一类解答是科学史提出来的。它的中心原理是：儿童发展的过程不依赖于教学过程。在这些理论里，教学被认为是一种纯粹外部的过程，该过程应该这样或那样地与儿童的发展进程相协调，但其本身并不积极参与儿童的发展，不对儿童的发展做任何的改变，不推动它的进程，不改变它的方向，反而更多地利用它的成就。这一理论的典型代表是皮亚杰。他的极为复杂而有趣的学说是完全离开儿童的教学过程去研究儿童的思维发展的。

学生思维发展的研究者从思维发展过程不依赖于儿童的学校教学事实这样的原则前提出发，这一事实迄今未受到批评，着实令人惊讶。儿童的推理和理解、他对于世界的观念、对物理因果关系的解释、对思维逻辑形式和抽象逻辑的掌握，等等，都被研究者认为好像这些过程都是自发地进行的，未受到学校教学的任何影响。

不难看出，在这种情况下，人们承认这些功能的发展过程完全不依赖于教学过程，这一点甚至表现为把这两种过程在时间上也分隔开来。发展应当完成自己一定的完整的周期，一定的功能应在学校开始教给儿童一定的知识

---

① 本文中的此级小标题均为选编者添加。

和技巧之前成熟。发展的周期始终先于教学的周期。教学跟在发展的尾巴后面走，发展始终走在教学的前面。单凭这一点，就事先排除了提出教学本身在发展和成熟的进程中使一些功能得到促进的问题的可能性。这些功能的发展和成熟，与其说是教学的结果，不如说是教学的前提。教学架空在发展之上，对它不能做任何实质性的改变。

这个问题的第二个解答，像围绕自己的中心一样，围绕一个对立的论点结合起来。这个论点是：教学即发展。这是对这一理论的真正实质的最简洁、最精确的表达公式。这些看法本身是在各种不同的基础上产生的。

初看似乎觉得这一观点比前一种观点要进步得多，因为如果说前一种观点的基础是将教学与发展完全分离，那么这一观点则赋予教学在儿童的发展进程中以中心意义。但是仔细考察第二类解答则表明，尽管这两种观点似乎是对立的，但从其根本点上看却是一致的，相互之间是非常相像的。詹姆士说："教育可能最好界定为组织已往获得的行为习惯与行动爱好。"发展本身也基本上可以归结为各种各样反应的积累。詹姆士说，任何一个已经获得的反应，一般地或是较为复杂的形式，或是一物体原先趋向于引起的天生反应的替代物。

最明白地表达这个思想的说法是：在这一类理论里，发展规律仍被视为教学应当遵循的自然规律，好比技术应当遵循物理规律一样，而教学对这些规律也像最完善的技术对普通的自然规律一样，无力做任何改变。

两类观点尽管多么相似，但它们之间仍然有实质性的差异。如果注意教学过程与发展过程的时间联系，那么这种差异也就一目了然了。如前所见，持第一类观点的人认为，发展的周期应先于教学的周期，成熟走在教学的前头，学校教学过程跟在心理形成的尾巴后头。第二类观点则认为，两个过程是均等的、平行地进行的，教学中的每一步与发展中的每一步是一致的，发展跟随教学就像影子跟随它的投影物体一样。对于这个理论观点来说，这样的比较似乎过于勇敢，因为它的出发点是发展与教学过程完全等同与一致，二者毫无区别，从而这两个过程具有更为紧密的联系和相互依从关系。对于这一理论来说，教学与发展在一切点上都是符合的，好像两个等同的几何图形叠在一起一样。对这一理论来说，任何关于教学与发展的过程何者在先、何者在后的问题自然已毫无意义，而同时性、同步性则是这类观点的基本信条。

第三类理论则力图用简单地将两个观点相结合的办法克服它们的极端。一方面，发展的过程被设想为不依赖于教学的过程；另一方面，使儿童在自己过程中获得一系列新的行为形成的教学本身也被理解为与发展相等同。这样，形成了发展的双重性理论。考夫卡①的关于儿童心理发展的学说可以作为这类理论的最鲜明的代表。根据这一学说，发展的基础有两个完全不同的，但又是相互联系的、相互制约的过程。一方面，成熟直接取决于神经系统的发育过程；另一方面，根据考夫卡的定义，教学本身也是发展过程。

这一理论在三个方面是新的。一是如上所指明的，将科学史上两个先后出现的、对立的观点联合起来。而在一个理论里将两种观点连接起来的事实本身便说明这两种观点不是绝对对立的，不是互相排斥的，实际上，他们是有其共同点的。

这一理论的第二个新的方面是两个形成发展的基本过程互相影响、相互从属的思想。诚然，考夫卡的名著几乎没有阐明这个相互影响的特性，仅仅是最一般地指出这些过程的相互联系的存在而已。但是，从他指出的这些意见里可以懂得，成熟的过程是为一定的教学过程做准备，使一定的教学过程成为可能的，教学过程好像刺激了、推进了发展过程。

最后，这一理论的第三个，也是最重要的一个方面，是扩大了教学在儿童发展进程中的作用。关于这个最后的方面，我们应该多讲几句话。它直接使我们面临一个最近已丧失其尖锐性，通常称为形式教育问题的老的教育问题。这一思想在赫尔巴特的体系里得到最明显的体现，它归结为：每门学科在儿童的一般智力发展中都有一定的意义。从这一观点看，各学科在儿童智力发展方面都有它们不同的价值。

大家都知道，根据这个思想，学校开设的基本学科是：古典语言、古代文化研究、数学研究。基本的设想是：不管这些或那些学科的生命价值如何，首先应该开设对儿童的一般智力发展最有价值的科目。这种形式教育理论在教育学领域里导致了极为反动的实际结论。我们上面探讨的第二类观点

---

① 即库尔特·考夫卡（1886—1941），美籍德裔心理学家，格式塔心理学的代表人物之一。——选编者注

在一定程度上是对上面的理论做出的反应。它们试图恢复教学的独立意义，而不是将教学看作儿童发展的手段，看作训练儿童智力的体操和形式教育。

有人曾经做过一系列研究。他们证明，有关形式教育的基本思想是缺乏根据的。这些研究证明，在某一领域里的教学对儿童的一般发展的影响微乎其微。

桑代克……根据一系列的研究……证明了这一种或那一种活动形式对活动使用的具体材料的依赖性。局部能力的发展很少表示其他能力的发展。他说，详细研究问题的结果表明，能力的专门化比对它做表面观察时所显露的要大得多。比如，从100个人中挑选10个有发现书写错误能力或者有计量长度能力的人，那么这10个人在准确确定物体的重量方面，决不会显露出什么出众的才能。同样地，加法演算的速度与准确性，也与为一个词选配反义词的速度与准确性完全不相联系。

这些研究都表示，意识根本就不是观察、注意、记忆、判断等几种一般能力的综合体。而是大量个别能力的总和，其中每个能力在一定程度上都不依赖于别的能力，都应该进行单独的训练。教学的任务不是单纯地只发展思考能力的任务。教学的任务是发展思考各种事物的多种专门能力的任务。它并不在于改变我们一般的注意力，而在于发展集中注意从事各种活动的多种能力。

保证专门教学对一般发展影响的方法，只有借助于相同的成分、相同的材料、相同的过程才能起作用。我们是由习惯支配的。由此自然可以得出结论：发展意识就是发展多种相互独立的局部能力，形成一系列的局部习惯，因为每种能力的活动都依赖它所使用的材料。一种意识机能的完善或者意识活动的一个方面的完善，都可能影响别的机能和活动的发展，这只是因为这一个或那一个机能或者活动具有共同成分。

我们上面谈到的第三类理论也是反对这一观点的。结构心理学证实了：教学过程从来也不归结为只是形成熟巧，而且自身包含智力性质的活动，这种活动能够把在演算一个习题中发现的结构原则迁移到一系列其他的习题上去。根据结构心理学的成就，这一理论提出一个原理：教学的影响从来不是专门性的，儿童学习某项局部的操作，同时他也获得了形成一定类型结构的能力，而且不管他使用的是不同的材料，也不管组成这一结构的个别成分的情况如何。

这样，第三种理论作为重要的新的方面，自身包含了重新回到形式教育的学说，从而与自己原先的原理发生了矛盾。我们记得，考夫卡重复以前的老公式说，教学即发展，但是因为教学在他看来本身并不只是获得习惯与熟巧的过程，那么教学与发展的关系在他眼里也不是等同体，而是性质相当复杂的关系。如果根据桑代克的看法，教学与发展像两个相同的重叠在一起的几何图形一样在一切点上都吻合的话，那么对考夫卡来说，发展总是一个比教学大的圆。两个过程的图示关系可以用两个同心圆来表示，其中小的象征教学过程，大的则表示由教学引起的发展过程。

儿童学会任何一种活动，同时他也掌握了某一个结构原则，它的使用范围比提供掌握这个原则的那种活动要广泛得多。因此，儿童在教学中迈出一步，他在发展中则前进两步，也就是说，教学与发展不是同步的。

学前教学与学校教学的关系及异同

我们所探讨的三类理论，对教学与发展的关系问题的解决各不相同。但我们可利用它们作为我们研究的出发点，来较为正确地解决这个问题。我们认为，解决这个问题的关键的出发点是下面一个事实：早在学校教学之前，儿童的教学就开始了。就问题实质而言，学校从来不是从零开始工作的。儿童在学校所受到的教学都是有其前史的。比如，儿童开始在学校学算术，他早在入学之前在数量方面就具有一定的经验，他曾多次碰到除法、计算数量大小、加减运算等，因此儿童有他自己的学前算术。只有患近视的心理学家才对这样的算术无所觉察或者视而不见。

细心的研究证明，这个学前算术是极其复杂的。这表明儿童早在学校学习算术之前便经历了自己的算术发展道路。诚然，这段学前史并不就意味着儿童算术发展中一个阶段与另一个阶段之间存在的直接继承。

学校教学的线路不是儿童在某一领域里学前发展线路的直接延伸。在某些方面，它可能转向，甚至会与学前发展线路背道而驰。我们在学校里可能会遇到学前教学的直接延伸或者适得其反，但反正一样，我们不能忽视这一情况：学校教学从来不是从空白点开始的，儿童在入学之前总是经历过一定的发展阶段。

而且我们似乎会觉得施通普夫与考夫卡等研究者得出的结论是很令人信

服的，他们竭力磨灭学校教学与学前教学之间的界线。但细心的眼光不难发现，教学并不是学龄期才开始的。考夫卡在试图给教师说明儿童教学的规律及它们与儿童智力发展的关系时，他将全部注意力集中在一些最简单、原始的教学过程上，而这些最简单、原始的教学过程，恰恰正是出现在学前期的。

他的错误在于他发现了学前教学与学校教学之间的相似处，但却未发现他们之间的差异，也未发现学校教学实际带来的独特的新东西。因此，他追随施通普夫，也倾向于认为二者的差异仅限于前者是不系统的，而后者则是系统的儿童教学。看来问题不仅在于系统性，而在于学校教学给儿童发展带来某种原则上新的东西。但是这些研究者也有他们正确之处，这就是他们指出了教学早在学龄前便存在了的这一毋庸置疑的事实。事实上，儿童难道不是在跟成年人学语言吗？儿童提出问题、回答问题，他难道不是从成年人那里获得一系列的知识和信息吗？儿童模仿成年人，从他们那里得到他应该如何行动的指点，这不是在培养自己的一系列熟巧吗？

当然，这个产生在学龄达到之前的教学过程与要求掌握科学知识基础的学校教学还是迥然相异的。甚至在儿童提出最初的问题、掌握周围物体的名称时，他已在经历一定的学习周期了。这样，教学与发展在学龄期间并不是初次相遇，实际上，他们在儿童生命的第一天便相互联系起来了。

这样一来，我们应该向自己提出的问题具有双重的复杂性。它似乎又分裂为两个独立的问题。首先，我们应该弄清教学与发展之间存在的总的关系，然后，我们再弄清在学龄期间这一关系的特征是什么。

儿童的最近发展区问题

我们就从第二个问题入手吧！因为它能使我们弄明白我感兴趣的第一个问题。为明确这一点，我们先来探讨一下某些研究的结果。在我们看来，这些研究对于解决我们的问题具有原则性的意义，而且能把极为重要的新概念引入这门科学中，没有这个新概念，我们研究的问题便不能正确解决。这里所谈的是最近发展区问题。

教学总是应该与儿童的发展水平相一致，这是多年的经验所确定的，也是反复检验过的毋庸置疑的事实。教儿童读书识字只能从一定的年龄开始，他学习代数也只能从一定的年龄开始。这些都无需证实。这样，确定发展水平及其对接受教学训练的可能性的关系便是不可动摇的基本事实。毫无疑义，我们可以以此作为出发点，大胆地开始我们的工作。

但是，只是在前不久才注意到，在我们试图确定发展过程对教学可能性的真实关系时，我们不能只限于确定发展水平，我们至少应该确定儿童发展的两种水平。如果不了解这两种水平，我们将不可能在每一个具体情况下，在儿童发展进程与它受教学可能性之间找到正确的关系。第一个水平，我们称为儿童的现实发展水平。这是指一定的已经完成的儿童发展周期的结果和由它而形成的心理机能的发展水平。

实质上，我们用测验确定儿童智力年龄时，几乎总是与这一现实发展水平打交道的。但是普通的经验证实，这一现实发展水平不能完全充分确定今日儿童发展状态。我们曾研究了两个儿童并确定他们的智力年龄都为7岁。就是说，两个儿童都能演算7岁儿童力所能及的习题。但是，如果我们想在测验中将这两个孩子往前推一步，那么他们之间就会出现巨大差异。一个儿童依靠启发性问题、例子、示范等，很容易演算了超越发展水平两年的试题，而另一个儿童只能解决往前延伸半年的试题。

我们在这里直接碰上了确定最近发展区所必需的中心概念，这一中心概念自身也与重新评价现代心理学中的模仿问题相关联。

原先确定的观点认为天经地义的定理是：只有儿童的独立活动，而决不是模仿，才是判断儿童智力发展指标的依据。这一观点在今日的测验研究体系中处处都有体现。没有人帮助，没有示范，没有启发性问题，只有儿童独立做出的测验解答才能在评价其智力发展中受到重视。

但是，正如研究所表明的，这一观点的理由是不充分的。对动物进行的试验表明，动物能模仿的动作只存在于动物自己的能力区之内。这就是说，动物只能模仿它自己以某种形式也能完成的一些动作。而且，动物模仿的可能性几乎不超越它自己动作的可能范围。这就是说，如果动物能模仿一个智力动作，那么它在自己独立活动中，在一定条件下，也能表现出完成类似动作的能力。这种模仿便紧密地与理解相联系了。模仿只有在动物能理解的行动范围内才是可能的。

儿童模仿的重要区别在于，他能模仿远远超出他自身可能性界限的一系列动作，但这种可能性也不是无限大的。儿童在集体活动中，在成年人的引导下，通过模仿能做更多的事情，而且是理解地、独立地做。儿童在成年人指导和帮助下演算的习题的水平与他在独立活动中便能演算的习题的水平，二者之间存在差距，这个差距就是儿童的最近发展区。

让我们回忆一下刚才举过的例子。我们面前是两个智力年龄均为7岁的儿童。一个稍加帮助便能演算9岁智龄儿童才能胜任的习题，另一个能演算七岁半智龄儿童胜任的习题。这两个儿童的智力发展是相同的吗？从他们独立活动的观点看是相同的。但从发展的最近可能性看，则二者相去甚远。儿童在成人的帮助下能做的事给我们指明了他的最近发展区。这就是说，用这个方法，我们不仅能看到儿童今天已经完成的发展过程，看到他已经完成的周期，以及他所经历过的成熟过程，而且能估计他正在形成、正在成熟和正在发展的过程。

今天儿童靠成年人帮助完成的事情，明天他便能自己独立地完成。这样，最近发展区将帮助我们确定儿童的明天，确定他发展的动态，不但可以查明发展中已经达到的状态，而且能发现他正在成熟中的状态。我们例子中的这两个儿童，从已经完成的发展周期看，显示的是相同的智龄，但他们的发展进程是不同的。这样，儿童智力发展的状态至少可以借助于他的两个发展水平——现实发展水平与最近发展区来加以确定。

研究儿童最近发展区问题的意义

看来这个自身似乎意义不大的事实却有着决定性的原则意义，而且给儿童发展与教学过程关系的整个学说带来巨大变革。

首先，这个事实改变了关于应当怎样从发展的诊断学中做出教育结论问题的传统观点。从前的状况是这样的：我们依靠测试、考核确定儿童智力发展水平，教育学承认这个水平，并且不得超越这个水平。这样，问题的提法本身便包含了这样的思想：教学应当面向儿童发展的昨天，面向已经走过了的、结束了的阶段。

这一观点的谬误在理论上澄清之前在实践中就已揭示出来了。如用弱智儿童的教学为例来加以阐明是最清楚不过的了。大家都知道，研究表明，弱智儿童不善于抽象思维。由此，弱智儿童学校的教育学做出了看来似乎是正确的教育结论：这类儿童的教学均应建立在直观性原则的基础上。但是大规模的实验却使专门教育学大失所望。原来，这一基于直观原则并在讲授中排除一切与抽象思维有联系的东西的教学体系，不但无助于儿童克服他们的先天缺陷，而且相反地教儿童只习惯于直观思维，摧残了这类儿童也具有的抽象思维的幼弱萌芽，从而更加加固了这一缺陷。正因为如果让弱智儿童听其自然，则他们永远也达不到抽象思维的多少发展的形式，所以学校的任务就是要全力以赴地推动儿童往这个方向前进，发展他们自身在发育中的不足之处。在现代的弱智儿童学校教学中，我们可以观察到背弃这种理解直观性的有益转变，而且这个转变赋予直观教学方法本身真正的意义。直观性总是需要的，不可避免的，但只能作为发展抽象思维的阶梯，是一种手段，决不是目的本身。

在正常儿童的发展中也发生与此极为相近的情况。从儿童的一般发展观点看，以已经完成的发展阶段为目标的教学是无所作为的，它不会带来新的发展过程，自己只会在发展的尾巴后面爬行。

最近发展区学说和老观点不一样，它使我们可以推出一个相反的公式：只有跑到发展前面的教学才是好的教学。

我们从一系列的研究中获悉，人特有的并在人类历史进程中揭示出来的儿童高级心理机能的发展过程，是一个非常独特的过程。在别的地方，我们曾将高级心理机能的发展的基本规律表达为：在儿童的发展中，所有的高级心理机能都两次登台。第一次是作为集体活动、社会活动，即作为心理间的机能；第二次是作为个体活动，作为儿童的内部思维方式，作为内部心理机能。

我们这里通过一些个别的例子所见到的一切，形象地说明了童年期高级心理机能的普遍规律。我们认为这一规律也是完全适合于儿童教学过程的。我们也不怕在说过这一切之后坚决地声称，教学的本质特征是教学造成了最近发展区，就是说，教学引起了、唤醒了、启发了一系列内部发展过程。这些过程，对儿童来说，目前只是在他与周围人们的关系中，在与他的伙伴的相互合作的环境里才是可能的。但这些内部发展过程，在它们完成了发展进程之后，便成为儿童自身的内在财富了。

从这一观点看，教学并不就是发展，但正确的教学却能导致儿童智力的发展，启发一系列没有教学根本就不可能实践的发展过程。这样说来，教学就是儿童在发展他的非天生的、历史的特性的过程中内在的和必需的普遍要素。

像在自己周围听不到言语的聋哑父母的孩子一样，尽管他具备一切发展言语的天赋，但他仍然是个哑巴，同时，与言语相关联的那些高级心理机能也得不到发展。同样，一切教学过程是导致一系列其他过程发展的源泉，没有这个源泉，这些过程在发展中一般也是不可能产生的。

如果将儿童的教学过程与成年人的教学过程进行比较，作为发展的源泉造成最近发展区的教学，它的作用也就可能更加清楚了。以前一直很少注意成年人教学与儿童教学之间的差异。大家都知道，成年人也具有非常巨大的接受教育的能力。詹姆士提出的所谓25岁以后的成年人不能再接受新思想的武断说法，在现代实验研究进程中已被推翻，但是成年人的教学与儿童的教学在原则上究竟有什么差异，至今仍然是不很清楚的问题。

关于发展与教学问题的小结

现在我们给讲过的东西做个总结，简明地表达我们所发现的发展与教学过程的关系。

超前点说，一切有关在学校里学习算术、作文、自然以及其他学科的过程和对它们的心理特征的实验研究都表明，这一切学习过程都像围绕一根轴一样，围绕着学龄期基本的新形成物转动。一切都与学生的中枢神经发展编织在一起，学校教学的条条线路都能激发内部过程的发展。注意观察由于学校教学的进程而发生的这些内部发展的线路，它的产生及其命运便构成分析教学过程的直接任务。对于这里提出的假设，最重要的是下列原理：发展的过程并不总是符合教学过程的，发展过程跟随着建立最近发展区的教学。

假设的第二个最重要的因素是另一个概念：虽然教学和儿童的发展过程有着直接联系，但它们永远不是同一的或相互平行的。儿童的发展不会像物体投下的影子那样追随着学校的教学。因此，学校的测验成绩不能反映儿童发展的实际进程。事实上，发展过程与教学过程之间有着极其复杂的、变动着的依赖关系，不可能用统一的、预先提出的、臆断的、思辨的公式来反映这些相互关系。

每一门学科对儿童的发展有它独特的具体的关系，这种关系在儿童从一个阶梯迈向另一个阶梯的过程中发生变化。这就促使我们也要严密地重新研究形式教育问题，也就是从儿童的一般智力发展的观点出发，重新审核每一门学科的作用与意义。这件事借助任何一个公式都是不可能办成的，从而为最广泛、多样的具体研究开辟了广阔的天地。

（选自维果茨基著，余震球选译：《维果茨基教育论著选》，
人民教育出版社 2005 年版）

思考与练习

1. 结合克鲁普斯卡雅的观点，谈谈是否应教男孩做"女人家"的事，并分析学前阶段的教育对个体性别角色的形成有何影响。
2. 试析克鲁普斯卡雅关于玩具的观点与其他教育家的区别。
3. 结合马卡连柯的观点，谈谈家庭经济条件对儿童表现有何影响以及在教育中如何引导。
4. 马卡连柯关于儿童劳动教育的思想包括哪些内容？试做评述。
5. 结合苏霍姆林斯基的教育事例，谈谈如何在情境中对学前儿童进行道德教育。
6. 苏霍姆林斯基关于童话及其教育功能的观点有哪些？试做评述。
7. 维果茨基关于教学与发展的代表性观点有哪些？试予评价。
8. 试述研究儿童最近发展区问题的意义。

第七章

现代学前教育名著选读（下）

> **内容提要**
>
> 本章主要选介现代心理学家与学前教育有关的著述。
>
> 19世纪末以降，尤其是进入20世纪后，在近代自然科学勃兴的基础上，人们突破从经验论角度探讨学前教育的传统做法，开始在自然科学及心理学（尤其是实验心理学）的基础上对学前教育进行研究。自从冯特1789年在莱比锡大学建立心理学实验室以来，心理学获得了新的发展，取得了长足的进步。心理学领域流派纷呈，竞放异彩。精神分析流派、行为主义及新行为主义流派、结构主义流派、人本主义流派纷纷登场，展示了各自的研究成果。不同流派的心理学家在研究人的心理现象、揭示人的心理规律时，关注教育（包括学前教育）对人的发展的影响。他们通过实验、分析和论证，试图厘清并把握儿童心理发展的规律。他们以现代心理学为依据，从不同的角度对学前教育进行研究，不仅使学前教育研究具有坚实的心理学基础，也使得学前教育理论（包括方法、手段）更为丰富多彩。这批心理学家（有些本身既是心理学家又是教育家）参与研究和著述，为20世纪的学前教育增添了新的亮点。
>
> 精神分析学派的创始人弗洛伊德把童年作为精神分析的重要主题之一。他认为，精神病的种子早在人幼小时就已经种下。他提出的"一切倒错的倾向都起源于儿童期"的观点，深刻揭示了幼年期在人一生中的重要地位。弗洛伊德依据泛性论，把儿童心理发展分为不同的时期，提出了独具特色的儿童发展阶段理论。他指出停滞和退化导致儿童的人格发展受到严重阻碍，主张利用升华将儿童被压抑的欲望或心理能量转移

到对社会有益的、高尚的创造活动中去。他的精神分析学说对现代学前教育的影响极为深远。

行为主义心理学的创始人华生从"刺激—反应"的公式出发，认为环境和教育是儿童行为发展的全部条件。华生提出人和动物的全部行为都可以归结为刺激和反应，并声称人的任何行为都可以通过学习和训练加以控制，可以在严格控制的教育环境中形成和加以改造。在此基础上，他提出了一个著名的论断："给我一打健全的婴儿和我可以培育他们的特殊世界，我就可以保证随机选出一个，不问他的才能、倾向、本领和他的父母的职业及种族如何，我都可以把他们训练成为我所选定的任何类型的特殊人物，如医生、律师、艺术家、大商人，甚至于乞丐、小偷。"这一思想无疑唤起了人们对教育的信心。

新行为主义心理学家斯金纳继承和发展了行为主义教育家的思想，在大量实验研究的基础上提出了强化理论。他认为，强化作用是塑造儿童行为的基础，只要正确应用强化，"就能预测并在某种程度上确定一个人的行为"，就会塑造出一种教育者所期望的儿童行为。通过积极强化、消极强化、及时强化等途径，可以塑造和控制儿童的行为。他主张在学前教育中要反对惩罚，而以消退代替惩罚，从而改变了人们对儿童行为塑造及学前教育的认识。

美国认知心理学家布鲁纳进一步发展了结构主义教育思想。他强调儿童认知结构的研究及认知能力的发展，主张让儿童掌握每门学科的基本结构，提出螺旋式的课程编排原则，倡导发现法，对各国教育改革运动及学前教育都产生了重要影响。

发生认识论的创始人皮亚杰依据结构主义的基本原理，提出了儿童思维发展结构理论。皮亚杰把儿童的心理结构分为图式、同化、调节和平衡四个范畴，认为儿童认知发展表现为一种内部结构的变化，不断发展的平衡状态就是整个儿童心理发展的过程。在此基础上，皮亚杰提出了儿童认知发展阶段理论，为学前教育工作者提供了新的思路。

与上述心理学派不同的是，人本主义心理学家马斯洛根据需要层次理论，强调教育应该培养自我实现的人，提出儿童的创造性要从小培养，使儿童喜爱新事物并能享受新事物和改变的乐趣。马斯洛还强调艺术教育，要求把美育渗透到学校的各门学科中去，主张让学生在活动中或者通过帮助他人获得高峰体验，达到促进儿童发展的目的。这一思想为西方学前教育的发展注入了活力，其影响不容忽视。

《精神分析引论》

弗洛伊德

【导读】

弗洛伊德（S. Freud，1856—1939）是奥地利精神病学家，现代西方主要心理学派之一——精神分析学派的创始人。

《精神分析引论》（1917年）的原始形式为弗洛伊德在维也纳大学的讲稿，成书后分为过失心理学、梦和神经病通论三部分。他论述的虽然是精神分析的基本理论，但对教育尤其是学前教育具有极大的启示。

潜意识论是精神分析的核心部分，是弗洛伊德学说的理论基础。弗洛伊德认为心理过程主要是潜意识的，认为人的潜意识就像一个由原始冲动、各种本能以及被压抑的欲望所组成的过去经验的大仓库。弗洛伊德试图由此入手来破解人的内在发展规律及精神疾病的致病机制。童年期是被经常论述的一个重要主题。弗洛伊德在分析精神病的病因时，认为其起源于儿童期或者更早。他指出："一切倒错的倾向都起源于儿童期。"这一论述深刻揭示了儿童期在人一生中的重要地位，进而强调了幼年生活经验对于儿童心理发展和人格发展的重大意义。

弗洛伊德在泛性论的基础上，提出了独特的儿童发展阶段理论。他把儿童心理发展大致分为口唇期、肛门期、性器期、潜伏期和生殖期等五个阶段。他对每个阶段儿童的身心特征都进行了研究并做了详细描绘。在有关论述中，尤因提出了"伊谛普斯情结"而闻名遐迩。弗洛伊德还提出"停滞"和"退化"两个概念来说明早期教育和训练在儿童发展各个阶段中的重要作用。他认为停滞和退化都是病态，多因成人对学前儿童教育和训练不当所致，从而导致儿童的人格发展受到严重阻碍，因此应强调早期教育和训练。他指出，为了使儿童人格正常发展，避免停滞和退化，既要反对强制，又要避免溺爱。同时他还提出，要利用升华的作用，将儿童被压抑的欲望或心理能量转移到对社会有益的和高尚的创造活动中去。

弗洛伊德的精神分析学说是极富教育意义，同时又不乏争议的心理学理论，对现代学前教育的影响极为深远。曾有人断言，弗洛伊德对20世纪教育思想的影响具有决定性的意义。但我们在借鉴弗洛伊德及精神分析学派的学前教育思想时，要审慎地区分其中的精伪。

第一编 过失心理学

第一讲 绪论

精神分析的两个命题①

精神分析的第一个令人不快的命题是：心理过程主要是潜意识的，至于意识的心理过程则仅仅是整个心灵的分离的部分和动作。我们要记得我们从前常以为心理的就是意识的。意识好像正是心理生活的特征，而心理学则被认为是研究意识内容的科学。这种看法是如此明显，任何反对都会被认为是胡闹。然而精神分析却不得不和这个成见相抵触，不得不否认"心理的即意识的"说法。精神分析以为心灵包含有感情、思想、欲望等等作用，而思想和欲望都可以是潜意识的。但是精神分析因为有了这个主张，一开始便失去了那些清醒的有科学头脑者的同情，而被怀疑为荒谬捣鬼的巫术。

第二个命题也是精神分析的创见之一，认为性的冲动，广义的和狭义的，都是神经病和精神病的重要起因，这是前人所没有意识到的。更有甚者，我们认为这些性的冲动，对人类心灵最高文化的、艺术的和社会的成就做出了最大的贡献。

第二编 梦

第八讲 儿童的梦

儿童梦的分析

这种梦在儿童的梦中可以找到：儿童的梦简短、明白、易于了解，其意

---

① 本文中的此级小标题均为选编者添加。

义虽不含糊，但究竟不失为梦。然而儿童的梦也不都属于这个类型。儿童期的初年开始出现化装的梦，5岁和8岁之间的儿童的梦，据记载，已具有成人的梦的一切特点。但是假使你以初具精神活动或四五岁这一时期为限，便可发现一系列的所谓幼稚的梦，到了儿童后期还可以有这同一类型的梦；甚至成人的梦，在某种情形下也可与婴孩的梦同样幼稚。

儿童若对日前的经历感到遗憾，抱有希望或有不曾满足的愿望，便以做梦为反应。儿童借梦以直接满足这个愿望，毫无掩饰。至于体外或体内的刺激在扰乱睡眠和产生幻梦上所占的地位，现在也可以讨论一下。在这一点上，我们已知道一些明确的事实，但是这些事实只可用以解释极少数的梦。在儿童的梦中，则难以看出这种身体刺激的影响；因为儿童的梦是完全易于了解的。

现在来看看由儿童的梦的研究，几乎不费力气而得的究竟有多少知识。我们已经知道：（1）梦的功用在于保护睡眠；（2）梦由两种互相冲突的倾向而起，一要睡眠，一要满足某种心理刺激；（3）梦为富有意义的心理动作；（4）梦有两个主要的特性，即愿望的满足和幻觉的经验。

第十三讲　梦的原始的与幼稚的特点
儿童幼时经验的分析

你们根据自己的实际经验，总可以知道幼时经验的易被遗忘。从1岁起到5岁、6岁或8岁时的经验，在记忆中，和后来的经验不同，没有留下相同的痕迹。有些个体固然能自夸记得自幼年到现在的经验，毫无间断，但是较普通的却恰恰与此相反，即幼年的经验在记忆中是一个空白。由我看来，此事尚未引起足够的注意。儿童在2岁时便能说话，便能适应复杂的心理情境，而且话一说过便被遗忘，几年后，有人提起，他也不再记得。但是，幼年时因为经验的负担较少，记忆力应该要比后来强些。而且我们也没有理由说记忆是特别高等或困难的心理活动；有时理智程度很低的人，反而有更强的记忆力。

但是，我必须要你们注意第二个特点，这第二特点是以第一特点为基础的——就是，幼时头几年的经验虽已遗忘，但仍留有一些回忆，大都形成意象，其所以被保留，似乎还缺乏适当的理由。对于成人生活所接受的种种印象，记忆能加以选择，保留重要的而遗忘不重要的；至于对于由幼年保留下来的记忆则不如此。这些记忆不一定是幼年的重要经验，甚至也不是儿童自己认为的重要的经验，往往本身是一些丑恶的、无意义的经验，以致不得不使我们奇怪这个特殊的经验何以偏偏被记住了。我曾应用分析法，想研究幼年遗忘及片断回忆的问题，结果发现表面虽然相反，其实儿童也和成人相同，仅在记忆中保留着重要的经验。但所谓重要的经验，在记忆中，却为那些貌似琐碎之事所代替了（由于压缩作用，特别是移置作用的结果）。因为这个缘故，所以我称这些幼年的回忆为屏蔽记忆，通过彻底的分析可由此召回一切已被遗忘的经验。

利己与利他

一个孩子在幼时（这个经验到后来便被淡忘了）常毫无隐蔽地表示这种利己主义。因为一个孩子总是先爱自己，然后才知道去爱别人而牺牲自己。即使他爱别人，也仅因为要满足自己的需要——所以也起源于自私的动机。只是到了后来，才能使爱的冲动脱离利己主义，所以孩子实际上是由于自私，然后才学得如何爱人。

这里最好将孩子对于兄弟姊妹的态度和他对于父母的态度互相比较。小孩子不一定爱恋他的兄弟和姊妹，他对此事常坦白承认。他以兄弟姊妹为敌人，所以加以仇视；这个态度往往过了许多年不稍变，一直要持续到成人时，或竟在成人期之后。那时常代以柔情，或者我们可以说常常被一种较亲爱的情感所代替或掩盖。但是敌视的态度似乎总是早先发展。两岁半到 4 岁的孩子，当小弟弟或小妹妹出生时，常常表示不友好的态度，说自己不喜欢新孩子，或者但愿鹳鸟将它重新衔去①。其后，一有机会，即借故诋毁那新孩子；甚至设法加以攻击和伤害，这种事也屡有所闻。假使年龄相差不大，当孩子的心理活动较有充分发展的时候，他所视为敌人的弟妹已经存在，他只得使自己适应情境；反之，假使年龄相差较大，新孩子也许又可使大孩子引起仁慈的情感，而把他视为有趣的对象、活的玩偶；假使二者年龄相隔有八年之多，大孩子又是女孩，则可立即引起保护性的母性冲动。

恋母与恋父情节

我所指的爱的竞争，显然带有性的意味。男孩子早就对他的母亲发生一

---

① 欧洲人常欺骗孩子，说孩子降生是由鹳鸟衔来的。——译者注

种特殊的柔情，视母亲为自己的所有物，而把父亲看成是争夺此所有物的敌人；同理，小女孩也以为母亲干扰了自己对父亲的柔情，侵占了她自己应占的地位。根据观察的结果，可知这些情感起源极早，我们称之为"伊谛普斯情结"，因为在伊谛普斯的神话里，由儿子方面而起的两种极端的愿望——即弑父和娶母的愿望——只是稍微改变了呈现方式而已。我原不主张伊谛普斯情结已尽包括亲子间的所有关系而无遗；这些关系可以复杂得多。再者，这个情结有时发展，有时退隐，有时甚至颠倒了关系，但无论如何总是儿童心理的最重要的成分；而其影响和结果，我们却往往易于忽视而不加重视。而且父母本身也常刺激子女，使其产生伊谛普斯情结的反应。因为他们往往偏爱异性的孩子，所以父亲总是宠爱女儿，而母亲总是宠爱儿子；或者，假使结婚的爱已经冷淡，则孩子即可被视为失去了吸引力的爱人的替身了。

释梦的小结

现在可将儿童心理学的研究如何用以释梦的结果小结如下。我们已知道，不仅被遗忘的儿童经验的材料可以入梦，而且儿童的心理生活及其特性，如利己主义、乱伦的对象选择等等都继续存在于潜意识之内。于是，我们因做梦而每夜回复到这种幼稚的时期。"潜意识就是幼儿的心理生活"的信念，既因此可得到证明，而"人性本恶"的可恼印象也就可以逐渐减弱了。因为这个可怕的罪恶只是指精神生活的最初的、原始的和幼稚的部分，仅作用于儿童时期。我们一方面不加重视，是因为它的分量不大；另一方面也不大以为意，是因为我们对于儿童并不要求一种高级的伦理标准。

第三编　神经病通论

第十八讲　创伤的执着——潜意识

我们不禁要问：一个人对于生活究竟如何或为什么采取这种特异的、无益的态度，假使这种态度是神经病的通性，而不是这两个病人所特有的话。实际上，这确是各种神经病的普遍的、重要的特征。我们因分析而得知，每一病人的症候和结果都足以使自己执着于过去生活的某一时期。就大多数的病例而言，这过去的时期往往是生活史中最早的一个阶段，如儿童期或甚至于早在吸乳期内。

第二十讲 人们的性生活
儿童的性意识及控制

根据精神分析的研究,我们已知道儿童的性生活也有研究的必要,因为分析症候而引起的回忆和联想常可追溯到儿童期的最早年月。由此所发现的一切,近来已一一为对儿童的直接观察所证实。因此,我们乃知道一切倒错的倾向都起源于儿童期,儿童不仅有倒错的倾向,而且有倒错的行为,和其尚未成年的程度正相符合;总之,倒错的性生活意即婴儿的性生活,不过范围大小和成分繁简稍有不同罢了。

你们要说儿童没有性生活——如性的激动、性的需要、性的满足等,只是到了12至14岁才突然获得,那是不符合一切观察的结果的,在生物学上是无意义的,同假定他们生来本没有生殖器,只是到青春期内才开始勃发一样地荒谬。其实,青春期所引起的是生殖机能,这个机能呈现作用之后,乃利用身体和精神中已有的材料以达到其原有的目的。你们的错误在于分不清性生活和生殖,因此,不能了解性生活、倒错的症候和神经病。教育的最重要的社会任务之一是使那作为生殖机能的性本能接受个体本身的约束和控制(这便是社会的要求)。所以,社会为了自己的幸福,就要使儿童的充分发展暂时延缓,等到他在理智的成熟上有相当的程度再说,因为可教育性实际上是随性本能的完全发动而停止的。反之,性本能失去控制,必将溃决而不可收拾,则苦心建设而成的文化组织将被扫荡而去。但是控制也不是容易的事;控制的成功常微不足道,有时却又嫌太大了。

教育家因经验的结果,已知道儿童的性的意志的陶冶须及早开始。我们应控制儿童的性生活于其青春期之前,而不应等到本能势力爆发之后。因此,凡属婴儿的性的活动都加以禁止,并使儿童感到不快;教育的理想就是要使儿童的生活化为"无性",久而久之,就连科学也深信儿童是没有性生活的了。为了使已有的信仰和目的不与事实相抵触,于是儿童的性生活被忽视了——顺便说,这可不是一个小成就——而科学也自圆其说以求自足。小孩子于是被假设为纯洁的、天真的:谁说一个"不"字,谁就是非圣侮法的诽谤者。

只有孩子们才不管这一套常规;他们都顺其自然地暴露自己的兽性,可见所谓"纯洁的天性"实由学习而得。奇怪得很,那些否认儿童性生活的人们，却最不愿意放松在教育上控制儿童的性的工作。他们虽不愿承认儿童的性生活的存在，但仍用十二分严厉的态度处理儿童的每一性的表示。还有一层，那最足以和"儿童没有性生活"的偏见相冲突的是在五六岁的时候，而五六岁恰恰是多数人遗忘了的时期；这一段遗忘虽只有分析的研究才可召回意识，但也有成梦的可能。这在理论上都是极有兴趣的。

我现在可要叙述儿童的最显而易见的性的活动了。我想最好先请你们注意"里比多"这个名词。里比多和饥饿相同，是一种力量，本能——这里是性的本能，饥饿时则为营养本能——即借这个力量以完成其目的。婴儿的初次的性的激动似和其他重要的生活机能有密切的关系。你们知道，小孩的主要兴趣在于营养的吸收；当婴儿在怀抱内熟睡而感到满足的时候，他那舒服的神情和成年时经验到性的满足后的神情仿佛相似。

吸乳的欲望含有追求母亲的胸乳的欲望，所以母亲的胸乳是性欲的第一个对象……但是婴孩一旦能为吸吮而吸吮，这个对象即被抛弃而代之以自己身体的一部分，婴孩就自吮其拇指或口舌了。他于是不必乞助于外界的事物也能获得快感，而且将兴奋的区域扩大到身体的第二种区域，以增加快感的强度。

营养的吸收最明显不过地看得出来，排泄作用在一定程度上也不例外。我们乃断定婴孩在大小便中都有快感的经验，而且他们不久便故意做这些动作，以期在这些性觉区中伴随而起的皮膜兴奋，可给他们以最大可能的满足。但是，像卢·阿德里安所曾指出的，外界的压力不许小孩有追求这种快感的欲望而加以干涉——于是小孩才初次约略地察觉到成人才经验到的内外冲突。他不得随意排泄；排泄的时间须由他人指定。成人们为了使他放弃这些快感，就告诉他，关于大小便的一切都是"不文雅"的，必须隐讳。他这才不得不放弃自己的快乐以换取他人心目中的价值。

第二十一讲 里比多的发展与性的组织
停滞、退化与升华（一）

儿童由6岁或8岁起，性的发展便呈现一种停滞的或退化的现象；这实在是一种达到高度文明的标准，这个时期可称为潜伏期。潜伏期有时也可完全缺乏；而在这整个时期中，性的活动也不必完全停止。

婴孩对于对象的选择好像只是出于儿戏，然而它却奠定了青春期选择对象的方向。在青春期，有一种很强烈的情感的流露以反映伊谛普斯情结；但是因为意识已知道严于防御，所以这些情感的大部分不得不逗留于意识之外。一个人从青春期起就必须致力于摆脱父母的束缚，只有当这种摆脱有所成就之后，他才不再是一个孩子，而成为社会中的一员了。

第二十二讲　发展与退化的各方面、病原学
停滞、退化与升华（二）

　　里比多机能要经过多方面的发展，然后才可行使正常的生殖职能。

　　根据普通病理学的原则，我们可以说这种发展包含着两种危险：即停滞和退化。换句话说，生物的历程本有变异的趋势，所以不必都由发生、成熟而消逝，一期一期地经过；有些部分的机能，也许永远停滞于初期之中，结果在普通的发展之外，还有几种停滞的发展。

　　大概地说，人们可以有许多方法来忍受里比多满足的缺乏而不至于发病。我们还知道有许多人能自制其欲而无害；他们那时或不能愉快地过日子，或忍受着不满足的期望，然而决不因此而得病。所以，我们不得不断定性的冲动异常地富于弹性，假使我们可以用弹性这个名词的话。这一冲动可进来代替另一冲动，假使这一冲动实际上不能予以满足，那么另一冲动常可提供充分的满足。它们彼此的关系好像一组装满液体的水管，互相连接成网状，虽然它们都受生殖欲的控制（这一受控制的条件很不容易想象得出）。而且性的部分本能和包含这些本能的统一的性冲动都能彼此交换对象——换句话说，即都能换到一种容易求得的对象；这种互相交换和迅速接受代替物的能力，当然对剥夺的结果产生一种强有力的相反的影响。这些防止疾病的历程，其中有一种在文化的发展上占着特殊重要的地位。因为有了这个历程，所以性的冲动乃能放弃从前的部分冲动的满足或生殖的满足的目的，而采取一种新的目的——这个新目的虽在发生上和第一个目的互相关联，但不再被视为性的，在性质上须称之为社会的。这个历程，叫作升华作用。因为有这个作用，我们才能将社会性的目的提高到性的（或绝对利己的）目的之上。

　　性本能和自我保存的本能遇到现实生活的必要性时所表现的行为不一样，那是值得注意的。自我保存的本能和一切隶属于自我的本能都较易控制，很早就接受必要性的支配，而且使其本身的发展适应现实的旨意。这是可以了解的，因为它们若不服从"现实"的旨意，便不能求得所需要的对

象，而个体若没有这些对象，便不免于死亡。至于性的本能则较难控制，因为它们从来就不感觉到对象的缺乏。它们既好像是寄生地附丽于他种生理机能之上，同时又可在本身求得满足，所以它们最初本不受"现实"必要性的教育影响。就多数人而言，其性本能可以在这一或那一方面终身保留这种固执性或"无理性"，不受外界的影响。而且一个青年的可教育性，大概在性欲勃发的时期即告结束。教育家都知道这一点，而且都知道如何应付；但是，他们也许肯接受精神分析的结果的影响，而把教育的重心移到吸乳期起的幼年。小孩常在四五岁时已经成为一个完成的生物，只是后来才逐渐显现其所禀赋的才能而已。

第二十三讲 症候形成的过程

忽视儿童期经验及过分压制儿童性欲的不良后果

里比多究竟在哪里找到它所需要的执着点以冲破压抑作用呢？是在婴儿时的性的活动和经验里，以及在儿童期内被遗弃的部分倾向和对象里。里比多便在这些地方求得发泄。儿童期的意义是双重的：第一，天赋的本能倾向那时才初次呈现；第二，他种本能因经验着外界的影响和偶然的事件，才初次引起活动。由我看来，这双重的区分是很有理由的。我们原不否认内心倾向可以表示于外，然而由分析的观察的结果，使我们不得不假定儿童期内纯粹偶然的经验也能引起里比多的执着。在这点上，我可看不出有何种理论的困难。天赋的倾向当然是前代祖先的经验的遗产；它们也是某一时期中所习得的；假使没有这种习得性，那便没有所谓遗传了。习得的特性本可传递于后代，怎么能想象一到后代就会忽然消失呢？

但是我们往往由于注意祖先的经验和成人生活的经验，却完全忽视了儿童期经验的重要。其实，儿童期经验更有重视的必要，因为它们发生于尚未完全发展的时候，更容易产生重大的结果。正因为这个理由，也就更容易致病。

他种观点也得加以论列。

第一，由观察的结果，可以深信幼时的经验有其特殊的重要性，这在儿童期中已很明显。其实，儿童也出现神经病。儿童的神经病是常见的，较我们平常所推想的更加常见。我们常常忽视儿童的神经病，认为是恶劣行为或顽皮的表示，在幼儿园中常用威权压服。然而回想起来，这种神经病常易识别。它们所表示的方式常为焦虑性癔病，其意义以后当可知晓。当神经病发生于年纪较大的时候，分析的结果总是表明这种病为幼时神经病的直接继续，只是幼时可能表现为具体而隐微的方式。

第二，假使儿童期没有什么可以吸引里比多的东西，那么里比多为什么常退回到儿童期呢？这一层是很费解的。发展的某些阶段上的执着点，只是当我们假定它附有一定分量的里比多时，才有相当的意义。

最后，我还可以说，婴儿的及后来的经验的强度与病原上的重要性之间有一种互补的关系，与前所研究的其他两个系列之间的关系互相类似。有些例子，起病的原因全在儿童期内的性的经验；这些印象无疑有一种创伤性的效果，只需有一般的性的组织及不成熟的发展作为补助，便足以引起疾病。

有些人以为教育若及时干涉儿童的性的发展，便可防止神经病；他们对于上述各事是有相当兴趣的。老实说，一个人要是只注意婴儿的性的经验，或以为只要性的发展被延缓，儿童不为这种经验所动摇，就算尽了预防神经病的能事了。但是我们知道导致神经病的条件远较此为复杂，而且我们若仅注意一个因素，则必不易收效。严格的督察在儿童期内是没有效果的，因为先天的因素实在无法控制，而且要控制也没有像教育专家所想象的那么容易；而且因此引起的两种新危险是不容忽视的。也许控制得太严密了，儿童过分地压抑自己的性欲，结果是害多利少，而且无力抗拒青春期内才产生的性的迫切要求。因此，儿童期内预防神经病的工作是否有利，或一种改变了的对现实的态度是否较易收效，都是大可怀疑的。

神经病人在儿童期内所常发生的事件有几种具有特殊的意义，因此我以为值得特别注意。关于这些，我想举下列各事以为例：（1）对于父母性交的窥视；（2）为成人所引诱；（3）对于阉割的恐怖。你要以为这些事件决不见于事实，那就大错特错了。其实，较年长的亲属们都能证明此事，毫不怀疑。

第二十五讲 焦虑

就他方面说，还有二事不可忽略：（1）儿童的怕虑各不相等；（2）那些对各种对象和情境而异常畏怯的小孩，长大时往往即转变为神经病者。所以真实的焦虑如果过分，则可为神经病倾向的标志之一。

儿童在初生时似很缺乏道地的"真实的焦虑"。那些后来成为恐怖的情境如登高、过水上的窄桥、坐火车或轮船等，在小孩则毫无害怕的表示——知道的愈少，害怕的也愈少。我们也深愿他能由遗传而获得这些保存生命的本能，从而我们保护他而不使他受种种危险的照料工作也就可以减少许多了。然而实际上，你们要知道儿童总是过高估计自己的能力，他因为不识危险，所以在行动中毫无所惧。有时沿着河边跑，有时坐在窗台上，有时玩弄刀剪，有时以火为戏，总之，他的所作所为都足以伤害本身而使看护者不胜惊骇。我们既不能让他在痛苦经验中学习，所以便不得不完全依靠训练使他终于引起真实的焦虑。

（选自弗洛伊德著，高觉敷译：《精神分析引论》，商务印书馆1984年版）

《行为主义的儿童教育》

华　生

【导读】

华生（J. B. Watson，1878—1958）是美国心理学家，行为主义心理学的创始人。1913年发表《行为主义者所看到的心理学》，提出了行为主义理论的基本概念，标志着行为主义的正式产生。

华生认为，传统心理学中的意识是宗教神学中的灵魂的同义语。他说，意识看不见，摸不着，也不能在试管中实验，因此不能成为科学心理学的研究对象。他认为科学是客观的，只能以直接观察到的事物为对象，并要求心理学只研究行为，成为研究行为的自然科学。在他看来，所谓行为就是有机体用以适应环境变化的各种身体反应的组合。华生还认为，引起有机体反应的刺激，最终可归结为有机体内部及外界的物理或化学变化，而行为的表现即肌肉收缩及腺体分泌也都可归结为物理或化学变化，因此，全部行为（包括通常所谓的心理活动）都可用物理的和化学的概念来予以说明。华生认为，心理学研究行为的任务在于查明刺激（S）与反应（R）的规律性关系。这样就能根据刺激推知反应，根据反应推知刺激，达到预测和控制行为的目的。

华生行为主义的突出特点，就是不承认意识和精神因素的存在，认为心理的实质就是行为，主张心理学作为一门行为的科学，应致力于研究能够用"S—R"公式表达的客观的行为。在第一次世界大战后，华生致力于儿童心理学尤其是婴幼儿心理的研究。《行为主义的儿童教育》（原书名为《婴幼儿及儿童的心理护理》，1928年）是有关研究的重要成果，反映了华生行为主义的学前教育观。这里选用了其中第二章和第三章的部分内容，作者分别用行为主义心理学分析学前教育中常见的恐惧与溺爱问题以及解决之道。

第二章 儿童的恐惧及其控制

儿童的恐惧正如爱和怒的显露一样，系家庭所造成的。父母正是儿童这种情绪的播种者及培育者。当儿童年届3岁时，他的全部的情绪生活和倾向便奠定了根基。这时，父母已决定了这个儿童将来到底是一个快活、健康、品性优良的人，还是一个自怨自艾、牢骚满腹的神经过敏者，或是一个睚眦必报、作威作福的桀骜不驯者，或是一个不敢越雷池半步、畏首畏尾的懦夫。

父母怎样造成恐惧

在上一章已说过，我们着手造就一个人，所需要的材料，仅仅是那块活生生地蠕动着的、能够做出几种简单的反应——如手足动作、哭、笑、喉咙里发出某种声响——的肉块而已。我还说过，父母拿了这块原始材料，开始制造适合他们胃口的一个人。这就是说，孩子一生下地，父母——无论他们是否意识到——就开始对他进行密集的训练。

儿童的情绪生活尤其容易在人生的早期塑造。不妨打一个简单的比喻：一个铁匠将烧红的铁块放在铁砧上，开始依照他心中的模型，锻造出一定的式样来。只见他忽而用重锤，忽而改用轻锤，忽而对锻造的产品施以重击，忽而仅仅是轻轻地触及而已。这种情景正如儿童生下地时，我们就不可避免地开始造就他的情绪生活一样。如果铁匠的锤击来得太重且笨拙，将那块铁锤打得不成形状了，他可以将金属回炉并重新打造。然而就儿童的养育而言，我们并没有从头再来，重新改造小儿的方法。成人的每一下锤击，无论是好是坏，都要产生影响，留下印痕。我们能做到的，充其量不过是乖巧地将锻造时没有锤打到位的过失加以隐瞒。我们依然能够制成有用的工具——可以敷衍、勉强可用的工具；但打造得堪称尽善尽美，能够适应环境，且胜任愉快的所谓"人形工具"，历史上何曾多见！

我想，我可以将你引入一个实验室，并向你展示：为了在你孩子身上形成恐惧的生活，而使用不同力度大锤捶击的清晰画面。

你可以在实验室里见到各种人造恐惧的实验。

我们的实验工作告诉我们，新生婴儿的恐惧生活其实是相当简单的。婴儿生下地，只对两件事感到害怕：一是听到从头部附近突然发出的巨大声响；二是突然失去了身体的平衡，如我们曾经举过的事例，当婴儿睡觉时，突然将毯子抽去。其余的恐惧并非自然的，可以肯定地说，所有其他的恐惧均系人为操弄的结果。

可是，你试想一下，3岁的黄口小儿、青春期的蓬勃少年、胆怯怕事的成人，他们的恐惧生活该是何等复杂啊！试研究一下你周边的人们的恐惧行为吧。我曾经看到：一个一大把年纪的成人听见枪声，就浑身发抖，面无人色。我还看到：一个男人，当其家人及仆人都外出时，他情愿找个饭店入住，混过通宵，也不敢独自待在他那黑黢黢的住宅里。我还看到：有一位太太因为蝙蝠飞入室中，而吓得歇斯底里症发作。我还看到：一个孩子被一个活动的动物玩具所惊吓，以至方寸大乱，导致他原本有条不紊的生活顿时处在危险之中。试想一想闪电、刮风、火车、汽车、事故、远航、盗贼、失火、触电，以及其余数不胜数的可引发恐惧的事物吧，即使我们身处现代的、一般被认为是安全的生活环境之中，每忆及此，不常使我们心胆欲裂、如坐针毡吗？倘若我们如新生儿一样畏惧的对象很少，我们的生活将会是何等平静、安详、高效啊！

实验室告诉我们恐惧是怎样发生的

假定我将一个美丽、健康、身体构造完美的9个月的婴儿放在你的面前。在婴儿的褥子前面，我放着一只小兔。对这婴儿的以往我很了解，我知道他是从来没有见过兔子的。他起初用一只手去摸它，后来又用另一只手去摸，在此期间，他的眼睛一直盯着兔子看。

我换一只狗，他的行为也与先前一样。我接着再换一只猫、一只鸽子，进行实验。每换一个新的东西，都受到孩子同样的欢迎，并被他愉快地抚摸着。

婴儿怕毛茸茸的东西吗？完全不对。那么，黏糊糊的东西呢？的确，婴儿怕冷而湿滑的蠕动的动物。还有一个也是真的，他怕鱼和蛙。我给他一条活泼、跳跃的金鱼，再在他面前放上一只绿色的青蛙。这样一布置，一个某种意义上的新景象取代了原来对他印象不佳的旧景象。面对一个新世界，我们的实验工作继续进行。于是他立刻就很活泼地接近这些动物，如同亲近动物王国的其他动物一样。

诚然，所有的古史都曾告诉我们：人类是本能地躲避蛇的。文学书上充满着数不清的事例，说的是这一事实：蛇是人类的天然仇敌①。然而对于我们这个才9个月大的活泼的婴儿来说，全然不是这么一回事。我曾将一条小蟒蛇放在他的面前——自然是一条无毒无害的小蛇，却能引起他那极度兴奋的、友善的、爱不释手的反应。

倘若我将孩子抱入一间密不透光的暗室里，他难道不会因恐惧而哭泣吗？我的经验是：全然不会。又如，那所有物质载体中最让人震慑的火焰，被年幼的孩子初次看见时，他难道会安逸自在，没有反应？我们曾抬出一口铁锅，然后在锅内燃烧报纸，造成了一个小小的篝火；让孩子安坐在旁边——须留心的是勿使他过分逼近篝火，以防意外伤害。如有关图片所示，他丝毫不表示恐惧。

由此看来，这个孩子想必是冥顽不灵，并缺乏情感生活的生物了。绝非如此。本人自信可以很容易地让你心悦诚服，不是这个道理。我进行过一个实验：我一只手持一根宽约1英寸（1英寸＝2.54厘米）、长约4英尺（1英尺＝0.304 8米）的钢条，另一只手持一把铁锤。将孩子安排端坐，眼望在场者，但他并不能看到我。我在他脑后约1英尺远的地方，用铁锤敲击钢条，发出尖锐声响。顿时孩子改变了常态。他先开始呜咽，突然呼吸急促，全身僵硬，将双手拉向侧边；接着又发出尖叫，继而涕泪并流。我再次敲击铁条。这次的反应更加强烈。他号啕大哭，滚倒在地，并尽量快速地爬往别处。

---

① 西方人憎恶蛇的重要原因之一是《圣经·创世纪》中的记载：正是蛇诱惑人类的始祖亚当、夏娃违背上帝的告诫，偷吃了智慧树上的禁果，从而被上帝逐出伊甸园。——译者注

另一个实验：假设我让这孩子安静地坐在毯子上，他也许会一动不动，就像是在打瞌睡，也许他会兴致勃勃地玩他的玩具。我突然将他坐着的毯子抽去。孩子突然失去凭借，其所产生的反应几乎等同于对锤击的声响所产生的反应。我抽毯子时，并没有使他受伤。他自己平时从座位上倒下来，每日不下 50 次之多，可是从未呜咽过。身体失去凭借和突然听到大声所产生的恐惧，与你的训练是无关的，而且你也没有办法通过训练将这种称为恐惧的潜在情绪完全消除。我曾经见过一个饱经风霜的猎人，当他正在打瞌睡时，同伴擦火柴点灯，他被惊醒后，猛然跳起来，完全失去常态。你也许见过平时表现勇敢、无所畏惧的女士，当她抬步走过一座小桥时，尽管小桥十分安全，但桥板在其身躯的重量下摇摆，她就吓得战栗不已。

其余所有的恐惧，全是人为制造出来的。现在我就来证明一下。再将那 9 个月的婴儿放在你的面前。我要助手将婴儿的老玩友——一只小兔——从装它的纸箱中取出，并用手递给婴儿。婴儿开始接近它。当他刚触到兔子时，我在他的脑后敲响钢条。他呜咽、哭泣，显得十分害怕。等了一会儿，我又将积木递给他。他平静下来，忙着玩耍。这时我的助手再将兔子取出。这次，他的反应相当迟缓。他不像以前一样立刻伸出手，急于抚摸兔子。最后，他打算极度小心地去试试。我又在他脑后将钢条敲响。这次，我再次看到了他表现出强烈的恐惧反应。如是，我又使他平静下来，他继续玩着他的积木。助手再将兔子取出。这时，我们有新的发现了。他一看见兔子就害怕，用不着我在他脑后敲击钢条。他对兔子与钢条的声音发生同样的反应了。他一看见兔子就哭起来，并迅速地爬开。①

我通过这个造成恐惧过程的实验，还发现孩子对兔子的这种恐惧可以持续存在。如果在一个月以后，你向他展示兔子，他仍然会产生同样的反应。这是一个有力的证据，说明儿童早年形成的恐惧可以贯穿其一生一世。

我们把在实验室里，通过诸如此类实验的方式而形成的这种人为的恐惧，称作条件性恐惧，其实也意味着就是"家庭造成的恐惧"。据我所知，用这种方法，我们可以使世界上的任何物件都引起条件性恐惧反应。方法很

---

① 这个实验中的主人公叫艾伯特。华生在其他著作中对此实验有更多的描述。可参阅华生的《行为主义》一书第七讲。——译者注

简单，只要在向婴幼儿展示某种物件时，同时发出一种骇人的声响就可以了。

但是这种对于兔子的恐惧，在儿童的恐惧生涯中，并不是我们所奠定的唯一基石。自从经过这个实验之后，孩子对于一切未曾接触过的有毛的动物，如狗、猫、老鼠、豚鼠，都会产生恐惧反应。他甚至对于皮衣、毛毯，或是圣诞老人的面具，也会害怕。他甚至不用接触，只要看见它们，害怕的情绪就呼之欲出了。这种简单的实验，使我们对于早年家庭环境所造成的恐惧，有了一种惊叹不已的、明了的观察。你也许觉得这种实验对于孩子来说未免残忍了一点儿，但我认为一点儿也不残忍，如果它能够使我们明了我们周边千百万人恐惧的原因，而且可以在养育子女方面为我们提供实际的帮助，使我们的后代更容易摆脱恐惧情绪的袭扰，不再重蹈他们的父辈在成长过程中所走过的老路，总之，如果通过这些实验，我们能够找到一种解除恐惧的良策，其价值之大，毋庸赘言。

家庭中的恐惧是如何形成的

以上所述，均为实验室中之实验。这种实验与家庭有什么相干？父母又是怎样造成这种恐惧的？从最简单的例子中就不难窥见其荦荦大端。不妨想象一下，家庭中平时存在各种嘈杂声浪吧，对于一个行为系统尚未成熟的幼儿来说，它们都足以引起恐惧的反应。例如：

——夜幕低垂，但你的孩子却不太愿意上床安寝。这对于你的行动有些妨碍，于是你走出房门时，将房门砰然关上。

——你要孩子睡在空气通畅的屋子里，当微风吹拂的晚上，也将所有的窗户敞开。你还没有进门，门就自行乒乒乓乓开关起来。

——夜深时分，孩子正在熟睡，这时灯罩忽然从空中坠地，或是安置在小床旁边的屏风突然倾倒。

——风雨之夜，整栋房子的门窗时常砰然作响，瓶瓶罐罐之类的物品有时亦坠落地面。

所有这些事物都是引发儿童恐惧的至关重要的媒介物，它们有如前述实验中的铁锤敲击钢条一样，在一点一滴地塑造你的孩子。根据我的经验，孩子起初对于闪电并不害怕，即使将他放在暗室内，用一束强光照射他的面孔，也仅能使他的眼睛闪动一下。但头顶上轰隆隆的雷声可以使孩子产生极大的恐惧，因此他对于闪电也可能产生恐惧心理。如果孩子在暗室内，忽然听到空中雷震，他将因此对于黑暗产生恐惧达数日乃至数周之久。

密切观察到的其他行为类型——消极反应①

孩子的另外一种行为与他的恐惧生活有密切的关系，父母宜特别留神。当孩子的身体遭遇创伤，如偶然被针刺、火灼、挤压，或是被掌掴，他往往产生一种消极的或退缩的反应。每个婴儿一出生，就有能力使身体的任何部分躲避某个特定对象，以避免伤害。这种反应，有时又叫作躲避反应。不妨列举一个简单的例子来说明：一个孩子遇到足以伤害他的东西——如火灼或是打击——时，会立刻将接触的手移开。所有的消极反应，究其原因，除了躲避痛苦外，都是家庭造成的，或者说是父母日积月累造成的。正是我们成人，造成了成千上万次这一类的消极反应。如我们有时躲避某些地方、某些事物、某些人等，不都是这种反应的表现吗？消极的或退缩的反应，正同恐惧的反应一样，同为条件性反应的结果。举例来说，一个爬行的孩子触到一个炽热的火球后，他的手会立刻缩回。有时，这种实验进行一次就够了，以后孩子再看到火球，就会退避三舍，再也不敢靠近它。自从孩子对于火受到消极的制约，以后只要看见火，就会立刻将手缩回去。

父母的"不准"是造成儿童恐惧的"响锤"

父母的"不准"是造成恐惧与消极反应的一个强有力的要素。你若是父亲或母亲，你是否想过你每天说过多少次"不准"吗？你是否知道，你说"不准"时，不啻向你孩子挥动了制造恐惧与消极反应的"响锤"②？

这简单的"不准"二字，本身并没有使孩子产生恐惧与消极反应的力量。这种力量是外来的。那么，这种力量来自哪里呢？倘若我们追究儿童恐惧与消极反应的力量，其来源有两个。

一个来源是父亲往往强有力的声音。正当孩子接触某个物件或从事某项父亲所不高兴的活动时，父亲便大声地说"不准"，这就能够造成条件性的

---

① 此标题的后半部分为译者所加。——译者注

② "响锤"的原文是"mighty sledge hammer"，意思是父母动辄对孩子说"不准"，其效果犹如华生关于婴儿恐惧情绪产生的实验中实验人员的锤击对婴儿产生的效果。——译者注，有改动

恐惧反应。在此情况下，你可以使任何相关物件产生条件性的恐惧反应。"不准"这个强有力的词相当于我们在实验室里进行前述有关实验时锤击钢条的作用。在此情况下，孩子很快就会产生恐惧反应。

"不准"这个词还可以通过其他方式获得响锤的力量。这里涉及儿童恐惧与消极反应的另一个来源：当孩子心仪某物，欲拿到手时，父亲或母亲却敲打他的手指，同时严厉地说"不准"。这敲击或痛苦的刺激，使孩子立刻将手缩回。条件性的消极反应，就是这样再次处于营造的氛围中。

总之，大人说的"不准"立刻就可以唤起婴幼儿的恐惧与消极反应，它与振聋发聩的声响或者痛苦的刺激有同等的效力。因为我们时常应用，"不准"和其他相似的话语很快便成为每个孩子生活中的支配力量。一切国家、教会以及社会的权威的构建，也完全是基于这个简单的原理。就是这些势力联合起来，教会我们无时不处在恐惧的生活中。我抨击它们，并不是反对制度本身，而是反对这种教导的方法。经过同样的方法，其他成百上千的词语、句子也取得同样强有力的影响。即使我们当大人的，也感到诸如此类的话是挺吓人的：

——不要接近那只狗，它会咬你！
——那玩意儿马上就要爆炸了！
——点燃的火柴会将你的手灼伤！
——不要靠近火，它是炽热炽热的哟！
——水深呀！这底下有逆流！

"邪恶""错误""罪过""海盗""仇敌""魔鬼""撒旦"等名词，也是运用这种简单的方法，获得唤起反应的效力。

怎样使儿童免除恐惧与消极反应
——父母所能做的几件简单的事

家庭中诞生了一个婴儿，在其成长过程中，我们是否应悄无声息、安安静静呢？父母的正常生活是否会变成一种负担？他们是不是在家中要踮着脚走路，日夜提防，以避免孩子产生条件性的恐惧反应呢？如此如临深渊，如履薄冰、战战兢兢，当然大可不必，因为并不存在必须这样做的哪怕是最轻微的心理学依据。只有某种特定性质的突然发出的高声，才会产生前述的消极反应。因此家庭生活可以照常进行，人们无须刻意留意那些睡着或是醒着的孩子。为什么人们不能在家里弹琴、听收音机、放音乐？为什么人们不能在屋内自然地跳舞、走动、说话？这些事哪一样不可以做？在这种常态的环境中长大的孩子，今后决不会被这种正常产生的"噪声"所困扰——除非他生病了，只有在这种特殊情形之下，人们才对环境提出别的要求；一旦他的病情好转、痊愈，人们就可立即恢复常态环境下的各种"噪声"，而不必刻意回避。

在减少家庭内一切高声发生的可能性方面，父母能够做许多工作。如：留意关好门窗，不使之砰然作响；吊灯要牢牢地安装在天花板上，无坠下之虞；室内屏风要放置稳妥，不易倾倒。其中尤为重要的是，大风乍起时，务必要将门窗关好，以防止一连串突然的惊吓声。自然，在我们之中，只有很少人拥有适于养育儿童的理想住宅。如果我们为自己建造房屋，就应该远离马路，从而使得诸如爆胎、鸣笛，乃至尖锐的犬吠声，都在我们听觉范围之外。当然，诸如狂风暴雨、雷电轰鸣之类的自然变故及声响，实超越我们人力的控制范围，那是应另当别论的。

这里要重申的是：养育小孩时，应特别留意那些可能危及其身体的物件及伤害，如针刺、火灼等。我想，绝大部分父母在这方面还是非常仔细的。孩子的尿布，是造成消极反应的常见原因之一。我们给婴儿换尿布时，缠裹过紧造成不适，或者用别针不安全地别着尿布而带来意外，或者因处置不当导致婴儿皮肤皲裂或酸痛，都会引发婴儿哭泣不已、睡眠中断。我们对孩子的责打，在可能的范围内也应该尽量减少。而与责打有同等效力的字眼"不准"的应用，也应该斟酌实行。

恐惧反应全然不应造成吗
——父母全然不能对孩子说"不准"以及掌掴孩子吗

我认为有些恐惧与消极反应确实是人为造成的。如果孩子加入他以后必然会加入的群体生活，与他人相处，对于群体的一些共同准则，他必然会遵照执行。这种习惯是要养成的。每当孩子伸手去拿不属于他自己的东西时，我便毫不犹豫地用铅笔适当地敲击他的手指。要想使孩子形成正确的心理上的条件反射，父母必须在他不正常的行为发生时，总是立即实施这种痛苦的刺激。如果你延迟了，想等父亲回家时再惩罚他，时过境迁，条件性的消极反应就不能形成了。除非受到消极的条件制约，否则儿童怎么会知道不该去拿他不该拿的东西，如玻璃杯、花瓶之类？他怎么知道不该去接触外表讨人喜欢的猫、狗，以致走入水中？① 但这种必要的消极反应以及轻微的恐惧反应的形成，或是由于成人的"不准"，或是由于成人手指的击打，对此我们绝不应该用陈旧的眼光去看，以为它不过只是一种惩罚儿童的方法。"惩罚"二字，除非作为古语，否则绝对不应该出现在我们的字典中。我相信这不仅对于育儿学是如此，在犯罪学中也是同样的真理。父母用铅笔敲击儿童，其目的在于使儿童能适合某种社会习俗——使他能够自制，循规蹈矩。那么，父母为什么要发怒呢？他们为什么要根据旧圣书②的意向去惩罚儿童？诸如"鞭挞""赎罪"③ 这一类的观念措施，现在还相当普遍地应用于我们的学校、家庭、教会中，反映在我们的刑法以及司法程序中；其实这些都不过是黑暗时代④的遗踪。

父母的姿态应该是积极的，应该是一种教导者的态度。我们可以概括地说，行为主义者之所以主张当儿童做出不当行为时，要敲击他的手指（或手），或者身体别的部位，意图是在人生最早阶段，通过消极反应，在他身上构建人类合适的共同感觉。须申明的是：我们采用及遵循的全是一种客观的实验程序，如果将其理解为对儿童的"惩罚"手段，那就大错特错了。

为了尽量减少儿童消极反应的数量，我们应努力使儿童生活在能够发生积极反应的环境之中。我们应使他终日忙忙碌碌，总有事做，而不是无所事事。我们应在儿童的周围放置各类可供他建造或操作的物件；就在他自己有权操作、玩耍物件的活动中，我们可迅速使他养成用有关物件工作的习惯。通过这种方式，所谓"禁物"也就渐渐失去了对他的诱惑力。儿童再也不会

---

① 原文如此。作者的意思可能是：小孩因喜欢小猫、小狗，不自觉地靠近，以致步入水中也未察觉。——译者注

② "旧圣书"指的是基督教的经典《圣经》，由《旧约》与《新约》组成。《旧约》原是犹太教的经书，反映了古代的历史、风俗人情，也包括教育观；《新约》是耶稣基督及其使徒的言行和故事的记录。——译者注

③ "鞭挞"（beating）、"赎罪"（expiation of offence）是《旧约》中提go的儿童教养观念及措施。基督教根据《圣经》中的某些记载声称：人生而有罪，人生在世就必须不断"赎罪"；由于人性恶，教育中采用"鞭挞"等严厉手段是合理的。——译者注

④ "黑暗时代"（Dark Ages）是18世纪启蒙学者对欧洲中世纪（5—14世纪）的称呼，因为这个时代基督教占据绝对统治地位，且推行禁欲主义、蒙昧主义之故。——译者注

去玩火、擦火柴、拧开煤气灶的开关、举起锋利的刀叉、打翻玻璃杯或花瓶。如果这些训练儿童的积极方法未达目标，则用铅笔对儿童轻轻地敲击不失为安全而明智的措施。

对于不应该畏惧的物件，我们怎样摆脱恐惧

恐惧情绪并不会因为我们的刻意提防就不产生。那么，恐惧情绪一旦形成之后，是否可以消除呢？

欲消除、摆脱恐惧情绪殊为不易，这需要有耐心。父母要保持一种实验的态度。倘若你的孩子对于兔子的恐惧已根深蒂固，虽然你可以将兔子远离他的视野，暂时没有麻烦，但一年之后，一旦他又看见兔子，害怕的神色依然会再次浮现。因此，只是将令孩子害怕的东西隐藏起来，就想治本，是全然无用的疗法。

你可以对孩子讲些关于兔子的故事，从而用语言在他脑海中构筑关于兔子的生活或推论，但依然不能治愈他的恐惧症。你可以取笑他——如称他是"胆怯的猫咪"等——但仍然没有结果，徒然使他的情绪更加纠结。

你可以要别的孩子在这个恐惧情绪附体的孩子面前玩弄兔子，但仍然不会有多大效果。

如果所有的方法都失败了，那么就试试琼斯①夫人在实验室里所发明的方法吧。采用此方法的实验在每天仅安排一次，时间在中午，就在孩子饥饿难耐，要进餐的时候进行。下面是具体程序。

当孩子看见食物的时候，令人远远地放置一只兔子。如果餐室太小，不妨将餐室的门打开，将兔子放在门外相当远，但可以使孩子看见的地方。当将兔子安置好以后，孩子就开始进食。除进餐时间外，平时不要让孩子看见兔子。第二天孩子进食时，先将兔子放在原处，然后再将它稍微靠近孩子一点儿。如果孩子露出害怕的神色，就立即停止靠近的行动。这样，每天进行同样的步骤。不久，孩子就可以容忍兔子站在身边的桌子上，后来，甚至愿意让兔子躺在他的膝盖上了。此后一切风平浪静，并延续下去，孩子对兔子的恐惧情绪一去不返了。我们可以将这样的程序称作"去条件作用"。这种

---

① 即玛丽·科弗·琼斯（1896—1987），美国心理学家，也是20世纪少有的女性心理学家之一，以行为疗法的先驱者著称。——译者注，有改动

重新的训练，具有广泛的效果。它可以有效地消除孩子对于其他毛皮动物的恐惧，至少也可以将这种恐惧降至最低程度。

倘若你的孩子形成了怕黑的习惯，你切勿对他发怒。你可以立刻尝试去条件作用的方法。晚上照平时一样安顿孩子睡觉。室内留一点儿暗淡的灯光，并将房门敞开。此后每晚安排孩子上床后，将房门关紧一点儿，将灯光减暗一点儿。这样每日继续，通常不出三四天，孩子对于黑暗的恐惧便于无形中消逝了。

假如你的孩子曾在水中失去身体平衡，或是洗澡时没有当心，以致滑溜一下，重重摔倒，这样，晨浴对他来说不啻恐惧的历程——恐惧成了一种非常规的体验了。这时你暂时不要让他在浴室洗澡。一两天内，你可以在育儿房内用海绵洗①的方法取代；此后，用浴盆盛水少许。浴盆内的水逐渐增加。与此同时，开始将打湿的海绵为他搓洗。不出数日，你就可以带着孩子重返浴室，按照常规的方式洗浴了。我曾经看见一些为人父者强迫他们的孩子入水，学习游泳，不承想这样一来，几乎断送了他们的孩子学会游泳的机会。②

以上所述的是极普通的常识——然而它能帮助我们避免家庭中发生的恐惧。当恐惧或任何有可能引发恐惧的物件发生或出现时，立刻采用这种去条件作用的方法，是非常见效的。我看到各种类型的儿童一经此法训练后，变得什么动物都不怕——虽然他们不会主动去接触陌生的动物；他们在生人面前，一点儿也不感到恐惧与羞怯，既不怕黑暗，也不怕火光，一切有生命的或无生命的东西，他们统统都不怕。恐惧的行为，正同读、写、玩游戏一样，是很容易训练的。既可以教好，也可以教坏。如果用科学方法去实施训练，儿童的情绪生活将全在训练者的掌控之中。

现在既然知道如何着手，我相信无论哪个母亲，如果她有一个羞怯的、恐惧情绪缠身的孩子，她将会十分愿意牺牲时间，不辞辛苦，去承担改造孩子恐惧生活的重任。

---

① 海绵洗（sponge bath），即用干海绵搓澡，相当于一种干洗。——译者注

② 其意即：父亲强迫孩子入水，导致孩子更加害怕、怨愤、逆反，以致无助于孩子学会游泳。——译者注

第三章　母亲溺爱的危害
现代养育儿童方法的缺陷①

有一次，当我对着一群父母们演讲，快结束的时候，一位年老的太太站起来说："谢谢上帝，我的孩子已长大了——所以在碰到你之前，我已有幸享受过他们的乐趣了。"

这位太太的自白不正反映了我们现代养育儿童方法的缺陷吗？我们生养孩子就是为了"享受"拥有他们的乐趣。我们的爱似乎非得用某种方式表现出来不可。蜜月期对于所有的夫妻来说显得过于短暂，于是我们用一种我们认为无害的方法，试图将这爱的日子延长，那就是尽量爱我们的孩子，至死不渝。今日的母亲不是尤其这样表现的吗？不论她怎样爱她的丈夫，她的丈夫总是整日在外工作，他们是不能形影不离的。她的心充满着爱，她必须想法子表现出来。她表现的方式就是将"爱"和"吻"尽量投向她的孩子！——她窃想，世界会因此向她喝彩。的确，她似乎真的做到了。

不久之前，我曾同两个男孩——一个4岁，一个2岁——以及他们的母亲、祖母、保姆一起乘车外出。在两个钟头的路程中，其中一个孩子被接连吻了32次！他的母亲吻了4次，保姆吻了8次，祖母吻了20次。另一个孩子境遇差不多，同样沉浸于这种爱的狂涛之中。

或许你会说，现今有很多母亲就不会如此行事了，她们正在变得越来越现代化，不会像以前那样亲吻和爱抚她们的孩子。不幸的是，事实并非如此。有一次，我在一场演讲中，在一张纸上列举了我的若干观念，是关于母亲亲吻孩子背后的潜在危害之类的话。孰料马上就遭到许多新闻报刊的恶意批评，社评文章大书着"切莫亲吻孩子呀！"以示揶揄。同时，成百上千的责问信件汹涌而至。由此观之，除了极少数的同胞另当别论以外，亲吻孩子就是一种流行的习俗，古往今来，概莫如此！

行为主义者是不是铁石心肠——天生就缺乏情感——所以才反对亲吻呢？其实不是这样。须知被亲吻过度的孩子，其前途的确横亘着系列顽石，阻塞其前进之路。在我列举这些危险以前，且解释爱是怎样发生的。

实验室研究告诉我们：我们引起新生儿爱的反应，只有一种刺激，那就

---
① 此标题为译者添加。——译者注

是抚摸他的肌肤。被抚摸的肌肤部位感觉越敏锐，反应的状态也越明显。这些较为敏感的部位有嘴唇、耳朵、后颈、乳头以及性器官等。如果孩子哭闹不休，你只要抚摸他的这些身体部位，就可以使他安静，甚至露出微笑。保姆和母亲们往往于无意间通过尝试错误①的过程，学到这些使孩子安静的方法。她们时而将孩子举起，时而轻拍，时而安抚，时而轻吻，时而摇动，还扶着他学步，将他放在膝上逗乐。诸如此类的爱抚，都足以轻微地刺激他的肌肤。有些下作的保姆竟学会去抚摸孩子的生殖器，使小孩服帖安静。及至孩子长大一些，这些爱抚、轻拍、晃动身体的动作可以引起他"吃吃"的嬉笑声；情浓之处，孩子还会将手臂展开，意图接受大人的拥抱。

儿童的爱的生活，与他的其余情绪性的行为一样，在初生时是极其简单的。只有接触与抚摸他的肌肤，可以引起他爱的反应。其余的刺激均属徒劳无功。

这就是说，孩子对于父母或者其他人，都无所谓"本能"的爱。也就是说：一切的爱——不管是父母对儿女之爱、儿女对父母之爱或是两性间的爱——都是建立在这样简单的基础之上。大多数的父母对于自己人为制造的情感实在看得过重，认为行为主义者的主张足以侵犯亲子间神圣而甜蜜的关系。他们觉得，父母以外显的方式爱孩子，和孩子以同样的方式回报父母，这样亲热的互动是完全出自自然的。但事实并非如此。比方说，父母偶因要事，须离开他们9个月的孩子达三个星期之久。当他们离别时，孩子发出喝喝的声音，舞动着小胳膊，依依难舍，这十足地表现了那最深切的亲子之爱。但三个星期后，当他们归来时，孩子已将他们视同路人，而将情感转向这三个星期内朝夕看护他的保姆了。因为在此期间，保姆爱抚他、轻拍他，常常将奶瓶放在他甚为敏感的嘴唇上。由此可知，婴儿对任何人都可以发生爱，只要那个人曾经抚摸及喂养过他。

---

① "尝试错误"这个概念最早在动物心理研究中使用。动物在遇到新的情况和问题状态时，无目的地不断重复本身所具有的反应方式，某一反应几乎是偶然地带来成功，这种行为状态称为尝试错误。摩尔根（L. Morgan）于1894年最早使用这个词。在心理学中，动物实验的创始人桑代克（E. L. Thorndike）在《动物的智慧》（1898）中叙述了动物是由于"尝试错误与偶然的成功"学习正确的运动的。桑代克认为，由于成功的反应带来愉快，所以学习得以进展，从而建立了"效果律"。此规则亦可用于解释人类的学习。——译者注

不错，现在一般的父母业已废除那摇晃孩子入睡的习惯了。你不难发现，那些有摇轴的小床之类，在现今大约只有在反映早期美国旧家具的展览上尚可见到。你说的这一方面，无论如何，我们总算是有了进步。这是真的。就这一进步而言，不能不归功于霍尔特博士那本养育儿童方法的书的教诲。但是，假定家庭经济并不需要这种改革的话，母亲们是否愿意废除摇晃孩子使之入眠的旧习，就颇可怀疑了。母亲发现，如果从初生时就开始训练婴儿，婴儿自然会养成睡觉的习惯，而不需要他人时时摇动他。这样可以为母亲提供较多的时间去从事家务，或聊天、打牌、购物等。霍尔特博士曾提及此点；自然，这个办法的经济价值是容易看到的。

但是抚摸孩子、亲吻孩子，并不需要很多时间，你随时都可以这样做。比方说，婴儿睡醒，你将他从床上抱起来的时候；你送他上床的时候；而尤其合适的时间是在孩子浴后。孩子沐浴清爽之后，母亲从头到脚地亲吻胖嘟嘟、白嫩嫩的孩子，该是何等甜蜜而愉快的事情呀！何况那并不需要耗费多少时间！

现在不妨回头讨论"爱"的结构。儿童的爱的形成，正如恐惧一样。爱也是家庭造成的，是构建而成的。换言之，爱也是条件作用的产物。造成条件作用的爱的反应的机会，从早到晚，可谓无处不在。抚摸婴儿的肌肤，不啻铁锤击打钢条的取代；母亲面孔的闪现，不啻恐惧实验中的兔子的取代。当母亲爱抚孩子的时候，孩子看着母亲的面孔。不久，只要看见母亲的面孔，就足以引起他的爱的反应。这时不必再用对肌肤的抚摸来引起爱的反应了。一个条件作用的爱的反应，就是这样形成的。甚至在黑暗中母亲对婴儿的轻轻拍打，以及她那低吟的催眠声，也可以引起爱的反应。这就是儿童对于母亲的声音产生愉悦反应之心理学的解释。同样，母亲的脚步、衣服、照片都能引起儿童的爱的行为，此中道理相同。儿童在很短时间内就充溢了如此之多的爱的反应。除此之外，他对于保姆、父亲，以及别的时常亲近他的人，都会发生许多爱的反应，层层叠叠，构成爱的反应的蜂巢。爱的反应于是乎控制了儿童的一切。就儿童而言，这种爱的反应的形成是不需要用什么本能，更不用什么"理智""推理"去解释的。

婴儿期的溺爱对于成人的影响

为了明了对孩子溺爱的后果，且察看我们成人有些什么行为。我们成人中间几乎所有人在我们的婴儿期都遭受过溺爱。它向我们昭示什么？它显示的是结果造成了羸弱、不健全的一代人。我们成人时常抱怨酸疼与痛苦太多太多。我难得向别人提出我自己时常焦虑的问题：晚上感觉怎样？是否能安然入寝？假如他不对我见外、不做作的话，其答案几乎是千篇一律的："不太好呀！"如果我给他机会，让他发挥，他就会絮絮叨叨地说：

——我的消化力太差呀！

——我时常感觉头痛呀！

——我的肌肉痛得像火烧呀！

——我真是疲倦透顶了！

——我感到自己不再年轻了！

——我的肝脏不大好了！

——我的胃口很坏呀！……

　　这样列举下下，以至人身上一切的病痛，所有的不适，都可以罗列进去。现在看来，这些人其实并没有什么疾病缠身，不需要医生给以关怀、处置。如今各种医疗技术发展骄人，如果一个人真是有病的话，医生当然能够发现。一个人在幼年时，如果不曾被母亲养成依赖的性格，进入成年期时，他就只知忙于他的工作，而无暇注意到身体上的轻微不适。当我们全神贯注于自己的工作时，我们就会心无旁骛，决不会将其放在心上。试想想吧，当一个飞行员正在大雾中飞行，或是在复杂的地形中要选择一个降落的地点时，他会不会被诸如他中餐进食是否消化这样的问题所困扰？

　　当日常工作不足以使我们兴奋时，我们便会觉得一切疾病都上身了。在婴儿期，我们就受到教导，要时常报告各种轻微的疾病，如关于我们的肠胃问题呀、排泄问题呀，以及其他类似的不适。只要这样报告着，我们就可以避免一切麻烦的工作，就可免责，如不去上学、不做家庭内的零零碎碎的事情等。特别值得一提的是，这样报告着，我们可以引起父母的担心及关注，尤其是母亲会来亲吻、爱抚。母亲一马当先，代替我们奋斗了；她横亘在我们与我们极力避免的讨厌事物之间，充当我们的保护伞。

　　但是，社会与充满父母关爱的家庭大不相同。在商业与职业生涯中，我们须尽忠于我们的职守，而不能顾及什么头痛呀、牙痛呀、消化不良呀，乃至其他一切小恙；这里不会有人来疼爱我们，把我们当作孩子一样放纵。如果我们不能忍受这种待遇的话,我们就得卷铺盖回家去;在家里,一切所谓情及所谓爱是可以受我们呼唤的。倘若我们在家庭中不能用一般的方法获得家人足够的疼爱的话,我们就会整日颓坐在围椅上,或者躺在床上,装起病来。从此以后,我们就处在安全的境地了,可以颐指气使地要家人来不断地给我们送温暖了。

在大多数的美国家庭中,这种不健全人格造成的现象随处可见。下面就是一个遭受了过度的爱的条件作用(over-conditioned in love)的孩子的写真:

> 一个孩子正在独自忙着用积木堆砌。他用自己的手工作,学习怎样控制他的环境。忽然母亲进来了,于是建造的游戏戛然中止。小孩连滚带爬地扑向母亲,攀着她,坐到她的膝上,用手缠绕着她的脖子。母亲一点儿也不嫌恶,并开始抚摸他,亲吻他,紧紧地抱住他。

我曾经见到这样的把戏一连演了两个钟头之久。如果母亲在这样对待她的孩子之后,想要把孩子放下来,那孩子必定要哭得撕心裂肺。这时积木以及世界的一切都失去了对他的吸引力。又假如母亲要离开这间房子,或是要出门,那孩子肯定会哭得惊天动地。许多母亲为了避免那伤心的泪别,在必须离家时,就会乘孩子不备,一溜烟从后门逃走。

现在,过度的爱的条件作用已流为习俗。你不妨数数你的孩子每天哭丧着脸叫"妈妈"的次数来自求证明吧。一家之中,一日之内,2岁的、3岁的、4岁的孩子吵闹着呼喊"妈妈""妈妈"。这些被母亲或父亲用过度的条件作用所造成的爱的反应——除了诗人及作家的说法除外——都不是建设性的。它们并不能帮助孩子奋斗。他们并不能帮助孩子克服环境中不可避免的困难。你在抚摸、娇惯孩子上所耗费的时间——据我所见,差不多所有儿童在醒着的时候都在受着宠爱——正是你掠夺孩子用手、用臂获得技能,以应对他的世界的时间。他必须有充分的时间来将他的宇宙分离,然后又重新组合起来。专就这点——掠夺孩子征服世界的机会——而言,抚摸、溺爱自然就是一种甚为危险的实验了。

母亲溺爱孩子,无外乎两个理由:一个是她承认的;另一个则是她不愿承认,因为她并不知道其中的道理是否真实。

她所承认的理由是:她要孩子快活,愿意他为爱所包围,这样他才能成为一个温和善良、素质优秀的孩子。

另一个她不愿承认的理由是：表达自己的爱是她本人发自身心的诉求。她的母亲以前曾在怎样给予爱与接受爱方面对她进行过训练，当她宁可召唤爱时，她对爱的渴求是何等迫切啊！所以她溺爱孩子，根本上就是一种性欲要求的反应，如其不然，她决不会那样亲吻她孩子的嘴唇。的确，假定说她是因为她所承认的理由而溺爱孩子的话，那么，她只要吻他的前额、手臂，偶尔摸摸他的头，就可达到她表示爱意的目的了，有了这些爱，就可以使孩子知道他是生长在十分温馨的家庭中了。

即使退一步，说母亲亲吻孩子是为了十分合乎逻辑的理由，即让孩子养成仁爱、温和的习惯，那么她能否成功呢？前文说过，我们难得看到一个愉快的孩子，这一事实适足以证明相反的结果。不争的事实是，我们的孩子时常哭泣，时常哀号，这足以表示他们是处在不快活、不健全的境遇中。也许他们的消化力遇到了麻烦，甚至整个消化腺系统一片混乱。①

母亲是否绝不应该亲吻孩子

对待儿童自有合乎常理的方法。你对待他们，应将他们当作幼小的成人一般。为他们穿衣、沐浴时，要格外小心谨慎。你自己的行为举止应该总是客观的，同时又是友善的、坚定的。你不要紧抱和亲吻他们，也不要让他们坐在你的怀中。如果你一定要亲吻的话，当他们说晚安时，不妨吻吻他们的额头，一次足矣。早晨起来可以和他们握握手。如果在困难的事情上，他们取得了非凡的业绩，你不妨轻拍他们的头以示奖励。这样试试，只需要一个星期的时间，你就会发现，以完全客观的同时又十分亲切的态度对待孩子，是件多么容易的事情。相比过去使用的病态的、过于诉诸情感的老方法，你一定会觉得羞愧难当吧。

如果你计划养一只狗，要养成一只有用的能看家护院、追鸟猎狐的猎狗，而不是只会在主人脚下撒欢的哈巴狗，料你绝对不敢用对待孩子的溺爱方法去对待它，因为那样不可能取得你理想的效果。可是，孩子偶然跌倒在地，或是撞伤了脚趾，或是发生了其他的小病小灾，母亲就要祈祷："上帝

---

① 华生认为，当儿童受到外界刺激，引起情绪反应（如哭叫）时，循环系统及别的内脏活动都会发生显著变化。——译者注

赐福给幼小的心灵吧!"我每每听到这样的话,就要掩耳而走,尽量不受余音干扰。

为人母者不妨思考以下问题:

——当孩子发生了意外,母亲为何不能养成一种镇静的态度去待孩子的伤痛,并保持静默?

——如果孩子确实是受了伤,她为何不能以一种实事求是的方法替他包裹,而不那么大惊小怪?

——如果孩子长大了些,她为何不能训练他自己去寻些硼酸水及绷带,自行处理自己的创伤?

——她为何不能够自我改进,用亲切的话语及微笑对待孩子,以取代亲吻、拥抱、抚摸、举起以及其他娇宠的动作?

更进一步说,即使你是一位十分谨慎的防护者,也知道通过喂养与洗浴这类小事以及其他小事完全可能形成爱的条件作用,母亲难道不知道,在每天大部分的时间内,与她的孩子保持一定距离是上策?我有时希望,我们可以生活在一个家庭共同体中,每个家庭都提供一个训练有素的保姆,她们每周轮流去做孩子喂养与洗浴之类的事情,这样每个孩子每周都有新的保姆去看护他。不久前,我听说了一件事:一个小孩在一个滥情而无微不至的保姆的看护之下,过了一年半的光景。她后来因事离去。在新保姆刚来的时候,这个孩子整整哭了三个钟头,气息哽咽,几乎窒息。一个月以后,这个保姆又因事离去,又来了一个新的保姆。这时,孩子只哭了半个钟头,就听从新保姆的管理了。这样的事在有规矩的家庭中是常见到的。仅过了两个星期,第二个保姆因故离去。当第三个保姆到来的时候,孩子走近她时,没有一点儿嘟哝之声。有鉴于此,有时我不禁萌生奇想,希望母亲们亦能轮流替换,照顾孩子,即使偶尔为之也好。不过,除非她们十分明白事理,否则此事实施未必容易。

为了消除过分的条件作用,必要时,母亲应较长时间地离开孩子。假如你没有保姆,而且不能丢下孩子,那么,你可以做如下安排:每天大部分时间都安排他在后院玩耍。不过,后院的四周须筑一道短篱,你确信没有任何东西可以伤害他。孩子一生下地,你就可以这样做。当他能够爬行时,你可以让他玩沙堆,还可以在院子的地上挖许多小洞,让他爬进爬出。孩子一生下地,你就要让他学习如何克服困难。孩子应该学会脱离你监护的眼睛,战胜困难。如果孩子做的是分内之事,那么他不应当每次都得到诸如赞扬、关注、爱抚之类的奖励。如果你的心太过温柔,一定要亲自看护小孩,那么你不妨通过窥孔观察他,这样,你能看见他,而他看不到你;或许你用一面潜望镜亦可。但最要紧的是当意外事发生时,你决不可让你的孩子看到你惊慌失措的样子;对于这种状况,你应该像训练有素的保姆或医生一样,处理起来游刃有余。最后,你也得学会与孩子说话时,少用些过于亲热和娇惯的言辞。

  由于娇惯溺爱而养成的习惯,实在是莫大的罪恶。那些植根于娇养习惯之中的人——不管是男孩或女孩——一旦离开家庭参加工作,或是入学,或是结婚,只要离开了父母,而开始谋划自己的生活,他们就要忍受非常的痛苦。娇养习惯一旦形成而不能破除,也很可能是我们当今家庭解体或夫妻反目的一个重要原因。有过此类经历的"妈妈的心肝宝贝"[①] 会将自己的婚后生活对父母和盘托出,并总是将他们也牵涉进这不和谐的画面里去[②]。

  ....
  行文至此,不妨做一小结。当你用爱抚、拥抱等方式娇宠孩子时,你能否知道这种母亲的爱是一种危险工具?这种工具能够造成不可救药的创伤,它使孩子感到不幸,年轻人梦魇缠身;这种工具能够破坏令郎或令爱成年后的职业前景,还会剥夺他们获得婚姻幸福的机会。

  (选自华生著,杨汉麟译:《行为主义的儿童教育》,人民教育出版社 2017 年版)

《科学与人类行为》

斯金纳

【导读】

  斯金纳(B. F. Skinner,1904—1990)是美国新行为主义心理学家和教

 [①] 原文是"Mother's boy",意为受控于母亲的孩子。打引号带有特指及诙谐的含义。——译者注
 [②] 其含义是:父母应为子女婚后的不幸负责。——译者注

育家。他继承了华生行为主义的基本观点并有所发展，其研究领域涉及多项关于儿童行为发展的理论和实践课题。《科学与人类行为》（1953年）是斯金纳最重要的著作之一。该书于20世纪50年代初出版后，旋即风靡欧美，成为20世纪美国最畅销的著作之一。该书通过分析影响人类行为的各种变量，着重探讨对个体行为具有控制作用的条件。

在斯金纳看来，强化作用是塑造儿童行为的基础。他认为，只要正确应用强化，"就能预测并在某种程度上确定一个人的行为"，就会塑造出一种教育者所期望的儿童行为。他认为，大多数儿童行为都是学习得来的，而离开了强化，学习就难以进行。他提出通过积极强化、消极强化、消退等途径来塑造和控制儿童的行为。强化在儿童行为发展中起着重要的作用，行为不强化就会消退。依照斯金纳的看法，儿童之所以要做某事，"只是为了引人注意"。要使儿童的不良行为消退，可在这些行为发生的时候不予理睬，排除对他的注意。而当儿童做出了正确的行为时，就要及时地表示赞许，通过及时强化，教育者就能塑造一种期望在儿童身上看到的行为。斯金纳在书中还谈到通过惩罚控制儿童行为的问题。他认为，惩罚是现代生活中最常见的行为控制技术。然而他在分析了惩罚的副作用后，指出在儿童教育中要反对惩罚，主张以消退代替惩罚。

以斯金纳为代表的新行为主义对美国学前教育产生了重要的影响。但他在强调强化原则时，忽略了对儿童学习的内部过程及儿童意识、情感和动机的研究，忽略了强化必须和儿童心理发展的内部矛盾统一起来。

第一部分　人类行为科学的可能性
第一章　科学有用吗？

行为科学面临挑战，有志者将前行，期望有所斩获①

科学不仅描述，它还要预测。它不仅可以把握过去，还可以预测未来。

---

① 本文中的前六个此级小标题均为选编者添加或重拟。

预测不是定论。它只是说明在多大程度上有关条件可以控制将来。如果我们想把科学方法应用于人类事件的研究，必须假设行为具有合法性和确定性。我们有待于发现人的行为是一些可以说明的条件的结果，这些条件一旦被发现，我们就能预测并在某种程度上确定一个人的行为。

行为科学理论面临着重重障碍，人们可能主张人类行为的科学是不可能的，行为所具有的某些基本特征决定了它要永远被科学拒之门外。尽管这种论调致使许多人打了退堂鼓，但它却不可能动摇那些乐于卧薪尝胆的人的意志。常有的另一种反对观点认为，科学当适可而止，总须留有余地让人们按照信仰或根据"价值判断"采取行动；科学可以告诉我们怎样研究人类行为，但是究竟要做什么却必须由一种实质上非科学的方式来确定。

第二部分 对行为的分析
第五章 操作性行为
强化与消退

教师的作用之一是任意提供一些结果（有时提供的结果具有欺骗性）作为反馈刺激。条件反射既依赖于强化的类型、数量和及时性，也依赖于许多其他的因素。

单独一次强化对反应可能产生极大的影响。如果我们把实验条件控制得很好的话，反应频率会从最低值突然上升到一个高稳定值。通常情况下，我们会发现一次强化就会使反应频率达到一个基本的上升值。随着强化的不断影响，反应频率会在此基础上不断提高。

当强化不再伴随时，反应发生的频率会逐步降低，这种现象叫作"操作的消退"。停止给鸽子食物时，抬头反应最终会停止。一般情况下，当我们的行为不再得到"报酬"时，我们会发现自己就不大愿意那样做了。丢失了自来水笔后，我们摸以前放那只笔的口袋的次数便越来越少。如果从来没人给我们打电话，最后我们就会停止给别人打电话。如果钢琴的音调很次，我们慢慢地就不愿弹它了。如果收音机的噪声很大，或者节目越来越差劲，我们便会停止收听。

对由间歇强化所产生的反应消退的抵制远远大于对由数量相同的连续强

化所产生的反应消退的抵制，因此，如果我们只是偶然对儿童的良好行为给以强化的话，在停止强化时这种行为的保持时间比每一次良好行为都得到强化时所保持的时间要长得多。当手头的强化物很有限时，这一强化效应是具有实际意义的。这类问题在教育、工业、经济等其他领域都存在着。

强化物的种类及应用

我们发现，具有强化作用的事件有两类。一类强化是提供刺激，给情景呈现一些东西——如食物、水或性关系。这类刺激叫作正强化物。另一类强化是从情景中消除掉某些东西——如噪声、强光、寒冷、炎热或电击，这些刺激叫作负强化物。在上述两种情况下，强化的作用都是提高反应概率。负强化是消除强光、噪声等刺激，这并不能说明对强化的分类是多余的，因为这种消除是在刺激已经呈现并发生作用之后的消除，这是描述消除刺激的唯一方式。在我们讨论了负强化物的呈现或消除时，对上述两类强化物的差异我们就会有个较清楚的了解。我们把由于呈现负强化物而产生的结果叫作惩罚。

在教育、工业、心理治疗等许多其他领域，我们都需要设计出一些方案，产生适当的条件强化物。当最基本的强化结果延迟呈现时，中间及时提供一些其他有效的结果将会"鼓舞士气""培养兴趣""防止气馁"，使低的操作强度得以提高。具体地说，它会诱发学生学习、雇工工作、病人从事可接受的社会行为等等。

当一条件强化物与一个以上的初级强化物形成联系时，它就会发生类化。类化强化物是能够产生作用的，因为有机体此时此刻的状态可能并不重要。由单一强化所产生的操作强度只有在剥夺条件下才能观察到——通过食物强化，我们可以控制饥饿的人。不过，即使一条件强化物已经与适合于许多情景的强化物形成了联系的话，至少也会有一种剥夺状态更有可能占有优势，因此，某种反应发生的可能性就较大。

在行为受到他人的强化时，会出现几种重要的类化强化物。注意就是其中的一种。我们知道，有些儿童的动作"只是为了引人注意"。他人的注意之所以具有强化作用，是由于注意是他人提供别的强化的必要条件。一般说来，只有注意我们的人才会强化我们的行为。当某人特别有可能提供给强化时——父母、教师或情人，他的注意就是一个极好的类化强化物，能够引起强烈的引人注意的行为。许多言语反应特别需要注意——例如"看""瞧"或呼唤名字。由于引起了别人的注意而变得较为强烈的其他类型的行为有装病、佯怒、露头角（表现癖）等。

单靠注意通常是不够的。另一个人可能只强化别人做出的令其满意的那部分行为，这样，任何赞许的表示便具有了独特的强化作用。能够引起微笑或"好的""不错"等言语反应的行为会得到加强。我们常常用这种类化强化物培养和塑造他人的行为。在教育中尤其是这样。例如，当某人做出了正确的行为时，我们就教儿童和成人说出"好"以表示赞许。

具有物理特性的一种类化强化物是象征物。最常见的是钱。这是一种非常好的强化物，因为，虽然"有钱未必就有一切"，但是，它却能够换得各种初级强化物。只要有钱做强化，有机体可以不顾暂时的剥夺状态而去采取行动。作为强化物的钱的一般作用正是部分地依赖于这一事实。钱的作用还在于它具有物理维度。它能标示出行为与结果之间的显著相倚联系：当我们被付给钱时，就会知道我们的行为已经完成了什么，以及什么行为完成了任务。钱的强化作用也容易条件化：钱的交换价值比注意、赞许、感情甚至服从的交换价值更显而易见。

钱并不是唯一的象征物。比方说，在教育中，个体的行为会受到他所得到的分数、等级和奖励的影响。这些东西虽然不像钱那样容易换得初级强化物，但仍然存在着交换的可能性。教育象征物组成了一个系列，在这个系列中，一物可以换得另一物，毕业文凭这一最后的象征物的商业或威信价值是众所周知的。虽然奖品、奖章，对高学分、特殊才能和成就的奖励通常和初级强化物没有明显的联系，但是，这些奖励的物理维度却是显而易见的，这对于安排强化相倚联系来说是一个优势条件。最基本的强化与对威信和尊重的强化通常具有相似性。

第六章 操作性行为的形成与保持
强化在学前教育中的作用

通过强化儿童的稍微有些特殊的行为，他能学会坐、站、走、靠物体和转动物体。以后，通过同样的过程，他可以学会说话、唱歌、跳舞、玩游戏——总之，表现出正常成人所具有的大量行为特点。在观察后来的这些行为时，我们会发现，对行为表中的各种操作与这些操作所产生的不同结果做出区分是很方便的。用这种方式，可以把行为划分为一个便于分析的组成成分。这些组成成分就是我们计算的单位。它们的频率对归纳行为定律起着重要作用。用外行的话来说，它们是一些从行为中划分出来的动作。在我们解释行为的诸多定量特征时，决不应无视行为的连续性这一本质特征。

利用差别强化能够形成和加强其他行为，这可以称为有意控制。这种现象从整体上看也可以看作是无意识的。当3岁的孩子大声哭喊引起母亲的抱怨时，母亲可能并没有意识到她自己做出的强化行为可能正是孩子啼哭的原因。如果她忙着别的事情的话，她可能对孩子的轻声呼喊不加理睬，当孩子提高嗓门时，她才做出回答。这就是差别强化。在母亲适应了这一新的呼喊强度时，孩子只有再提高嗓门才能得到强化，进一步的差别又会随之产生。孩子的声调也可能变化。我们所说的"咯咯声"与哭声不同，这种声音更可能产生作用，因此，可能得到有选择地加强。事实上，我们所说的烦恼行为一般地说只是那种特别容易引起别人行动的行为。由专注于别的事情的母亲所提供的差别强化与我们使儿童对烦恼形成条件反射时将要采取的方法是十分相近的。

第十一章　厌恶、回避及焦虑

我们以多种不同的方式运用负强化。厌恶刺激的消除强化某一需要的操作，这时，该刺激即提供了一种直接的控制模式。一个儿童把另一个儿童按在地上直到那个小倒霉蛋认输了才肯罢休……我们用同一种方式运用条件厌恶刺激。例如，使某人"出于羞愧"而产生行为。同伴们把不从高台上跳水的男孩子称作胆小鬼。这个男孩子要想逃避这个条件言语刺激，唯一的办法就是去跳水。因此，他的同伴呈现了增加他跳水发生概率的刺激。

第十二章　惩罚

惩罚是一种行为控制技术

现代生活中最常见的行为控制技术是惩罚。其一般的模式是：如果成人的行为不合乎你的期望，你就会把他打倒令其俯首听命；若儿童的行为不当，就会打他的嘴巴；一个国家的人民如举止不端，就会对其进行轰炸。司法系统是以罚款、鞭打、关禁闭和苦役等等惩罚为基础的。宗教的控制手段是苦行、开除教籍、付之地狱之火等等。教育界没有完全放弃棍棒政策。在人们日常的交往中，往往通过非难、斥责、反对或不予理睬来控制行为。总而言之，惩罚作为一种控制技术，我们对它的使用程度看来是由我们所必须获得的力量大小来决定的。我们所做这一切的目的是减少以某种方式产生行为的倾向性。强化是产生这种倾向性，而惩罚是消除行为倾向性。

惩罚的作用

在解决惩罚问题时，我们会问道：消除一个正强化物或呈现一个负强化物的作用是什么？消除正强化物，如拿走婴儿的糖果；呈现负强化物，如打婴儿。在提出这些问题时，我们没有用任何新的术语，所以，也不必对任何术语作出定义。然而，若对外行所用的术语进行科学的定义的话，上述两种可能性则可能是惩罚的研究领域。我们不去预测任何作用，只是提出一个由实验来解答的问题。这两种结果的物理特性是由一种行为受到强化的条件决定的。条件强化物，包括类化强化物，都适用于同一个定义：我们通过不许可，通过罚钱，如法律上的罚款等等，来实现惩罚。

一般的说，惩罚具有某些持续性的影响。人们希望将来会观察到行为的某些变化，即使在不再继续实施惩罚的情况下亦是如此。其中，一种持续性的惩罚作用类似于上述作用，它通常也不被看成一种典型的惩罚作用。一个因咯咯大笑被大人拧了一把的儿童在以后的场合中欲要发笑的时候，儿童自己的行为可能提供了条件刺激，它像母亲那种具有威胁性的手势一样，会导致相反的情绪反应。

由惩罚所产生的某些不幸

毫无疑问，严厉的惩罚可以立即降低以某种方式行动的倾向。因此，它已得到了广泛的使用。"从本能上说"，我们就喜欢攻击那些行为令我们不快的人——也许不是进行人身攻击而是批评、不同意、责备或奚落。不管是否存在产生这种做法的遗传倾向性，这种技术所具有的即时的强化作用就足以解释它得到广泛应用的原因。然而，从长远看，惩罚实际上并不能消除有机体的某种行为。它虽然具有立竿见影之效果，但是也付出了很大的代价，因为它降低了团体的工作效率和满意感。

惩罚的一个副作用是在导致惩罚的反应与回避惩罚的反应之间存在一种矛盾。这些反应是不能统一的，二者在同一时刻可能都很强烈。由严厉而持久的惩罚所产生的令人压抑的行为通常并不比它所压抑的行为占有优势。当惩罚是间时性的时，这一矛盾尤其令人讨厌，如儿童"不知道什么时候会受到惩罚，什么时候可以回避惩罚"。回避惩罚的反应可以随着快速出现的惩罚反应而改变，或者二者交融成一种不协调的方式。对怯懦或"抑制型的"人来说，标准行为会受到分心反应，如声调、停顿或干别的事的影响。口吃者也表现出类似的影响。

使用惩罚所带来的另一个副作用是更为不幸的。受到惩罚的行为通常是很强烈的，所以，可以在某些早期的阶段发生。即使因此而产生的刺激作用能够有效地阻止这一行为的整个表现，但它也能引起具有恐惧、焦虑和其他情绪特点的反射。而且，阻止惩罚反应的抗衡行为可能与产生愤怒或挫折的外部物理刺激具有相似性。因为影响这些情绪模式的变量是由有机体自身产生的，所以，有机体不能做出任何适当的逃避行为。这种状况长期下去可能引起"心身"疾病，或者干扰有机体日常生活中的有效行为。

第五部分 控制机构

第二十四章 心理疗法

控制对操作行为的某些影响

通过惩罚的控制在操作行为上也具有意想不到的影响。当个体发现最终被证明是无效的、麻烦的或危险的避免令人不快的自我刺激的方式时，自我控制的过程也就失败了。

在发生过一次或目击了一次交通事故之后，一个人在开车时会特别小心。这样的小心谨慎也可以由控制的不快事件产生。反复的惩罚可以造就一个抑郁的、害羞的或沉默寡言的人。

第二十六章 教育

教育就是建立在将来对个体和他人有利的行为。这种行为最终将受到许多不同方式的强化（对于这些强化方式我们已有论述）；同时，强化是教育机构为了建立条件作用而安排的一种手段。教育所使用的强化物具有人工性，诸如"训练""练习""实践"等术语所示。

教育强调的是行为的获得，而不是行为的保持。宗教的、政府的和经济的控制是使某类行为更有可能发生，而教育强化则只是促使特殊形式的行为在特定的环境中更可能发生。分辨性操作在使个体对尚未出现的环境做出准备的过程中受到这些环境中可能出现的刺激的控制。最后，非教育的结果决定个体是否继续保持同样的行为方式。如果教育最终没有带来其他的结果，那么它将是毫无意义的，因为被控制者在接受教育时所产生的行为对任何人都不具有特殊的重要性。

教育机构及其控制技术

家庭在训练儿童走路、说话、游戏、吃饭方式以及自己穿衣等过程中，其功能与教育机构的作用类似。它主要使用家庭可利用的基本强化物：食物、饮料和温暖，以及诸如注意、赞许和慈爱之类的条件强化物。有时候，家庭为了明显的理由而进行教育——例如，想使儿童成为团体中一个有用的成员。

对于一种更明确的教育机构需要给予特殊的对待。教育是一种职业，其成员主要由于受到经济强化而从事教育。如同在许多其他行业里一样，由伦理团体所提供的强化通常具有同样的重要性：教学不仅仅是一条谋生的途径，它还是一件"值得做的好事情"。

教育的强化

已建立起来的教育机构所使用的强化物是人们较为熟悉的，包括好分数、升级、QBK联谊会[①]、钥匙、毕业文凭、学位和奖章，所有这些都与赞许这一类化强化物相联系。小学生的拼字比赛会是使赞许或其他社会强化物与学校行为形成明显相倚联系的一种熟悉的手段。

惩罚在教育控制中的悠久地位是由棍棒以及对违反纪律行为的抵偿（如劳役折磨）来体现的。极端形式的肉体惩罚现在已经被普遍地废弃了。但是，我们注意到了这样一个普遍的规则，即当一种厌恶结果被消除之后，便有另一种被创造出来取而代之。按固定间隔时间支付的工资最终可能被用作解雇威胁形式的厌恶刺激。同样，教师对待不出色的儿童可以以消除赞许或慈爱相威胁。这也是厌恶控制的一种形式。中学和大学还通常利用正强化物作为条件厌恶刺激的基础，这种厌恶刺激是以失败或开除威胁的形式出现的。

---

① QBK联谊会为美国优秀大学生全国性荣誉组织。——译者注

由教育控制产生的行为

如果我们将知识的概念扩大，使它不仅包括这类技能，而且还包括技能对其他行为的各种影响，那么，在教育中对知识的获得就显然不只是死记硬背的学习了。并且，教育机构所做的事情就不只是传递这种广泛意义上的知识。它要教会学生去思考。它建立一种特殊的技能，包括怎样操作影响问题解决的方案。学生学会去观察，去收集有关材料，学会组织材料以及提出尝试性的解决办法。这样一种实践对于他的未来生活的准备是必不可少的。我们认识到，伦理团体和宗教、政府机构不能仅仅建立良好、虔诚或合法的行为，还必须建立自我控制的过程，使个体在团体或机构的其他成员不在场时也能做出良好、虔诚或合法的行为。同样，教育机构也不能仅仅满足于建立正确回答的标准技能，还必须形成一种在教育机构中的成员不在场时学生自己在新情境中达到正确回答的技能。

（选自斯金纳著，谭力海等译：《科学与人类行为》，华夏出版社1989年版）

《教育过程》

布鲁纳

....

【导读】

布鲁纳（J. S. Bruner，1915—2016）是当代美国认知心理学家和结构主义教育流派的代表人物。

《教育过程》（1960年）是布鲁纳在伍兹霍尔伍德角教改会议①结束后，以他的结构主义教育思想为主导，综合学者专家们在会上发表的不同意见而写成并出版的一本名作。此书出版后立即引起人们的重视，很快传播到世界各地，对各国先后掀起的教育改革运动产生了重要影响。此书曾被西方教育界人士誉为"划时代的著作""有史以来教育方面最重要、最

---

① 1959年美国科学院在伍兹霍尔伍德角召开讨论教改的重要会议。布鲁纳担任此次会议的主席。——选编者注

有影响的一本书"。

　　布鲁纳在书中提出了一个大胆的论断:"任何学科都能够用在智育上是诚实的方式,有效地教给任何发展阶段的任何儿童。"靠什么来实现这个任务呢?布鲁纳指出,儿童在其发展的每个阶段都有他自己的观察世界和解释世界的独特方式,只要把学科的知识结构同儿童的认知结构恰当地结合起来,便可以将任何学科的基本原理,运用相应的形式教给任何年龄的儿童。为此,布鲁纳主张采用螺旋式课程。他强调课程编排要"想方设法把材料转译成儿童的逻辑形式",并在以后充分扩展。布鲁纳在书中还积极倡导发现法。他建议,为了激发儿童的智力发展,在向儿童提出一个学科的基本结构时,应该"保留一些令人兴奋的部分,引导学生自己去发现它"。他还建议教育者向儿童提出有挑战性的难题,来引导儿童智力的发展。布鲁纳的教育理论虽然主要是针对学校教育的,但对学前教育也有重要意义。

一、引论

　　掌握事物的结构,就是以允许很多别的东西与它有意义地联系起来的方式去理解它。简单地说,学习结构就是学习事物是怎样相互关联的。

　　无疑地,人们先要正视一般的问题,然后才能考虑课程、顺序等特殊问题。任何人只要一开始问到关于各专门课程的价值问题,他就是在问关于教育的目标问题。课程建设是在这样一个世界中进行的,那里,变动着的社会、文化和政治情况不断地改变着学校和学生的周围环境,改变着学校和学生的目标。我们关心为美国人,为他们在复杂世界内的生活方式和需要而设计的课程。美国人是变动着的人民;他们在地理上的流动性,迫切需要在中学和小学里有一定程度的一致性。可是,美国社会和美国生活的多样性,大体说来,又同样迫切需要课程具有一定程度的多样性。同时,不管多样性和一致性的要求给教育规定什么限度,还要满足产量的要求:我们是否生产了足够的学者、科学家、诗人、立法家,来满足我们时代的需要?再者,如果学校履行它们为准备民主社会的生活和良好的家庭生活的教育职能的话,它们还应能致力于儿童的社会的和情感的发展。如果说后面讨论的主要是智育方面,这并不意味着教育的其他目标不那么重要。

　　我们也许可以把追求优异成绩作为教育的一般目标;但是,应该弄清楚追求优异成绩这个说法指的是什么意思。它在这里指的是，不仅要教育成绩优良的学生，而且也要帮助每个学生获得最好的智力发展。强调学科结构的良好教学，对能力较差的学生比起对有天才的学生来，可能更为宝贵，因为最容易被质量差的教学抛弃的，正是前者而不是后者。这并不是说所有的学生需要同样的课程内容或步调——虽然，正像一位参加会议的成员指出，"当你教得好时，总好像有百分之七十五的学生超过中数似的"。仔细的调查研究会告诉我们，在什么地方应该区别对待。有一件事情是清楚的：如果促使所有的学生充分利用他们的智力，就将使我们这个处于工艺和社会异常复杂的时代的民主国家，有更好的生存机会。

二、结构的重要性

任何学习行为的首要目的，在于它将来能为我们服务，而不在于它可能带来的乐趣。学习不但应该把我们带往某处，而且还应该让我们日后再继续前进时更为容易。

学习为将来服务有两种方式。第一种方式是通过它对某些工作（这些工作同原先学做的工作十分相似）的特定适应性。心理学家把这种现象称为训练的特殊迁移；也许应该把这种现象称作习惯或联想的延伸。它的效用好像大体上限于我们通常所讲的技能。第二种方式，则是通过所谓非特殊迁移，或者，说得更确切些，原理和态度的迁移。这种迁移，从本质上说，一开始不是学习一种技能，而是学习一个一般观念，然后这个一般观念可以用作认识后继问题的基础，这些后继问题是开始所掌握的观念的特例。这种类型的迁移应该是教育过程的核心——用基本的和一般的观念来不断扩大和加深知识。

即使按照前面指出的方向进行大规模的课程改革，至少还有一个重要问题需要解决。掌握某一学术领域的基本观念，不但包括掌握一般原理，而且还包括培养对待学习和调查研究、对待推测和预感、对待独立解决难题的可能性的态度。靠什么来完成这样的教学任务呢？这需要做大量的研究工作才能知道。但看来，一个重要因素是对于发现的兴奋感，即由于发现观念间的以前未曾认识的关系和相似性的规律而产生的对本身能力的自信感。曾经从事于自然科学和数学课程设计工作的各方面人士，都极力主张在提出一个学科的基本结构时，可以保留一些令人兴奋的部分，引导学生自己去发现它。

三、学习的准备

我们一开始就提出这个假设：任何学科都能够用在智育上是诚实的方式，有效地教给任何发展阶段的任何儿童。这是个大胆的假设，并且是思考课程本质的一个必要的假设。不存在同这个假设相反的证据；反之，却积累着许多支持它的证据。

为了搞清楚含义是什么，我们来考察一下三种普通的观念。第一种，涉及儿童智力发展的过程；第二种，涉及学习的行为；第三种，则和前面介绍过的"螺旋式课程"这个概念有关。

智力的发展

儿童智力发展的研究突出了这个事实：在发展的每个阶段，儿童都有他自己的观察世界和解释世界的独特方式。给任何特定年龄的儿童教某门学科，其任务就是按照这个年龄儿童观察事物的方式去阐述那门学科的结构。这个任务可以看作一种翻译工作。刚才所说的一般假设是以下面这个经过深思熟虑的判断为前提的，即任何观念都能够用学龄儿童的思想方式正确地和有效地阐述出来；而且这些初次阐述过的观念，由于这种早期学习，在日后学起来会比较容易，也比较有效和精确。为了证明并支持这个观点，我们在这里稍微详细地描绘智慧发展的过程，同时就儿童智力发展不同阶段的教学，提一些建议。

皮亚杰和其他一些人的著作中提出，一般来说，儿童的智力发展可以划分为三个阶段。

第一个阶段，不需要我们详述，因为这主要是学前儿童表现的特征。这个阶段，大约到五六岁为止（至少就瑞士的学龄儿童来说是如此的），儿童的脑力活动主要是建立经验和动作之间的联系；他关心的是依靠动作去对付世界。这个阶段大致相当于从语言的开始发展到儿童学会使用符号这段时期。在这个所谓前运算阶段，使用符号的主要成就是儿童学会怎样凭借由简单的概括而建立的符号去重现外部世界；而事物由于具有某些共同性质而被看成相同的。但是，在儿童的符号世界里，并未将内部动机和感情作为一方和外部现实作为另一方之间划分清楚。太阳转动，因为上帝在推它；星星，像儿童自己那样，不得不上床睡觉。儿童不大能够把他自己的目标和达到目标的手段区分开来。再者，儿童在对付现实的尝试失败后，就得纠正他的活动。这样的做法，与其说是依靠符号的运算，不如说是依靠那种所谓直观的调节；直观的调节，也不是进行思考的结果，而是带有粗糙的尝试错误的性质。

发展的第二个阶段——此时儿童已经入学——称为具体运算阶段。这个阶段叫作运算阶段是同前一个阶段全是动作相比较而言的。运算是动作的一种形式：它之得以实现，是直接依靠用手操作物体，或是在头脑内部操作他头脑中代表事物或关系的那些符号。运算大体上是记取现实世界的资料并在头脑里加以改造的一种手段，由于这种改造，才能在解决难题时有选择地组织和运用这些资料。

可是，具体运算尽管受类别逻辑和关系逻辑的指导，但它是只能构思直接呈现在他面前的现实的一种手段。儿童能够赋予遇到的事物以一定的结构，不过，他还不能够轻易地处理那些不直接在他面前，或事前没有经历过的可能发生的事物。这不是说，儿童在进行具体运算时没有能力去预料不在眼前的事情。的确，他们并不具备系统地想象在任何指定时间内所能存在的、非常广泛的交替可能性的运算能力；他们不能有系统地超出所提供的知识范围外去描述可能发生的其他情况。

10到14岁左右，儿童进入发展的第三个阶段，这便是日内瓦学派所谓的"形式运算"阶段。此刻，儿童的智力活动好像是以一种根据假设性命题去运算的能力为基础，而不再局限于他经验过的或在他面前的事物。儿童能够想到可能有的变化，甚至会推演出后来通过实验或观察得到证明的潜在关系。智力的运算似乎是根据像逻辑学家、科学家或抽象思想家所特有的那种逻辑运算来做的。正是在此刻，儿童有能力对先前指引他解决难题但不能描述或无法正式理解的具体观念，予以正式的或公理式的表达。

教授基本概念最重要的一点，是要帮助儿童不断地由具体思维向在概念上更恰当的思维方式的利用前进。可是，试图根据远离儿童思维样式且其含义对儿童来说又是枯燥无味的逻辑进行正式说明，肯定徒劳而无益。

可是，儿童的智力发展不是像时钟装置那样，一连串事件相继出现；它对环境，特别对学校环境的影响，也发出反应。因此，教授科学概念，即使是小学水平，也不必奴性地跟随儿童认知发展的自然过程。向儿童提供挑战性的但是合适的机会使发展步步向前，也可以引导智力发展。经验已经表明：向成长中的儿童提示难题，激励他向下一阶段发展，这样的努力是值得的。

日内瓦的英海尔德教授应邀对数学和物理学方面能促使儿童较快通过智力发展的各个阶段的做法提出自己的建议。下面所谈的便是她为这次会议准备的备忘录的一部分。

"……这些例子使我们相信，采取一定的教法，有可能把自然科学和数学的基本观念教给比传统年龄小得多的儿童。在这样的早年，有条不紊的教学能够为儿童学习基本概念打下基础，这些基本概念日后可以加以利用并对中学阶段的学习大有好处。"

学习行为

学习一门学科看来包含三个差不多同时发生的过程。第一是新知识的获得。新知识，往往同一个人以前模模糊糊地或清清楚楚地知道的知识相违背，或者是它的一种替代。至少可以说，是先前知识的重新提炼。

学习的第二个方面，可以叫作转换。这是处理知识使之适合新任务的过程。我们学习"揭露"或分析知识，把它安排好，使所得的知识经过外插法、内插法或变换法，整理成另一种形式。转换包含着我们处理知识的各种方式，目的在于学得更多的知识。

学习的第三个方面是评价：核对一下我们处理知识的方法是不是适合于这个任务。概括得恰当吗？外插得合适吗？运算得正确吗？教师在帮助学生进行评价中常常具有决定性的作用。但许多评价的做出，仅靠似真性的判断，不能够真正严格地检验我们的努力是否正确。

"螺旋式课程"

如果尊重成长中儿童的思想方法，如果想方设法把材料转译成儿童的逻辑形式，并极力鞭策诱使他前进，那么，就很可能在他的早年介绍这样的观念和作风，以使他在日后的生活中成为有教养的人。我们不妨问一下：在小学里所教的任何学科的准则，如果充分扩展的话，是否值得成人知道？而如果童年时懂得了它，是否成年时会更高明？倘若对这两个问题的答复都是否定的或含糊的，那么这种材料就会造成课程的混乱。

如果本章介绍的假设——任何学科可按照某种正确的形式教给任何儿童——是正确的，那么跟着而来的论点便是：课程建设应当围绕着社会公认为值得它的成员不断关心的那些重大的问题、原理和价值。

四、直觉思维和分析思维

我们认为，应该承认直觉思维和分析思维的相互补充的性质。一个人往往通过直觉思维对一些问题获得解决，而这些问题如果借助分析思维将无法解决，或者充其量也只能慢慢解决。这种解决，一旦用直觉方法获得，可能的话，就应当用分析方法进行检验；同时，把它们看作这种检验的有价值的假设。的确，直觉思维者甚至可以发明或发现分析家所不能发现的问题。可是，给这些问题以恰当的形式体系的，也许还是分析家。可惜，学校学习中的形式主义已经或多或少贬低了直觉的价值。

为了学习怎样在最后做出聪明的推测，是否应该鼓励学生去猜想呢？也许有某种情境，其间猜想是相宜的，并且可以促使直觉思维向合理程度发展。真的，可能有一种猜想，需要予以仔细的培养。可是，在学校的许多班级里，猜想会受到严重处罚，而且不晓得什么缘故，还同偷懒联系起来。可以肯定，谁都不愿意只教学生猜想而不干别的，因为继猜想之后总会根据需要尽量做出证明和认可的；而对猜想处罚过严，会压抑学生任何种类的思维，使之只能辛辛苦苦工作，而不敢进行偶然的飞跃。当学生不能立刻说出正确答案时，他们进行猜想难道不比目瞪口呆好吗？直截了当地说，应该给学生一定的训练，使之认清猜想的似合理性。在自然科学和普通生活中，我们常常被迫根据不完全的知识去行动；我们不得不去猜想。按照统计学的判定理论，根据不充分数据而进行的活动，必需考虑到概率和代价两方面。我们应当教学生识别的也许是，什么时候不去猜想的话，会代价过高；同样的，什么时候猜想本身的代价又太昂贵。我们认为做后者比做前者好得多。我们是否应该让学生从事两方面的实践，即不但进行有训练的猜想，而且还要认清别人提出的那些好像合理的猜想的特征——知道某答案至少在范围上是恰当的，或者知道那不是不可能的而是可能的？我们感觉到，一般说来，如果使学生懂得，在真理和缄默之间可以有各种选择，这或许会给他的思维以很大的好处，但是我们切不可因为自己不能鉴别两种不同的自信而把自己弄糊涂了——一种自信是个性的特征，另一种自信则是由于对一个学科具有知识才产生的。对教育者来说，只帮助学生树立前一种自信而不树立后一种自信，就算不了有什么特殊功绩。教育的目标决不是生产具有自信心的傻瓜。

五、学习的动机

　　学龄儿童中，多半常有混杂的学习动机。父母和教师，他要讨好；有些同辈，他要打交道；用以掌握事物的感官，他要发展。同时，兴趣在发展，世界开阔了。学校作业只是成长中的儿童的活跃生活的一部分。对不同的儿童来说，学校作业意味着不同的事情。对一些儿童来说，是取得父母赞赏的道路；对另一些儿童来说，则是闯进同辈社交世界的手段，只要用最小的努力来处理就"过得去"。学校的教育可能是反智力的，或者完全相反。在这样一个复杂的图景内，还有儿童感兴趣的那些学科的微妙的吸引力。人们只能很勉强地说出图景的细节，但是大体上对他们是够熟悉的。我们怎样在这个范围里唤起儿童对概念世界的兴趣呢？

　　几个试验性的建议已经（抱着商榷的态度）提出来了，其中主要的是增加教材本身的趣味，使学生有新发现的感觉，把我们必须要说的东西转化成为儿童思想的形式，等等。这等于启发儿童对正在学习的东西的兴趣，并随之而一般地发展他对智育活动有适当的态度和评价。无疑，我们不能依靠现在想得到的改革来创造一个拥有专心致志的知识分子的国家，何况这显然也应是我们学校的主要的指导性目标。可是，如果教学工作做得好，我们教的东西值得学，那么在我们现代社会中就会有一些力量在起作用，它将提供外来的刺激，促使儿童比他们过去更多地卷入学习过程之中。

六、教学辅助工具

　　现在有一些措施，必须用来改善教师的质量，其步骤已经建议过多次了，这里不需多加推敲。诸如改善新生的招收，改善选择的机会，改善师范院校里属于实质性的教育，由更有经验的人对较年轻的教师进行在职训练，在职训练班和夏季大学采用闭合电路电视对教师继续进行教育，改善教师的工资待遇——所有这些，都必须明确地作为目标来追求。提高教师职业的声望也同样重要。这种提高将取决于我们美国对教育改革重视的程度，取决于如何改善教师可得到的便利和工资，以及对加强他们可以依靠的来自社会和来自我们大学的支持的努力程度。

　　关于教师充当知识传播者的一个特殊问题，即关于小学教师的训练和资格的问题，必须谈一下。已经多次提到要具体而直观地训练儿童学习逻辑运算。这是以后将在小学高年级和中学更加正式地教的。这种教学需要特殊的训练，而且，什么是最有效的训练形式，还不清楚。大概应该特别强调这样的工作，就是在研究对年幼的小学生的实际教法的同时，研究怎样训练适合于这种教法的教师。

教师不仅是知识的传播者，而且是模范。看不到数学的妙处及其威力的教师，就不见得会促使别人感到这门学科的内在刺激力。不愿或不能表现他自己的直觉能力的教师，要他在学生中鼓励直觉，就不大可能有效。他如果是这样的动摇，不敢犯错误，那就不能使他成为一个有希望的勇敢的模范。倘若教师不愿冒做出不肯定假设的风险，为什么学生应该冒这种风险呢？

为了传播知识和作为胜任工作的模范，教师必须自由地教，自由地学。对于能够获得这种自由的手段，我们注意得不够。显然，我们忽略了把受过教育的家长派上用场。在各种各样的学校里，利用家长做那些牵制教师的半职业性工作的计划，试验得很成功。家长的确能够协助管理学习室，协助看例行测验的卷子，协助准备实验室材料，协助做学校所需要的成打的例行工作。结果，就可以使教师腾出手来教，来研究。如果教师也进行学习，教学便会出现新的质量。

教师也是教育过程中最直接的有象征意义的人物，是学生可以视为榜样并拿来同自己做比较的人物。有谁不能想起某个特殊的教师的影响呢？这个教师可能是个热心家，或某个观点的信徒，或酷爱某门学科的热忱的训练家，或爱打趣然而神情严肃的人。有许多种形象，而且这些形象是可贵的。唉！可也有有害的形象：有削弱信心的教师，有扼杀幻想的凶手，还有恐怖密室的支持者。

怀特海①有一次谈起，教育应该包含向学生揭示伟大的真谛。我们许多人是幸运的。但没有一个简易的计划，能把伟大的真谛吸引到教学工作中来。强调优异成绩仍然是缓慢然而有希望的方式。不过，电视和影片在单向传播所规定的特殊限制内，不可以扩大典型人物——伟大的典范——的范围吗？我们不大知道对于不同年龄、不同环境的儿童有影响的典型人物。难道

---

① 即艾尔费雷德·诺思·怀特海（1861—1947），英国数学家、哲学家。——译者注

奥林匹克运动会的典范是把关于才能或伟大的意识传给儿童的唯一或最好的典范吗？让有希望的中学生不时充任辅助教师，也许会做得好些吧？他们可能把更多有才干的人吸引到教学中来。

（选自邵瑞珍、张渭城等译：《布鲁纳教育论著选》，人民教育出版社1989年版）

《教育科学与儿童心理学》

皮亚杰

【导读】

皮亚杰（J. Piaget，1896—1980）是瑞士儿童心理学家和教育家。他从1921年起到日内瓦大学卢梭学院执教，并开始应用临床法系统地研究儿童的思维活动。在50多年的研究生涯中，发表了百余篇论文并出版了30多本专著。

皮亚杰从儿童中心的立场出发，论述了儿童心理与教育的关系问题。《教育科学与儿童心理学》（1969年）是他在这方面的代表性著作之一。

皮亚杰依据结构主义的基本原理，从研究儿童智力与思维的整体发展着眼，提出了儿童思维发展结构理论。这一理论的核心是发生认识论，主要研究儿童认识发展的过程和结构。皮亚杰认为，儿童心理结构的发展涉及图式、同化、调节和平衡四个概念。儿童认知发展表现为一种内部结构的变化。在皮亚杰看来，儿童出生时即具有感知运动图式，在环境和教育的影响下，经过不断地同化、调节和平衡的过程，就得到了发展，最终形成了本质上不同的心理结构。

皮亚杰提出了儿童认知发展阶段理论。他把儿童的发展划分为感知运动阶段（0~2岁）、前运算阶段（2~7、8岁）、具体运算阶段（7、8~11、12岁）和形式运算阶段（11、12~14、15岁）。在皮亚杰看来，教育如果符合儿童心理发展的阶段性，又注意到这种发展的连续性，并采取积极的方式促进阶段间的自然过渡，那么培养出来的人就是理想教育的结果。他一再强调要研究儿童的认知结构及发展规律，反对超前的教育，其教育思想堪称卢梭自然教育思想的继承与发展。

皮亚杰的教育思想在20世纪60年代后对世界各国的教育，特别是学前教育产生了重大影响。许多欧美国家的学前教育机构及小学依据皮亚杰的原理，设计了教育实验方案并付诸实践，推动了学前教育的发展。

第一部分　一九三五年以来的教育与教学
第二章　儿童与青年心理学的进展
心理运算的发展

从开始的感知运动的行动一直到最抽象的心理运算，这是一个继续不断的发展。

因此，我们的理智运算的根源已经追溯到以感知运动的行动与智力为特征的最初阶段。这种纯实践性的智力是以知觉与运动为其唯一的工具，它既不能进行再现，也不能从事思维，然而它已经提供证据，证明在我们一生的头几年就在努力去领会各种情境。在实践中，它已构成了行动的图式，用以作为以后建立运算结构与概念结构的基础。

从2岁左右开始一直到7、8岁这个阶段是第二个阶段。符号的或语言的机能的形成便标志着这个阶段的开始。这就使我们能够通过符号或分化了的记号的媒介来引起当时感知不到的对象或事物，从而使它们再现出来。象征性的游戏是这个过程的一个例子，还有延宕的模仿、心理的影像、图画等，而尤其是语言本身。因此，符号的机能使得感知运动智力有可能借助于思维而扩展它自己，但是另一方面，却存在着两个情况推迟了心理运算本身的形成，因而在整个第二阶段，智力思维仍然是前运算性质的。

然而，在7、8岁左右，开始了第三个阶段，在这个阶段上，由于日益继续的内化、协调和非中心化过程，这些问题和其他的问题都很容易解决了，因为这种日益内化、协调与非中心化的结果便产生了一种由运算的可逆行性（颠倒与互反）所构成的一般的平衡形式。

但是这许多萌芽的运算还只是一个受着双重限制的领域。这两个限制具有一定重要性，而且表明：这些我们称为"具体运算"的初步运算仍然接近于它们所由产生的那种行动，因为在物理行动形式中所进行的那种联合、序列、对应等等，事实上也具有这两种特征。

最后，大约在 11 到 12 岁的年龄便开始了第四个，也是最后的一个阶段，这个阶段的平衡高原恰好与青年时期相符。这个时期的特点，一般来讲，是掌握了一种新的推理方式，这种推理的方式已不再完全限制于处理具体对象或可以直接再现的现实，而是运用"假设"了，换言之，即运用命题了，这样便有可能推论出逻辑结论，而且在考察其含义之前已无需确定其真伪。

第六章 结构改革：教学计划与指导问题

学前教育

这个初步的训练与教育的过程到底应该从哪一个阶段开始才适当呢？一般地在 7 岁开始，这个年龄是选择得很合理的，因为它符合于构成具体运算的最早阶段。但是在这个阶段以前怎样呢？我们怎样去鼓励儿童形成那些根本的理智工具呢？

学前教育（有时用"托儿所"或"母亲教育"这类名称来称呼它）的组织方式仍然是各个国家大不相同的，然而都表现出日益推广的明确倾向。

国际公共教育会议在 1939 年就已经提出过这样的要求："学前教育，旨在使接受义务教育年龄以前的儿童受到教育，应该受到教育当局的关心并为一切儿童所能享受。"当然，这里有经济上的原因，因为越来越多的妇女都离开家庭出去工作了，这就势必要采取措施，保证当母亲不在家的时候使幼儿有人照管，受到教育。

事实上，在完全受教师管理的游戏或练习的范围以内，对付最小的儿童就容易得多，而且教师所受的训练越少，他越不知道由于他缺乏心理学知识而造成了多大的损失。同样，这个建议也是十分正确地希望："幼儿园的师资训练将总是包括有准备他们胜任其工作的一种专门的、在理论上和实践上的教学课程。这种准备工作应该和培养小学教师的工作同样彻底。"因而也就得出关于人们所期望的工资与聘任条件方面的那些结论了。

第二部分 新方法：新方法的心理学基础

我们怎么来替新的教育方法下一个定义，而且这种新教育方法的第一次出现又从什么时候算起呢？进行教育就是使儿童适应于成人的社会环境，换言之，就是根据个人所在的社会认为具有一定价值的整个现实集体去改造一个人的生理和心理的结构。所以在教育所构成的关系中有两个因素：一方面是成长中的个人；另一方面是社会的、理智的和道德的价值。而教育者则负责把这些价值教给那些个人。成人从他自己的观点来看待这两方面的关系，而开始把注意力放在第二个因素上，因而把教育视为单纯地把集体的社会价值一代一代地传递下去。而且出于无知或者由于把每个人特有的自然状态和社会模式对立起来，教育者首先只关心教育的目的，而不关心教育的技术，只关心培养出来的完人，而不关心儿童以及其发展规律。

由于这个缘故，教育者明显地或者暗地里把儿童看作是一个受教育的小大人，对他进行道德教育，使他尽可能快地变得和成人一模一样；或者把儿童看作是各种原始罪恶的体现者，把他看作一种难于处理的原材料，他更多地需要改造而不是教育。我们大部分的教育方法都来源于这样一种观点。这说明了"旧的"或"传统的"教育方法的含义。新的方法则要考虑到儿童本身的特性并且要利用关于个人心理结构的规律和关于个人发展的规律。传统教育方法与新的教育方法的对立乃是被动性与主动性的对立。

儿童时期是一个不可避免的罪恶时期呢，还是儿童心智的特征在功能上具有重要的意义，可以说明真正的活动呢？根据对这个根本问题所做的答复，成人社会与受教育的儿童之间的关系，人们或者把它视为一种单方面的关系，或者把它视为一种交互作用的关系。在头一种情况之下，就是叫儿童从外界接受已经十分完善的成人知识与道德的成果；教育的关系一方面是压制，而另一方面是接受。从这个观点看来，即使学生们所做的纯属于个人性质的工作（如写一篇作文、翻译一篇文章、解决一个问题）也不是真正自发的、个人的研究活动，而是强加在学生身上的练习或是一种模仿外在世界的动作；学生的内心道德始终根本是引向服从而不是培养自主性。另一方面，儿童被认为具有他自己真正的活动形式，而心理的发展也是包括在这种活动的动力过程之中的，于是受教育的主体和社会之间的关系就变成交互作用的了；儿童不再是接受现成的关于正当行动的道理和规则以求接近于成人状态，而是经过他自己的努力与亲身的经历去完成正当的行动。反过来，社会期望它的新的一代不仅是模仿；它期望进一步的丰富。

第二章　教育原理与心理学的论据

教育就是使个人适应于周围的社会环境。然而，新的教育方法则利用儿童时期本身固有的冲动，结合着与心理发展不可分割的自发活动，去试求促进这种适应。而利用这些方法促使个人适应于社会环境的目的又在于使得社会因此而变得更加丰富。所以单从它的方法及其应用方面是不能理解新教育的，除非我们留意细致地分析它的原理，并且至少从下列四个方面来考查这些原理在心理学方面的重要意义：儿童时期的重要意义、儿童思维的结构、发展的规律以及幼儿社会生活的机制。

那么，儿童时期是什么呢？我们怎样使我们的教育方法适应于这些既像我们而同时又不像我们的儿童呢？根据新学校理论家的看法，儿童时期并不一定是一场灾难：从生物学的观点来看，它是很有用的一个阶段，它的重要意义就在于它继续不断地适应于自然环境和社会环境。

而且这种适应乃是在同化与顺应这两个分开的机制之间的一种平衡状态——这种平衡状态是通过整个儿童时期和青年时期完成的，而且它规定了这些生存时期本身构成结构的过程。

儿童时期的特征明显地是，它必须借助于一系列独特的练习或行为模式，即借助于从主客不分的混沌状态开始继续不断地构成结构的活动去求得这种平衡状态。实际上，这就是说，儿童从心理发展一开始，就受两种倾向朝相反的方向牵引着；当这两种倾向彼此还没有获得平衡时，它们彼此之间还不是互相和谐的，而仍然是比较未经分化的。首先，儿童还总是不得不把他的感知运动的或理智的器官顺应于外在现实，顺应于各种各样的事物，儿童得学习所有这一切的东西。当主体的运动足以作用于客体的特征时，这个继续的顺应过程便扩展成为模仿的形式。这个顺应过程乃是儿童行动首先所必需的。然而，其次，为了使儿童的活动顺应于事物的特性，儿童就必须同化它们，而且从真实的意义讲来，儿童必须吸收它们。这种事实，除了新学校的实践家和理论家以外，一般地还很少为人们所理解。在心理生活的最初阶段，儿童对于事物还不发生兴趣，除非它们激起儿童的活动，而这个继续地把外在世界同化于自我的过程，虽然和顺应的方向是相反的，但和顺应的过程在最早阶段上却是融合在一起的，以致儿童在最初还不能在他自己的活动和外在的现实之间，在主体与客体之间严格地区别开来。

　　这些想法看起来不论是多么具有理论的性质，就学校教育而论，都是带有根本性质的。因为最纯粹形式的同化作用（即当它还没有和顺应于现实的过程取得平衡的时候）实际上就是游戏，而游戏是幼儿特有活动中的一种活动；这种游戏活动在教育幼儿的方法中已经加以运用。如果我们不把游戏和儿童的整个心理生活以及其在理智上的应用关联起来以说明这种机能的重要性，那么，为什么在教育方法中要运用游戏就无法得到解释。

游戏

　　正像动物的游戏乃是练习它的特殊本能，例如战斗与猎捕的本能的方法一样，当儿童游戏的时候，他也是在发展他的知觉、他的智力、他要从事于试验的冲动、他的社会本能等等。这就是游戏之所以是幼童学习过程中如此强有力的一个杠杆，因而每当人们能够成功地把儿童的阅读、算术或拼法的初步转变成为游戏时，你就会看到，通常对儿童来说是枯燥冗杂的那些工作，他们会聚精会神地热心学习。

　　从感知运动的练习与符号这两种主要的形式看来，游戏乃是把现实同化于活动本身；活动具有其必然的持续性，而且按照自我的需要改变着现实。这就是幼儿教育的活动法之所以要求为儿童提供适当的设备的缘故，因而儿童就可以在游戏中同化一直存在于幼儿智力之外的理智现实。

　　虽然同化对于适应来讲是必要的，但它仅构成适应的一个方面。儿童时期所要达到的完全的适应乃是在同化与顺应之间日益不断地综合。这就是幼儿的游戏在其本身内在的发展历程中，之所以逐渐转变成为适应的结构的缘故。这种适应的结构要求日益增多的实际工作量，因而在活动学校的幼儿班里面，我们可以观察到在工作与游戏之间以各种方式自发地交换进行。

智力

　　从1岁儿童智力起源的研究看来，智力的机能作用既不是采取试验性探索活动的形式，也不是采取单从内部生长的结构关系的形式，而是由于主体尽心竭力从事于上述两种活动形式去构成结构的一种活动，乃是这两种形式对于经验资料的不断调节。换言之，智力乃是一种最高形式的适应，乃是在把外物不断同化于活动本身和这种同化的图式顺应于事物本身之间的一种平衡状态。

结果，儿童在实践智力的阶段上对于各种现象（如空间关系、因果关系等）并不理解，除非把这种种现象同化于他的运动性的活动中去，但是在同化的同时，反过来他又把这些同化的图式顺应于外在事实的具体细节。同样，儿童思维的早期阶段一方面表现出经常把事物同化于主体的行动，另一方面，同时又把这些图式系统地顺应于他的经验。于是，当同化越来越密切地和顺应结合在一起时，同化便归结为推理活动本身，而顺应则归结为实验活动，而这两者的结合就变成了理性所特有的在推理与经验之间不可分割的那种关系了。

按这种想法，幼儿智力和成人智力一样，不能单纯用接受的教育方法去处理。所有的智力都是一种适应过程；所有的适应都意味着把事物同化于心灵，正像相辅相成的那种顺应过程一样。因此，所有智力方面的工作都要依赖于兴趣。

智力发展的阶段

在这里，我们面临一个根本问题，即有关心理发展的机制本身的问题。让我们假定，儿童思维的结构变化是由内部所决定的，受着一个不变的连续的顺序和有一个不变的年龄顺序所制约的，每一个阶段都是从确定的时刻开始并在儿童的生活中占有明确规定的一段时期，总之，个人思维的发展可与服从严格的遗传规律的胚胎发展相比，那么这在教育方面的后果是不可估计的。教师试图加速学生的发展，这只是浪费时间和精力。问题只是去发现符合于每个阶段的有些什么知识，然后用有关年龄阶段的心理结构所能吸收的方式把它传授给学生。

发展阶段在教育科学中的价值

虽然我们现在还不能肯定地把心理结构成熟的作用，和儿童个人的经验或他的自然环境，与社会环境对他所产生的影响的作用之间的界限固定下来，但是看来我们既应当承认这两个因素都是经常发生作用的，也应当承认，发展是这两个因素相继互相作用的结果。从学校教育的角度来看，首先，这就是说，我们必须承认有一个心理发展过程的存在；一切理智的原料并不是所有年龄阶段的儿童都能够吸收的；我们应该考虑到每个年龄阶段的特殊兴趣和需要。其次，这也就是说，环境在心理发展中能够发挥决定性的作用；每个阶段和每一年龄的思想内容并不是固定不变的；所以良好的方法可以增进学生的效能，乃至加速他们的心理成长而无所损害。

儿童的社会生活

从遗传行为的观点来看，即从社交的本能（杜尔凯姆认为社会和有机体的心理生物组织是联系在一起的，所以他说社会是在个人内部的，人就具有这种社会本能）的观点来看，儿童几乎从初生的第一天开始就具有社会性。

从这个观点来看（虽然仅仅从这个外部社会的观点来看），我们可以说，儿童是从不自觉的自我中心的最初状态出发前进的，而这种自我中心状态是与他尚未和集体分化出来的状态互相关联的。一方面，幼儿（这的确从第一年的下半年起）不仅试图接触别人，而且还经常模仿别人，因而这就证明了在这方面他具有高度的感受性；而这就是我们上述"顺应"的那个适应方面在社会阶段上所采取的一个形式，而在自然界方面，它就相当于现象论者所接受的经验的外向方面。但是，另一方面，儿童也同样经常把别人同化于自己，这就是说，由于儿童对于别人的行为和动机还做不到由表及里的深入了解，他除了把一切事物都改变成为他自己的观点并把自己的思想和需要具体化到别人的身上以外，就不能了解别人。由于儿童还没有掌握交换意见或互相理解的社交工具，也没有懂得使他自己服从于互惠的规则的纪律，十分明显，儿童除了相信他自己是社会与自然的中心和通过自我中心的同化作用去判断一切事物以外，别无其他的选择。然后，当他逐渐能够像了解自己一样地去了解别人并使他的意志与思想服从于各种规则，而这些规则的一致性足以使这种艰巨的客观性成为可能的时候，他就既能够成功地从自身中摆脱出来，又能够意识到他自己，换言之，能够把他自己从外边置于别人之中，同时又能发现他自己的人格和别人的人格。

总之，儿童的社会发展是从自我中心状态开始转向互相交流，从不自觉地把外界同化到自我转向互相理解，导致人格的形成，从整体混沌的未分化状态转向以有纪律的组织为基础的分化状态。

（选自皮亚杰著，傅统先译：《教育科学与儿童心理学》，文化教育出版社1981年版）

《人性能达的境界》

马斯洛

【导读】

马斯洛（A. H. Maslow，1908—1970）是当代美国人本主义心理学家和教育家，一生著作浩繁。

《人性能达的境界》（1971年）是马斯洛晚年的著作。该书是他关于人性与社会关系的比较系统的研究，其中对自我实现、创造性教育、美育的阐述，代表了人本主义者对教育的看法。

马斯洛认为，教育的目的即人的目的，从根本上说就是人的自我实现，是丰满人性的形成，是人种能够达到的或个人能够达到的最高度的发展。从需要层次理论出发，马斯洛要求教育工作把重点放在引导人的潜能的实现上，教育者要把对儿童的爱、赞许和关怀，看作与满足儿童的饥、渴、冷等生理需要一样重要的举措，把儿童学习中即刻的愉悦体验看作是促使他成长的最佳养分。他指出："追求自我实现的人，他们的全部基本需要（包括归属、情感、受尊重和自尊等）都已得到满足。"他强调要从小培养儿童的创造性，认为创造性并非少数人的专利，而是"在所有健康儿童中肯定都能发现它的存在"。他指出，创造性教育要从幼儿开始，使之不怕改变，喜爱新事物。

马斯洛认为，美育对培养自我实现的人具有极其重要的价值。除了艺术教育、音乐教育和舞蹈教育外，他还强调应把美育内在地渗透到学校的各门学科中去。教育者应把儿童的这种美的体验看作其高峰体验①的一个源泉。此外，从幼儿园开始，教育者就应通过给儿童以更多的自由，让其在活动或者在帮助他人中获得高峰体验，促进儿童的发展。

马斯洛关于培养自我实现的和创造性的人的思想对学前教育具有重要意

---

① "高峰体验"是马斯洛心理学的一个专门术语，指的是人感到强烈的幸福、狂喜、完美或欣慰的最佳状态的时刻，是人生活中最能发挥作用、坚强、自信、能完全支配自己的时刻。——选编者注

义。但其无视社会对个体发展的制约关系，试图通过培养潜能来实现人的充分发展，则带有理想主义色彩。

第二编　创造性

第四章　创造态度

　　我觉得，创造性概念和健康、自我实现、丰满人性等概念似乎越来越接近，最终也许会证明是一回事。

　　我似乎不得不做出的另一个结论（即使我对已有的事实不完全肯定）是：创造性的艺术教育，更确切地说，通过艺术进行的教育，它所以特别重要，与其说因为能造就艺术家或艺术产品，不如说能造就更好的人。假如我们对教育人的目的有明确的认识，假如我们希望我们的孩子能变成丰满的人，能逐步实现他们所具有的潜在能力，那么，就我所知，今天存在的唯一能有这种作用的一种教育就是艺术教育了。因此，我所以会想到通过艺术进行的教育，并不是因为艺术能产生美的图画，而是因为我认为艺术教育很有可能会成为一切其他教育的范式。那就是说，假如我们认真对待并尽力去做，使艺术教育能达到我们某些人所期待的标准，而不是像现在那样被认为是十分脆弱和可有可无的东西，我们终将有一天能依据这一范式教数学、阅读和写作。我这里所指的是一切教育问题。这就是我对于通过艺术进行教育感兴趣的原因——只因为它似乎是潜在的有效教育。

第五章　创造性——整体论的研究

　　怎样才能得到有创造力的人呢？我的看法是：可能有成百和几乎成千的创造力决定因素。任何有助于人向更大心理健康或更丰满人性运动的事物都等于是在改变着整个人。这一更人性、更健康的人能产生和能发射出作为副现象，成打、成百和成百万各种不同的行动、经验、观察、传达、教导、工作等等，这种种不同的行为都将是更有"创造性"的。他那时将简直是另一种人，这种人会在各方面以一种不同的方式行动。于是，作为一种替代，替代那独一无二的、或将特定地产生更多特定的创造性的按钮或机关或三学分的课程，这一更整体论、更机体论的观点将提出更有可能得出答案的问题："为什么不应该是每一门课程都有助于培养创造性？"当然，这种对人的教育应该有助于创造一种更佳类型的人，能促使一个人长得更大、更高、更聪明、更有理解力（更敏感）——附带地，也自然会使他在生活的各个方面更有创造性。

那么，创造性是否一般人类遗传的一部分呢？它确实经常会丧失，或被掩盖，或被歪曲，或被抑制，或受到任何可能的阻碍，那么任务就在于揭示什么是所有婴儿生来就有的东西。我想，这是一个非常深刻、非常重大的问题，一个我们必须讨论的基本哲学立脚点问题。

第六章　创造中的情绪障碍

我想，我能揭示来自无意识的始发创造性，我曾在我选出进行仔细研究的特别有创造性的人中发现了这种创造性。这种始发创造性极有可能是一种每一个人都有的遗传素质。它是一种共同的和普遍的东西。在所有健康儿童中肯定都能发现它的存在。它是任何儿童都具有而大多数人长大以后又会失去的那种创造性。它在另一种意义上也是普遍的，假如你以一种心理治疗的方式挖掘它，假如你探入人的无意识层，你就会发现它的存在。

第七章　我们需要创造性人物

问题是谁对创造性有兴趣？我的回答是，几乎每一个人都有兴趣。这种兴趣不再局限于心理学家和精神病学家。现在它也变成一个全国性和国际性的政策问题。一般人，特别是军事家、政治家和富于思想的爱国者，必然很快都会达到这样的认识：世界上已出现一种军事的僵局，这种僵局看来还会继续存在。今天军队的任务主要是防止战争，而不是制造战争。因此，大政治体系之间的不断斗争或冷战还将继续进行，但不是以军事的方式进行。向其他中立人民呼吁的体系将是优胜者。哪一种人最终能成为更好的人，更友善，更平和，不贪婪，更可爱，更值得尊敬？谁将对非洲人和亚洲人更有吸引力？

一般地说，心理上更健康（或更高发展）的人是一种政治的必需。

新的教育概念

那么，什么是教育人，例如，成为工程师的正确方法呢？很明显，我们必须把他们教育成为创造性人物，至少就能够对付新事物和即席创作的意义说是如此。他们必须不怕改变，必须能安于改变，安于新事物，而且，假如可能（因为那样最好），甚至能享受新事物和改变的乐趣。这意味着我们必须教育和训练的不是旧的和标准意义上的工程师，而是新的意义上的即"有创造力"的工程师。

我们能称之为学习的许多做法已经变得无用了。任何种类的学习只要是简单地应用过去于现在，或在现在情境中利用过去的技术，在许多生活领域中都已经过时了。教育不再被认为根本上是或仅仅是一种学习过程，它现在也是一种性格训练，一种人格训练过程。自然，这不是完全正确的，但它在很大成分上是正确的，而且它将变得一年比一年更正确。

对于儿童娱乐甚至对于用艺术进行心理治疗，我也不是很感兴趣。为了解决上述问题，我甚至并不关心艺术教育本身。我真正关心的是新型的教育，那是我们必须发展的，这种教育的目标是培养我们所需要的新型的人，发展过程中的人，有创造力的人，能即席创作的人，自我信赖、勇气十足的人，自主自律的人。艺术教育家成为第一批沿着这一方向起步的人，那仅仅是一种历史的偶然，这也能同样容易地适用于数学教育，我希望有一天会是这样。

我甚至可以走得更远地说，从这方面看，通过艺术的教育是一种治疗和成长的技术，因为它能让心灵的深蕴层暴露出来，使之受到鼓励、培养、训练和教育。

第四编　教 育

第十二章　教育和高峰体验

受到新的人本主义哲学的启发，也产生了一种新的学习、教导和教育概念。简要地说，这样的概念坚持认为，教育的功能，教育的目的——人的目的，人本主义的目的，与人有关的目的，在根本上就是人的"自我实现"，是丰满人性的形成，是人种能够达到的或个人能够达到的最高度的发展。说得浅显一些，就是帮助人达到他能够达到的最佳状态。

这样的目的要求我们在教授学习心理学课程时做出非常认真的转移。

对于我经历过的更为重要的经验是有了头一个孩子。我们的头一个孩子改变了作为心理学家的我。他使我曾非常热衷追求的行为主义显得十分愚蠢，使我不能再对它有任何容忍。那完全是不可能的。有了第二个孩子，又懂得人甚至在诞生前就是多么不同，使我不可能再依据那种相信人能教任何人学任何事的学习心理学来思考问题。或者那种华生的理论："给我两个婴儿，我能使一个成为这样，一个成为那样。"就好像他从来没有过任何孩子。我们现在已经非常清楚，任何父母都不能按照自己的意愿任意造就自己的子女。孩子们自己使自己成长为某种样子。

另一个远比我曾得到的任何特殊课程的教育和任何学位更为我所重视的深刻的学习经验是我的人格心理分析：发现我自身的同一性，我的自我。另一个基本的经验——远更重要的经验——是结婚。就教育意义而论，这肯定远比我的哲学博士学位更重要。假如一个人想的是我们都想要的那种智慧，那种理解力，那种生活技能，那么他必须想的问题就是我愿称之为内在的教育，内在的学习；学习做一个一般的人，然后再学习做这个特殊的人。

数学也能像音乐一样美妙，一样引起高峰体验。自然，有一些数学教师是极力防止这种情况的。直到我 30 岁时，直到我读到某些讨论这个问题的著作时，我才懂得数学也可以当作一种美学研究。历史学或人类学（在学习另一种文化的意义上）、社会人类学，或古生物学，或科学研究也能如此。

教育应该使人学会成长，学习向哪里成长，学习分辨好坏，学习分辨合意和不合意，学习选择什么和不选择什么。在这一内在学习、内在教导、内在教育的范围内，我想，艺术，特别是我曾提及的那些艺术，是非常接近我们的心理和生物的核心的，非常接近这一自我同一性、这一生物性同一性的，因此，不该认为这些课程是某种搅打过的奶油或奢侈，而必须使它们变成教育中的基本经验。我的意思是说，这种教育能够成为无限和终极价值的一种闪现。这一内在教育最好能有艺术教育、音乐教育和舞蹈教育作为它的核心。

第十三章 人本主义教育的目标和内涵

假如我们看一看我们自己社会中的教育，我们可以看到有两种分明不同的因素。首先，有压倒多数的教师、校长、课程设计者、学校督察，他们的工作主要是让学生得到在我们工业社会所需要的知识。他们不是特别有想象力和创造性的，也不会常常问一问他们为什么要教授他们所教授的东西。他们主要关心的是效率，即灌输最大数量的事实给最大可能数量的学生，用尽可能少的时间、费用和人力。另一方面，有少数倾向人本主义的教育家，他们把培养较好的人作为目标，或用心理学的术语说，以自我实现和自我超越为目标。

课堂学习往往以使教师满意从而得到奖励为不言明的目标。学生在通常的课堂上很快就懂得，创造性会受到惩罚，背诵记住的反而会得到奖赏，因而集中注意于教师要他们说些什么，却不求对问题的理解。由于课堂学习的中心在行为而不在思想，学生学习的也正是如何行动，同时保持他自己的思想不变。

我们的学校和教师应该追求的另一个目标是使命的发现，一个人的命运和归宿的发现。一部分要理解你是什么人，一部分要能够谛听你内在的声音，这就是发现你要用你的生命做什么。发现一个人的自我同一性和发现一个人的事业，揭示一个人将为之献身的圣坛，几乎是同义词。

总起来说，学校应该帮助孩子们观察他们自身的内部，并从这种自知中得到一系列价值观念。但在我们今天的学校中并不讲授价值。这可能是从宗教战争时代传递下来的惯例。那时教会和国家被分割开了，统治者断定价值的讨论是教会的事，非教会的学校应该关心其他问题。

教育的目标之一应该教人懂得生活是可贵的。假如生活中没有欢乐，就不值得生活。不幸许多人从未体验过欢乐，体验过那些我们称之为高峰体验的全面肯定生活的极少的时刻。

我们知道儿童能有高峰体验，在童年期，这是常有的。我们也知道，现在的学校制度是一种压碎高峰体验、禁止它们出现的极端有效的工具。不怕看到儿童欢娱景象的天然尊重儿童的老师在教室中是罕见的。自然，一间教室坐满35个孩子，又要在一定时间内教完一节课，这种传统的模式会强迫教师比她教学生学习体验一种欢乐感时更注意秩序和安静。但我们的官方教育哲学和师范学院似乎由此得出一个不言自明的想法，认为一个孩子过得快活是危险的。要知道，甚至学习阅读、减法和乘法这样的困难任务（在工业化社会中是必须的）也能弄得很有吸引力并成为一种乐趣。

幼儿园教育能做些什么来对抗死的愿望，小学一年级能做些什么来增强生的愿望呢？也许它们能做的最重要的事是让孩子得到一种成就感。儿童在帮助某一比他们自己幼弱的孩子完成某件事时能得到很大的满足。不加管辖和约束能使儿童的创造性受到鼓励。由于儿童模仿老师的态度，老师能受到鼓励变成一个欢乐的、自我实现的人。父母把他们自己歪曲的行为模式传递给孩子，但假如教师的行为较健康、较坚强，孩子将转而模仿教师。

我深深感觉这是能够使很多教育者起作用的方式。假如我们要成为辅助者、顾问、教师、引导者或心理治疗家，我们就必须接受有关的人并帮助他理解他已经成为何种类型的人。他的风格是什么，他的能力倾向如何，他适于干什么，不适于干什么，我们建造的基础是什么，他的有价值的原材料是什么，有价值的潜能是什么，我们不要使他受到压力而要造成一种接受他的本性的气氛，使畏惧、焦虑和防御降到最低的程度。最重要的，我们要关心他，即欣赏他和他的成长及自我实现。

反过来，我想也可以设想，高峰体验、敬畏、神秘、惊奇或完美成就的体验都是学习的目标和奖赏，既是它的开端也是它的终局。假如这对于伟大的历史学家、数学家、科学家、音乐家、哲学家等等是真实的，我们为什么不应该试着把这些研究也扩大为儿童的高峰体验的来源？

内在教育的另一个重要目的是要看到儿童的基本心理需要得到满足。除非他的安全、归属、爱和尊重等需要能得到满足，儿童是不能达到自我实现的。用心理学的话说，儿童这时没有焦虑，因为他觉得自己是可爱的，知道他属于这个世界，有人尊重他，需要他。

教育的另一个目的是使意识保持清新，使我们能不断地觉察到生活的美妙无穷。保持日常体验清新的极佳方法是想象你就要死去——或和你朝夕相处的别的什么人就要死去。假如你真的受到死亡威胁，你会以不同的方式观察事物，比你平常更密切地注意一切。假如你知道某人就要死了，你会更集中注意而又更亲切地看他，而不带我们经验中常有的那种漫不经心的专断性质。你必须向定型倾向作战，绝不要让你自己以惯例态度对待任何事情。从根本上说，最好的教导方法，不论是历史、数学或哲学课，都在于让学生意识到其中的美。我们有必要教我们的孩子领会统一与和谐，领会禅宗的体验，能够同时看到短暂和永恒，能够在同一个对象中看到圣洁和亵渎。

假如我们承认存在价值的唤醒和实现（那也是自我实现的一个方面）是教育的一大目的，我们将会有一种新型文明的巨大繁荣。人会变得更坚强、更健康，并在很大程度上掌握他们自己的命运。对自己的生活承担更大的责任，有一套合理的价值指导自己的选择，人会主动地改造他们在其中生活的社会。趋向心理健康的运动也是趋向精神安宁和社会和谐的运动。

（选自马斯洛著，林方译：《人性能达的境界》，云南人民出版社 1987 年版）

 **思考与练习**

1. 你怎样理解弗洛伊德所谓的"（成人）一切倒错的倾向都起源于儿童期"这一论断？
2. 试析弗洛伊德精神分析理论的要点及对学前教育的影响。
3. 华生指出消除幼儿恐惧的方法有哪些？这些方法给你什么启示？
4. 华生关于母亲溺爱子女危害性的论述有哪些？试予以评析。
5. 结合实际，谈谈斯金纳的强化理论及其在学前教育中的应用。
6. 你怎样理解布鲁纳"任何学科都能够用在智育上是诚实的方式，有效地教给任何发展阶段的任何儿童"的论断？
7. 试析皮亚杰的认知结构主义心理学对学前教育的影响。
8. 人本主义教育的目标是什么？试对其做出评价。